아동안전관리

김희태 구미아 김평례 남연정 이은숙 장호진 공저

MANAGEMENT OF YOUNG CHILDREN'S SAFETY

양성원

머리말

우리 주변이나 환경이 안전하다면 우리의 생활은 규칙적이게 될 것이고 사람들과 즐겁게 상호작용을 할 것이며 공부나 일을 편안하게 할 것이다. 그런데 만약 우리가 살아가고 있는 이 세상이 안전하지 않다면 어떤 일이 일어날까? 우리는 안전한 곳으로 피신할 것이고 안전하지 않은 부분은 고치게 될 것이다.

안전문제는 우리 주변에서 부지불식간에 일어날 수 있으며 심하면 패닉(panic) 상태가 될 수 있다. 이러한 패닉 상태로부터 벗어나는 최선의 방법은 안전문제를 예측하고 예방하는 것이다. 이러한 예측과 예방은 우리의 삶을 편안하게 해 주고 생활에 스트레스를 없게 해 준다.

우리가 안전한 삶을 영위할 수 있는 중요한 요인은 두 가지이다. 첫째, 안전에 대한 사회시스템의 형성이고, 둘째, 안전한 행동습관이 형성되도록 교육하는 것이다. 미국의 구급차 사이렌 소리는 구급차로부터 거의 70~80미터 전후에 있던 양방향 운전자들이 모두 들을 수 있을 정도로 크다. 그렇게 소리가 큰 이유는 중앙선을 구급차가 확보하여 위급한 환자를 빨리 이송하기 위해 비켜 주기 위함이라고 한다. 그래서 구급차 소리가 들리면 운전자는 구급차 위치를 확인해서 재빨리 길가장자리로 옮겨 가야 한다. 이것은 응급이나 안전을 우선시하는 미국의 First Aids 정신으로 안전에 대한 사회시스템의 일환이다. 이와 달리 우리나라는 길 중앙에 펜스를 쳐서 보행자가 무단횡단을 못하게 하지만 교통정체가 되면 구급차는 빨리 가려고 해도 가지 못한다. 이런 점에서 사회 시스템은 사회 구성원의 약속이자 실천이다.

이러한 약속이자 실천은 교육으로부터 이루어져야 한다. 안전한 행동과 태도는 습관이며 어느 날 갑자기 나타나는 것이 아니다. 불이 났을 때 안전한 장소로 대피하는 것은 습관이며 황사나 미세먼지로부터 건강을 유지하는 것도 습관이고 코로나19와 같은 감염병을 예방하는 것도 습관이다. 이러한 습관을 어릴 때부터 형성하는 것은 안전문제가 점차 심각해지고 있는 요즘에 비추어 보면 결코 지나치지 않다.

「아동안전관리」는 영유아가 스스로 안전을 생각하며 이를 습관적으로 실천할 수 있게 하는 것을 목적으로 하고 있다. 이를 달성하기 위해 이 책은 영유아의 안전문제를 자연과 사회환경으로 구분하였고 이에 근거한 안전, 안전한 생활, 안전한 습관 형성 등을 다루고 있다. 이 책을 통해 자연과 사회 환경에서 겪을 수 있는 안전문제와 이러한 안전문제를 해결할 수 있는 방법을 이해하여 실천으로 옮길 수 있을 것이다.

이 책은 예비 유아교사와 영유아가 안전에 대해 알아야 할 내용과 지켜야 할 실질적인 내용으로 구성했다. 특히 그림은 심혈을 기울여 새롭게 재구성했고 안전관련 자료는 최신의 것으로 모두 구성했으며 안전에 도움되는 참고내용은 Tip으로 정리하여 제시했다. 만약 대학에서 배우는 예비 유아교사나 영유아교육기관에서 안전을 실천하고 가르치는 영유아교사가 안전교육에 대한 도움을 받고자 한다면 이 책이 실질적인 큰 도움이 될 것이라고 생각한다. 안전은 모두에게 중요하지만 그것은 실천하는 자의 몫이다. 안전을 무시하고 지키지 않는다면 나에게만 문제가 생기는 것이 아니라 우리에게 문제가 생긴다는 것을 명심해야 한다. 그래서 이 책으로 안전 습관의 행동과 태도를 형성해 보길 제안한다.

이 책의 저자들은 박사학위를 가지고 대학에서 강의를 하거나 박사과정을 수료했거나 영유아교육기관에서 근무하고 있는 전문가들이다. 이들이 이 책의 개정을 위해 많은 노력을 했지만 옥필이라고 하기에는 많은 부분이 부족하다. 그럼에도 이 책의 편집과 출판을 위해 애써 주신 양성원 강철원 사장님과 목일수 부사장님께 진심으로 감사드린다.

2021년 2월

저자일동

차례

머리말 / 3

PART 1

영유아 안전관리의 이론

CHAPTER 1 영유아 안전관리의 이해 11

1. 영유아 안전관리의 개념과 중요성 12
2. 영유아 안전사고 현황 14
3. 영유아교육기관의 안전사고 현황 20
4. 영유아 안전사고의 원인 25
5. 안전사고 발생 시 대처방법 30

CHAPTER 2 영유아의 연령별 발달특성 및 안전 35

1. 영아기 발달특성과 안전 36
2. 유아기 발달특성과 안전 49

CHAPTER 3 영유아교육기관의 안전교육 57

1. 영유아 안전교육의 개념과 목표 58
2. 영유아 안전교육의 법적 근거 59
3. 영유아 안전교육의 내용 64
4. 교직원 안전교육 74
5. 영유아 안전교육의 실행 및 평가 76

CHAPTER 4 영유아교육기관의 환경관리 83
1. 영유아교육기관의 실내시설 안전관리 84
2. 영유아교육기관의 실외시설 안전관리 100

PART 2 영유아 안전관리의 실제

CHAPTER 5 대인관계 안전 121
1. 아동학대 122
2. 유괴 및 실종 148
3. 학교폭력 157

CHAPTER 6 생활안전 173
1. 약물안전 174
2. 식품안전 180
3. 동식물 안전 187
4. 미디어 안전 193

CHAPTER 7 재해안전 219
1. 감염병 안전 220
2. 화재안전 233
3. 자연재해 안전 244

CHAPTER 8 실외안전 279
1. 교통안전 280
2. 실외놀이 안전 296
3. 현장학습 안전 301

CHAPTER 9 응급처치 319
1. 응급처치의 개념 및 중요성 320
2. 상황별 응급처치 320
3. 응급상황 시 교사의 역할 342

부록 / 349

참고문헌 / 383

찾아보기 / 390

PART 1

영유아 안전관리의 이론

Chapter 01 영유아 안전관리의 이해
Chapter 02 영유아의 연령별 발달특성 및 안전
Chapter 03 영유아교육기관의 안전교육
Chapter 04 영유아교육기관의 환경관리

CHAPTER

01

영유아 안전관리의 이해

1. 영유아 안전관리의 개념과 중요성
2. 영유아 안전사고 현황
3. 영유아교육기관의 안전사고 현황
4. 영유아 안전사고의 원인
5. 안전사고 발생 시 대처방법

1 영유아 안전관리의 개념과 중요성

1) 영유아 안전관리의 개념

안전(安全, safety)은 위험이나 사고가 날 염려가 없거나 그런 상태로 위험 원인이 없거나 잠재적 위험에 대한 대책이 수립되어 있는 상태를 말한다. 관리(管理)는 시설이나 물건의 유지, 개량 등의 일을 하거나 사람의 몸이나 동식물 등을 보살피고 통제하며 지휘하고 감독하는 것이다(국립국어원, 2020). 안전관리(safety management)는 안전한 환경을 갖추는 것과 불안전한 상태의 물리적인 요인 및 인간의 행동적 요인을 파악하여 통제하고 안전사고 발생 시 신속하게 처리하여 인명이나 시설 및 재산상의 피해를 최소화하는 일체의 노력을 말한다.

영유아교육기관의 안전관리는 크게 영유아 안전관리와 시설·설비 관리로 구분할 수 있다. 영유아 안전관리는 영유아교육기관의 교육활동을 통해 사고를 유발할 수 있는 영유아의 행동과 사고를 변화시켜 안전하게 행동하는 습관을 형성하게 하는 것이다. 시설·설비 관리는 교사가 영유아의 안전을 위해 영유아교육기관의 시설·설비의 안전관리에 대한 지식을 습득하여 위험 상태에 대비하고 정비하는 것이다.

2) 영유아 안전관리의 중요성

영유아기는 인지·정서적 발달과 함께 신체적 성장이 급속히 진행되는 시기로 이때의 성장과 발달은 전 생애에 걸쳐 결정적인 영향을 주게 된다(육아정책연구소, 2017). 영유아교육기관은 영유아의 발달 수준에 맞고 건강에 위협을 주지 않는 환경을 제공하여 영유아의 신체적·인지적·정서적·사회적 발달을 도모하고, 다양한 활동을 통해 영유아가 바람직한 경험을 할 수 있도록 해야 한다(Olds, 2001).

영유아가 안전한 환경을 제공받는 것은 영유아의 건강한 삶을 영위하기 위해 필요한 권리이다. 영유아는 위험으로부터 스스로 벗어나거나 극복할 수 있는 힘이 부족하기 때문에 부모, 사회, 국가는 영유아가 위험에 처하지 않도록 환경을 잘 관리해야 한다. 「아동의 권리에 관한 국제협약(Convention on the Rights of the Child)」에서는 아동이 기본적인 삶을 누리는 데 필요한 권리로서 안전한 주거지에서 살아갈 권리와 모든 형태의 유해한 것(학대와 방임, 차별, 폭력, 고문, 징집, 부당한 형사 처벌, 과도한 노동, 약물과 성폭력 등)으로부터 보호받을 권리를 명시하고 있다(UNICEF, 2009).

영유아기는 호기심 많고 활동성이 높은 발달적 특성으로 인해 안전사고가 많이 발생한다. 영유아의 안전사고는 영유아의 안전에 대한 의무와 책임이 있는 교사에게 부담이 된다. 안전사고가 일어나면 교사는 영유아를 보호하고 교육하는 일에 위축되고, 지나치게 안전을 중시하여 정적 활동을 강요하거나 활동을 통제하게 된다(전연경, 2016). 교사의 위축과 안전에 대한 통제는 효율적이고 의미 있는 교육을 실행하는 데 걸림돌이 된다. 또한 부모는 영유아교육기관을 선택할 때 영유아교육기관의 건강·안전관리 부분을 우선적으로 고려하기 때문에(권지원, 2011), 영유아교육기관의 안전사고는 사소한 것이라도 학부모와의 갈등을 유발할 수 있다. 이러한 경우 교사는 안전사고로 인해 생긴 학부모와의 갈등을 해결하거나 관계를 개선하기 위해 시간과 에너지를 쏟아야 한다. 그러므로 교사는 영유아교육기관의 시설 및 설비 관리에 대한 지식과 기술을 갖추어 사고를 예방해야 한다.

영유아가 사고로 인해 손상이나 장애가 생기면 영유아 개인이나 가족의 심적·물적 고통이 따르고 사회의 비용도 증가하게 된다. 또한 국가적인 차원에서 인적자원의 손실과 장애로 인해 경쟁력 저하를 불러올 수 있다(한국보건사회연구원, 2015). 특히 영유아의 안전사고는 성인에 비해 사망, 중상의 비율이 높고 신체, 정서 발달 등에 심각한 영향을 미친다(보건복지부, 2013). 영유아의 안전사고는 치명적인 사고가 아니더라도 영유아의 건강한 생활과 발달에 영향을 미칠 수 있다.

2 영유아 안전사고 현황

1) 영유아 안전사고 발생 현황

한국소비자원(2020)이 소비자위해감시시스템(CISS)을 통해 2015년부터 2019년까지 5년간 수집한 14세 이하 아동의 안전사고는 총 122,464건이다(표 1-1). 2019년 아동 안전사고 건수는 24,971건으로 전체 안전사고 건수의 34.2%를 차지하며 전년도인 2018년(24,097건)보다 3.6% 소폭 증가했다. 최근 5년간 아동 안전사고 비율은 매년 전체 안전사고의 30% 이상으로 우리나라 총 인구 대비 아동 인구 비중(12.5%)에 비해 매우 높아 아동이 안전사고에 취약한 계층임을 알 수 있다.

표 1-1 아동 안전사고 현황(2015~2019년) (단위: 건, %)

구분	2015년	2016년	2017년	2018년	2019년	합계
전체 안전사고 건수	68,002	69,018	71,000	72,013	73,007	353,040
아동 안전사고 건수	25,152	22,545	25,699	24,097	24,971	122,464
아동 안전사고 전년 대비 증감율	–	△10.4	14.0	△6.2	3.6	
전체 사고 중 아동 안전사고가 차지하는 비율	37.0	32.7	36.2	33.5	34.2	

출처: 한국소비자원, 2020.

아동의 성별에 따른 안전사고의 비율을 살펴보면(표 1-2), 2019년 남아의 안전사고는 총 15,257건으로 전체의 61.1%를 차지하였고, 여아는 9,676건으로 38.7%를 차지하여 남아가 상대적으로 안전사고에 취약하다는 것을 알 수 있다. 이러한 경향은 남아와 여아의 안전사고 비율이 6대 4로 매년 비슷하다. 이는 여아에 비해 상대적으로 활동적인 남아의 특성 때문에 남아의 안전사고가 여아보다 많은 것으로 분석된다.

표 1-2 성별에 따른 안전사고 현황(2015~2019년) (단위: 건, %)

구분	2015년	2016년	2017년	2018년	2019년
남아	15,585(62.0)	13,929(61.8)	15,706(61.1)	14,704(61.0)	15,257(61.1)
여아	9,565(38.0)	8,613(38.2)	9,990(38.9)	9,388(39.0)	9,676(38.7)
미상	2(0.0)	3(0.0)	3(0.0)	5(0.0)	38(0.2)
합계	25,152(100.0)	22,545(100.0)	25,699(100.0)	24,097(100.0)	24,971(100.0)

출처: 한국소비자원, 2020.

발달단계에 따른 아동 안전사고의 비율을 살펴보면(표 1-3), 2019년에 발생한 안전사고는 걸음마기가 11,495건으로 46.0%를 차지해 가장 많았고, 유아기는 5,669(22.7%), 학령기는 5,640건(22.6%), 영아기 2,167건(8.7%) 순이었다. 이러한 경향은 최근 5년간(2015~2019년) 매년 비슷한 양상을 보이는 것으로 나타난다. 특히 걸음마기는 활동범위가 넓어지는 시기이나 균형 감각이나 신체의 민첩성이 떨어져 안전사고에 가장 취약한 것으로 분석된다.

표 1-3 발달단계별 안전사고 현황(2015~2019년) (단위: 건, %)

구분		2015년	2016년	2017년	2018년	2019년
취학전	영아기 (0세)	2,237 (8.9)	2,219 (9.8)	2,340 (9.1)	1,986 (8.2)	2,167 (8.7)
	걸음마기 (1~3세)	12,534 (49.8)	11,081 (49.2)	12,186 (47.4)	11,678 (48.5)	11,495 (46.0)
	유아기 (4~6세)	5,482 (21.8)	4,924 (21.8)	5,907 (23.0)	5,586 (23.2)	5,669 (22.7)
소계		20,253 (80.5)	18,224 (80.8)	20,433 (79.5)	19,250 (79.9)	19,331 (77.4)
학령기 (7~14세)		4,899 (19.5)	4,321 (19.2)	5,266 (20.5)	4,847 (20.1)	5,640 (22.6)
합계		25,152 (100.0)	22,545 (100.0)	25,699 (100.0)	24,097 (100.0)	24,971 (100.0)

출처: 한국소비자원, 2020.

2) 영유아 안전사고 유형별 현황

한국소비자원(2020)의 아동 안전사고 동향분석에 의하면 2015년부터 2019년까지 6세 미만 영유아의 안전사고 중 침대, 소파, 의자 등 가구에서 추락하는 사고가 전체의 16.3%(9,749건)로 가장 많이 발생했다. 다음은 방, 거실 등에서의 넘어짐/미끄러짐이 14.7%(8,800건)이었다. 이를 연령에 따라 구분해 보면, 1세 미만 영아의 전체 안전사고 6,367건 중 침대, 소파, 의자 등 가구에서 추락하는 사고가 43.3%(2,754건)로 가장 많았고, 이물질 삼킴에 의한 사고가 8.0%(508건), 넘어지고 미끄러지는 사고가 7.8%(496건)로 나타났다. 1~3세 연령에서는 넘어지거나 미끄러지는 사고가 6,129건으로 전체의 16.4%로 가장 많았고, 4~6세 연령에서는 침대, 소파, 의자 등에서 추락사고가 3,024건(18.8%)으로 가장 많았다(표 1-4).

표 1-4 안전사고 유형에 따른 안전사고 현황(2015~2019년) (단위: 건, %)

사고 유형	1세 미만	1~3세	4~6세	계
방, 거실 등에서 넘어짐/미끄러짐	496(7.8)	6,129(16.4)	2,175(13.5)	8,800(14.7)
침대, 소파, 의자 등에서의 추락	2,754(43.3)	3,971(10.7)	3,024(18.8)	9,749(16.3)
유모차, 자전거 등에서의 추락	178(2.8)	1,382(3.7)	1,081(6.7)	2,641(4.4)
놀이터 기구 등에서 추락/넘어짐	–	1,191(3.2)	1,354(8.4)	2,545(4.3)
창문, 방문 등에 눌림/끼임	126(2)	1,189(3.2)	818(5.1)	2,133(3.6)
정수기, 밥솥, 냄비 등 기기로 인한 화상	364(5.7)	1,065(2.9)	–	1,429(2.4)
전지, 구슬, 장난감, 생활소품 등 이물질 삼킴	508(8)	966(2.6)	554(3.4)	2,028(3.4)
커터칼, 가위, 주방제품 등에 찔림/베임	–	852(2.3)	194(1.2)	1,046(1.8)
영유아교육기관에서 넘어짐/미끄러짐	–	561(1.5)	459(2.9)	1,020(1.7)
생선 등 어패류의 가시가 목에 걸림	–	460(1.2)	386(2.4)	846(1.4)
화장실, 세면대 등에 부딪힘/미끄러짐	–	450(1.2)	–	450(0.8)
엘리베이터 문 등에 부딪힘/끼임	–	396(1.1)	–	396(0.7)
애완견, 애완동식물 등에 물림/쏘임	–	262(0.7)	181(1.1)	443(0.7)
쇼핑카트에서 떨어지거나 부딪힘	–	251(0.7)	–	251(0.4)
기타	1,941(30.5)	18,148(48.7)	5,843(36.4)	25,932(43.4)
합계	6,367(100.0)	37,273(100.0)	16,069(100.0)	59,709(100.0)

출처: 한국소비자원, 2020.

3) 위해부위별 영유아 안전사고 현황

안전사고의 위해부위별 현황을 살펴보면, 2019년 안전사고로 인해 아동이 다치는 부위는 머리 및 얼굴 부위가 62.6%(15,629건)로 가장 많고, 다음은 팔이나 손이 19.3%(4,826건)이다(표 1-5). 영유아는 다른 부위에 비해 머리가 무겁고 무게중심이 상반신 쪽에 있어서 넘어질 때 주로 머리나 얼굴이 다치게 되므로 교사나 보호자의 각별한 주의가 필요하다. 또한 자주 발생하지 않는 사고에도 주의를 기울여야 한다. 단 한 차례라도 신체 내부의 장기나 혈관, 기도 등에 손상이 있을 경우 영유아에게 치명적일 수 있기 때문이다.

표 1-5 위해부위별 안전사고 현황(2015~2019년) (단위: 건, %)

구분	2015년	2016년	2017년	2018년	2019년
머리 및 얼굴	16,957(67.4)	14,325(63.5)	16,333(63.6)	15,464(64.2)	15,629(62.6)
팔 및 손	4,634(18.4)	4,509(20.0)	4,833(18.8)	4,124(17.1)	4,826(19.3)
둔부, 다리 및 발	1,744 (6.9)	1,794(8.0)	1,939(7.5)	1,837(7.6)	1,839(7.4)
신체내부(장기, 혈관, 기도 등)	910(3.6)	1,034(4.6)	1,447(5.6)	1,543(6.4)	1,442(5.8)
몸통	298(1.2)	290(1.3)	327(1.3)	276(1.2)	289(1.1)
목 및 어깨	313(1.3)	271(1.2)	355(1.4)	30(1.2)	372(1.5)
전신 손상	209(0.8)	301(1.3)	424(1.6)	524(2.1)	524(2.1)
기타*	87(0.4)	21(0.1)	41(0.2)	4(0.2)	50(0.2)
합계	25,152(10.0)	22,545(10.0)	25,699(10.0)	24,097(10.0)	24,971(10.0)

* 기타에는 미상, 해당 없음 포함
출처: 한국소비자원, 2020.

4) 장소별 안전사고 현황

한국소비자원(2020)에 따르면, 2015년부터 2019년까지 최근 5년간 안전사고가 가장 많이 발생한 장소는 주택(가정)이다. 2019년 기준으로 볼 때 주택(가정)에서의 안전사고가 전체 안전사고의 16,749건(67.1%)에 해당한다. 이어 교육시설 1,602건(6.4%), 여가 문화 및 놀이시설 1,500건(6.0%), 도로 및 인도 1,147건(4.6%) 순으로 나타났다(표 1-6). 일반적으로 가정은 안전한 공간으로 여겨지지만 실제적으로는 아동 안전사고가 가장 많이 발생한 장소에 해당한다. 따라서 가정 내 환경 개선이나 보호자의 주의가 각별히 요구된다. 또한 아동이 주로 활동하는 공간인 교육시설에서도 안전사고가 많이 발생하고 있으므로, 가정이나 놀이시설 등 아동이 주로 활동하는 공간에서 교사의 세심한 안전관리와 아동의 안전한 행동에 대한 지도가 필요하다.

표 1-6 **위해발생장소별 안전사고 현황(2015~2019년)** (단위: 건, %)

장소(대분류)	2015년	2016년	2017년	2018년	2019년
주택	17,763(70.6)	15,836(70.2)	17,605(68.5)	16,343(67.8)	16,749(67.1)
교육시설	1,433(5.7)	1,157(5.1)	1,492(5.8)	1,474(6.1)	1,602(6.4)
여가 · 문화 및 놀이시설	1,479(5.9)	1,177(5.2)	1,395(5.4)	1,309(5.4)	1,500(6.0)
도로 및 인도	1,146(4.6)	868(3.9)	1,132(4.4)	789(3.3)	1,147(4.6)
숙박 및 음식점	558(2.2)	530(2.4)	812(3.2)	827(3.4)	725(2.9)
스포츠/레저시설	499(2.0)	440(2.0)	540(2.1)	428(1.8)	614(2.5)
쇼핑시설	360(1.4)	277(1.2)	302(1.2)	265(1.1)	266(1.1)
기타 상업시설*	136(0.6)	123(0.6)	103(0.4)	98(0.4)	112(0.4)
교통시설	111(0.4)	95(0.4)	105(0.4)	125(0.5)	108(0.4)
의료서비스시설	70(0.3)	65(0.3)	87(0.3)	87(0.4)	121(0.5)
종교 및 문화시설	79(0.3)	40(0.2)	62(0.2)	55(0.2)	63(0.3)
자연 및 관련시설	43(0.2)	49(0.2)	24(0.1)	30(0.1)	27(0.1)
복지 및 노인요양시설	10(0.0)	2(0.0)	10(0.1)	10(0.1)	10(0.0)
농 · 수 · 축산업지역	7(0.0)	2(0.0)	4(0.0)	1(0.0)	7(0.0)
공공시설	2(0.0)	5(0.0)	2(0.0)	5(0.0)	8(0.0)
그 외 또는 미상	1,456(5.8)	1,879(8.3)	2,024(7.9)	2,251(9.4)	1,912(7.7)
합계	25,152(100.0)	22,545(100.0)	25,699(100.0)	24,097(100.0)	24,971(100.0)

* 주유소, 세차장, 편의점, 제과점, 이 · 미용실 등

출처: 한국소비자원, 2020.

5) 안전사고 사망률

통계청(2020)은 매년 1년 동안 안전사고로 사망한 14세 이하 아동의 수를 조사한다. 2019년 공개된 자료에 의하면, 2018년 아동안전사고 사망자 수는 163명으로 전년보다 33명 감소하였다. 또한 2011년부터 2018년까지 안전사고로 인한 아동 사망자 수는 지속적으로 감소하고 있는 추세이다(표 1-7).

표 1-7 아동 안전사고 사망자 수 (단위: 천 명, 명)

구분	2011년	2012년	2013년	2014년	2015년	2016년	2017년	2018년
14세 이하 인구(천 명)	7,643	7,624	7,433	7,337	7,151	6,982	6,845	6,701
아동 안전사고 사망자 수	322	326	287	215	225	196	196	163
아동 10만 명당 안전사고 사망자 수	4.21	4.28	3.86	2.93	3.15	2.81	2.86	2.43

출처: 통계청, 2020.

안전사고로 인한 아동의 사망 원인을 살펴보면, 주로 교통사고, 추락, 익사, 화재, 중독 등이다. 이 중 교통사고의 경우 2018년을 기준으로 연간 54건으로 전체 안전사고 사망 원인의 33.1%에 달하였고, 이는 추락, 익사, 화재 등과 같은 사고에 비해 높은 비율로 나타난다(표 1-8). 안전사고의 원인이 무엇이든 간에 아동의 안전사고로 인한 사망률은 해마다 줄어들고 있다. 예를 들어, 2017년과 2018년을 비교해 볼 때 교통사고는 75명에서 54명으로, 익사 사고는 24명에서 18명으로 줄어들었다. 통계청(2020)은 2003년 '아동 안전원년' 선포 후 범정부적으로 추진한 아동안전종합대책의 결과로 아동 안전사고 사망자 수가 급감했다고 분석한다.

표 1-8 원인별 아동 안전사고 사망 현황 (2019년 9월 기준, 단위: 명, %)

원인별 / 연도	교통사고	추락	익사	화재	중독	기타	계
2009년	201(45.4)	40(9.0)	62(14.0)	10(2.3)	5(1.1)	125(28.2)	443(100.0)
2010년	194(50.1)	42(10.9)	44(11.4)	15(3.9)	3(0.8)	89(23.0)	387(100.0)
2011년	137(42.5)	37(11.5)	50(15.5)	15(4.7)	1(0.3)	82(25.5)	322(100.0)
2012년	131(40.2)	36(11.0)	53(16.3)	14(4.3)	1(0.3)	91(27.9)	326(100.0)
2013년	121(42.2)	37(12.9)	41(14.3)	15(5.2)	2(0.7)	71(24.7)	287(100.0)
2014년	80(37.2)	31(14.4)	36(16.7)	5(2.3)	2(0.9)	61(28.4)	215(100.0)
2015년	103(45.8)	28(12.4)	28(12.4)	10(4.4)	0(0.0)	56(24.9)	225(100.0)
2016년	87(44.4)	19(9.7)	28(14.3)	5(2.6)	1(0.5)	56(28.6)	196(100.0)
2017년	75(38.3)	26(13.3)	24(12.2)	7(3.6)	2(1.0)	62(31.6)	196(100.0)
2018년	54(33.1)	28(17.2)	18(11.0)	8(4.9)	4(2.5)	51(31.3)	163(100.0)

출처: 통계청, 2020.

3 영유아교육기관의 안전사고 현황

영유아교육기관은 크고 작은 안전사고에 대비해야 한다. 영유아교육기관에서 일어나는 안전사고의 유형이나 영유아가 주로 다치는 부위 등을 파악하는 것은 안전사고의 대비에 도움이 된다. 다음은 유치원과 어린이집에서 일어나는 안전사고의 현황을 알아본다.

1) 유치원의 안전사고 현황

학교안전공제회(2017, 2018, 2019)에 따르면 2017년부터 2019년까지 3년 동안 유치원에서 발생한 안전사고 건수는 총 23,959건이었다(표 1-9). 구체적으로 2017년 7,707건, 2018년 7,484건, 2019년 8,768건으로 한 해 평균 7,900건 이상이 발생한 것으로 나타난다. 안전사고의 발생 시간대에 따라 구분해보면, 수업시간이 61.4%(14,716건)으로 가장 높았고, 체육수업 9.5%(2,266건), 점심시간 9.0%(2,156건), 등하교 7.4%(1,762건), 휴식 및 청소시간 6.3%(1,502건), 학교행사 5.6%(1,351건), 특별활동 시간 0.8%(182건)의 순서로 나타난다(표 1-9).

표 1-9 유치원 안전사고 발생시간대별 사고 건수(2017~2019년) (단위: 건, %)

구분	2017년	2018년	2019년	계
수업시간	4,642(60.2)	4,579(61.2)	5,495(62.7)	14,716(61.4)
체육수업	690(9.0)	738(9.9)	838(9.6)	2,266(9.5)
점심시간	715(9.3)	680(9.1)	761(8.7)	2,156(9.0)
석식시간	10(0.1)	6(0.1)	8(0.1)	24(0.1)
휴식 및 청소시간	564(7.3)	440(5.9)	498(5.7)	1,502(6.3)
특별활동	54(0.7)	49(0.7)	79(0.9)	182(0.8)
학교행사	426(5.5)	424(5.7)	501(5.7)	1,351(5.6)
등하교	606(7.9)	568(7.6)	588(6.7)	1,762(7.4)
계	7,707(100.0)	7,484(100.0)	8,768(100.0)	23,959(100.0)

출처: 학교안전공제중앙회 2017, 2018, 2019 통계자료를 바탕으로 재구성.

유치원 안전사고의 발생 비율을 발생장소별로 살펴보면, 교실에서 안전사고가 발생하는 비율이 51.1%(12,243건)로 가장 높았으며, 운동장 17.9%(4,298건)와 부속시설 15.5%(3,710건)가 유사한 비율로 안전사고가 많이 일어났다. 다음으로 통로에서는 전체 안전사고의 9.4%(2,243건)가 일어났으며, 교외활동 영역에서 6.1%(1,465건)의 안전사고가 발생한 것으로 나타났다(표 1-10).

표 1-10 유치원 안전사고 발생장소에 따른 발생건수(2017~2019년) (단위: 건, %)

구분	2017년	2018년	2019년	계
교실	3,846(49.9)	3,926(52.5)	4,471(51.0)	12,243(51.1)
운동장	1,486(19.3)	1,211(16.2)	1,601(18.3)	4,298(17.9)
통로	746(9.7)	713(9.5)	784(8.9)	2,243(9.4)
교외활동	484(6.3)	445(6.0)	536(6.1)	1,465(6.1)
부속시설	1,145(14.9)	1,189(15.9)	1,376(15.7)	3,710(15.5)
계	7,707(100.0)	7,484(100.0)	8,768(100.0)	23,959(100.0)

출처: 학교안전공제중앙회 2017, 2018, 2019 통계자료를 바탕으로 재구성.

유치원 안전사고의 발생형태에 따른 발생건수를 살펴보면, 물리적 힘의 노출로 인한 안전사고가 전체의 42.1%(10,095건)로 가장 빈번하게 일어났으며, 넘어짐으로 인한 낙상 사고가 전체의 23.3%(5,583건)로 많이 발생하였다. 다음으로 사람과의 충돌이 12.1%(2,906건), 기타사고가 13.7%(3,271건)로 유사한 비율로 발생하였으며, 미끄러짐(5.4%, 1,301건)이나 떨어짐(3.4%, 803건)으로 인한 낙상 사고는 다른 안전사고 형태에 비해 비교적 낮은 비율로 발생하였다(표 1-11).

표 1-11 유치원 안전사고의 발생형태에 따른 발생건수(2017~2019년) (단위: 건, %)

구분		2017년	2018년	2019년	계
사람과의 충돌		956(12.4)	917(12.3)	1,033(11.8)	2,906(12.1)
물리적 힘 노출		3,208(41.6)	3,172(42.4)	3,715(42.4)	10,095(42.1)
낙상	넘어짐	1,827(23.7)	1,751(23.4)	2,005(22.9)	5,583(23.3)
	미끄러짐	422(5.5)	416(5.6)	463(5.3)	1,301(5.4)
	떨어짐	272(3.5)	217(2.9)	314(3.6)	803(3.4)
기타		1,022(13.3)	1,011(13.5)	1,238(14.1)	3,271(13.7)
계		7,707(100.0)	7,484(100.0)	8,768(100.0)	23,959(100.0)

출처: 학교안전공제중앙회 2017, 2018, 2019 통계자료를 바탕으로 재구성.

유치원 안전사고 중 유아가 다치는 부위를 살펴보면, 전체 안전사고 중 46.2%(11,078건)에 해당하는 부위가 머리(두부)이며, 치아(구강)를 다치는 경우도 전체의 17.3%(4,146건)가 된다(표 1-12). 이러한 사고의 형태는 영아기보다는 덜하지만 유아기에도 여전히 무게중심이 머리 쪽에 있기 때문에 안전사고 시 머리를 다칠 가능성이 높다는 것을 말해 준다. 다음으로 손이나 발을 다치는 비율이 높고, 다리나 흉복부를 다치는 비율은 상대적으로 낮았다.

표 1-12 유치원 안전사고의 부위별 사고(2017~2019년)

(단위: 건, %)

구분	2017년	2018년	2019년	합계
머리(두부)	3,577(46.4)	3,469(46.4)	4,032(46.0)	11,078(46.2)
치아(구강)	1,357(17.6)	1,284(17.2)	1,505(17.2)	4,146(17.3)
흉복부	54(0.7)	58(0.8)	73(0.8)	185(0.8)
팔	768(10.0)	675(9.0)	848(9.7)	2,291(9.6)
손	834(10.8)	893(11.9)	994(11.3)	2,721(11.4)
다리	276(3.6)	259(3.5)	303(3.5)	838(3.5)
발	660(8.6)	676(9.0)	824(9.4)	2,160(9.0)
기타	181(2.3)	170(2.3)	189(2.2)	540(2.3)
계	7,707(100.0)	7,484(100.0)	8,768(100.0)	23,959(100.0)

출처: 학교안전공제중앙회 2017, 2018, 2019 통계자료를 바탕으로 재구성.

유치원의 안전사고는 수업시간에 교실에서 가장 많이 일어나며, 물체와의 충돌/부딪힘/받힘, 찔림/베임, 으깨짐/뭉개짐/끼임, 폭발 및 파열과 같은 물리적인 힘의 노출로 인해 머리와 치아 등이 많이 다친다. 학교안전공제회(2019)의 2019년 학교안전사고 통계에 따르면, 유치원의 안전사고 8,768건 중 71%인 6,248건이 자기 자신에 의한 비의도적인 사고이며, 28%가 타인에 의한 비의도적인 사고이다. 따라서 인지능력이나 신체적 능력이 미숙한 유아의 특성상 비의도적인 사고 발생이 많다는 것에 유의하여 안전지도를 해야 한다.

2) 어린이집 안전사고의 현황

통계청(2020)에 따르면, 2018년 12월 기준 어린이집의 보육아동은 전체 1,415,742명이다. 이 중 만 2세가 397,955명으로 전체 보육아동의 28.1%로 가장 높고, 다음으로 만 1세가 319,016명으로 전체의 22.5%를 차지한다(표 1-13).

표 1-13 연령별 보육현원 비율(2018년 12월 기준) (단위: 건, %)

구분	0세	1세	2세	3세	4세	5세	6세 이상	계
보육아동	126,793	319,016	397,955	233,274	169,328	163,314	6,062	1,415,742
비율	9.0	22.5	28.1	16.5	12.0	11.5	0.4	100.0

출처: 통계청, 2020.

어린이집안전공제회(2020)에 따르면, 2018년 1월에서 12월까지 어린이집안전공제회로 보상청구(접수)된 안전사고는 총 20,649건이다. 이 중 연령에 따른 안전사고를 보면, 2세가 5,176건으로 전체 안전사고의 25.1%에 해당하였으며, 다음으로 3세가 4,791건으로 23.2%에 해당한다. 이는 보육현원에서 차지하는 비율이 가장 높은 2세가 안전사고에서도 가장 높으며, 재원 아동 수의 증가와 함께 안전사고 발생 건수도 비례하여 증가함을 보여 주고 있다.

전체 보육현원에서 각 연령대별 아동이 차지하는 비율 대비 사고율과의 관계를 살펴보면, 2세의 경우 전체 원아 397,955명 중 5,176건의 안전사고가 발생하였다. 이는 전체 인원 대비 1.30%에 해당하며, 5세의 경우 전체 원아 163,314명 중 2,834건의 안전사고가 발생하여 전체 인원 대비 1.73%에 해당한다. 6세 이상을 살펴보면 전체 원아 6,062명 중 1,713건의 안전사고가 발생하였으므로 전체 인원 대비 28.3%의 안전사고가 발생했다는 것을 알 수 있다(표 1-14). 0~1세 영아의 경우 사고율은 낮지만, 신체적 발달이 미약하고 방어능력이 없어서 사고 발생 시 심각한 후유증이 남을 수 있으므로, 교사는 연령별 사고 유형에 대한 특성을 파악하고 이를 예방할 수 있는 조치를 취해야 한다.

표 1-14 연령별 사고 건수 및 사고비율(2018년 12월 기준) (단위: 건, %)

구분	0세	1세	2세	3세	4세	5세	6세 이상	계
사고 건수	98	2,572	5,176	4,791	3,465	2,834	1,713	20,649
비율	0.5	12.5	25.1	23.2	16.8	13.7	8.3	100.0

출처: 어린이집안전공제회, 2020.

연령에 따른 사고 유형을 살펴보면, 2018년에 발생한 어린이집 안전사고 20,649건 중 넘어짐/떨어짐/미끄러짐 사고가 전체의 35.4%로 가장 높고 이러한 안전사고는 전 연령대에서 골고루 발생하고 있는 것으로 나타난다(표 1-15). 특히 행동범위나 움직임이 상대적으로 제한적이고, 주변 대상에 대한 모방행동이나 즉흥적 놀이를 많이 하게 되는 2세 이하 영아에게 주로 발생하는 것으로 나타난다.

다음으로 물체/사람에 부딪힘이 31.9%로 높았는데, 이 또한 전 연령대에서 골고루 발생하는 것으로 나타난다. 물체/사람에 부딪힘 사고의 경우 대근육의 발달로 신체의 움직임은 활발해지는 반면, 자기중심적인 상황 판단이나 좁은 시야가 지속되는 3세 이상 유아에게 자주 발생하는 것으로 나타나므로(어린이집안전공제회, 2020), 교사는 안전한 보육환경을 조성함과 동시에 영유아의 행동이나 움직임을 주시하고 관리해야 한다.

끼임/눌림/찔림/베임/기타 사고의 경우 전체 안전사고의 17.4%에 해당하며, 전 연령에 걸쳐 나타나고 있으나 이 또한 2세와 3세에게 많이 발생하는 것으로 나타난다. 꼬집음/물림/할큄/당김 사고는 전체 안전사고의 10.5%로 나타났다. 꼬집음/물림/할큄/당김 사고는 전체 2,172건 중 0~1세 447건, 2세 880건으로 2세 이하가 전체의 61%에 해당하며 3~5세 연령에 비해 높게 나타나고 있다(표 1-15). 2세 미만의 경우 감정조절능력이 부족한 시기로 또래 간 의사소통이 원활하지 않아 일어나는 사고로 볼 수 있다.

전체 사고에서 화상과 이물질 삼킴(삽입)/흡입/음식물 섭취 사고는 비교적 낮은 비율로 발생하였다. 그러나 화상사고의 경우 전체 432건 중 0~1세가 116건으로 이는 전체 화상사고의 26.9%에 해당한다. 또한 이물질 삼킴(삽입)/흡입/음식물 섭취의 경우 0~2세보다 3세 이상의 연령에서 많이 나타나고 있다(표 1-15). 흔히 영아기의 구강기적 특징으로 영아에게서 많이 발생할 것으로 예상되지만, 실제 안전사고 접수 사례에서는 영아보다 유아의 교구 삼킴(예: 역할놀이 관련 음식재료 교재교구)이나 동전/건전지 등의 삼킴/삽입, 음식물 섭취로 인한 안전사고가 높게 나타난다.

표 1-15 연령에 따른 사고 유형별 빈도(2018년) (단위: 건, %)

세부 사고 유형	넘어짐/떨어짐/미끄러짐	물체/사람에 부딪힘	꼬집음/물림/할퀸/당김	화상	이물질 삼킴(삽입)/흡입/음식물 섭취	끼임/눌림/찔림/베임/기타	합계
0~1세	947 (12.9)	751 (11.4)	447 (20.6)	116 (26.9)	35 (6.4)	374 (10.4)	2,670 (12.9)
2세	1,865 (25.5)	1,447 (21.9)	880 (40.5)	94 (21.8)	100 (18.4)	790 (22.0)	5,176 (25.1)
3세	1,721 (23.5)	1,558 (23.6)	481 (22.1)	99 (22.9)	155 (28.5)	777 (21.7)	4,791 (23.2)
4세	1,217 (16.6)	1,199 (18.2)	198 (9.1)	50 (11.6)	128 (23.6)	673 (18.8)	3,465 (16.8)
5세 이상	1,568 (21.4)	1,641 (24.9)	166 (7.6)	73 (16.9)	125 (23.0)	974 (27.1)	4,547 (22.0)
전체 (비율)	7,318 (35.4)	6,596 (31.9)	2,172 (10.5%)	432 (2.1)	543 (2.6)	3,588 (17.4)	20,649 (100.0)

출처: 어린이집안전공제회, 2020.

4 영유아 안전사고의 원인

영유아의 안전사고는 어떤 한 가지 요인이기보다 물리적 환경, 인적 환경, 사회·문화적 환경 등의 요인들이 복합적으로 연계되어 있다. 영유아의 안전사고의 원인을 물리적 환경 요인, 사회·문화적 요인, 영유아의 발달적 특성에 따른 요인으로 나누어 살펴본다.

1) 물리적 환경 요인

영유아의 안전사고는 물리적 환경과 밀접한 관련이 있다(Bales, Wallinga, & Coleman,

2006). 영유아교육기관의 시설과 설비의 구조적인 문제, 안전장치 부족, 부적절한 환경은 안전사고로 이어진다. 예를 들어, 영유아교육기관의 실내·실외 계단의 부적절한 미끄럼 방지턱, 미끄러운 실내 바닥, 보호대가 부착되지 않은 가구 모서리, 놀이터 바닥의 뾰족한 물건, 계단 발판의 부적절한 높이, 창문 옆 교구장, 방치된 건전지 등과 같은 환경에서 안전사고가 발생할 가능성이 높다(이기숙, 장영희, 정미라, 배소연, 박희숙, 2012).

영유아의 안전사고 중 주거지 내에서 물리적 환경 요인에 의한 사고도 많다. 가정에서 가구나 계단 등에서 추락하거나 넘어짐, 가구나 사람과의 충돌, 바닥에서 미끄러지거나 가구에 의한 긁힘, 베임, 찢어짐 등 물리적 환경으로 인한 안전사고가 전체 안전사고의 61.8%에 해당한다(황성은, 2014). 특히 성인 위주로 설계된 물리적 환경은 영유아에게 적절하지 않다(교육과학기술부, 2012). 영유아는 성인보다 눈높이가 낮아 공간지각이 상당히 제한적일 수 있기 때문에 성인 위주로 설계된 물리적 환경은 기본적으로 영유아 안전사고의 위험을 내포한다.

2) 사회·문화적 요인

새로운 놀이용품 및 교육 문화의 형성과 아동 양육에 대한 가치관, 사회 전반에 걸쳐 자리 잡고 있는 안전 의식 결여 등 사회·문화적인 요인이 안전사고의 원인이 되기도 한다. 현대사회에서는 기성세대가 경험하지 못했던 갖가지 새로운 사고 위험이 영유아의 생활주변에서 나타난다(한국소비자원, 2015). 예를 들어, TV나 컴퓨터 등과 같은 미디어 기기도 안전사고를 일으킬 수 있다. 특히 미디어 기기가 취학 전 영유아의 교육과 놀이에 자연스럽게 활용됨에 따라 영유아는 어린 시기부터 이를 접하게 된다. 미디어를 통한 학습과 게임을 즐기면서 위험이나 안전 의식이 약해지고, 영웅적 심리를 표현하고 싶어 과격한 행동을 하게 되면서 안전사고가 발생할 수 있다. 과학기술정보통신부와 한국정보화진흥원(2019b)에 따르면 3~9세 아동의 77.9%가 스마트폰을 사용하고 있고, 스마트폰 사용 아동 중 22.9%가 과의존 위험군에 해당한다. 시기별로 살펴보았을 때 전 연령대 중 유아동 과의존위험군 비율이 가장 가파른 증가를 보이고 있는 것으로 나타난다.

우리 사회의 안전의식 결여는 안전사고의 가능성을 높인다. 교통신호 무시, 보행자 무단횡단, 차량 주위를 살피지 않고 운전하기 등은 우리 사회에 만연해 있는 대표적인 안전불감증의 모습이다. 이처럼 안전을 경시하는 성인들의 행동과 의식은 영유아의 안전사고로 이어질 수 있다. 가정 내에서도 위험 요소에 대해 확인하고 점검하는 문화가 없는 점 또한 안전사고의 원인으로 작용한다(최혜순, 양은호, 김계중, 이미현, 2013).

3) 영유아의 발달적 특성에 따른 요인

영유아가 불안하거나 신체적 피로도가 높을 경우 안전사고가 발생할 가능성이 높다. 그리고 영유아의 조급성, 단순성, 불안전한 상황에 대한 접근 방법의 미숙, 사고 대처 방법의 지식 부족 등이 안전사고의 원인으로 작용한다(최혜순 외, 2013). 이와 같이 영유아의 심리적 특성과 발달적인 특성은 안전사고와 관련되어 있는데 이를 구체적으로 살펴보면 다음과 같다.

첫째, 영유아의 신체적 발달특성으로 인해 안전사고가 발생할 수 있다. 영유아는 몸의 중심이 머리 쪽에 있어 큰 옷이나 신발 등에 의해 쉽게 균형을 잃고 넘어진다. 또한 영유아의 신체 조절 능력이 미숙하여 안전사고가 일어났을 경우 머리와 같은 중요한 기관에 심각한 손상을 입을 수 있다.

둘째, 영유아의 자기중심적 사고가 안전사고의 원인이 된다. 영유아는 자신의 관점에서 사물을 보고 판단하므로 다른 사람이 자신이 하는 것과 같은 방식으로 생각하고 행동한다고 믿는다. 또한 영유아는 자신이 지각하는 한 가지 측면에만 초점을 맞추는 중심화 경향으로 인해 안전사고가 발생하기도 한다. 예를 들어, 자신이 손을 들고 지나가기 때문에 달려오는 차도 자신을 보고 멈출 것이라고 생각하여 사고가 일어나거나, 굴러가는 공만 바라보면서 움직이고 있는 그네 앞으로 공을 주우러 가거나 차가 오는 것과 관계없이 차도로 공을 주우러 가는 행동 등이 중심화 경향을 나타낸 것이다.

셋째, 유아는 논리적 추론 능력이나 기억력의 미숙으로 인해 안전사고가 발생한다. 영유아는 원인과 결과에 대한 논리적인 추론이 미숙하여 안전사고가 나타나기도 한다. 예를 들어, 분홍색 사탕이 맛이 있었으면 분홍색의 약물도 맛이 있을 것이라고 생각하여 약물을 섭취할 수 있다. 그리고 관계가 없는 어떤 두 현상이 시간적으로 근접해서 일어난다면 인과관계가 있는 것으로 간주하기도 한다. 예를 들어, 바람이 불어 모래가 눈에 들어갔을 때 가까이 있는 친구가 모래를 뿌렸을 것이라고 생각하여 보복행동을 할 수 있다(이화영, 2008). 영유아는 나이 든 사람들에 비해 기억 능력이 상대적으로 떨어진다. 성인이 영유아에게 위험한 행동에 대해 알려 주어도 금방 잊어버리고 같은 유형의 불안전한 행동을 반복하게 된다. 그러므로 영유아에게 불안전한 행동과 안전사고의 위험성에 대해 반복적으로 알려 주는 것이 좋다.

넷째, 영유아의 정서적 발달특성은 안전사고를 유발할 수 있다. 영유아는 감정의 변화가 쉽게 일어나며 나이 든 사람에 비해 자기 통제력이 약하다. 영유아가 피곤할 때 추락이나 사물과의 충돌이 빈번하게 일어나거나(Robertson, 2002), 성인에게 야단을 맞아 심리적으로 불안할 때 위험에 대한 대처능력은 떨어지게 된다.

다섯째, 호기심, 탐험심, 풍부한 상상력과 모방성 등 영유아의 성향이 안전사고를 유발할 수 있다. 영아는 손에 닿는 것은 무조건 입으로 가져가 탐색한다. 걸음마기 영유아는 탐색이나 실험을 즐긴다. 이러한 특성으로 인해 안전사고가 발생할 수 있다. 그리고 매스컴, 게임 등에서 나오는 주인공이 보이는 흥미로운 동작을 모방하거나 어른이 무심코 하는 행동을 그대로 모방하다가 사고를 당하기도 한다.

이상에서 살펴본 바와 같이, 영유아 안전사고의 원인은 물리적인 요인, 사회·문화적인 요인, 영유아의 발달적 특성에 따른 요인 등 다양하다. 이러한 요인들이 서로 상호작용하면 안전사고의 잠재적인 요인으로만 있던 것들이 실제 안전사고로 이어질 수 있다. 예를 들어, 무엇이든 입으로 넣어 탐색을 하고 호기심이 많은 영유아의 발달적 특성과 안전마개가 설치되지 않은 화장품, 향수, 방향제 등의 물리적 환경 요인의 노출이 결합했을 경우 중독사고가 일어날 수 있다. 이 외에도 영유아의 안전에 대한 무지, 기능 미숙, 부적절한 태도 등과 놀이기구의 기계·설비적 결함이 결합하면 추락과 미끄러짐 같은 안전사고가 발생할 수 있다. 따라서 교사는 사고 가능성이 높은 유아의 발달적 특성을 이해하여 물리적 환경을 점검하고(박영선, 신동주, 2014), 영유아에게 일상생활에서 안전한 행동이 무엇인지 지속적이고 반복적으로 알려 주어야 한다. 다음의 표는 영유아 안전사고의 주요 원인을 안전사고의 유형에 따라 정리한 것이다(표 1-16).

표 1-16 **영유아 안전사고의 요소**

유형	주요 요인	내용		장소	시기
자동차 사고	물리적 요인	안정장치 부족	• 안전벨트 혹은 안전좌석의 부재	– 자동차 안	– 상시
	사회 · 문화적 요인	안전의식 결여	• 안전장비 사용의 중요성에 대한 부주의 • 운전자의 부주의		
차와 자전거 충돌	영유아의 발달적 특성에 따른 요인	지적 특성	• 원인 및 결과를 파악 못함	– 집 – 학교 근처	– 상시 – 감독 부재 시
		행동적 특성	• 부주의 • 서두름 • 두려움 결핍		
추락	물리적 요인	물리적 환경	• 불안전한 시설	– 실외놀이터 – 실내활동실	– 늦은 아침 – 늦은 오후 – 감독 부재 시 – 피곤할 때
	영유아의 발달적 특성에 따른 요인	지적 특성	• 안전 지식의 결핍 • 원인 및 결과를 파악 못함		
		행동적 특성	• 능력시험 • 모방, 탐구		
사물과의 충돌	물리적 요인	시설과 설비	• 환경적 위험	– 어디서나	– 상시 – 피곤할 때 – 감독 부재 시
	영유아의 발달적 특성에 따른 요인	신체적 특성	• 능력의 부족		
		지적 특성	• 원인 및 결과를 파악 못함		
		행동 특성	• 모방 • 서두름 • 탐구 • 능력시험		
독물 중독	물리적 요인	시설 및 설비	• 환경적 위험	– 주방, 욕실, 침실, 창고, 거실, 마당	– 감독 부재 시 – 상시
	사회 · 문화적 요인	안전의식 결여	• 안전 의식의 결여		
	영유아의 발달적 특성에 따른 요인	지적 특성	• 원인 및 결과를 파악 못함 • 글씨를 읽지 못함		
		행동적 특성	• 모방 • 탐구 • 능력시험		
화상	물리적 요인	시설 및 설비	• 안전장비 결핍 • 연기 탐지기의 부재	– 어디서나 – 욕실, 주방	– 감독 부재 시 – 상시
	영유아의 발달적 특성에 따른 요인	지적 특성	• 원인 및 결과를 파악 못함		
		행동적 특성	• 모방 • 탐구 • 능력시험		

유형	주요 요인	내용		장소	시기
질식	물리적 요인	시설 및 설비	• 환경적 위험	– 어디서나	– 감독 부재 시 – 상시
	영유아의 발달적 특성에 따른 요인	지적 특성	• 원인 및 결과를 파악 못함		
익사	물리적 요인	시설 및 설비	• 환경적 위험	– 욕조, 수영장 – 모든 종류의 물	– 감독 부재 시 – 상시
	사회 · 문화적 요인	안전의식 결여	• 사전 경고의 부재		
	영유아의 발달적 특성에 따른 요인	신체적 특징	• 능력 부족		
		지적 특성	• 원인 및 결과를 파악 못함		
		행동적 특성	• 모방 • 탐구 • 능력시험		
학대	사회 · 문화적 요인	양육 가치관	• 부모 • 가난 • 학대의 순환 반복	– 어디서나	– 감독 부재 시 – 상시
		안전의식 결여	• 낯선 사람, 영유아가 아는 사람의 위험성에 대한 안내 부족		
	영유아의 발달적 특성에 따른 요인	지적 능력	• 원인 및 결과를 파악 못함 • 기능장애		

출처: Robertson(2002)의 내용을 토대로 재구성.

5 안전사고 발생 시 대처방법

영유아교육기관에서 안전사고가 발생할 경우 신속하고 정확하게 이를 처리하여 피해를 최소화해야 한다. 일반적으로 영유아교육기관에서 안전사고가 발생하면 초기 단계, 경과 단계, 사후 단계의 절차를 따르게 된다.

1) 초기 단계

사고 발생 초기 단계에서는 응급조치를 하고 피해 영유아의 후송 등을 위해 119에 연락하는 등의 조치를 취한다. 안전사고는 사고 발생 초기의 응급조치가 중요하므로 초기 단계의 대응은 신속하고 정확해야 한다. 응급상황이 발생할 경우 교사는 침착하게 사고의 원인을 파악한다. 교사가 경황이 없거나 당황하게 되면 사고를 당한 영유아나 나머지 영유아가 불안해질 수 있고 또 다른 사고로 이어질 수 있다.

사고를 파악할 때는 누가 어떻게 다쳤는지, 그 현장에 남아 있는 위험이나 또 다른 사고의 위험은 없는지 신속히 판단한다. 다친 영유아는 부상 정도를 파악하여 응급조치를 하고 동시에 사고를 기관장에게 신속하게 보고하고 부모에게도 즉시 보고한다. 부모에게 보고가 늦어질 경우 사고를 축소하거나 은폐한다고 오해할 가능성이 있다.

사고 정도에 따라 기관 내에서 간단한 처치를 할 수도 있고, 전문 의료기관에 가야 하는 위급한 상황도 있다. 만약 응급 이송이 필요한 상태라면 지체 없이 119에 신고하여 도움을 받는다. 이를 대비해서 영유아교육기관에서는 부모와의 비상연락망을 갖추고, 영유아에 대한 응급처치 동의서를 받아 둔다(「영유아보육법 시행규칙」 제23조 및 별표 8). 전문 의료기관으로 옮겨야 할 경우 부모와 연락을 취하고 부모가 지정한 의료기관을 이용하도록 한다. 부모가 특정한 병원을 지정하지 않았을 경우 영유아교육기관에서 지정하는 의료기관을 이용한다.

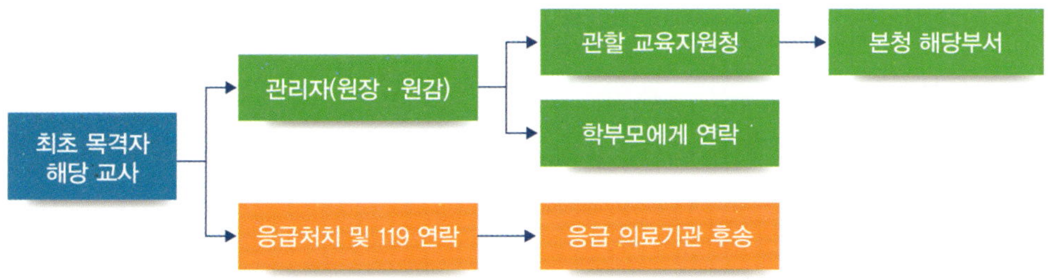

그림 1-1 유치원 안전사고 발생 시 초기대응 연락체계도(서울시교육청, 2020)

2) 경과 단계

경과 단계에서는 사고를 담당하는 교사가 사고원인 및 피해사항을 파악하여 사고 직후 초기 대응과 경과 과정을 서면으로 작성한 후 영유아교육기관장에게 보고한다. 이후 기관장은 상위기관에 보고를 하게 되는데, 어린이집의 경우 원장이 사고 발생 24시간 이내 안전사고 일지 및 사고보고서를 작성해서 시장·군수·구청장에게 보고하고, 유치원의 경우 원장이 사고 원인, 처리과정 및 향후 수습방안을 관할 교육감 또는 교육장에게 보고한다. 사고보고서에는 다음과 같은 내용을 포함하여 작성한다.

- 영유아교육기관에 대한 정보(영유아교육기관명, 주소, 연락처)
- 사고 영유아에 대한 정보(영유아의 이름, 성별, 생년월일)
- 사고 내용에 대한 정보(사고일자, 사고 당시 원장 및 담임교사의 근무 상황, 부모 연락사항, 연락시간, 사고 발생 장소, 사고 당시 활동내용, 사고의 유형, 사고 원인, 사고 부위 등)
- 사고 처리 절차 및 사후 조치에 대한 내용(응급처치, 진료 여부, 사고 아동 치료나 보호를 위한 추후 계획, 재발 방지를 위한 조치사항, 직원 및 부모 서명 등)

사고 발생 후에는 책임관계에 대한 다툼이 발생할 수 있다. 따라서 사고 발생 과정을 잘 알고 있는 증인을 확보하고 사고 발생부터 종결 시까지 경과를 기록해야 한다(사고 현장 사진, 주위에 함께 있던 사람 등). 사고의 발생 원인에 대한 객관적 판단을 배제하고 빠른 해결만을 위해 사고를 처리하면 사후 소송제기 등 책임 소재에 다툼이 생길 수 있으므로 사고 발생 경위를 정확하게 보고해야 한다. 또한 영유아교육기관에서의 안전사고는 사고 처리과정에서 부모와 기관 간의 감정적인 문제로 인하여 해결이 곤란하게 되는 경우가 있으므로 각별히 주의한다.

3) 사후 단계

사후 단계에서는 사고 발생 경위를 정확하게 파악한 후에 의료비를 공제회에 청구한다. 유치원은 학교안전공제중앙회(www.ssif.or.kr), 어린이집은 어린이집안전공제회

(www.csia.or.kr) 또는 영유아교육기관에서 가입한 보험회사에 의료비를 청구한다. 사고처리는 사고담당자를 지정하여 담당자가 처리할 수 있도록 한다. 또한 교직원의 중과실이나 고의에 의한 사고가 아닌 경우에는 피해자 측에서 교직원을 상대로 보상을 요구하거나 소송을 제기할 것이 아니라, 사용자(유치원의 경우 시 · 도 교육감 또는 학교법인, 어린이집의 경우 기관장, 시 · 군 · 구청)를 상대로 보상을 요구해야 한다는 것을 분명하게 안내한다. 사고처리가 완료된 이후에는 사고원인에 따른 재발방지책을 마련하여 안전사고가 발생하지 않도록 한다. 안전사고 발생에 따른 대처절차를 정리하면 다음과 같다(그림 1-2).

초기 단계	경과 단계	사후 단계
• 응급처치 실행 • 의료기관 이송 여부 결정 필요시 119 등 유관기관 협조 요청 • 영유아교육기관장, 사고책임자 및 학부모에게 즉시 보고 • 의료기관을 통한 전문적인 처치	• 사고원인 및 피해사항 파악 • 사고 담당교사는 사고 직후 초기 대응 및 경과과정을 상세히 작성하여 영유아교육기관장에게 보고 • 영유아교육기관장은 상위기관에 보고	• 유치원은 안전사고 사안에 따라 관련자에게 학교안전공제중앙회(www.ssif.or.kr) 보상 신청을 안내 • 어린이집은 어린이집안전공제회(www.csia.or.kr)에 의료비를 청구 • 사고원인에 따른 재발 방지책 마련

그림 1-2 안전사고 발생 시 대처 절차

영유아교육기관에서는 안전사고 예방 및 대응을 위해서 인근 소방서, 경찰서 및 가스, 유류 등의 안전상태를 점검하는 기관 등과 비상연락체계를 구축해야 한다. 또한 자체안전점검 계획을 수립하여 안전점검을 실시하고, 안전사고 발생에 대비해서 공제회에 가입해야 한다. 이러한 근거는 「학교안전사고 예방 및 보상에 관한 법률」(법률 제11조 및 제12조)과 「영유아보육법」(제5장 제31조의2)에 있다. 유치원장은 학교안전사고로 인해 생명 · 신체에 피해를 입은 학생 · 교직원 및 교육활동참여자에 대한 보상을 위해 의무적으로 학교안전공제회에 가입해야 하고(「학교안전사고 예방 및 보상에 관한 법률」 제11조 및 제12조), 어린이집 원장은 어린이집의 안전사고를 예방하고 어린이집 안전사고로 인하여 생명 · 신체 또는 재산상의 피해를 입은 영유아 및 보육교직원 등에 보상하기 위해 어린이집안전공제회에 가입해야 한다(「영유아보육법」 제5장 제31조의2).

CHAPTER

02

영유아의 연령별 발달특성 및 안전

1. 영아기 발달특성과 안전
2. 유아기 발달특성과 안전

1 영아기 발달특성과 안전

영아기는 신체조절능력이 부족하고, 사물을 입으로 탐색하는 특성을 보인다. 따라서 이 시기에는 높은 곳에서 떨어지는 추락사고나 작은 물건 등을 삼키는 것으로 인한 질식 등의 안전사고가 일어나기 쉽다. 이 시기의 신체적 변화로 인해 영아는 주양육자에게 전적으로 의존하던 것에서 벗어나 서서히 독립적으로 움직일 수 있고 주변에 대한 호기심과 탐색 욕구가 나타나게 된다. 주변에 대한 호기심이 많은 심리적 특성과 더불어 영아기의 신체적인 특성은 안전사고에 영향을 미칠 수 있다. 이처럼 영아의 발달특성으로 인해 일어날 수 있는 안전사고에 대비하기 위하여 교사는 영아의 발달특성과 관련된 안전사고의 유형 및 요인에 대해 숙지하고 있어야 한다. 다음에서는 영아기의 연령별 특성과 그에 따른 안전사고 유형 및 예방법에 대해 살펴본다.

1) 1세 미만(0~11개월)

(1) 발달특성

출생에서부터 1세까지는 인생에서 발달과 성장이 가장 왕성하게 이루어지는 시기이다. 이 시기 동안 영아는 반사행동에서부터 시작하여 점차 스스로 움직일 수 있게 되면서 주변을 탐색하고 자신을 통제하는 힘과 기술이 생겨난다. 균형감각이나 신체조절능력이 미흡하여 추락이나 낙상사고 등이 일어날 수 있으므로 주양육자나 교사는 이 시기의 영아를 지속적으로 관찰하고 감독하는 것이 필요하다. 출생에서 1세까지의 발달특성을 정리하면 다음과 같다.

① 0~6개월

생후 처음 몇 주 동안 신생아는 하루에 약 18시간까지 그리고 3개월이 될 때까지는 하루에 약 15시간 동안 잠을 잔다. 또한 이 시기의 영아는 소리가 나는 방향으로 얼굴을 돌리거나 반사행동을 한다. 그러다가 월령이 증가하면서 점차 고개를 가누고 뒤집기를 시도하는 등 스스로 몸을 움직이려는 시도와 행동들이 나타난다(조형숙, 한종화, 박은주, 이수민, 2016). 이를 구체적으로 살펴보면 다음과 같다.

- 감각기관을 이용하여 주변 환경을 탐색한다.
- 손과 발을 탐색한다.
- 몸의 균형을 잡기 위한 자세를 시도한다.
- 뒤집기 등 몸을 조절하여 위치를 바꾼다.
- 보이는 물체에 손을 뻗는다.
- 팔다리 뻗기, 흔들기 등 제자리 운동을 시도한다.

② 7~11개월

생후 6~18개월 사이에는 신체적 균형감에 영향을 주는 소뇌가 급속도로 성장하는 시기로 출생 후 1년 사이에 몸무게는 출생 시의 3배까지 증가하며 신장은 출생 시보다 약 1.5배 정도로 급속하게 성장한다. 또한 영아의 머리 길이는 신장의 1/4 정도로 성인의 신장 비율과 비교할 때 머리가 차지하는 비중이 훨씬 크고 무겁다(이기숙, 정명희, 이윤경, 정미라, 심성경, 2015). 이 시기의 영아는 기고 일어서기처럼 독립적으로 움직일 수 있고, 신체적 움직임이 활발해지며 주변세계에 대한 호기심을 입으로 탐색하고자 하는 특징이 있다(성미영, 유주연, 이세라피나, 임여정, 정현심, 2019). 구체적 특징을 살펴보면 다음과 같다.

- 주요 신체 부분의 움직임을 탐색한다.
- 붙잡고 서 있기 등의 자세를 취한다.
- 누웠다 앉기 등의 몸의 움직임을 조절한다.
- 눈과 손을 협응하여 소근육을 활용해 본다.
- 기기, 걷기 등 이동운동을 시도한다.
- 팔다리 뻗기, 흔들기 등 제자리 운동을 시도한다.
- 몸을 활발히 움직인다.
- 간단한 기구를 이용하여 신체활동을 시도한다.

(2) 주요 안전사고 유형 및 예방법

영아기는 머리가 몸에 비해 크고, 신체의 각 부분 간의 협응력이 부족하여 균형을 잃기 쉽다(이기숙 외, 2012). 이로 인해 침대에서 추락하는 사고, 무엇이든지 입에 넣고 삼킴으로 인한 질식사고, 원인이 불분명한 영아돌연사와 같은 안전사고가 발생한다. 따라서 교사는 영아를 민감하게 보살피고 영아 주변의 안전사고 위험요소를 제거해야 한다. 다음에서는 이를 자세하게 살펴본다.

① 추락사고

이 시기 영아는 머리가 몸 크기에 비해 크고 무거워 안정적인 균형감을 유지하기 어렵다. 또한 미숙한 신체조절능력과 위험 상황에 잘 대처할 수 없는 특성으로 인해 쉽게 넘어지고 부딪혀 낙상, 추락, 충돌과 같은 안전사고로 이어질 수 있다. 영아는 두개골이 단단하지 않아 충격에 취약한 상태이므로 가벼운 충격으로도 심각한 뇌 손상을 일으킬 수 있다. 따라서 가정이나 영유아교육기관에서는 추락사고의 위험요소를 제거하고 추락사고 예방에 주의해야 한다.

추락사고가 일어나면 교사는 가장 먼저 영아의 의식이 있는지 확인한 후 바닥의 어느 부분에 부딪쳤는지 확인한다. 영아가 심리적으로 안정을 취할 수 있게 하며, 골절이나 장기손상의 위험성을 고려하여 영아의 몸을 최대한 이동하지 않도록 고정한다. 그리고 신속하게 응급구조를 요청하고 의료전문가의 지시에 따르도록 한다.

1세 미만의 영아는 침대에서 뒤집기, 기기, 잡고 일어서기 등과 같은 움직임이 일어날 수 있기 때문에 영아용 침대에는 추락을 막기 위한 안전보호대를 반드시 설치해야 한다. 또한 영아는 잠을 자는 도중에도 많이 움직이기 때문에, 영아용 침대의 안전보호대를 내려놓고 교사가 잠시 자리를 비우거나 높은 장소에 영아를 잠시라도 눕혀 놓는 일은 없어야 한다. 예를 들어, 기저귀를 갈 때 기저귀 갈이대가 바닥으로부터 높은 곳에 위치해 있다면 영아를 혼자 두고 기저귀를 가지러 가지 말아야 하며, 의자나 교구장 등 높이가 있는 곳에 잠시라도 영아를 혼자 앉혀 놓으면 안 된다.

영아의 머리 위쪽에 물건을 올려 놓는 일이 없게 하여 추락물체로 인한 상해로부터 영아를 보호해야 한다. 그리고 높이가 있는 가구나 물건 등에 영아가 올라가지 않도록 주의하고 살펴야 한다. 외출 시에는 유모차에서 떨어져 다치는 경우가 발생할 수 있으므로 유모차를 이용할 때는 반드시 안전띠를 착용하여 안전사고로부터 영아를 보호해야 한다.

② 질식사고

질식사고는 기도 폐쇄와 호흡기 압박, 공기 중의 산소 부족 등으로 인한 이산화탄소의 과다, 혈액 속 산소 부족 등으로 인해 나타난다. 또한 이 시기의 영아는 소화기능이 덜 발달되어 수유 시 우유가 역류하여 기도로 넘어가거나 작은 물체를 삼켜 질식사고가 일어날 수 있다(천희영, 문혁준, 권희경, 김민정, 김정희, 2020). 이와 더불어 질식의 원인으로 푹신한 요나 베개에 의한 질식, 덩어리가 큰 음식으로 인한 질식, 작은 물체(단추, 동전, 구슬 등)나 유독 물질 흡입으로 인한 질식, 비닐, 끈 등으로 인한 질식, 욕조 안에 거꾸로 박힘으로 인한 질식 등이 있다.

질식으로 인한 안전사고를 예방하기 위해 영아의 수면 시에 푹신한 베개와 요, 이불 등의 침구는 사용하지 않아야 하며 쿠션, 베개는 영아의 옆에 두지 않아야 한다. 수유 시에는 영아를 바닥에 눕히거나 머리가 아래로 향하게 하지 말고 반드시 품에 안고 머리가 가슴보다 위에 위치하도록 하여 우유가 기도를 막지 않도록 한다. 또한 수유 후에는 트림이 나오게 하여 우유가 역류하여 토하거나 기도가 막히는 일이 발생하지 않도록 한다.

이 시기의 영아는 모든 물건을 입으로 가져가 주변 환경을 탐색하는 특성이 있다. 영아가 사물을 탐색하다 삼키는 경우 질식사고가 일어날 수 있으므로 영아 주변에 작은 물건이나 놀잇감을 두지 않아야 한다. 영아는 자신이 무엇을 삼켰는지 언어로 표현하지 못하므로 영아를 돌보는 부모나 교사는 늘 세심하게 주의해야 한다. 또한 질식사고가 발생했을 때 신속하게 대처하기 위한 방법과 응급처치에 대한 기본 지식을 습득하여 이를 활용할 수 있어야 한다.

Tip **영아기 질식사고 예방을 위한 안전수칙**

- 영아기의 질식사고 예방을 위해서는 너무 푹신한 베개나 침구류는 피한다.
- 영아의 사이즈에 맞는 침구류를 준비한다.
- 영아를 재울 때는 천장을 바라본 상태로 똑바로 눕혀 재운다.
- 코, 입이나 귀에 들어갈 작은 물건을 방치하지 않도록 주변을 늘 정리하고 살핀다.
- 놀잇감의 크기는 지름 3.5cm, 길이는 5.5cm 이하가 되지 않도록 한다.

③ 영아돌연사증후군

영아돌연사증후군(SIDS)은 영아기에 빈번하고 흔한 사고의 유형은 아니지만 사망이라는 극단적 결과를 초래하기 때문에 특히 유의해야 한다. 영아돌연사증후군은 영아급사증후군(sudden infant death syndrome)이라고도 하는데, 흔히 12개월 이하의 영아가 잠을 자다 갑자기 사망하는 것으로 사망에 이르게 하는 당시 상황이나 병력 등이 특별히 없거나 사망의 원인을 찾을 수 없는 경우에 해당한다. 영아돌연사증후군의 가장 유력한 원인은 호흡조절 규제와 관련된 뇌기능 이상이다. 미국의 한 연구는 산소와 이산화탄소의 농도를 조절하는 부분인 뇌간의 연수에 세로토닌 수용체를 덜 가지고 있어 순환이 잘 안 되고, 체내 경보장치가 정상적으로 작동하지 못하기 때문이라고 주장하는 등 뇌기능 이상으로 추정하며 이를 인정하고 있다(Duncan, Paterson, & Hoffman, 2010; Paterson et al., 2006).

영아돌연사증후군은 95%가 생후 6개월 이전에 발생하고 가을과 겨울철에 더 많으며 6:4 정도의 비율로 남아에게 많이 발생한다(어린이집안전공제회, 2015c). 2019년 1세 미만의 영아 중 영아돌연사증후군으로 사망한 비율은 전체 사망자수 822명 중 52명으로 6.3% 비율로 발생하였다(통계청, 2020).

표 2-1 영아돌연사증후군으로 인한 사망 통계 (단위: 명, %)

연도	2016년	2017년	2018년	2019년
전체 사망자 수	1,154	1,000	931	822
영아돌연사	85(7.4)	74(7.4)	74(7.9)	52(6.3)

출처: 통계청, 2020.

영아돌연사증후군의 위험요인으로는 어머니의 임신 중 흡연, 알코올 섭취, 마약 복용, 영양 부족 등을 들 수 있다. 그리고 임신 간격이 너무 짧거나 자궁 내 저산소증으로 인한 태아 성장지연도 위험요소이다. 또한 신생아의 경우 성장부진이 있는 영아나 미숙아, 흡연에 노출된 경우, 스트레스 등이 위험요인으로 작용할 수 있다(김영미, 조갑출, 2016; Duncan & Byard, 2018). 따라서 교사는 영아가 영유아교육기관에 입소할 때 이와 관련된 정보를 부모에게 받아서 영아돌연사의 위험으로부터 대비해야 한다. 영아돌연사증후군의 구체적인 예방법을 정리하면 다음과 같다.

- 영아 혼자 눕혀 두지 않아야 하며 항상 옆에서 지켜보아야 한다.
- 특히 출생 시 체중미달이었던 영아이거나 미숙아, 호흡기가 약한 영아는 세심한 주의를 기울인다.
- 갑작스러운 환경의 변화가 스트레스의 원인이 될 수 있으므로 심리적 안정감을 느낄 수 있는 환경을 제공하고 세심하게 보살펴야 한다.
- 사고 발생 시를 대비하여 항상 영아의 상태를 기록해 두어야 한다.
- 영아돌연사 사고 상황을 인지한 경우 즉시 부모에게 연락하고, 119에 신고해야 한다.
- 119가 도착하기 전까지 심폐소생술 등의 응급처치를 시행하고 현장을 보존(상황 기록 등)한다.
- 어린이집안전공제회에 사고 접수를 한다.

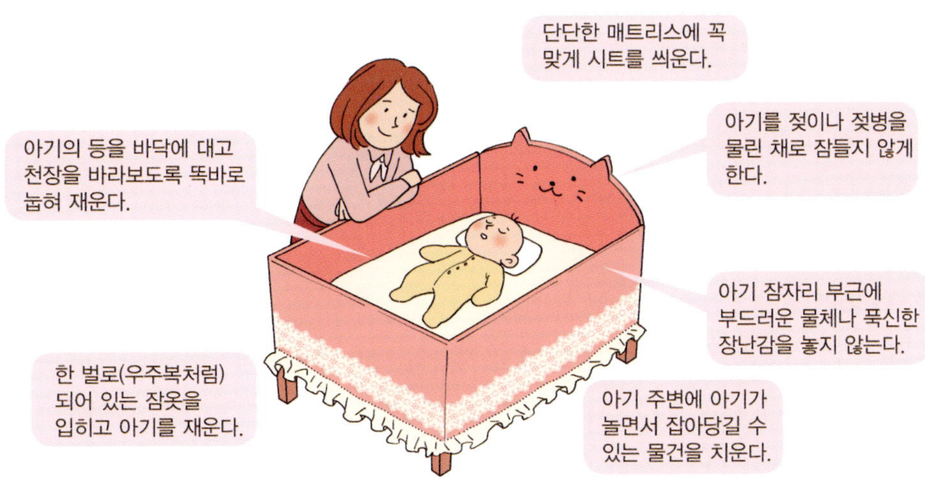

그림 2-1 돌연사 예방을 위한 안전한 수면상태

출처: 어린이집안전공제회, 2015c.

표 2-2 0~1세의 안전사고 유형 및 예방법

안전사고 유형		예방법
질식		• 푹신한 베개나 요, 이불 등을 피하고 봉제 인형 등을 머리맡에 두지 않는다. • 영아를 재울 때는 항상 바로 눕혀 재운다. • 단추나 구슬, 동전 등 작은 물건이 영아의 손에 닿지 않도록 보관한다.
추락		• 영아를 높이가 있는 곳이나 계단 등에 두지 않는다. • 보호자는 항상 영아 옆에서 떨어져 있지 않도록 한다. • 침대 사용 시 보호대를 반드시 설치하도록 한다.
영아돌연사		• 영아가 흡연이나 스트레스에 노출되지 않도록 한다. • 영아가 자고 있는 동안 너무 덥지 않게 한다. • 영아를 푹신하지 않은 단단한 바닥에 똑바로 눕혀 재운다. • 영아의 수면 시 보호자는 같은 공간에서 주의깊게 살펴 보도록 한다.
기타	놀잇감 및 놀이공간	• 놀잇감은 단단하고, 모서리에 각이 없는 것을 제공한다. • 부서지지 않는 재질의 놀잇감을 제공한다. • 놀잇감은 커서 삼킬 수 없고, 무독성으로 마무리된 것을 제공한다. • 보호자의 시야 안에서 놀게 한다.

2) 1~2세(12~35개월)

(1) 발달특성

1세 미만의 영아는 부모나 교사 등 성인으로부터 전적으로 보호를 받는다면, 12개월이 넘어서며 영아는 걷기가 가능해지면서 성인에 대한 의존도가 점차 낮아지고 독립적으로 행동하기 시작한다. 신장과 체중이 증가하지만 생후 첫 해만큼 급격한 증가를 보이지는 않고 균형감이 향상되며 걷기, 달리기, 깡충 뛰기, 기어오르기 등의 신체활동이 활발해진다(이기숙 외, 2015).

① 1세아

눕거나 앉아서 생활하다가 걷게 되면서 적극적으로 주변을 탐색하게 되고 활동 범위가 확대된다. 또한 손과 눈의 협응이 발달하며 사물을 탐색하고 물체를 다양하게 다루는 방법을 익히게 된다. 이러한 1세 영아의 발달특성을 정리하면 다음과 같다(조형숙 외, 2016; 김소양, 장현주, 송미선, 2018).

- 안정되게 서 있기 등의 자세를 시도한다.
- 누웠다 앉기 등 몸의 움직임을 조절한다.
- 눈과 손을 협응하여 소근육을 활용해 본다.
- 걷기 등 이동운동을 시도한다.
- 서 있기, 앉기 등 제자리 운동을 시도한다.
- 두 발을 이용하여 계단을 오르내릴 수 있다.
- 뛸 수 있다.
- 몸의 움직임을 다양하게 시도한다.
- 간단한 기구를 이용하여 신체활동을 시도한다.

② 2세아

스스로 손과 발의 조절 능력이 증가되고 자기조절능력이 발달하기 시작하지만 완전한 자기조절 능력을 갖추지 못한다. 자아 개념이 생기기 시작하며 끊임없이 탐색을 시도하고 자기 중심적 사고로 놀잇감이나 물건을 다른 사람과 나누기 어렵다(조형숙 외, 2016; 김소양, 장현주, 송미선, 2018). 이러한 2세 영아의 발달특성을 정리하면 다음과 같다.

- 안정된 자세를 취하려고 시도한다.
- 팔, 다리, 목, 허리 등 움직임을 조절한다.
- 눈과 손을 협응하여 소근육을 조절해본다.
- 걷기, 계단 오르기 등 이동운동을 한다.
- 한 발로 서기, 뛰기, 뛰어넘기, 오르내리기 등이 가능해진다.
- 신체활동에 자발적으로 참여해본다.
- 공을 던지고 세발자전거를 탄다.
- 문 손잡이를 돌리는 등의 환경에 대한 세심한 조작이 가능해진다.
- 언어를 사용하여 주변 사람과 소통할 수 있으며 어휘가 급속도로 증가한다.
- 친구에게 관심을 갖기 시작한다.

(2) 주요 안전사고 유형 및 예방법

1~2세 영아는 신체 움직임의 유연성과 이동능력이 나타나는 것처럼 신체발달의 측면에서는 성장했으나 위험을 인지하는 능력은 신체발달만큼 발달된 것은 아니다. 따라서 위험 상황에 처할 수 있는 경우가 더 많은 반면 위험 상황에 대한 대처는 잘하지 못한다. 1~2세 영아의 안전사고는 상황에 따라 다양하게 나타날 수 있는데, 주요 안전사고 유형과 예방법을 살펴보면 다음과 같다.

① 충돌 및 넘어짐

1~2세 영아는 이동능력이 발달하면서 이동하거나 움직이는 것을 매우 좋아하지만 균형감각이 안정적이지 못하여 충돌 및 넘어지는 사고가 종종 발생한다. 또한 무게중심이 머리 쪽에 있는 영아기 특성상 얼굴에 주로 상처를 입게 되고, 치아를 다치기도 한다(어린이집안전공제회, 2020b). 이러한 넘어짐 사고는 어린이집 사고 유형 중 30.8%로 가장 높은 비율을 차지하며(어린이집안전공제회, 2020b), 사고 유형을 좀 더 자세히 살펴보면 2015~2019년 사이 안전사고 발생 건수 58,974건 중 방, 거실 등에서 넘어지거나 미끄러지고 책상, 침대 등에 부딪히는 사고가 2,329건으로 전체의 52.1%를 차지하고 있다(한국소비자원, 2020).

따라서 영아기의 충돌, 충격 및 미끄럼 사고를 예방하기 위해서는 교구장이나 책상, 서랍장 등의 모서리나 뾰족한 부분은 반드시 모서리 보호장치를 해야 한다. 또한 바닥재는 미끄럽지 않게 저항력이 높고, 넘어져도 크게 상처를 입히지 않을 만한 소재를 사용해야 하고 물기가 많은 욕실에는 미끄럼 방지 매트를 깔아 주어야 한다. 항상 영아의 놀이 공간 주변에 날카롭거나 뾰족한 물건이 놓여 있지 않도록 주의해야 하며 놀잇감이 바닥에 방치되어 있지 않도록 수시로 정리해야 한다.

발생장소를 보면 보육실에서 넘어지는 사고가 가장 많이 나타나고 있다(43.0%, 그림 2-2). 이는 장난감을 밟아 넘어지거나, 바퀴 달린 놀잇감을 밀고 다니다가 순간적으로 균형을 잃으며 넘어져 얼굴에 상처를 입기 때문이다. 바닥재의 경우 표면이 까칠까칠하거나 울퉁불퉁하면 피부가 연약한 영아에게 매우 큰 상처를 남길 수 있다. 반면, 바닥재가 미끄러운 소재이면 영아가 쉽게 넘어져서 뇌손상 등의 심각한 부상으로 이어질 수 있다. 그러므로 안전한 바닥재를 선택하여 안전사고를 예방하는 것이 중요하다.

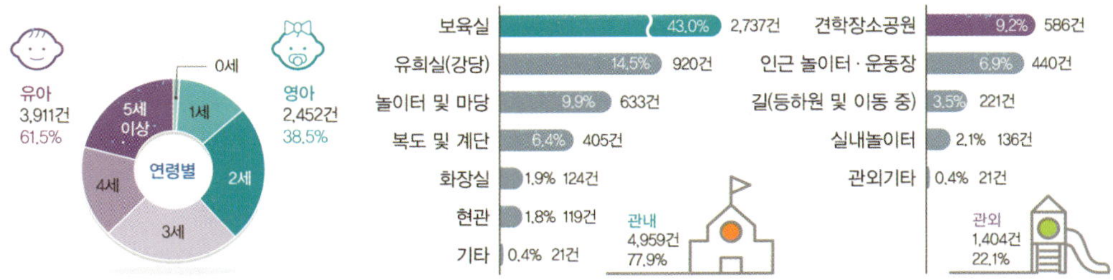

〈넘어짐 사고 연령별 발생 건수〉 〈넘어짐 사고 발생 장소별 건수〉

그림 2-2 넘어짐 사고 통계자료

출처: 어린이집안전공제회, 2020b.

② 추락사고

1~2세 영아는 이동능력과 신체 균형이 발달하고 활동 범위가 넓어져 높은 곳을 오르내리거나 놀이기구에서 놀이하면서 추락사고가 발생할 수 있다. 특히 책상, 의자 등 오를 수 있는 기구에서 추락하거나 계단, 창살 없는 창문 등에서 추락하는 사고가 발생할 수 있다. 그러므로 영유아교육기관에서는 영아가 교구장에 매달려 올라가는 등의 행동으로 인한 추락사고를 예방해야 한다.

추락사고의 발생 장소를 살펴보면 관내는 놀이터 및 마당에서 107건(19.9%), 관외는 인근 놀이터 및 운동장에서 137건(25.5%)로 놀이기구 이용으로 인한 추락 빈도가 가장 높다. 따라서 교사는 놀이시설의 추락사고를 예방하고 상해를 최소화하기 위해 놀이터 안전점검을 매일 실시하고 놀이시설 바닥에 충격 흡수재를 정기적으로 살펴보고 보충해야 한다. 또한 계단을 이용할 때 손잡이를 잡고 천천히 이동하게 하고 실내 계단 벽면의 영아 눈높이에 작품과 같은 전시물을 게시하지 않도록 하여 영아가 시선을 빼앗겨 사고가 일어나지 않도록 해야 한다(어린이집안전공제회, 2020b).

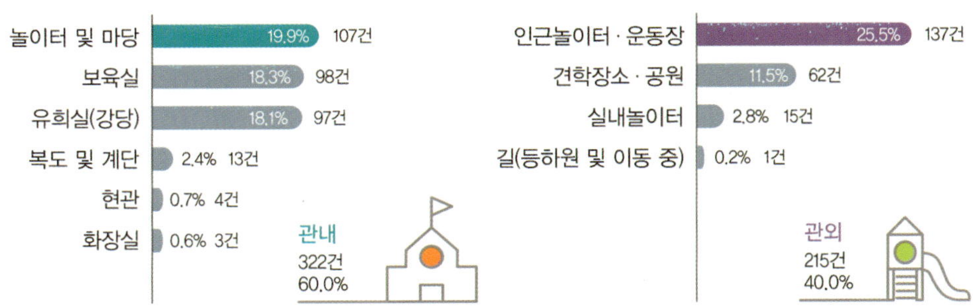

그림 2-3 장소별 추락사고

출처: 어린이집안전공제회, 2020b.

③ 화상

영아기에 발생할 수 있는 또 다른 안전사고가 화상이다. 화상사고 연령별 사고 건수를 살펴보면 1~2세 영아의 화상사고 건수가 전체 화상사고 건수 중 210건(48.6%)으로 많이 일어나고 있다(그림 2-4).

영아의 피부는 성인보다 매우 연약해서 화상사고가 발생하면 피해 정도와 후유증이 심각하다. 전기밥솥, 오븐, 전열기구 등에 영아의 손이나 몸이 닿아 화상을 입는 경우가 종종 발생하며, 목욕물의 온도가 너무 높거나 샤워기를 틀 때 갑자기 쏟아지는 뜨거운 물 등에 의해서 화상을 입을 수 있으므로 보호자의 각별한 주의가 요구된다.

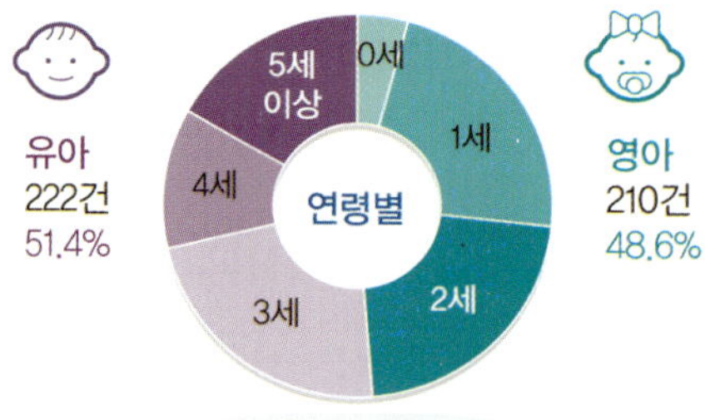

그림 2-4 화상사고 연령별 사고 건수

출처: 어린이집안전공제회, 2020b.

화상사고의 발생 장소(그림 2-5)를 살펴보면 보육실에서의 발생 빈도가 293건으로 전체의 67.8%를 차지하고 있다. 갓 조리된 국이나 밥으로 인한 화상도 자주 발생하므로 급식 및 간식을 배식할 때 음식을 충분히 식혀서 배식하고 영아가 음식이 든 식판을 들고 다니지 않도록 해야 한다. 또한 교사는 뜨거운 음료(차나 커피 등)를 보육실에 가지고 들어가지 않음으로써 교사의 부주의로 발생할 수 있는 화상사고를 예방해야 한다.

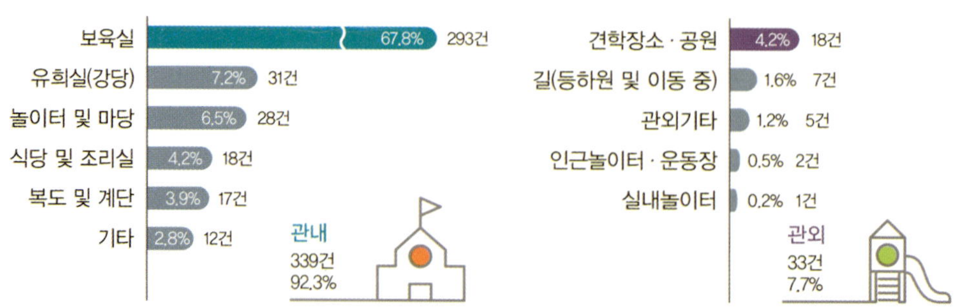

그림 2-5 화상사고 장소별 사고 건수

출처: 어린이집안전공제회, 2020b.

가정어린이집과 같이 주방과 보육실이 같은 공간(층)에 위치하는 시설은 주방과 보육실의 칸막이나 문이 열려 있는 상태로 방치되어 영아가 주방으로 출입하는 일이 발생할 수 있다. 주방 출입구가 개방된 틈을 타서 영아가 주방으로 들어갈 경우 주방기구에 의한 화상을 입을 위험이 있을 수 있으므로 교사는 주방을 출입할 때 출입문이나 칸막이 등을 닫아 영아가 출입할 수 없도록 통제해야 한다.

④ 놀이시설 및 놀잇감에 의한 사고

1~2세 영아는 대근육을 사용하여 미끄럼틀이나 시소, 그네 등의 놀이시설을 이용하므로 놀이시설로 인한 안전사고에 대비하고 안전교육을 실시해야 한다. 미끄럼틀은 영아의 신체 크기에 알맞도록 높이나 경사를 고려하고 그네는 받침대의 굵기, 시소는 높이 등을 고려해야 한다(제4장 영유아교육기관의 환경관리 참조). 또한 놀이기구의 올바른 이용방법을 알려 주어야 한다(이기숙 외, 2012). 그리고 날카롭고 뾰족한 장난감, 공처럼 둥근 장난감에 의한 미끄러짐, 불량 장난감이나 놀잇감으로 인한 안전사고 등이 발생할 수 있다. 그러므로 교사는 놀잇감을 점검하여 파손된 놀잇감이 없도록 하고 연령에 맞고 독성이 없으며 날카롭지 않은 놀잇감을 제공해야 한다.

⑤ 질식 및 흡입

1~2세 영아는 작은 물체를 삼켜 기도 폐쇄의 질식사고가 일어날 수 있다. 영아는 음식 모양의 스티커를 삼키거나 꿀떡과 같은 음식 섭취로 인해 질식사고가 발생할 수 있다. 특히 잠자기 직전에 섭취한 음식물로 인해 질식사고가 발생하기도 하므로 점심이나 간식시간 이후에 곧바로 잠자리에 드는 것은 피해야 한다. 또한 유해물질(세제, 살충제, 의약품 등) 흡입으로 인해 질식사고가 발생하기도 하므로 교사는 영아가 생활하는 공간에 유해물질의 물품을 놓지 않아야 한다.

비닐이나 끈, 풍선 등으로 인한 질식사고도 발생할 수 있다. 따라서 수업활동에 제공하는 교재교구 중 리본과 같은 끈 종류는 길이를 짧게 제공하도록 하고, 비닐이나 풍선 종류는 영아가 입으로 가져가지 않도록 지도해야 한다. 그리고 칫솔로 인한 질식의 위험성도 있으므로 양치 시 반드시 교사가 옆에서 지켜보고 올바른 칫솔질에 대해 지도하도록 한다. 간혹 기관이나 가정에서 단추형 건전지를 삼키는 경우가 있을 수 있는

데 이는 심각한 체내 화상이나 사망으로 이어질 수 있으므로 각별한 주의가 필요하다.

⑥ 물림

이 시기 영아는 미소, 호기심의 긍정적 정서와 함께 분노, 공포, 혐오 등의 부정적 정서를 경험한다. 다른 사람의 정서를 자기 방식대로 해석하여 이해하고 자신의 감정을 언어로 표현하는 것은 아직 미숙하다. 이들은 자기중심성이 강하고 충동조절능력이 미숙하여 또래와 놀이하면서 화가 나면 순간적으로 친구를 물기도 한다. 이처럼 무는 것은 영아기에 흔히 일어나는 안전사고의 하나로(그림 2-6), 영아가 힘을 주어 물면 상처에 치아 자국이 남고 멍이 들며, 피가 날 수 있고 입속 세균으로 인한 2차 감염의 위험이 있다. 물림 사고를 예방하기 위해서는 교사가 영아의 불편한 정서에 민감하게 반응하여 정서적으로 안정될 수 있도록 하고 긍정적 정서를 유지할 수 있도록 상호작용해야 한다. 또한 또래와 갈등이 생기지 않도록 충분한 놀잇감과 공간을 제공하고(놀잇감의 수, 넓은 공간), 갈등이 발생할 경우 빠르게 중재하여 영아의 주의를 전환시켜야 한다(어린이집안전공제회, 2020b). 물림 사고가 발생했을 경우 상처 부위를 깨끗이 소독하고 심한 경우 병원에 가서 치료를 받도록 한다.

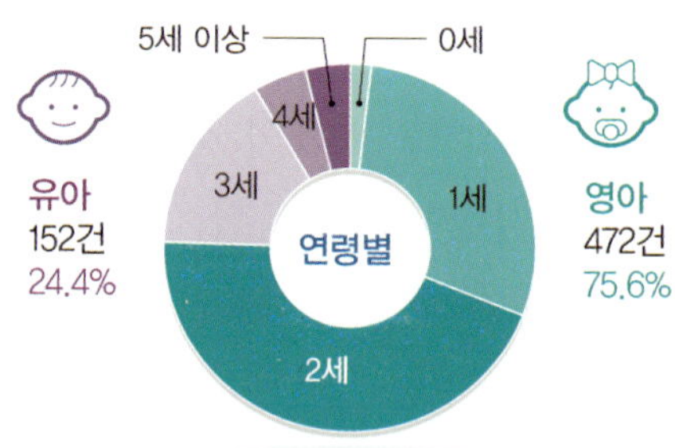

그림 2-6 물림사고 연령별 사고 건수

출처: 어린이집안전공제회, 2020b.

이상에서 살펴본 바와 같이 1~2세 영아의 발달적 특성과 이로 인해 발생할 수 있는 안전사고 유형 및 예방법을 정리하면 다음과 같다(표 2-3).

표 2-3 **1~2세 영아의 안전사고 예방법**

안전사고 유형	예방방법
충돌 및 넘어짐	• 바닥재는 미끄럽지 않게 저항력이 높고, 넘어져도 크게 상처를 입히지 않을 만한 소재를 사용한다. • 가구나 책상, 테이블 등에는 모서리 보호대를 설치한다.
추락	• 영아의 놀이기구나 의자, 교구장, 책상에 안전장치를 한다. • 보호자는 영아에게 눈을 떼지 않고 살펴본다.
질식 및 흡입	• 놀이 공간 안에 영아가 삼킬 만한 작은 물건이 없도록 한다. • 음식물 제공 시 크지 않게 작은 크기로 잘라서 준다. • 음식을 먹고 곧바로 잠들지 않도록 한다. • 유해물질은 영아의 손이 닿지 않는 곳에 보관한다.
화상	• 목욕물의 온도는 40℃(36~40℃)를 넘지 않게 한다(팔꿈치로 목욕물 온도 점검). • 샤워기나 수도꼭지에 영아의 신체가 직접 닿지 않도록 한다. • 영아를 혼자 욕조에 남겨 두는 일이 없도록 한다. • 난방 기구 주위에는 보호 장치를 설치한다. • 뜨거운 음료, 전열기구에 영아의 손이 닿지 않도록 취급과 보관에 주의한다.
놀잇감 및 놀이기구	• 놀잇감의 모서리는 둥글고 튼튼하고 옮기기 쉬운 것으로 제공한다. • 독성이 없는 것으로 영아의 신체크기에 맞는 것으로 제공한다. • 파손된 것이 없는지 살피고 점검한다.
물림	• 충분한 놀잇감과 놀이공간을 제공한다. • 정서적으로 안정감을 느끼고 긍정적인 정서가 유지될 수 있도록 상호작용한다.
기타	• 각 문마다 손 끼임 방지 등의 안전장치를 설치한다. • 영아의 주변이나 손이 닿는 곳에 뾰족하거나 날카로운 용품을 두지 않는다. • 전기 콘센트는 사용 후 플러그를 뽑고 안전보조기구로 막아 둔다. • 창문, 출입문 등에는 손 끼임 방지 보호대를 설치한다.

2 유아기 발달특성과 안전

1) 3~5세 유아의 발달특성(36~60개월)

유아기는 신체의 무게 중심이 몸쪽으로 이동하여 자세가 안정되고 몸의 균형이 잡히는 시기이다. 영아기에 비해 협응력과 균형감각이 발달하고 대근육 활동을 즐긴다. 이동 시 속도감이 있고, 뛰기, 점프하기 등과 같은 신체운동능력이 발달하여 친구들과 어울려 놀이기구나 시설물을 이용할 수 있는 능력이 증대된다. 이 시기의 유아는 자기중심적 특성을 가지고 있고 비현실적이며 상상력이 풍부하여 TV 속 만화 캐릭터를 흉내 내고 모험심이 많다(박희숙, 2020; 임지영 외, 2015). 이러한 유아기의 발달특성을 연령별로 정리해 보면 다음과 같다(김소양 외, 2018; 성미영 외, 2019; 이경희, 2017).

(1) 3세

3세 유아는 기본적인 운동능력이 확립되고, 친구와의 놀이가 늘어나기 시작한다. 언어능력이 발달하면서 언어적으로 또래친구를 공격하기도 하고 상상놀이가 활발해지며 사고 능력이 증가한다.

- 신체운동능력의 발달로 인하여 한발 뛰기, 계단 오르내리기, 앙감질(hopping)이 가능해진다.
- 그네 타기, 세발자전거 타기가 가능해진다.
- 난간을 잡지 않고 두 발을 교대로 내딛기가 가능해진다.
- 짧은 시간 동안의 평균대 위 걷기가 가능하다.
- 배변훈련이 완성된 시기이지만 가끔 실수할 수 있다.
- 옷의 단추를 풀고 잠그기가 가능하다.
- 한두 명의 친구 사귀기가 가능해지며 병행놀이를 주로 한다.

(2) 4세

복잡한 운동(운동의 속도나 정확도 증가, 멈춤, 출발, 회전의 조절가능 등)이 가능해지고, 자신의 감정을 조절할 수 있게 되며 친구들과 공동의 목표를 두고 놀이하기 시작한다. 목적 있는 대화가 가능해지며 가능한 것과 불가능한 것의 구분이 가능해진다.

- 신체적 기술이 발달하여 독립적이고 활동적인 측면이 두드러진다.
- 대근육 활동이 증가하며 눈과 손의 협응력의 증대로 인해 소근육 활동이 정교해진다.
- 달리면서 방향을 자유롭게 바꿀 수 있다.
- 한 발로 서서 균형을 잡을 수 있고 놀이 시설물에 오르내리기를 즐기게 된다.

- 눈과 손의 협응력 발달로 작은 조각들을 조립하여 형태를 구성하는 놀이를 즐기게 된다.
- 상상과 가상을 구별하고 현실을 인식할 수 있다.
- 탐구력이 증가하고 논리적으로 사고하려는 측면이 나타난다.
- 또래에게 관심이 많아지고 친구를 좋아하게 되며 서로 역할분담을 하는 놀이가 가능해진다.

(3) 5세

집단 활동에 대한 즐거움이 증가하고, 알고자 하는 것을 위한 탐구력이 증가한다. 성역할에 대해 이해하고 문화적 관습을 익히게 되며 호기심이 많고 도전적이고 모험적인 일에 흥미를 느낀다.

- 한쪽 발을 들고 깡충 뛰기가 가능해지며 던지는 공을 받을 수 있게 된다.
- 성인처럼 걷고 오르내리기가 가능해진다.
- 가위로 선을 따라 자르기가 가능해지고 여러 가지 모양 자르기도 가능해진다.
- 한 발로 균형 잡기가 능숙해진다.
- 또래와의 친사회적 행동이 증가하며 연합 놀이의 형태를 나타낸다.
- 타인의 분노와 슬픔을 이해하는 등 타인에게 감정이입이 생기기 시작한다.
- 새로운 기술을 익히는 것을 즐기며 세련된 다른 기술을 배우려 시도한다.
- 자조기술의 발달로 자기 몸과 주변 환경을 조절할 수 있는 능력이 생긴다.

2) 주요 안전사고 유형 및 예방법

유아기에는 주변 상황이나 사물에 대한 판단력과 안전에 대한 인지능력이 형성되기 때문에 영아기처럼 이물질 흡입으로 인한 질식사고의 위험은 줄어든다. 반면, 신체능력이 발달하고 활동 영역이 넓어져 달리기, 높은 곳에서 뛰어내리기, 자전거 타기, 놀이기구 이용하기, 빠르게 움직이기 등의 활동으로 인해 사고 위험이 증가한다.

이 시기는 또래와의 갈등으로 인해 나타나는 안전사고도 있다. 유아는 또래와의 놀이를 즐기고 좋아하지만 자기중심적 성향이 강하므로 또래와의 다툼이 발생하고 해결하는 과정에서 안전사고가 발생할 수 있다.

(1) 추락 및 충돌사고

유아는 계단, 책상 위, 놀이시설 등의 높은 곳에서 뛰어내리는 것을 좋아하고 시야가 넓게 바라보이는 곳에 올라가 놀이하는 것을 선호한다. 또한 상상 속의 인물, 만화나 영화 속 캐릭터를 모방하여 높은 곳에서 뛰어내리기를 좋아한다. 그러나 환상과 실제를 구별하는 능력이나 사물과 상황에 대한 인식능력, 그리고 자신의 행동이 어떠한 위험을 가져올지에 대해 예측하는 능력이 부족하여 영유아교육기관에서 추락이나 충돌로 인한 사고가 자주 발생한다(그림 2-7).

학교안전공제중앙회(2020)는 2019년에 발생한 낙상사고 가운데 물리적 힘에 의한 사고가 전체의 3,715건(42.4%)으로 가장 많았고 넘어짐이 2,005건(22.9%), 사람과의 충돌은 1,033건(11.8%), 미끄러짐이 463건(5.3%) 순으로 발생했다고 보고하였다(표 2-4).

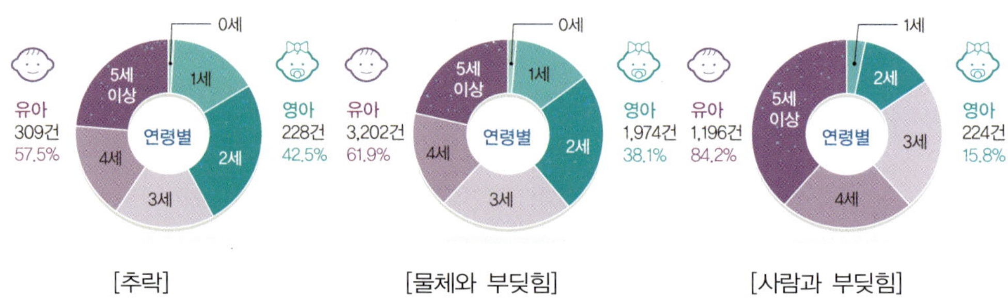

그림 2-7 추락 및 충돌 사고 연령별 사고 건수

출처: 어린이집안전공제회, 2020b.

표 2-4 유형별 낙상사고 (단위: 건수, %)

물리적 힘에 노출	넘어짐	사람과의 충돌	미끄러짐	떨어짐	기타
3,715(42.4)	2,005(22.9)	1,033(11.8)	463(5.3)	314(3.6)	1,238(14)

출처: 학교안전공제중앙회, 2020.

이 중 유아기 상해부위별 통계를 살펴보면(표 2-5) 상해 부위가 머리(4,032건, 46%)와 치아(1,505건, 17.2%)에 집중되어 있으며 발생 장소로는 교실(4,471건, 51%)에서 많이 발생하고 있다(표 2-6). 또한 뛰어 내리다가 선반이나 시설물의 모서리 등과 충돌하여 타박상, 열상, 골절 등의 상해를 입을 수 있다.

표 2-5 추락 및 충돌시 상해 부위 (단위: 건, %)

머리	치아	흉복부	팔	손	다리	발	기타	합계
4,032 (46)	1,505 (17.2)	73 (0.8)	848 (9.7)	994 (11.3)	303 (3.5)	824 (9.4)	189 (2.2)	8,768 (100)

출처: 학교안전공제중앙회, 2020.

표 2-6 추락 및 충돌사고 발생장소 (단위: 건, %)

교실	운동장	통로	교외활동	부속시설	합계
4,471 (51)	1,601 (18.2)	784 (8.9)	536 (6.1)	1,376 (15.7)	8,768 (100)

출처: 학교안전공제중앙회, 2020.

교사는 추락 사고를 예방하고 상해를 최소화하기 위해 영유아교육기관의 시설들에 대한 안전점검을 매일 실시하도록 한다. 1층 이상의 창문에는 추락방지용 안전 창과 추락방지기구(보호대, 난간 등)를 설치하여 추락사고에 대비해야 하고 창가에는 딛고 올라갈 물건을 두지 않아야 한다. 유아의 키 높이와 움직임을 고려하여 출입문, 교구장, 놀이기구의 모서리에 완충재를 부착하여 충돌로 인한 사고위험을 최소화하여야 한다. 움직임이 있는 활동을 하거나 이동 시에는 유아들 사이의 일정한 간격을 확보하여 서로 부딪히는 사고가 발생하지 않도록 유의한다. 유아에게 사고 예방을 위한 안전교육을 정기적으로 실시하여 유아 스스로 안전에 대한 약속을 인식할 수 있도록 한다.

(2) 긁힘이나 할큄 및 당김

유아기의 긁힘, 할큄, 당김 등으로 인한 상해사고는 다른 연령에 비해 발생빈도가 높다(그림 2-8). 유아기에는 또래와의 사회적 놀이와 상징적 · 창의적 놀이가 많아지며 소근육의 발달로 도구를 이용한 미술활동도 증가한다. 따라서 자유선택활동 시간에 가위나 미술용 도구로 인해 긁힘이나 베임 등의 상해를 입을 수 있고, 파손된 교구나 뾰족한 연필심 등으로 인해 상처를 입을 수 있다. 긁힘이나 베임 사고의 경우 유아의 부주의로 인해 많이 발생하므로 평소 이에 대한 생활습관지도와 훈련을 통해 안전한 도구 사용에 대한 인식을 길러 주도록 한다. 그리고 교사는 안전한 환경을 구성하기 위해 놀잇감의 파손 여부와 교재 교구의 안전성을 매일 점검한다. 할큄 사고의 경우 교사의 손톱이나 액세서리에 의해 유아가 다치는 경우도 발생하므로 교사의 복장 및 손톱 정리도 요구된다.

당김 사고의 경우, 특히 실외활동 시 유아의 활동반경이 커질 뿐만 아니라 쉽게 흥분하여 의도하지 않게 친구에게 상처를 입힐 수 있다. 몸을 과격하게 사용하여 놀이하거나 친구의 팔을 세게 당겨 탈구가 되는 경우도 있다. 또한 유아는 장난을 치거나 자리다툼을 하다가도 상해사고가 발생하기 때문에 안전하고 올바른 놀이방법에 대해 지도해야 한다. 교사는 유아의 또래 간 갈등 요소를 사전에 차단하고 신체적 공격을 미연에 방지하도록 평소에 긍정적인 사회성 발달을 위한 교육을 하여야 한다. 신체적 공격은 공간의 협소함과 적은 수의 놀잇감, 놀이과정에서 게임 규칙 준수나 역할 분담에 대한 갈등 등으로 인해 일어날 수 있다. 이때 문제를 해결하는 방법으로 신체적 공격보다는 언어적으로 갈등을 해결할 수 있도록 대안적 방법을 제시한다.

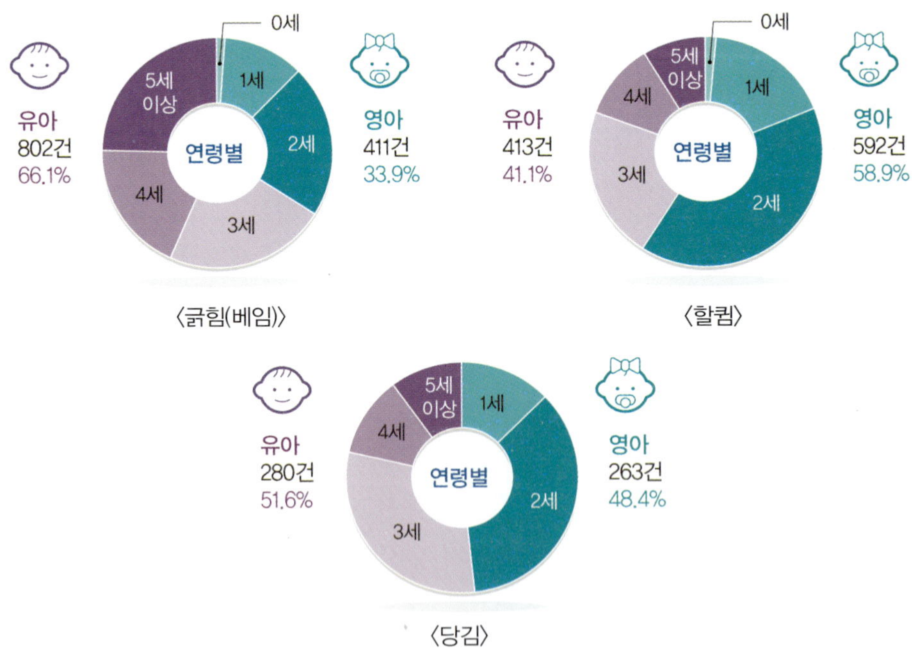

그림 2-8 연령별 긁힘, 할큄, 당김 사고

출처: 어린이집안전공제회, 2020b.

당김 사고는 유아들 사이에 일어날 수 있지만 교사에 의해서 유아의 팔이 탈구되는 사고가 일어나기도 한다. 따라서 밀고 당기는 몸 장난을 하거나 당겨지는 상황이 발생하지 않도록 지도하고, 교사도 유아의 팔을 무심코 당기는 일이 없도록 주의한다.

(3) 실외놀이 안전사고

유아기는 다양한 실외놀이 활동을 좋아하고 즐기는 시기이므로 그에 따른 안전대책과 교육이 필요하다. 새로운 실외놀이에 도전하기 전에 기본적인 기능을 익히고 안전수칙을 숙지할 수 있도록 반복적으로 지도해야 한다. 특히 자전거 타기는 안전사고의 비율이 높으므로 안전한 장소에서 안전한 방법으로 탈 수 있도록 지도해야 한다(이기숙 외, 2012).

유아에게 연령에 적합한 크기의 놀이기구를 제공하고 자전거나 인라인 스케이트 등을 이용할 때 안전모와 무릎, 팔꿈치 보호대 등 보호장구를 반드시 착용할 수 있도록 지도한다. 실외놀이기구를 이용할 때 유아가 자신의 능력에 맞는 놀이기구를 선택할 수 있도록 하고, 정글짐이나 미끄럼틀 위에서 뛰어내리거나 그네를 이용할 때 줄을 꼬아 탄다든지 하는 위험한 행동을 하지 않도록 지도한다. 또한 가정에서는 유아의 활동 범위가 가정 밖으로 확대되고, 여가활동이 늘어나면서 다양한 문화시설에서의 안전사고가 급증할 수 있으므로 보호자의 각별한 주의가 필요함을 안내한다. 또한 장난감 총의 총알에 의한 사고가 있을 수 있으므로 유아가 영유아교육기관에 등원할 때 장난감 총이나 총알 등을 가지고 오지 않도록 가정에 협조를 구한다.

교통안전사고와 관련하여 유아기에는 다음과 같은 행동 특성을 보인다. 유아는 한 가지 일에 몰두하면 차가 오는지 알지 못하고 감정에 좌우되어 행동의 변화가 급격히 일어나기 쉽다. 또한 자기중심적 사고의 경향으로 상대방의 입장에서 사고를 예측하기 어렵고 몸이 작아 운전자에게 잘 보이지 않는다. 물체의 그늘진 부분이나 구석진 곳에서 노는 것을 좋아하기 때문에 주차된 차량 주변에 숨어 놀이하는 경향이 있다. 따라서 교통안전사고 예방을 위한 각별한 주의와 교육이 필요하다. 기관에서 차량을 이용하여 이동하는 경우 반드시 안전띠를 착용하도록 하고, 차량 탑승 전과 후에 차량의 앞이나 뒤로 지나가거나 머물러 있지 않도록 지도한다. 또한 교사는 유아가 등하원 버스에 타고 내릴 때 오토바이나 자전거 등과 부딪히지 않도록 주의를 환기시키며, 차량을 이용하는 유아가 모두 안전하게 승하차했는지 확인한다. 특히 횡단보도에서의 안전교육은 반복적으로 실시하여 부주의로 인해 발생하는 사고를 미리 예방하도록 한다(이기숙 외, 2012).

이상에서 살펴본 유아기 발달특성과 안전사고의 유형 및 예방법을 정리해 보면 다음과 같다(표 2-7).

표 2-7 유아기의 발달 특성과 안전사고 예방법

안전사고 유형	예방방법
추락 및 충돌	• 책상이나 교구장 놀이시설 등에서 뛰어내리지 않도록 지도한다. • 교구장, 시설물 등의 모서리에 모서리 보호대를 설치한다. • 환경에 대한 안전점검을 매일 실시한다. • 움직임이 있는 활동을 하거나 이동 시에는 유아 간에 일정한 간격을 유지시킨다.
긁힘이나 할퀌 및 당김	• 안전한 환경구성을 위해 놀잇감의 파손 여부와 안정성을 매일 점검한다. • 연필심은 너무 뾰족하지 않게 깎아 제공한다(2B, 4B연필 사용 권장). • 안전한 도구사용법에 대해 지도한다. • 유아와 교사 모두 손톱이 너무 길지 않도록 관리한다. • 교사는 날카로운 액세서리는 지양하도록 한다. • 몸을 밀고 당기는 놀이는 하지 않도록 한다. • 또래간 긍정적인 갈등 해결 방법에 대해 생각하고 실천할 수 있도록 지도한다.
실외놀이 안전사고	• 올바른 놀이기구(시소, 미끄럼틀, 그네 등)의 사용법에 대해 알려 준다. • 질서 지키기를 실천할 수 있도록 한다. • 자전거, 인라인스케이트 등의 이용 시 보호장구를 착용하도록 한다. • 위험한 장난감(장난감 총) 사용을 하지 않도록 한다. • 파손된 놀이기구가 없도록 한다.
교통	• 교통사고의 위험성에 대해 알려 준다. • 교통안전교육을 정기적으로 실시하여 안전한 생활을 실천할 수 있도록 한다. • 등하원 차량 이용 시 안전벨트를 착용하도록 한다. • 올바른 횡단보도 이용법을 익히도록 한다.

CHAPTER

03

영유아교육기관의 안전교육

1. 영유아 안전교육의 개념과 목표
2. 영유아 안전교육의 법적 근거
3. 영유아 안전교육의 내용
4. 교직원 안전교육
5. 영유아 안전교육의 실행 및 평가

1 영유아 안전교육의 개념과 목표

영유아의 안전교육은 사고가 일어날 수 있는 다양한 환경적 요인과 행동적 요인에 대해 영유아가 인식하도록 하여 사고를 유발할 수 있는 영유아의 행동을 교육을 통해 변화시키는 것이다. 또한 영유아가 안전에 대한 지식을 바탕으로 일상생활에서 행동으로 실천할 수 있는 태도 및 기능을 습득하게 하는 것이다. 이러한 안전교육을 통해 안전사고를 예방하고, 안전사고 발생 시 대처역량을 강화하는 것이 영유아 안전교육의 목표이다(한국교육개발원, 2015). 영유아 안전교육은 다음과 같은 방향으로 전개될 필요가 있다.

첫째, 영유아가 다양한 위험 상황에서 스스로 자신을 지킬 수 있는 안전에 대한 바른 습관 및 태도를 형성시킨다. 안전교육을 통해 영유아가 위험한 상황이 되었을 때 체화된 행동이 무의식적으로 즉각 드러나 자신을 보호할 수 있다.

둘째, 영유아가 생활환경 속에 잠재해 있는 온갖 사고와 위험의 가능성을 없애거나 예방하는 데 필요한 지식과 기능을 습득하도록 돕는다. 영유아는 일상에서 불안전한 환경이 무엇인지 이해하고 환경을 안전하게 관리하는 능력을 기르도록 한다.

셋째, 영유아가 자신에 대한 보호뿐만 아니라 다른 사람의 생명까지도 존중하는 인간생명의 존엄성을 배울 수 있도록 한다.

넷째, 영유아의 안전교육은 일방적인 지식을 전달하기보다 영유아 스스로 불안전한 상황에 대해 예측하고 판단할 수 있는 사고능력을 기르는 데 중점을 둔다.

다섯째, 안전에 대한 의식과 행동은 단번에 익혀지는 것이 아니라 장기적으로 형성된다는 점에서 영유아기부터 체계적이고 지속적인 안전교육을 실시한다.

2 영유아 안전교육의 법적 근거

안전교육 내용은 어린이집과 유치원에 따라 적용되는 법적 근거가 다르다. 유치원은 「아동복지법」, 「학교폭력예방 및 대책에 관한 법률」, 「성폭력방지 및 피해자보호 등에 관한 법률」 등에서 규정하는 안전관련 교육과 유치원교육과정을 연계·통합하여 실시한다. 어린이집은 「아동복지법」과 표준보육과정에 따라 안전교육의 내용을 구성하고 운영한다.

1) 아동복지법

「아동복지법」 제31조에 따르면, 「영유아보육법」에 따른 어린이집의 원장, 「유아교육법」에 따른 유치원의 원장 및 「초·중등교육법」에 따른 학교의 장은 교육대상 아동의 연령을 고려하여 대통령령으로 정하는 바에 따라 매년 안전교육에 관한 교육계획을 수립하여 교육을 실시해야 한다. 「아동복지법 시행령」에는 아동에게 실시하는 안전교육의 5가지 영역에 대한 구체적인 실시 주기와 교육내용 및 교육방법을 제시하고 있다.

아동의 안전교육은 성폭력 및 아동학대 예방 교육, 실종·유괴의 예방·방지 교육, 감염병 및 약물의 오용·남용 등 보건위생관리 교육, 재난대비 안전교육, 교통안전교육으로 구분된다. 성폭력 및 아동학대 예방 교육과 재난대비 안전교육의 경우 6개월에 1회 이상 실시해야 하며 전자는 연간 8시간 이상, 후자는 연간 6시간 이상을 교육해야 한다. 실종·유괴의 예방·방지 교육과 감염병 및 약물의 오용·남용 등 보건위생관리 교육은 3개월에 1회 이상, 연간 10시간 이상 교육을 실시해야 하며, 교통안전 교육은 2개월에 1회 이상 연간 10시간 이상 교육해야 한다. 각 기관에서는 안전교육의 시행 여부를 확인하기 위해 「유아교육법」에 따른 유치원의 원장은 교육계획 및 교육실시 결과를 관할 교육감에게 매년 1회 보고하며, 「영유아보육법」에 따른 어린이집의 원장은 교육계획 및 교육실시 결과를 관할 시장·군수·구청장에게 매년 1회 보고한다. 「아동복지법」에 따른 안전교육의 교육기준은 〈표 3-1〉에 제시하였다.

표 3-1 「아동복지법」에 따른 안전교육 교육기준

구분	내용	실시주기 (총 시간)	교육방법
성폭력 및 아동학대 예방교육	1. 내 몸의 소중함 2. 내 몸의 정확한 명칭 3. 좋은 느낌과 싫은 느낌 4. 성폭력 예방법과 대처법	6개월에 1회 이상(연간 8시간 이상)	1. 전문가 또는 담당자 강의 2. 장소 · 상황별 역할극 실시 3. 시청각 교육 4. 사례 분석
실종 · 유괴의 예방 · 방지 교육	1. 길을 잃을 수 있는 상황 이해하기 2. 미아 및 유괴 발생 시 대처방법 3. 유괴범에 대한 개념 4. 유인 · 유괴 행동에 대한 이해 및 유괴 예방법	3개월에 1회 이상(연간 10시간 이상)	1. 전문가 또는 담당자 강의 2. 장소 · 상황별 역할극 실시 3. 시청각 교육 4. 사례 분석
감염병 및 약물의 오용 · 남용 등 보건위생관리 교육	1. 감염병 예방을 위한 개인위생 실천 습관 2. 예방접종의 이해 3. 몸에 해로운 약물 위험성 알기 4. 생활 주변의 해로운 약물 · 화학제품을 그림으로 구별하기 5. 모르면 먼저 어른에게 물어보기 6. 가정용 화학제품을 만지거나 먹지 않기 7. 아동 약도 함부로 많이 먹지 않기	3개월에 1회 이상(연간 10시간 이상)	1. 전문가 또는 담당자 강의 2. 시청각 교육 3. 사례 분석
재난대비 안전 교육	1. 화재의 원인과 예방법 2. 뜨거운 물건 이해하기 3. 옷에 불이 붙었을 때 대처법 4. 화재 시 대처법 5. 자연재난의 개념과 안전한 행동 알기	6개월에 1회 이상(연간 6시간 이상)	1. 전문가 또는 담당자 강의 2. 시청각 교육 3. 실습교육 또는 현장학습 4. 사례 분석
교통안전교육	1. 차도, 보도, 신호등의 의미 알기 2. 안전한 도로 횡단법 3. 안전한 통학버스 이용법 4. 날씨와 보행안전 5. 어른과 손잡고 걷기	2개월에 1회 이상(연간 10시간 이상)	1. 전문가 또는 담당자 강의 2. 시청각 교육 3. 실습교육 또는 현장 학습 4. 일상생활을 통한 반복 지도 및 부모 교육

2) 영유아보육법

「영유아보육법」은 영유아의 심신을 보호하고 건전하게 교육하여 건강한 사회 구성원으로 육성하고, 보호자의 경제적 · 사회적 활동이 원활하게 이루어지도록 함으로써 영유아 및 가정의 복지 증진에 이바지함을 목적으로 제정된 법령이다. 이 법령에서는 영유아의 안전을 위해 다음과 같은 규정을 명시하고 있다.

- 영유아와 보육교직원의 정기적인 건강진단
- 영유아에게 질병 · 사고 또는 재해 등으로 인하여 위급 상태가 발생한 경우 즉시 응급의료기관에 이송하는 등의 안전에 관련된 규정
- 어린이집의 안전공제사업(어린이집의 안전사고를 예방하고 어린이집 안전사고로 인하여 생명 · 신체 또는 재산상의 피해를 입은 영유아 및 보육교직원 등에 대한 보상을 위함)
- 감염병의 예방 및 관리
- 예방접종 여부 확인 및 관리
- 질병의 치료와 예방 조치에 관한 내용
- 아동통학버스의 신고 등

「영유아보육법 시행규칙」에서는 어린이집의 운영기준의 '가. 안전관리' 영역에서 안전교육과 관련된 내용을 제시하고 있다. 이의 구체적인 내용은 다음과 같다.

- 어린이집의 원장은 소방계획을 작성하고 매월 소방훈련을 하여야 한다.
- 어린이집의 원장은 「아동복지법」 제31조에 따라 매년 안전교육계획을 수립하여 보육 영유아에 대하여 안전교육을 실시한 후, 그 사실을 특별자치도지사 · 시장 · 군수 · 구청장에게 보고하여야 한다.
- 어린이집의 원장은 보육교직원에게도 안전교육을 하여야 한다.

3) 학교안전사고 예방 및 보상에 관한 법률

「학교안전사고 예방 및 보상에 관한 법률」은 학교 안전사고를 예방하고, 학생 · 교직원 및 교육활동 참여자가 학교안전사고로 인해 입은 피해를 신속하고 적정하게 보상하고자 학교안전사고 보상공제 사업의 실시에 관한 필요 사항을 규정하고 있다. 학교안전사고 예방 및 보상에 관한 법률 제4조에서 교육부 장관은 3년마다 학교안전사고 예방에 관한 기본계획을 수립하고 시행해야 하며, 교육부장관 및 교육감은 학교안전사고

예방을 위해 실태조사를 실시할 수 있다. 또한 학교장은 학교안전사고를 예방하기 위하여 교육부령이 정하는 바에 따라 학생, 교직원 및 교육활동참여자에게 학교안전사고 예방 등에 관한 교육(이하 "안전교육"이라 한다)을 실시하고 그 결과를 학기별로 교육감에게 보고한다. 이 법의 시행규칙에는 학교안전교육을 위한 교육내용을 다음과 같이 제시하고 있다.

- 일상생활에서 발생할 수 있는 안전사고 예방을 위한 생활안전교육
- 교통수단 등으로 발생할 수 있는 안전사고 예방을 위한 교통안전교육
- 폭력예방 및 신변보호를 위한 안전교육
- 약물 및 사이버 중독 예방을 위한 안전교육
- 화재 · 재난 등의 예방 및 대비를 위한 재난안전교육
- 일터에서 발생할 수 있는 안전사고 예방을 위한 직업안전교육
- 응급처치에 관한 교육
- 그 밖에 안전사고 예방을 위하여 필요한 교육

4) 학교폭력예방 및 대책에 관한 법률

「학교폭력예방 및 대책에 관한 법률」은 학교폭력의 예방과 대책에 필요한 사항을 규정하여 피해 학생의 보호, 가해 학생의 선도 · 교육 및 피해학생과 가해학생 간의 분쟁조정을 통해 학생의 인권을 보호하고 건전한 사회구성원으로 육성하고자 한다. 이에 따라 학교장은 학생의 육체적 · 정신적 보호와 학교폭력의 예방을 위해 학생들에게 교육(학교폭력의 개념 · 실태 및 대처방안 등을 포함)을 학기별로 1회 이상 실시해야 하고, 교직원 및 학부모에 대한 교육도 학기별로 1회 이상 실시하여야 한다(제15조).

「학교안전사고 예방 및 보상에 관한 법률 시행규칙」에 따라 유치원에서는 유아와 교직원, 학부모에 대한 학교폭력 예방교육을 실시한다. 교육의 횟수 · 시간 및 강사 등 세부적인 사항은 학교 여건에 따라 학교의 장이 정하고 학기별로 1회 이상 실시한다. 학생에 대한 학교폭력 예방교육은 학급 단위로 실시함을 원칙으로 하나, 학교 여건에 따라 전체 학생을 대상으로 한 장소에서 동시에 실시할 수도 있다. 교직원에 대한 학교

폭력 예방교육은 학교폭력 관련 법령에 대한 내용, 학교폭력 발생 시 대응요령, 학생 대상 학교폭력예방 프로그램 운영 방법 등을 포함하여야 하고, 학부모에 대한 학교폭력 예방교육은 학교폭력 징후 판별, 학교폭력 발생 시 대응요령, 가정에서의 인성교육에 관한 사항을 포함한다.

5) 기타 법령

「아동복지법」, 「영유아보육법」, 「학교안전사고 예방 및 보상에 관한 법률」, 「학교폭력 예방 및 대책에 관한 법률」 외에도 아동의 안전교육과 관련한 법들이 있다. 이러한 법률과 내용을 정리하면 다음과 같다.

- 「교육기본법」: 국가와 지방자치단체는 안전사고 예방을 위해 학생 및 교직원의 안전을 보장하고 사고를 예방할 수 있도록 필요한 시책 수립 및 실시
- 「학교보건법」: 학교장은 학생의 안전사고를 예방하기 위하여 학교의 시설·장비 점검 및 개선, 학생에 대한 안전교육, 그 밖에 필요한 조치를 함
- 「성매매방지 및 피해자보호 등에 관한 법률 시행령」: 학생 등을 대상으로 매년 1회 이상, 1시간 이상의 성교육 및 성폭력 예방교육을 실시함
- 「성폭력방지 및 피해자보호 등에 관한 법률」: 유치원의 장, 어린이집의 원장, 각급 학교의 장, 그 밖에 공공단체의 장은 성교육 및 성폭력 예방교육 실시, 기관 내 피해자 보호와 피해 예방을 위한 자체 예방지침 마련, 사건 발생 시 재발방지대책 수립·시행 등 필요한 조치를 함

안전교육과 관련된 법률 중 안전교육의 내용을 가장 구체적으로 제시하고 있는 것은 「아동복지법 시행령」이다. 그러나 「아동복지법」의 안전교육의 내용은 학교급별로 중요한 안전교육의 내용이 다름에도 불구하고 유·초·중·고에서 동일한 영역과 실시 주기(총 시간)를 규정하고 있다는 한계가 있다. 또한 어린이집의 안전교육의 경우 「아동복지법 시행령」을 근거로 안전교육의 내용을 선정하여 교육이 이루어지고 있고, 유치원은 「아동복지법」, 「학교폭력예방 및 대책에 관한 법률」, 「성폭력방지 및 피해자 보호

등에 관한 법률」에 근거해 안전교육을 계획하고 실행한다. 이처럼 유치원과 어린이집이 근거로 하는 법률이 다르기 때문에 3~5세 아동의 경우 교육대상이 같음에도 불구하고 안전교육의 내용에 차이가 있다.

3 영유아 안전교육의 내용

국가수준의 교육과정인 0~2세 표준보육과정(보건복지부 고시 제2020-75호) 및 3~5세 누리과정 그리고 유치원을 대상으로 하는 학교안전교육 7대 표준안 등에 근거하여 안전교육의 내용을 살펴본다.

1) 0~2세 표준보육과정의 안전교육

2020년 4월에 고시된 제4차 어린이집 표준보육과정(보건복지부, 2020)의 영아 안전교육에 관한 내용은 기본생활 영역의 '안전하게 생활하기'에서 주로 다루고 있다.

(1) 0~1세

0~1세의 안전하게 생활하기 영역에서는 영아가 안전한 상황에서 놀이하고 생활하며, 위험하다고 알려 주면 주의할 수 있는 안전한 생활을 경험하는 내용으로 구성된다. 0~1세 영아의 안전하게 생활하기의 내용을 살펴보면 다음과 같다(표 3-2).

표 3-2 안전하게 생활하기

내용범주	내용
안전하게 생활하기	• 안전한 상황에서 놀이하고 생활한다. • 안전한 상황에서 교통수단을 이용해 본다. • 위험하다는 말에 주의한다.

0~1세의 안전하게 생활하기의 세부적인 내용은 '안전한 상황에서 놀이하고 생활한다.', '안전한 상황에서 교통수단을 이용해 본다.', '위험하다는 말에 주의한다.'이다. '안전한 상황에서 놀이하고 생활한다.'는 0~1세 영아가 안전한 상황에서 놀이하고 생활하도록 하는 내용으로, 교사는 영아의 대근육 발달을 고려하여 안전하게 활동할 수 있는 대근육 활동 공간을 구성하고, 영아가 볼 수 있는 안전과 관련된 동화책, 그림자료 등을 비치하여 영아가 관심을 보일 때 이를 탐색할 수 있도록 지원할 수 있다.

'안전한 상황에서 교통수단을 이용해 본다.'는 0~1세 영아가 차량으로 이동할 경우 안전장구를 착용하고 안전하게 이용하는 경험을 하도록 하는 내용이다. 교사는 영아가 관심을 보이는 대상을 안전교육으로 연결할 수 있다. 예컨대, 영아가 카시트에 관심을 보일 경우 이를 안전한 보육실로 가져와 충분히 탐색할 수 있도록 하고, 카시트에 대한 영아의 관심을 일상의 놀이에서 교통안전교육의 기회로 연결할 수 있다. 영아가 카시트에 오르내리고, 안전띠에 팔을 끼우고 빼며, 버클을 끼우고 푸는 단순 행동을 반복할 때 이를 지켜보고 필요한 순간에 도움을 주며 탐색행동을 격려할 수 있다. 또한 영아와 모방 놀이를 하면서 자동차 안전이용 수칙을 간단하면서 자연스럽게 안내할 수 있다.

'위험하다는 말에 주의한다.' 0~1세 영아가 위험하다는 말을 듣고 이에 반응을 보이며 주의할 수 있도록 하는 내용이다. 교사는 영아가 위험한 행동을 할 때 즉각적으로 알려 영아가 위험을 인식할 수 있도록 할 수 있다. 예컨대, 영아가 책장이나 교구장에 올라가거나 매달릴 때 영아가 원하는 것에 공감해 주고, 위험한 이유를 구체적으로 말해 준 후, 안전하게 행동하는 대안을 제시해 줄 수 있다.

(2) 2세

2세 영아의 '안전하게 생활하기'는 영아가 놀이와 일상생활에서 안전하게 지내고, 위험한 상황에서 어른의 지시에 따라 대피하여 자신의 안전을 지키는 경험을 해 보는 내용이다. 2세 영아의 안전하게 생활하기의 내용을 살펴보면 다음과 같다(표 3-3).

표 3-3 안전하게 생활하기

내용범주	내용
안전하게 생활하기	• 일상에서 안전하게 놀이하고 생활한다. • 교통수단을 안전하게 이용해 본다. • 위험한 상황에 대처하는 방법을 경험한다.

'일상에서 안전하게 놀이하고 생활한다.'는 2세 영아가 안전한 상황과 장소에서 놀이 및 일상생활을 하고 주변의 위험 요소에 주의를 기울이거나 이를 조심하여 안전하게 지내도록 하는 내용이다. 교사는 영아가 안전하게 활동할 수 있도록 보육실 내에 충분한 공간을 마련하고, 놀잇감은 영아가 자유롭게 꺼내어 쓰고 스스로 정리할 수 있도록 개방된 교구장이나 바구니 등에 배치한다. 또한 사용하지 않는 놀잇감이 바닥에 많이 나와 있는 경우 이를 일부 정리하여 영아들이 밟고 미끄러지거나 걸려 넘어지는 안전사고가 발생하지 않도록 할 수 있다.

'교통수단을 안전하게 이용해 본다.'는 2세 영아가 교통수단을 안전하게 이용해 보는 경험을 통해 교통수단의 위험을 인식하고 사고위험으로부터 자신을 보호하는 안전습관의 기초를 형성하는 내용이다. 교사는 교통수단 이용 시 지켜야 할 안전 약속을 미리 말해 주어 영아가 준비될 수 있도록 지원할 수 있으며, 위험할 수 있는 상황을 단계마다 예측하여 알려 줌으로써 영아가 주의할 수 있도록 지원할 수 있다. 또한 영아가 스스로 안전하게 행동할 때, 구체적인 언어로 표현해 주며 격려하고 안전수칙(영아 손 잡고 이동하기, 차량 정차 확인하기, 영아 먼저 차량 탑승하기, 보호장구 착용, 인원 확인 등)을 철저하게 지키도록 지도할 수 있다.

'위험한 상황에 대처하는 방법을 경험한다.'는 2세 영아가 사고, 화재, 재난 등 위험한 상황에서 어른의 지시에 따라 대피하거나 대처하는 방법을 경험해 보도록 함으로써 비상시 대처능력의 기초를 형성하는 내용이다. 교사는 영아가 위험 요소에 주의를 기울일 수 있도록 대상과 이유를 구체적으로 설명해 줄 수 있으며, 위험 요인이 발견되는 경우 즉시 이를 제거해 주거나 혹은 영아가 이를 피할 수 있도록 안내할 수 있다.

2) 3~5세 누리과정의 안전교육

2019 개정 누리과정(교육부, 2019)에서는 유아가 주도해 가는 놀이와 연계하여 활동을 진행할 것을 권장한다. 유아는 실제 생활 속 경험을 통해 의미 있게 배우므로 교사는 일과 중 적절한 개입을 통해 안전지도를 할 수 있다. 그리고 교사는 유아의 건강과 안전을 위해 필수적으로 요구되는 일상생활 습관지도나 안전교육을 계획하여 운영할 수 있다.

누리과정의 안전교육은 신체운동 · 건강영역의 '안전하게 생활하기'에서 주로 다룬다. '안전하게 생활하기' 영역의 목표는 안전한 생활습관을 기르는 것으로, 유아가 안전하게 놀이하고 생활하며, 자주 접하는 TV, 컴퓨터, 스마트폰을 바르게 사용하고, 안전하게 다닐 수 있도록 교통안전 규칙을 지키며, 안전사고, 화재, 재난, 학대, 유괴 등의 위험한 일이 발생하였을 때 도움을 요청하거나 대처할 수 있는 방법을 경험하는 내용으로 구성된다(표 3-4).

표 3-4 안전하게 생활하기

내용범주	내용
안전하게 생활하기	일상에서 안전하게 놀이하고 생활한다.
	TV, 컴퓨터, 스마트폰 등을 바르게 사용한다.
	교통안전 규칙을 지킨다.
	안전사고, 화재, 재난, 학대, 유괴 등에 대처하는 방법을 경험한다.

'일상에서 안전하게 놀이하고 생활한다.'는 유아가 일상에서 위험한 장소, 상황, 도구 등을 알고, 안전한 놀이 방법과 놀이 규칙을 지키며 놀이하고 생활하는 내용이다. 'TV, 컴퓨터, 스마트폰 등을 바르게 사용한다.'는 유아가 일상에서 자주 접하는 TV, 컴퓨터, 스마트폰 등을 필요한 상황에서 적절하게 사용하며, 바른 자세로 이용하는 내용이다. '교통안전 규칙을 지킨다.'는 유아가 안전한 보행 및 도로 횡단, 교통기관의 안전한 이용 등 교통안전 규칙을 알고 실천하는 내용이다. '안전사고, 화재, 재난, 학대, 유괴 등에 대처하는 방법을 경험한다.'는 유아가 안전사고, 화재, 재난, 학대, 유괴 등의 위험에 처한 상황을 알고, 주변에 도움을 요청하는 방법을 배우며, 평소 훈련에 따라 대피

하는 연습을 하는 등의 안전교육과 관련된 내용이다. 영유아교육기관에서는 영유아가 놀이 안전과 생활 안전을 지키고, 위험한 일이 발생하였을 때 도움을 받아 대처할 수 있는 능력을 기를 수 있도록 안전교육을 실시한다.

3) 학교 안전교육 7대 표준안

교육부는 2014년 교육분야 안전종합대책을 발표하고 이에 따른 후속조치로 학생의 발달단계에 적합한 안전교육인 '학교 안전교육 7대 표준안'을 마련하였다(교육부, 2015c). 학교 안전교육 7대 표준안은 학교 안전교육이 통일된 체계를 갖추지 못한 채 이루어져 안전 사각지대가 발생한다는 지적에 따라, 유치원에서 고등학교까지 발달단계에 맞는 체계적 안전교육이 가능하게 설계하였다. 또한 「아동복지법」, 「학교폭력예방법」, 「성폭력방지법」 등 개별 법령에서 규정하고 있는 학교안전교육 시간을 하나로 통합·운영할 수 있도록 하였다.

2014년에 발표된 학교 안전교육 7대 표준안에 대한 실효성이 있는지에 대한 평가를 바탕으로 2015년에는 학교급에 따른 25개의 중분류, 52개의 소분류로 구성된 표준안 내용체계도 및 교사의 수업 활용을 돕기 위한 수업지도안을 제작하고, 안전교육 연구학교로 선정된 51개의 각급 학교에서 시범운영하였다. 이후 1년간 학교현장에 적용하면서 나타난 현장 적합성 및 내용 보완의 필요성에 대한 현장 의견을 적극 수렴 후 수정·보완하여 2016년 3월 14일에 '학교 안전교육 실시 기준'을 확정·발표하였다(교육부, 2016b).

'학교 안전교육 7대 표준안'의 안전교육 실시 기준은 학년당 51차시 이상 실시하게 하였으며, 총 이수시간(51차시) 내에서 학교별 운영 성격 및 지역적 특성에 따라 20% 범위 이내로 증감 운영할 수 있게 하였다. 예를 들어, 실시기준에 의하면 유치원의 생활안전은 13시간, 교통안전 10시간이지만 유치원의 여건 및 지역적 특성(대도시, 농산어촌 등)에 따라 생활안전을 12시간, 교통안전을 11시간으로 증감 운영이 가능하다. 또한 각 교육영역의 이수시간을 지키는 것과 동시에 특정한 교육내용이 한 시기에 치중되지 않게 하였다. 예를 들어, 응급처치의 경우 2차시 이상 운영하되 학기당 1회 이상 운영하여야 한다(표 3-5). 교육부에서 제시한 유치원 안전교육 시간, 횟수, 교육내용의 방법은 다음과 같다(표 3-5, 표 3-6).

표 3-5 유치원 안전교육 시간 및 횟수

구분	생활안전	교통안전	폭력예방 및 신변보호	약물 및 사이버 중독 예방	재난안전	직업안전	응급처치
교육시간 (연간)	13	10	8	10	6	2	2
횟수	학기당 2회 이상	학기당 3회 이상	학기당 2회 이상	학기당 2회 이상	학기당 2회 이상	학기당 1회 이상	학기당 1회 이상

표 3-6 유치원 안전교육 내용 및 방법

영역(차시)	교육내용
생활안전교육 (13차시)	1. 교실, 가정, 등하굣길에서 안전하게 생활하기 2. 안전한 장소를 알고 안전하게 놀이하기 3. 놀이기구나 놀잇감, 도구의 바른 사용법을 알고 안전하게 사용하기 4. 실종, 유괴, 미아 상황 알고 도움 요청하기 5. 몸에 좋은 음식, 나쁜 음식 알기
교통안전교육 (10차시)	1. 표지판 및 신호등의 의미 등 교통안전 규칙 알고 지키기 2. 안전한 도로 횡단법 알기 3. 어른과 손잡고 걷기 4. 교통수단(자전거, 통학버스 등) 안전하게 이용하기
폭력예방 및 신변보호교육 (8차시)	1. 내 몸의 소중함과 정확한 명칭 알기 2. 좋은 느낌과 싫은 느낌 알기 3. 성폭력 예방 및 대처방법 알기 4. 나와 내 주변 사람(가족, 친구 등)의 소중함을 알고 사이좋게 지내기 5. 아동학대 신고 및 대처방법 알기
약물 및 사이버 중독 예방 교육 (10차시)	1. 올바른 약물 사용법 알기 2. 주변의 해로운 약물·화학제품을 만지거나 먹지 않기 3. TV, 인터넷, 통신기기(스마트폰 등) 등의 중독 위해성을 알고 바르게 사용하기
재난안전교육 (6차시)	1. 화재의 원인과 예방법 알기 2. 화재 발생 시 유의사항 및 대처법 알기 3. 각종 자연재난 및 사고에 적절하게 대처하는 방법 알기
직업안전교육 (2차시)	1. 일터 안전의 중요성 및 안전을 위해 지켜야 할 일 알기 2. 일터 안전시설 현장 체험하기

영역(차시)	교육내용
응급처치교육 (2차시)	1. 응급상황 알기 및 도움 요청하기 2. 119 신고와 주변에 알리기 3. 손 씻기와 소독하기 등 청결 유지하기 4. 상황별 응급처치 방법 알기

출처: 교육부, 2020a.

학교안전교육의 교육시간은 연령별 실시해야 할 시간을 말하며, 횟수는 영역별 안전교육시간을 학기당 제시된 횟수 이상으로 분산 · 실시해야 함을 말한다. 유치원의 경우 학교안전교육 실시 시간의 단위는 교육과정 고시에 따른 단위활동이다. 1개의 단위활동 내에 사전활동, 본활동, 사후활동 등 세부 단위활동 내용에 따라 여러 번 안전교육을 실시할 수 있고, 세부 단위활동의 실시 결과를 안전교육 시간으로 적용할 수 있다. 또한 1개의 단위활동 교육시간은 이야기 나누기, 신체활동, 과학 및 미술활동, 대피훈련, 체험학습 등 활동유형에 따라 20분에서 50분까지 유동적으로 실시할 수 있다. 한편, 재난안전교육은 재난대비훈련을 포함하여 실시해야 하며, 각종 재난유형별 대비훈련을 달리하여 매 학년도 2종류 이상을 포함하여 운영해야 한다.

학교안전교육의 교육방법은 안전교육의 효율적인 지도를 위해 강의, 시청각 교육 등의 이론과 강의 중심의 교육보다 실습, 현장학습, 역할극 등의 체험중심의 교육방법을 적용하도록 하였다. 학교안전교육에서 제시하는 교육방법은 다음과 같다.

- 학생의 발달수준을 고려한 전문가 또는 교원의 설명
- 학생 참여수업 장법 연계 적용(예: 역할극, 프로젝트 학습, 플립러닝 등)
- 교내외 체험교육 또는 현상학습
- 일상생활을 통한 반복지도 및 부모교육연계

학교안전교육의 효과적인 실행을 위해 교육부는 학생과 교사의 눈높이에 맞는 체험중심의 안전교육 지도안과 워크북을 학교안전정보센터 홈페이지(www.schoolsafe.kr)를 통해 제공하고 있다. 교육부에서 제시한 '7대 안전교육 표준안'에 근거하여 작성한 유치원의 안전교육 연간계획안의 예시는 다음과 같다(표 3-7).

표 3-7 7대 안전교육 표준안에 따른 유치원 안전교육 연간 계획안(예시)

월	생활주제	주	7대 영역	교육내용	활동예시	누계
3	유치원/어린이집과 친구	1	생활안전	교실, 가정, 등하굣길에서 안전하게 생활하기	교실에서 안전하게 활동해요	생활 1
					화장실을 안전하게 이용해요	생활 2
		2	재난안전교육	화재 발생 시 유의사항 및 대처법 알기	불이야! 불이야	재난 1
		3	교통안전	교통수단(자전거, 통학버스 등) 안전하게 이용하기	통학버스를 안전하게 이용해요	교통 1
		4	폭력예방 및 신변보호교육	나와 내 주변 사람(가족, 친구 등)의 소중함을 알고 사이좋게 지내기	사이좋게 지내요	폭력 1
					친구의 물건은 소중해요	폭력 2
		5	약물 및 사이버 중독 예방 교육	생활주변의 해로운 약물 · 화학제품 만지거나 먹지 않기	제대로 먹으면 약, 잘못 먹으면 독!	약물 1
4	봄과 동식물	1	교통안전	안전한 도로 횡단법 알기	횡단보도로 안전하게 건너요	교통 2
		2	생활안전	안전한 장소를 알고 안전하게 놀이하기	현장체험을 안전하게 다녀요	생활 3
		3	교통안전	표지판 및 신호등의 의미 등 교통안전 규칙 알고 지키기	교통안전 표지판의 의미를 알 수 있어요	교통 3
		4	응급처치	응급상황 알기 및 도움 요청하기	동물에게 물렸어요	응급 1
5	나와 가족	1	폭력예방 및 신변보호교육	내 몸의 소중함과 정확한 명칭 알기	나의 몸은 소중해요	폭력 3
		2	생활안전	몸에 좋은 음식, 나쁜 음식 알기	몸에 좋은 음식과 나쁜 음식이 있어요	생활 4
					식품첨가물의 유해성을 알아보아요	생활 5
		3	약물 및 사이버 중독 예방 교육	올바른 약물 사용법 알기	내 몸을 위한 약! 제대로 먹을 수 있어요	약물 2
		4	교통안전	안전한 도로 횡단법 알기	안전하게 길을 걸어요	교통 4
		5	생활안전	안전한 장소를 알고 안전하게 놀이하기	미끄러운 곳을 조심해요	생활 6
6	우리 동네	1	생활안전	안전한 장소를 알고 안전하게 놀이하기	계단을 안전하게 오르내려요	생활 7
		2	폭력예방 및 신변보호교육	나와 내 주변 사람(가족, 친구 등)의 소중함을 알고 사이좋게 지내기	바른말, 고운말을 사용해요	폭력 4
		3	직업안전	일터 안전의 중요성 및 안전을 위해 지켜야 할 일 알기	안전한 유치원을 함께 만들기	직업 1
		4	재난안전교육	화재 발생 시 유의사항 및 대처법 알기	멈춰요, 엎드려요, 뒹굴어요	재난 2

월	생활주제	주	7대 영역	교육내용	활동예시	누계
7	여름과 건강	1	재난안전교육	각종 자연재난 및 사고 적절하게 대처하는 방법 알기	바람이 너무 세요	재난 2
		2	생활안전	몸에 좋은 음식, 나쁜 음식 알기	식중독 예방법을 알아보아요	생활 8
		3	교통안전	어른과 손잡고 걷기	비(눈)가 오는 날에도 안전하게 걸어요	교통 5
		4	생활안전	안전한 장소를 알고 안전하게 놀이하기	안전하게 물놀이를 해요	생활 9
		5	약물 및 사이버 중독 예방 교육	생활주변의 해로운 약물·화학제품 만지거나 먹지 않기	하얀 연기 속의 비밀	약물 3
8	교통기관과 안전	1	폭력예방 및 신변보호교육	좋은 느낌과 싫은 느낌 알기	기분이 나빠요, 어떻게 할까요?	폭력 5
		2	생활안전	실종, 유괴, 미아 상황 알고 도움 요청하기	길을 잃었을 때 도움을 요청해요	생활 10
		3	약물 및 사이버 중독 예방 교육	생활주변의 해로운 약물·화학제품 만지거나 먹지 않기	엄마, 아빠 담배는 싫어요!	약물 4
		4	교통안전	교통수단(자전거, 통학버스 등) 안전하게 이용하기	자동차 사고는 위험해요	교통 6
9	우리나라와 세계 여러 나라	1	폭력예방 및 신변보호교육	좋은 느낌과 싫은 느낌 알기	친구가 때리면 이렇게 해요	폭력 6
		2	교통안전	표지판 및 신호등의 의미 등 교통안전 규칙 알고 지키기	신호등이 말해요	교통 7
		3	생활안전	안전한 장소를 알고 안전하게 놀이하기	전기감전을 조심해요	생활 11
		4	폭력예방 및 신변보호교육	성폭력 예방 및 대처방법 알기	위험한 상황을 알아보아요	폭력 7
10	가을	1	약물 및 사이버 중독 예방 교육	TV, 인터넷, 통신기기(스마트폰 등) 등의 중독 위해성을 알고 바르게 사용하기	인터넷을 사용하는 올바른 습관을 가져요	약물 5
		2	약물 및 사이버 중독 예방 교육	생활주변의 해로운 약물·화학제품 만지거나 먹지 않기	담배는 우리 몸에 해로워요	약물 6
		3	생활안전	안전한 장소를 알고 안전하게 놀이하기	끼임 사고를 조심해요	생활 12
		4	생활안전	교실, 가정, 등하굣길에서 안전하게 생활하기	승강기와 에스컬레이터를 안전하게 이용해요	생활 13
		5	약물 및 사이버 중독 예방 교육	TV, 인터넷, 통신기기(스마트폰 등) 등의 중독 위해성을 알고 바르게 사용하기	스마트폰 중독은 위험해요	약물 7

월	생활주제	주	7대 영역	교육내용	활동예시	누계
11	환경과 생활	1	교통안전	교통수단(자전거, 통학버스 등) 안전하게 이용하기	안전한 장소에서 자전거를 타요	교통 8
		2	재난안전교육	화재 발생 시 유의사항 및 대처법 알기	119에 신고해요	재난 4
		3	폭력예방 및 신변보호교육	성폭력 예방 및 대처방법 알기	어른들이 나를 아프게 하면 어떻게 할까요	폭력 8
		4	교통안전	표지판 및 신호등의 의미 등 교통안전 규칙 알고 지키기	대중교통을 안전하게 이용해요	교통 9
12	겨울	1	약물 및 사이버 중독 예방 교육	생활주변의 해로운 약물·화학제품 만지거나 먹지 않기	엄마, 아빠 술은 안 돼요!	약물 8
			재난안전교육	각종 자연재난 및 사고 적절하게 대처하는 방법 알기	꽝! 폭발은 무서워!	재난 5
		2	생활안전	안전한 장소를 알고 안전하게 놀이하기	안전한 장소에서 안전한 방법으로 놀이해요	생활 14
		3	응급처치	상황별 응급처치 방법 알기	다쳤어요, 도와주세요	응급 2
		4	약물 및 사이버 중독 예방 교육	TV, 인터넷, 통신기기(스마트폰 등) 등의 중독 위해성을 알고 바르게 사용하기	인터넷 예절을 알아보아요	약물 9
1	생활도구	1	교통안전	교통수단(자전거, 통학버스 등) 안전하게 이용하기	안전띠를 매요	교통 10
		2	폭력예방 및 신변보호교육	성폭력 예방 및 대처방법 알기	사랑의 표현은 어떻게 해야 할까요?	폭력 9
		3	생활안전	놀이기구나 놀잇감, 도구의 바른 사용법을 알고 안전하게 사용하기	미술도구를 안전하게 사용해요	생활 15
		4	약물 및 사이버 중독 예방 교육	TV, 인터넷, 통신기기(스마트폰 등) 등의 중독 위해성을 알고 바르게 사용하기	스마트폰을 사용하는 올바른 습관을 가져요	약물 10
2	형님반에 가요	1	직업안전	일터 안전시설 현장 체험하기	일터의 안전시설을 알아보아요	직업 2
		2	폭력예방 및 신변보호교육	나와 내 주변 사람(가족, 친구 등)의 소중함을 알고 사이좋게 지내기	모두가 특별해요	폭력 10
		3	재난안전교육	각종 자연재난 및 사고 적절하게 대처하는 방법 알기	땅이 흔들려요	재난 6
		4	교통안전	교통수단(자전거, 통학버스 등) 안전하게 이용하기	통학버스를 안전하게 이용해요	교통 11

4 교직원 안전교육

영유아를 안전하게 보호하고 교육하기 위해서는 영유아를 교육하는 교사가 안전에 대한 지식, 기능, 태도를 갖추는 것이 필요하다. 이에 유치원의 장은 교직원을 대상으로 교통안전, 재난대비, 약물 오·남용 예방, 실종·유괴예방·방지, 성폭력 및 아동학대 예방에 대한 교육, 성폭력예방교육, 그 밖의 안전사고 관련 법률에 따라 규정된 안전교육을 실시해야 한다. 유치원 교사 안전교육의 주요 내용을 살펴보면 다음과 같다(교육부, 2020a; 서울시교육청, 2020).

- 교직원의 안전교육은 3년마다 15시간 이상 이수한다. 교직원 안전교육 15시간 이수 시 7대 안전영역이 세 가지 이상 포함되어야 한다. 예를 들어, 심폐소생술 등 한 가지 영역 연수만으로 15시간 이수할 경우 교원 안전교육으로 인정되지 않는다.
- 아동학대 신고의무자 교육은 매년 1시간 이상(「아동복지법 시행령」) 이수한다.
- 성폭력 예방교육은 매년 1회 이상, 1시간 이상(「성폭력방지 및 피해자보호 등에 관한 법률 시행령」) 이수한다.
- 심폐소생술 등 응급처치 교육은 연간 4시간(실습 2시간) 이상 이수해야 한다. 심폐소생술 교육은 교육 여건 등을 고려하여 응급처치 교육의 내용 및 시간을 조정할 수 있으나 실습교육 2시간을 포함하여 최소 3시간 이상 실시해야 한다.

어린이집 보육교직원 역시 보육사업안내(보건복지부, 2020a) 및 관련 법령에 따라 다음과 같은 안전관련 교육을 이수해야 한다(표 3-8).

표 3-8 어린이집 보육교직원 대상 안전관련 교육

교육명	법적근거	대상	교육시간 및 횟수	교육방법
아동학대 예방 및 신고 의무자에 대한 교육	「아동학대범죄의 처벌 등에 관한 특례법」 제10조, 「아동복지법 시행령」 제26조	모든 보육교직원	• 시간: 1시간 이상 • 주기: 매년	온·오프라인 선택 가능
보육교직원 안전교육	「영유아보육법」 제23조의2	원장 및 보육교사	• 시간: – 안전사고 예방교육:	온·오프라인 선택 가능

교육명	법적근거	대상	교육시간 및 횟수	교육방법
			3시간 – 아동학대 예방교육: 3시간 • 주기: 연 1회 이상	
어린이집 놀이시설 안전교육	「어린이놀이시설 안전관리법」 제20조, 시행규칙 20조	어린이놀이시설의 안전관리에 관련된 업무 담당자	• 시간: 4시간 이상 • 주기: 2년	오프라인
교통안전교육	「도로교통법」 제53조의3, 시행령 제31조 제2항, 시행규칙 제20조	• 신규 안전교육: 처음 어린이통학버스 운영 또는 운전하는 사람 • 정기 안전교육: 어린이통학버스 계속하여 운영하는 사람과 운전하는 사람	• 시간: 3시간 이상 • 주기 – 신규: 운영 또는 운전하기 전 – 정기: 2년	오프라인(온라인 교육은 이수하더라도 인정되지 않음)
동승보호자 안전교육	2021년 보건복지부 보육사업안내(121쪽)	• 보육교사 등 차량에 동승하는 사람	• 주기: 최초 교육 이수 후 어린이 통학차량 관련 도로교통법령 개정 시 재이수 필요(필요 시 보건복지부가 별도 안내 예정)	온 · 오프라인 선택 가능
응급처치교육 (심폐소생술 등)	「응급의료에 관한 법률」 제14조 제15항, 시행규칙 제6조	보육교직원	• 시간: 4시간 • 주기: 매년	수료증은 어린이집 내 보관 또는 게시 가능
성폭력 예방교육	「성폭력방지 및 피해자 보호 등에 관한 법률」 제5조, 시행령 제2조	모든 보육교직원	• 시간: 1시간 이상 • 주기: 연 1회 ※ 신규 임용된 사람은 임용된 날부터 2개월 이내 교육 실시	온 · 오프라인, 자체 교육(강사 초빙/내부직원) 선택 가능
성희롱 예방교육	「남녀고용평등과 일 · 가정 양립 지원에 관한 법률」 제13조 및 동법 시행령 제3조	사업주 및 모든 직원	• 주기: 연 1회 이상	사업의 규모나 특성 등 고려하여 온 · 오프라인 가능
장애인식 개선교육	「장애인복지법 시행령」 제16조	모든 보육교직원	• 주기: 연 1회 이상	온 · 오프라인, 자체 교육 선택 가능
긴급지원 신고의무자 교육	「긴급복지지원법」 제7조, 시행규칙 제2조의3	모든 보육교직원	• 시간: 1시간 이상 • 주기: 매년	온 · 오프라인, 자체 교육 선택 가능
집단시설 종사자 결핵 감염 예방 교육	「결핵예방법」 제11조, 시행규칙 제4조, 제4조의2	모든 보육교직원	• 주기: 연 1회	집합 및 동영상 교육

5 영유아 안전교육의 실행 및 평가

영유아를 위한 안전교육은 지식위주나 언어중심 교수법보다 영유아가 실제 상황에서 직접 체험을 통해 경험해 볼 수 있는 활동중심의 교수-학습 방법이 효과적이다. 안전교육은 장기적으로 반복 기회와 강화 기회가 자주 주어질 때 효과가 지속될 수 있으므로 이를 교수-학습 방법에 적용할 필요가 있다. 다음에서는 영유아 안전교육을 위한 지도 원리와 교수-학습 방법을 살펴본다.

1) 지도원리

영유아 안전교육을 효율적으로 지도하기 위해서는 다음과 같은 지도 원리를 바탕으로 이루어지는 것이 좋다(보건복지부, 어린이집안전공제회, 중앙육아종합지원센터, 2015).

첫째, 영유아 안전교육은 영유아의 발달 및 연령 특성을 고려하여야 한다. 2세 미만의 영아는 대집단 활동보다 소집단 활동이나 개별 활동 방법이 적절하다. 그리고 영아의 발달 수준을 고려하여 일상생활, 놀이, 동화, 이야기 나누기 등의 방법으로 자연스럽게 이루어지는 것이 좋다. 3~5세 유아는 모의상황에 직접 참여하는 대 · 소집단 활동이나 역할극, 놀이, 동화, 이야기 나누기 등의 방법으로 진행할 수 있다.

둘째, 놀이를 통한 안전교육이어야 한다. 놀이는 학습 매개체이고 발달에 적합한 실제를 보여 주는 방법이다. 특히 안전교육은 안전규칙을 설명하는 것보다 영유아가 스스로 흥미를 가지도록 놀이를 통해 동기를 부여하고 위험 상황과 대처 방법 등을 자연스럽게 익히도록 해야 한다.

셋째, 영유아의 안전교육은 영유아의 경험이나 일상생활과 관련된 것이어야 한다. 영유아교육기관에서 안전과 관련된 상황이나 사건이 일어났을 때 그 경험을 자연스러운 학습의 기회로 연결시킬 수 있어야 한다.

넷째, 하나의 주제 아래 각 영역의 활동을 통합적으로 계획하고 구성한다. 예를 들면, 교통안전에 대한 주제에서 교사는 교통놀이에 대한 극화놀이 소품과 쌓기놀이 소품을 첨가하고 영유아가 우리 동네의 도로에 관심을 가질 수 있도록 동네를 직접 관찰하면서 신호등이 있는 건널목을 건너는 활동을 실시할 수 있다. 영유아가 신호등에 관심이 있다면 관련된 이야기책 읽어 주기나 견학, 신호등 놀이하기, 미술 영역에서 신호등 만들기를 할 수 있으며, 신호등의 색깔이나 길건너기에 대한 토론을 진행할 수 있다.

다섯째, 실제 상황에 가까운 안전교육을 할 수 있도록 하며 활동주제에 따라 다양한 교구와 매체를 활용한다.

여섯째, 유아교육기관에서 이루어지고 있는 안전교육의 효과를 높이기 위해서 가정과 연계교육이 이루어지는 것이 바람직하다.

일곱째, 안전교육이 영유아의 행동 변화로 이어질 수 있도록 지속적이고 반복적으로 실시해야 한다.

2) 교수-학습 방법

영유아 안전교육을 위한 교수-학습 방법은 설명하기 및 시연하기, 토의하기 및 문제해결, 역할놀이, 모델링, 시뮬레이션 등이 있다. 이러한 교수-학습 방법은 영유아의 연령과 발달 수준 및 안전교육 내용의 성격에 따라 적절하게 선택되어야 한다. 예를 들어, 토의하기는 모델링이나 설명하기 및 시연하기보다 5세의 교통안전교육에서 유아가 교통안전 지식을 형성하는 데 더욱 효과적일 수 있으나(김영실, 윤진주, 유수정, 2009), 3세 미만의 영아에게는 토의하기보다 직접적인 시연하기 방법이 더 적절할 수 있다. 또한 특정한 방법 한 가지를 적용하기보다 다양한 교수방법을 병행하여 실시하는 것이 좋다. 예를 들어, 사전 활동으로 안전과 관련된 동화를 듣고, 동화에 들어 있는 안전과 관련된 다양한 문제에 대해 토의를 한 후 동화내용을 극화하여 극놀이를 실시할 수 있다. 이처럼 영유아를 위한 안전교육은 영유아의 연령별 발달 특성과 안전 주제에 적합한 교수-학습 방법을 선택하여 적용하되, 영유아가 경험하는 생활주제 안에서 통합적으로 전개되도록 해야 한다. 이를 구체적으로 살펴본다.

(1) 모델링

모델링은 영유아의 주변 인물, 혹은 실제 혹은 가상 모델의 행동과 그 행동에 후속되는 결과를 관찰하여 안전에 관한 지식과 태도를 습득하고 형성하게 하는 교수-학습 방법이다. 영유아는 모델을 관찰하여 간접적으로 학습하게 되어 대리강화를 경험하게 된다.

영아의 경우 교사나 주양육자와 함께 하는 시간이 길고, 성인에게 의존하는 시기이므로 성인이 행하는 안전행동을 영아가 모방할 가능성이 높다. 따라서 교사는 안전에 관한 다양한 행동을 실제로 보여 주면서 안전의식과 태도를 높일 수 있다. 예를 들어, 교사의 화재대피 행위를 모델링하여 영유아가 화재 상황 시 취해야 할 안전행동을 습득하게 할 수 있다. 교사는 영유아에게 안전한 행위를 모델링할 때 자신의 행동에 대해 언어로 표현하여 도움을 줄 수 있다. 예를 들어, "복도에서 뛰면 넘어질 수 있으니까 선생님은 천천히 걸어가야겠다."라고 말하거나 "이 물건은 위험하니까 다른 곳으로 치워 놓을게."라고 말할 수 있다. 비오는 날에는 교사가 밝은 색의 옷을 입고 와서, "오늘은 비가 와서 밖이 약간 어둡네. 비오는 날에는 이렇게 밝은 색의 옷을 입으면 좋아!"라는 교사의 언어표현으로 안전의식을 고취시킬 수 있다.

(2) 시뮬레이션

시뮬레이션은 복잡한 문제나 사회 현상 따위를 해석하고 해결하기 위하여 실제와 비슷한 모형을 만들어 모의적으로 실험하여 그 특성을 파악하는 것이다(국립국어원, 2020). 영유아에게 실제와 유사한 상황에서 직접 경험을 하게 하면 실제 현장에서 발생할 수 있는 사고나 돌발 사태에 대처하는 데 많은 도움이 될 수 있다. 예를 들어, 영유아교육기관에서는 화재 발생 시 대피하는 방법을 익히고자 실제로 화재가 발생한 것과 동일한 상황을 설정하고 화재 대피훈련을 실시하면 영유아의 화재에 대한 지식과 태도가 증가하게 된다. 이때 화재 대피 훈련은 예고 없이 이루어져야 효과가 높다. 이처럼 영유아가 직접 체험할 수 있는 시뮬레이션을 통한 안전교육은 안전한 행동의 가능성을 높인다.

(3) 역할놀이

역할놀이는 영유아에게 안전과 관련된 역할을 수행하면서 구체적인 문제 상황을 경험하게 하는 교수-학습 방법이다. 역할놀이를 통해 영유아는 새로운 안전행동이나 기술을 습득할 수 있고, 자신의 행동과 태도를 조정할 수 있다. 또한 역할놀이를 통해 영유아는 다른 사람의 관점으로 생각하고 행동하여 타인의 입장을 이해하고 안전에 대한 문제해결능력을 증진시킬 수 있다. 예를 들어, 운전자와 보행자가 되어 보는 자동차 놀이를 통해 영유아는 신호등을 보는 방법, 안전하게 횡단보도를 건너는 방법 등을 배울 수 있다. 그리고 안전교육과 관련한 미디어 동화를 역할극으로 하면서 인터넷의 과다 사용에 대한 위험과 인터넷 예절을 배울 수 있다.

(4) 설명하기 및 시연하기

설명하기는 정보 전달을 위해 사용하는 방법으로 어떠한 사실이나 개념을 직접 설명하는 것이다. 설명하기는 영유아가 안전에 대한 정보를 습득하는 데 도움을 주며 시연하기, 연습하기 및 반복적인 훈련 등과 병행하여 이루어지면 효과적이다. 예를 들어, 교사가 비오는 날에 일어날 수 있는 다양한 상황을 설명하고, 비가 올 때 우산을 바르게 드는 방법이나 바르게 걷는 방법 등을 직접 시범보이거나 영유아가 시범을 보이게 하여 안전에 대한 지식과 태도를 기르게 할 수 있다.

설명하기 및 시연하기를 통해 영유아는 설명이나 시연의 결과를 관찰하므로 새로운 주제를 설명하는 데 효과적이다. 그리고 영유아의 생활 주변에서 다루어지지 않는 사실을 전달해 주거나 이해하기 어려운 사항을 보충하는 데 유용하다. 그러나 영유아가 스스로 사고하는 습관이나 문제해결의 기회를 충분히 갖지 못하고 영유아의 자발성과 능동성을 제한하는 단점도 있다(곽은복, 2000).

(5) 토의하기 및 문제해결

토의하기는 안전과 관련된 사건이나 일에 대해 여러 사람의 아이디어, 사실, 의견, 정보를 교환하는 방법이다. 영유아는 토의를 통해 안전과 관련한 상황에서 발생할 수 있는 문제를 파악할 수 있고 서로의 생각을 다른 사람과 함께 나눔으로써 문제 해결을 위한 효과적인 방법을 발견할 수 있다.

토의의 주제는 영유아의 생활과 지역사회에서 발생하는 다양한 문제가 좋다. 예를 들어, TV 뉴스에서 방영된 교통사고 소식을 듣고 교통안전에 대한 토의를 할 수 있으며, 친구가 계단을 뛰어 올라가다가 다리를 다쳐서 병원에 입원한 경우 안전하게 생활하는 방법에 대해 토의할 수 있다. 토의하기는 안전 상황에 대해 교사가 먼저 토의를 제안하고 진행할 수도 있고, 영유아 사이에 발생하는 안전문제에 대해 영유아 스스로 문제를 제기하고 토론할 수 있다.

문제해결은 토의하기와 함께 병행할 수 있는 탐구식 수업방식이다. 안전하게 해결해야 할 문제 상황을 파악해 보고 해석하여 일반화하는 방법으로 문제해결은 영유아의 추론능력을 향상시키고 영유아 스스로 여러 가지 위험 관련 갈등 상황에 대한 다양한 해결방법을 모색하게 하여 문제해결 능력을 길러 준다. 예를 들어, 교통사고가 발생할 수 있는 위험한 상황에 대한 그림을 보고 어떠한 방식으로 문제를 해결해야 교통사고를 예방할 수 있는지에 대해 알아볼 수 있고, 그림책을 활용하여 주인공이 처한 문제 상황을 탐색하고 이를 어떻게 해결할지 토의한 후 여러 가지 대안 중에서 가장 적절한 해결 방법이 무엇인지를 찾아보는 활동을 할 수 있다.

3) 영유아 안전교육의 평가

영유아의 안전교육은 일회성의 교육이 아니고 체계적이고 지속적으로 이루어져야 하므로, 영유아의 발달적 특성과 기관의 특성을 반영하여 연간 안전교육계획을 수립하고 실시한다. 또한 영유아 안전교육을 실시한 후 교사는 안전교육에 대한 정기적인 평가를 통해 안전교육의 목표 달성 여부를 확인해야 한다. 즉, 영유아가 안전한 환경과 습관에 대한 올바른 지식을 습득하고 안전한 생활습관을 통한 행동의 태도를 형성하였는가를 평가한 후 다음의 활동에 반영함으로써 보다 효과적인 안전교육이 이루어질 수 있다.

영유아 안전교육에 대한 영유아 평가는 관찰을 통한 평가, 포트폴리오 평가 등 다양한 방법을 사용할 수 있다. 관찰평가는 영유아의 하루일과를 관찰하고 활동과정에서 나타나는 안전 관련 반응을 기록하는 것으로, 일화기록, 평정척도, 행동목록 체크리스트 등의 방법을 통해 가능하다. 또한 영유아의 안전행동을 평가하기 위해 포트폴리오를 활용할 수 있는데, 영유아의 안전행동 관련 사진이나 기록물 등을 정기적으로 수집하여 포트폴리오로 정리하면 안전행동의 변화를 파악할 수 있다.

영유아 안전교육의 평가는 구체적인 평가 지침을 세워 평가를 하는 것이 바람직하다. 평가를 통해 문제점이 드러난다면 수정 · 보완하여 개선하고, 적합한 활동이라면 확장할 수 있는 방안도 수립할 수 있다. 이처럼 순환적인 평가는 안전교육 활동의 효과를 높이기 때문에 꼭 필요한 과정이다. 영유아 안전교육 프로그램이나 활동 평가는 안전교육 내용이 표준보육과정의 목표와 내용에 근거하여 적절히 운영되는지, 영유아의 발달수준과 흥미, 요구에 적합한지, 영유아의 학습을 촉진할 수 있는 다양한 활동과 교수-학습 방법들로 계획되고 통합적으로 운영되었는지, 일과 운영 및 보육활동 구성 시 안전교육의 양과 내용이 영유아 각 연령의 발달에 적합하게 계획되고 운영되었는지, 영유아의 각 연령별 지도방법에 맞게 이루어지고 있는지, 운영평가 결과를 수시로 반영하여 안전교육 운영계획을 수정 · 보완하거나 다음 연도의 계획 수립 및 운영에 반영하고 있는지를 평가할 수 있다. 영유아 안전교육 프로그램 및 활동 평가서의 예시는 부록(부록 5)에 제시하였다.

CHAPTER

04

영유아교육기관의 환경관리

1. 영유아교육기관의 실내시설 안전관리
2. 영유아교육기관의 실외시설 안전관리

1 영유아교육기관의 실내시설 안전관리

현관 및 출입구를 비롯하여 복도, 계단, 교실, 화장실 등 영유아교육기관의 시설들은 영유아의 교육과 보육에 적합하게 설계되고, 영유아의 발달적 특성을 반영하여 안전사고를 예방하고 안전한 교육환경을 실행할 수 있도록 구성되어야 한다. 영유아교육기관의 장소별 안전사고 현황을 살펴보면(어린이집안전공제회, 2015a) 실내가 실외보다 4배 정도 높다. 특히 영유아가 하루 중 대부분의 시간을 영유아교육기관의 실내에서 보내기 때문에 사고 발생이 높으므로 영유아교육기관의 실내 환경을 안전하게 조성하는 것이 필요하다. 다음에서는 영유아교육기관의 실내시설의 안전관리에 대해 살펴본다.

1) 현관/출입구

현관의 크기나 위치는 이 시설을 이용하는 이용자 기능을 충분히 고려하여야 한다(이기숙, 장영희, 정미라, 윤선화, 2014). 다음은 어린이집안전공제회(2015a)에서 제시한 영유아교육기관의 현관/출입구가 갖추어야 할 조건이다.

- 현관은 외부인의 출입을 제한하고 영유아가 성인의 보호 없이 나갈 수 없도록 자동잠금장치를 설치하여야 한다.
- 모든 출입문에는 영유아의 손이 끼지 않도록 손끼임 방지 고무패킹이나 모서리 보호대를 설치하여야 한다.
- 실내와 실외가 연결되는 바닥면에는 미끄럼 방지 발판이나 매트를 깔고, 현관 바닥의 높이가 다른 경우 충격 완충제를 설치한다.
- 출입문 하단은 발 끼임 공간이 없도록 설치하고, 문이 급하게 닫히지 않도록 문의 상부에 출입문 속도 조절 장치(도어클로저)를 설치한다.
- 현관문은 안전한 강화유리를 설치하며, 실내·외 모두 투시가 가능하도록 투명하게 설치한다.

- 유리가 너무 투명한 경우 현관문임을 알리는 스티커를 부착하는 것이 좋다.
- 쓰러지기 쉬운 물건은 안전하게 고정(화분, 우산꽂이 등)하며, 게시물은 핀이나 압정과 같이 뾰족한 물건이 아닌 테이프나 자석으로 고정한다.
- 현관문 앞에는 외부인의 출입통제와 영유아의 등하원을 돕기 위해 벨이나 인터폰 중 하나 이상은 반드시 설치한다.
- 벨이나 인터폰에 연결선이 달려 있는 경우에는 영유아의 손이 닿지 않도록 조치하며, 각 실의 인터폰 번호와 수업시간 공지 등을 부착하여 안내한다.

〈투시가 가능한 강화유리문〉

〈현관문 손끼임 방지〉

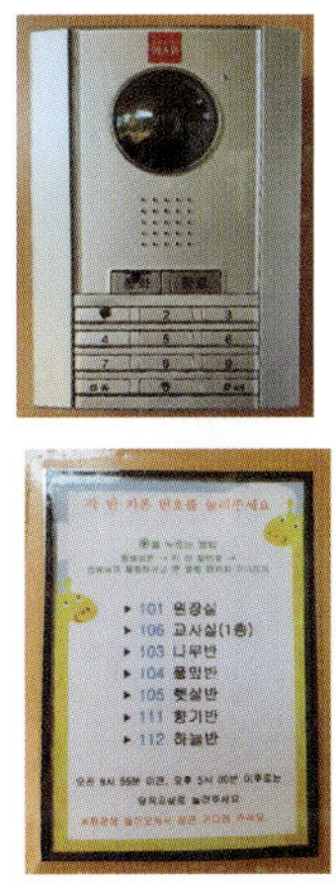

〈현관 벨 또는 인터폰 설치〉

Tip **장애영유아 통합기관의 현관 및 출입구 점검**

장애아 통합기관이나 장애아 전문기관의 경우 현관 및 출입구는 다음 부분을 점검한다.

- 출입구는 비상재해 시 대피하기 쉽도록 복도 또는 넓은 공간과 직접 연결되도록 하며, 시각장애아를 위한 점자블록이나 유도장치를 갖추어야 한다.
- 교실문과 화장실문은 휠체어 출입에 지장이 없도록 문턱이 없어야 하고, 충분히 넓어야 한다.
- 회전문과 자재문(自在門: 문턱이 없어 양방향으로 열리는 문)은 금하며 자동문 설치 시 문의 개폐 시간은 3초 이상을 확보하여야 한다.
- 모든 문에는 휠체어에 앉은 영유아가 문의 손잡이를 잡을 수 있어야 한다.

출처: 「장애인 · 노인 · 임산부 등의 편의증진 보장에 관한 법률 시행령」 제4조.

현관/출입구의 안전한 통행을 위해 영유아에게 지도해야 할 안전수칙은 다음과 같다(서울특별시교육청, 2020).

- 문을 열거나 닫을 때, 뒷사람이 문에 부딪칠 수 있으므로 뒤를 따라 들어오는 사람은 없는지 확인한다.
- 출입문에 손이나 발이 끼이지 않도록 조심한다.
- 출입문을 서로 당기거나 미는 등 장난으로 여닫는 행동은 절대 하지 않는다.
- 출입문의 유리를 세게 짚거나 밀지 않는다(유리파손 주의).
- 현관/출입문 바닥에 매트가 있는 경우 넘어지지 않도록 조심해서 걷는다.

2) 복도와 계단

복도와 계단은 영유아의 통행이 자유롭도록 하고 장식장이나 사물함, 교구장 등의 배치에 특별히 주의를 기울여 영유아가 걸려 넘어지지 않도록 한다. 복도와 계단은 이동 동선과 화재 시 주요 대피 경로이기 때문에 자연채광을 충분히 확보할 수 있도록 창문과 조명 설비가 필요하다. 유치원 시설안전관리 매뉴얼(교육부, 2015d)에 제시된 복도와 계단의 안전을 위한 유의사항과 점검 사항은 다음과 같다.

(1) 복도

복도는 영유아의 충돌 방지를 위해 최소한 성인 두 사람이 어깨를 부딪치지 않고 지나갈 수 있는 정도의 너비를 확보한다(어린이집안전공제회, 2019).

- 통행에 지장을 주는 위험한 물건은 비치하지 않는다(예: 화분, 우산꽂이, 장식품 등).
- 사진, 작품, 그림액자 등을 게시할 경우 영유아의 눈높이에 맞춰 게시하며 장식물을 설치할 때에는 쉽게 떨어지지 않도록 안전하게 고정한다(글루건이나 양면테이프 등으로 고정).
- 1층 이상 복도에 창문이 있는 경우에는 창문에 추락 방지용 안전장치를 설치한다.
- 영유아의 출입이 금지된 구역(원장실, 조리실, 교사용 화장실, 창고, 기계실 등)은 출입문에 잠금장치를 설치한다.

- 위험한 물건(교사용 비품, 약품상자 등)은 영유아의 손이 닿지 않는 높이에 보관하거나 잠금장치를 한다.
- 소화전이나 전열판 등은 영유아가 쉽게 열지 못하도록 조치를 취한다.
- 투척용 소화기 등이 벽에 설치되어 있을 경우 안전하게 고정되어 있는지 확인한다.
- 복도 바닥에서 1.3m 높이까지는 벽체 파손 시에도 위험하지 않은 재료를 사용한다.
- 복도에 노출되는 벽과 기둥에는 모서리 보호대를 사용하여 처리한다.
- 교실과 복도 사이의 설치된 문 등 영유아교육기관 내 설치되어 있는 모든 문은 영유아들이 걸려 넘어질 수 있으므로 문턱이 없어야 한다.
- 모든 문의 가장자리에는 영유아의 손이 다치지 않도록 손끼임 방지장치나 완충장치를 설치한다.

〈2층 창문 안전보호대〉

〈손끼임방지-유리〉

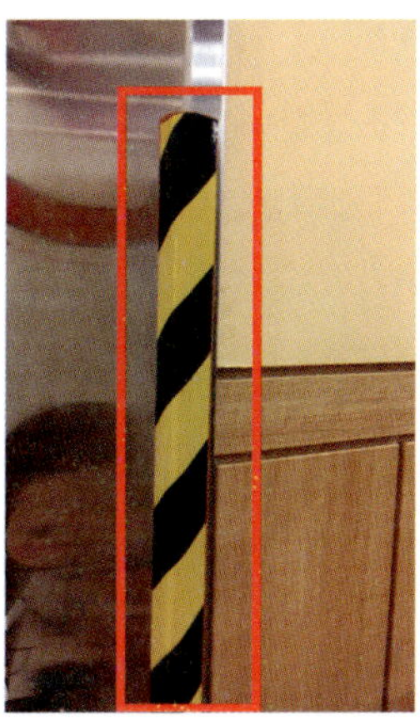

〈모서리 보호대-스테인리스〉

〈기계실이나 옥상 출입을 차단하는 안전문〉

장애영유아는 다양한 장애유형 및 장애 정도에 따라 전형적인 발달을 보이는 또래들에 비해서 자신의 행동결과를 예측하는 능력 및 안전사고 발생 시의 대처능력 등이 부족할 수 있다(이소현, 2013). 그러므로 비장애영유아에 비해 안전사고에 노출되거나 이로 인해 손상의 위험이 생길 수 있으므로 장애아통합기관이나 장애아전문기관에서는 장애영유아의 보행에 지장이 없도록 넓은 공간을 확보해야 한다(유수옥 외, 2006). 복도는 휠체어의 출입에 지장이 없도록 공간을 확보하고, 보행이 불편한 장애영유아를 위해 벽에 가드레일을 설치한다. 복도에 튀어 나온 벽이나 가구의 돌출된 부분은 모서리를 둥글게 하거나 보호대를 설치한다(채혜선, 임미혜, 김종배, 이순자, 안경일, 2014). 안전한 복도 통행을 위해 영유아에게 지도해야 할 안전수칙은 다음과 같다(서울특별시교육청, 2020).

- 뛰지 않고 오른쪽으로 조용히 걷는다.
- 교실에서 나오는 친구와 부딪히지 않도록 주의한다.
- 복도에서 뛰거나 장난하지 않는다.
- 바닥에 물기가 있거나 미끄러운 경우 천천히 조심해서 걷는다.
- 한눈을 팔면서 뒷걸음질하거나 뒤돌아보면서 뛰지 않는다.
- 걸어가고 있는 앞 사람이나 옆 사람의 발을 걸지 않는다.

(2) 계단

- 안정적인 보행을 위해서 계단의 단 높이는 16cm 이하여야 하며, 단 높이가 일정하게 낮고, 오르내리기에 공간이 여유로워야 한다.
- 계단의 경사도는 너무 급하지 않고 완만하게 구성한다.
- 계단 바닥재는 미끄럽지 않은 재질을 사용하고, 계단의 끝부분에 미끄럼 방지대를 설치한다.
- 계단의 난간은 단단하게 고정하고, 영유아의 신체 크기에 맞게 설치한다.
- 계단을 안전하게 오르내릴 수 있도록 양방향 바닥에 발바닥 모양을 표시하여 한쪽 방향으로 오르내릴 수 있도록 한다.
- 실외 계단(비상대피용)은 미끄럼 방지 매트나 미끄럼 방지턱 등을 설치하여 사고를 방지한다.

- 실외 계단의 바닥재는 충격을 흡수할 수 있는 재료를 사용하며, 계단의 끝선은 명확히 구분할 수 있도록 다른 색으로 채색한다.

〈실내 계단 미끄럼 방지 및 점자블록〉

〈실내 계단 손잡이〉

Tip 장애아 통합기관이나 장애아 전문기관의 경우

「장애인 · 노인 · 임산부 등의 편의증진보장에 관한 법률」에 의하면 장애아통합기관이나 장애아전문의 경우 계단은 다음과 같은 부분을 점검하여야 한다.

- 2층 이상의 기관에는 승강기를 설치하거나 적어도 한 곳 이상에 기울기 1/12 이하의 경사로를 설치하여야 한다.
- 경사로 설치 시에는 두 대의 휠체어가 교차할 수 있는 공간을 확보해야 한다.
- 옥외 피난계단의 유효폭은 0.9m 이상이어야 한다.
- 저시력 영유아나 시각장애 영유아의 경우 이동성과 방향성과 관련된 능력이 부족하여 부딪치거나 떨어지는 사고가 많이 발생할 수 있기 때문에 계단을 오르내릴 경우 가장 먼저 이용하거나 나중에 이용하도록 배려한다.

안전한 계단 통행을 위해 영유아에게 지도해야 할 안전수칙을 정리하면 다음과 같다(서울특별시교육청, 2020).

- 계단을 오르내릴 때는 뛰지 않고, 손잡이(난간)를 잡고 다닌다.
- 절대 두 칸 이상 오르내리거나 점프하지 않는다.
- 주머니에 손을 넣은 채 계단을 오르내리지 않는다.

- 비나 눈이 온 뒤의 실외 계단은 물기가 있으므로 손잡이를 잡고 오르내린다.
- 슬리퍼를 신고 계단을 오르내리는 경우 부상 가능성이 많으므로 더욱 조심한다.
- 계단 난간을 넘거나 난간을 이용하여 미끄럼을 타지 않는다.
- 가방이나 물건을 들고 오르내리는 경우 최대한 조심하고 시야를 가릴 정도로 물건을 많이 나르는 행동은 절대 하지 않는다.
- 여러 사람이 함께 계단을 이용할 때 앞뒤 사람과 충분한 거리를 둔다.

3) 승강기

승강기란 건축물이나 고정된 시설물에 설치되어 일정한 경로에 따라 사람이나 화물을 승강장으로 옮기는 데에 사용되는 시설로서 엘리베이터, 에스컬레이터, 휠체어리프트, 덤웨이터 등을 들 수 있다(한국승강기안전공단, 2020). 승강기 관리주체는 승강기의 기능 및 안전성이 지속적으로 유지되도록 승강기를 안전하게 유지·관리하여야 한다. 영유아교육기관에서 승강기를 안전하게 사용하고 관리하기 위해서는 다음과 같은 지침을 따라야 한다(한국승강기안전공단, 2020).

- 승강기 사용 시 「승강기 안전관리법」에 따라 승강기 관리주체[1)]의 승강기사고 배상책임보험에 의무 가입하여야 한다.
- 승강기 관리주체는 승강기 운행에 대한 지식이 풍부한 사람을 승강기 안전관리자로 선임하여 승강기를 안전하게 관리한다.
- 비상 열쇠는 정해진 장소에 보관하며, 비상 열쇠를 사용한 경우 사용자와 사용사유를 관리대장에 기재한다.
- 비상 열쇠의 분실·파손 시 즉시 유지관리업체 등에 연락하여 확보한다.
- 비상 열쇠는 안전관리자 또는 승강기의 유지관리기술자 외에는 사용을 하지 않도록 한다.
- 승강기 운행관리 규정을 작성하고 이를 잘 보이는 곳에 부착한다.

---

1) 승강기 관리주체란 ① 승강기 소유자, ② 다른 법령에 따라 승강기 관리자로 규정된 자, ③ 앞의 ①, ②에 해당하는 자와 계약에 따라 승강기를 안전하게 관리할 책임과 권한을 부여받은 자를 말한다.

- 승강기 운행관리 규정에는 승강기 안전관리자의 직위, 성명이 명기되어야 하고, 비상 열쇠의 종류, 관리 책임자 및 관리 위치, 유지관리업체와 24시간 비상연락이 가능한 연락망, 인명사고 발생 시 긴급후송이 가능한 병 · 의원의 연락처가 명기되어야 한다.

실내에 엘리베이터가 설치되어 있는 경우 영유아가 혼자서 탈 수 없도록 안전문을 설치하고, 영유아의 손이 닿지 않는 높이에 버튼이 있을 경우 버튼을 함부로 누를 수 없도록 조치한다(어린이집안전공제회, 2019).

엘리베이터의 안전한 사용을 위해 영유아에게 지도해야 할 안전수칙을 정리하면 다음과 같다(서울특별시교육청, 2020; 한국승강기안전공단(www.kesafe.or.kr), 2020).

- 엘리베이터를 타고 내릴 때는 천천히 오르고 내린다.
- 운행 중인 승강기 안에서 '쿵쿵' 뛰거나 구르는 등의 행동을 하지 않는다.
- 위험할 땐 비상벨을 누른다.
- 버튼으로 장난치지 않는다.
- 엘리베이터 출입문을 흔들거나 밀지 말아야 하며 출입문에 기대거나 손대지 않는다.
- 줄이나 끈이 승강기 문에 끼이지 않도록 조심한다.
- 사람이 많으면 다음에 탄다.
- 화재나 지진 발생 시에는 승강기를 타지 않고 계단을 이용한다.
- 엘리베이터를 탈 때에는 어른과 함께 탄다.
- 엘리베이터가 갑자기 정지하거나 정전이 되더라도 당황하지 말고 승강기 안에 설치 된 '직접통화장치'로 구조를 요청한다.

4) 교실 및 보육실

교실 및 보육실은 영유아가 영유아교육기관에서 하루 중 가장 많은 시간을 보내는 중요한 공간이며 생활 및 교육활동이 이루어지는 곳으로 다른 어느 공간보다 안전하게 구성되어야 한다. 교실 및 보육실은 영유아의 연령, 신체적 발달 특징, 활동 영역 등을 고려하여 영유아가 활동하는 데 불편함이 없도록 충분한 공간을 마련하는 것이 안전을 위한 가장 기본적인 조건이다. 또한 안전을 위해 교구장, 영유아용 사물함 등과 같은 가구를 적절히 배치하여 안전한 환경을 제공하는 것이 중요하다(교육부, 2015d).

Tip 유치원의 교실 면적

「고등학교 이하 각급 학교 설립 · 운영 규정」 제3조에 따르면 양질의 유아 교육 환경을 갖추도록 시 · 도교육청별로 각각 규정해 온 유아 1명당 최소 교실면적을 2.2m2 이상으로 전국 공통 기준을 정하였다.

유치원의 교실 안전을 위해 점검해야 할 사항은 다음과 같다(교육부, 2015d).

- 교실은 햇빛이 잘 들어오는 위치에 설계한다.
- 교실은 충분한 채광, 환기, 바닥재 등의 면에서 안전이 고려되어야 하며 화재 발생 위험 시 대피가 용이하도록 1층에 배치하는 것이 바람직하다.
- 교실은 환기를 위한 창문의 크기가 적정하여 창문을 열었을 때 자연적 환기가 충분히 이루어지도록 한다.
- 교실 안 또는 가까운 곳에 세면대가 설치되어 있어 유아가 자주 손을 씻을 수 있도록 하여야 한다. 세면대에는 반드시 온도를 조절할 수 있는 온도조절장치가 되어 있고, 온수의 온도는 너무 높지 않게(40도 이하) 설정해 놓는다.
- 창문 주변에는 딛고 올라설 만한 물건을 비치하지 않는다.
- 실내온도의 난방온도는 섭씨 18도 이상 20도 이하, 냉방온도는 섭씨 26도 이상 28도 이하로 한다.
- 습도는 30% 이상 80% 이하로 한다.

Tip 어린이집의 보육실 면적

보건복지부 '2021년 보육사업안내'에 따르면 보육실은 영유아가 주로 생활하는 실내공간을 기준으로 산정하며 산정 대상은 보육실, 거실, 공동놀이실이 해당된다. 보육실 면적은 영유아 1명당 최소 2.64m2 이상으로 정하였다.

어린이집 보육실의 안전관리를 위해 점검해야 하는 안전수칙은 다음과 같다(보건복지부, 한국보육진흥원, 2016; 어린이집안전공제회, 2015b).

- 보육실은 1층에 위치하는 것이 안전의 측면에서 바람직하나 부득이 2층 이상에 위치해야 할 경우에는 계단과 창문 등에서 안전사고를 예방할 수 있는 시설 및 설비를 갖추어야 한다.
- 책상, 의자 등 가구의 모서리는 둥글고 표면이 매끄럽게 처리된 것이나, 고무 등으로 모서리에 보호 장치를 설치하여야 한다.
- 보육실에 설치된 교구장, 수납장 등은 영유아의 신체 크기에 적합하고, 표면이 매끄럽고 모서리가 둥근 것을 선택하며 필요시 모서리 보호대를 설치한다.
- 보육실은 응급상황을 고려하여 외부로 직접 연결된 문을 확보하는 것이 바람직하다.
- 1층 이상 보육실의 창문 높이가 1.2m 이하일 경우에는 영유아의 추락방지를 위해 창문보호대나 난간 등을 설치한다.
- 보육실 바닥에는 미끄럼 방지 처리가 된 매트를 깔아 충격을 완화한다.
- 놀이를 위한 공간이 충분히 확보되어, 영유아가 움직일 때 부딪힐 부분이 없도록 배치되어야 한다.
- 보육실 내 영유아가 사용하지 않는 공간이 있는 경우 놀이 시 접근하지 못하도록 조치를 취한다.
- 보육실 내 공간 배치는 모든 영유아를 한눈에 파악할 수 있도록 구성한다.
- 보육실 내 모든 놀잇감은 영유아의 입에 넣어도 안전한 유해 물질이 없는 것으로 선택하고, 특히 영아반의 경우 삼킬 만한 크기의 작은(지름 3.5cm 이하, 길이 5.5cm 이하) 놀잇감(예: 블록이나 구슬)은 영아의 손에 닿지 않는 곳에 보관하며, 유아의 경우에도 작은 놀잇감을 사용할 때에는 교사의 관리가 필요하다.

〈미끄럼 방지 처리된 매트〉

〈2층 이상 교실 창문 난간 보호대〉

그림 4-1 교실 및 보육실 안전장치의 예

장애영유아의 통합교육을 위해 물리적 환경을 배치할 경우에는 신체적으로나 정서적으로 안정감을 느낄 수 있어야 한다. 그러기 위해서는 쉽게 접근할 수 있고, 위험하지 않은 안전한 장소를 제공해야 한다. 장애영유아 통합을 위해서 전체적으로 특별하거나 보조적인 환경이 필요하지는 않으나, 장애유형과 관련된 특별한 요구가 있다. 장애영유아를 위한 교실 배치 시 고려해야 할 점은 다음과 같다(유수옥 외, 2006).

- 신체적인 장애로 어려움을 갖고 있는 영유아는 장애정도에 따라 피더시트[2)]나 휠체어, 스탠딩 테이블,[3)] 보행기(워커)와 목발(밀레니얼 클러치[4)]: Milleneal crutch) 등을 사용하는 경우가 있으므로 부딪치지 않도록 충분한 공간을 확보한다.
- 지체장애를 가진 영유아는 휠체어를 사용하여 이동할 수 있도록 출입문이나 화장실의 위치를 충분히 고려한다.
- 체격이 작은 유아를 위해서는 발이 바닥에 잘 닿도록 작은 의자를 준비한다.
- 근 긴장도가 낮은 유아를 위해서는 팔걸이와 등받이가 있는 의자를 준비한다.
- 저시력 영유아나 시각장애 영유아의 경우 책상이나 사물함의 모서리를 둥글게 처리하고 적절한 조도, 색대비, 거리, 위치를 고려하여 최적의 교육환경을 제공한다.
- 흥미영역 계획 시 동선은 최대한 줄여야 하며, 자유롭게 지나다닐 수 있어야 하고, 휠체어를 타는 영유아가 참여할 수 있도록 고려한다.

〈피더시트〉

〈스탠딩 테이블〉

〈밀레니얼 클러치〉

그림 4-2 장애영유아 보장구의 예

출처: 유수옥 외, 2006.

2) 혼자 앉지 못하는 장애영유아가 각도 조절용 받침대를 이용하여 앉는 보조기기로 각도 조절이 가능하며, 아동의 신체 크기에 따라 선택하여 사용 가능

3) 몸통이나 다리 근육 사용의 제한으로 스스로 서기가 어려운 장애영유아에게 세울 수 있도록 지원하는 보조기기

4) 일반적인 목발에 비해 간편하고 빠른 보행이 가능하며, 완전한 체중 부하가 필요 없을 경우 사용

5) 화장실

화장실 바닥은 항상 청결하고 건조한 상태로 유지되도록 관리하며 화장실에서 사용하는 비누, 수건, 화장지와 같은 위생용품은 영유아의 신체 크기를 고려하여 배치한다. 변기 높이는 바닥으로부터 30cm 정도로 유아의 신체 크기에 맞게 적절해야 하고, 화장실은 교실/보육실과 동일한 층의 인접한 공간에 설치해야 한다. 안전사고를 예방하기 위해 화장실의 설치 및 관리에 필요한 원칙을 살펴보면 다음과 같다(교육부, 2015d).

- 화장실에는 유아용 변기를 설치하고, 교실과 같은 층의 인접한 공간에 설치한다.
- 화장실 문은 영유아가 혼자 열고 닫을 수 있도록 하며, 칸막이는 낮게 설치하여 예기치 않은 사고나 비상시에 대처할 수 있도록 한다.
- 화장실 바닥은 항상 물기를 제거해 주고, 미끄럼 방지가 된 타일을 설치하거나 미끄럼 방지 매트를 사용하는 것이 좋다.
- 영유아가 수도꼭지를 조작해서 뜨거운 물이 나오지 않도록 수온을 조절하고, 온수조절장치 등을 설치한다(어린이집안전공제회, 2019).
- 세면대는 영유아가 화장실을 이용할 뿐만 아니라 간식, 식사 전·후 그리고 놀이와 관련하여 자주 사용하는 곳이므로 화장실의 출입구 근처 편리한 곳에 설치한다.
- 화장실은 물을 사용하는 곳이므로 전열기구를 사용하지 않도록 하고, 개방형 전기콘센트는 반드시 안전덮개를 설치한다.
- 성인(교사)용 화장실은 별도로 설치하고, 어른 눈높이에 잠금장치를 설치한다.
- 화장실에 세탁기를 둘 경우에는 영유아가 이용하는 공간과 반드시 분리하고 세탁기 문에 잠금장치를 한다.
- 위험한 물건(락스, 세제 및 변기를 청소하는 솔, 고무장갑 등)은 영유아의 손에 닿지 않는 높이의 선반이나 수납함에 보관하거나 잠금장치를 한다.
- 화장실 세면대의 모서리가 날카로울 경우는 모서리 처리를 하여 안전사고에 대비한다.
- 화장실은 항상 청결하게 유지되도록 청소하고 위생적으로 관리한다. 그리고 화장실 바닥은 항상 물기를 제거해 주고, 미끄럼 방지 매트를 사용하는 것이 좋다.

〈장애영유아용 안전바〉

〈세면대 모서리처리〉

〈화장실 콘센트 안전덮개〉

그림 4-3 **화장실 안전장치의 예**

안전한 화장실 이용을 위해 영유아에게 지도해야 할 안전수칙을 정리하면 다음과 같다(서울특별시교육청, 2020).

- 화장실 문을 갑자기 열거나 발로 차서 열지 않는다.
- 출입문 틈에 손이나 발이 끼이지 않도록 조심한다.
- 화장실에서 장난치거나 뛰어다니지 않는다(미끄럼 주의).
- 세수를 하고 있는 친구를 떠밀어 얼굴이 세면대에 부딪치지 않도록 한다.
- 화장실 내 휴지를 물에 적셔 장난하지 않는다.

Tip **장애영유아통합기관의 화장실 점검**

「장애인 · 노인 · 임산부 등의 편의증진 보장에 관한 법률」에 의하면, 장애영유아통합기관의 경우 화장실은 다음과 같은 부분을 점검하여야 한다.

- 화장실의 변기 높이는 장애영유아의 신체발달 정도에 따라 다양하게 설치한다.
- 화장실의 칸막이 공간은 휠체어를 사용하는 영유아를 위해서 출입에 지장이 없도록 공간과 시설을 충분히 넓게 설계하여야 한다.
- 변기 옆에는 '안전바'를 설치하여 장애영유아가 안전하게 사용할 수 있도록 한다.

6) 조리실

영유아교육기관의 조리실은 화기(火氣)를 사용하는 곳이므로 가스 누출과 실내 환기 상태를 확인하는 등 안전관리를 철저히 하여야 한다. 조리실 안전관리를 위해 점검해야 할 사항은 다음과 같다(「유아교육법 시행규칙」 별표 1).

- 조리실은 교실과 떨어지거나 차단되어 영유아의 학습에 지장을 주지 않도록 하되, 식품의 운반과 배식이 편리한 곳에 두어야 한다.
- 조리실의 내부벽, 바닥 및 천장은 청소와 소독이 쉽고 화재를 예방할 수 있도록 하여야 한다.
- 출입구와 창문에는 해충 및 쥐의 침입을 막을 수 있는 방충망 등 적절한 설비를 갖추어야 한다(이영애, 신은수, 2015).
- 조리실 내의 증기와 불쾌한 냄새 등을 빨리 배출할 수 있도록 환기시설을 설치하여야 한다.
- 조리실에는 필요한 곳에 손 세척시설이나 손 소독시설을 설치하여 손에 의한 오염을 막아야 한다. 다만, 100명 이상에게 급식을 제공하는 경우에는 손 세척시설과 손 소독시설을 모두 설치하여야 한다.
- 조리실에는 온도 및 습도 관리를 위하여 적정 용량의 급배기(給排氣) 시설 또는 냉·난방시설 등 적절한 시설을 갖추거나 적절한 조치를 하여야 한다.
- 가스 누출을 점검하기 위해 수시로 비눗물 등을 이용하고, 가스누출경보차단장치의 정상 작동 여부를 정기적으로 확인한다.
- 2층 이상의 영유아교육기관에서 덤웨이터를 설치할 때에는 영유아가 접근할 수 없도록 관리한다.

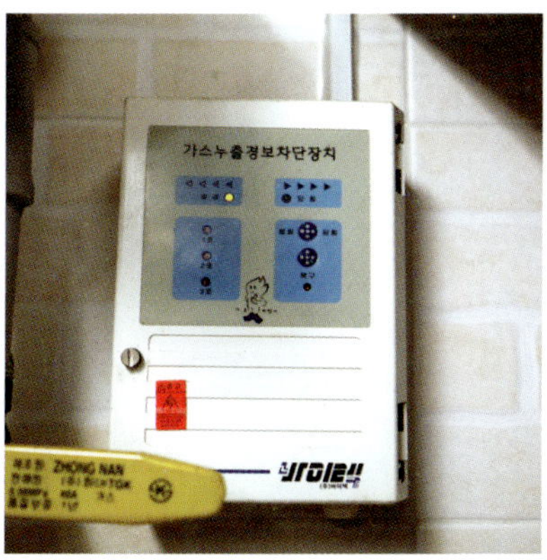

〈가스누출경보차단장치〉

〈조리실 환풍기〉

그림 4-4 조리실 안전장치의 예

Tip

덤웨이터 사용 시 주의사항

- 덤웨이터란 (「승강기 안전관리법 시행규칙」 별표 1) 사람이 탑승하지 않으면서 요리 및 식기를 운반하는 소형 승강기로 적재용량이 300kg 이하 소형화물(서적, 음식물 등) 운반에 적합하게 제작된 엘리베이터를 말한다. 다만, 바닥면적이 0.5제곱미터 이하이고 높이가 0.6미터 이하인 엘리베이터는 제외한다.
- 출입문을 닫을 때에는 반드시 승강장 바닥과 완전히 밀착되도록 하여 도어잠금장치가 확실히 잠기도록 한다.
- 출입문을 열 때에는 반드시 카가 자기 층에 도착하였는지를 확인하고 문을 개방한다.
- 사용한 후에는 반드시 출입문을 닫는다.
- 음식물 운반용 승강기에 사람이 탑승하는 것을 금한다.
- 잘 보이는 곳에 사용 시 주의사항(탑승금지, 적재하중) 표지를 부착한다.

덤웨이터

출처: 승강기안전기술원, 2017.

7) 유희실/강당

영유아교육기관의 실내시설 중 유희실/강당은 여러 명의 영유아가 함께 사용하는 곳이므로 충분한 공간의 확보와 안전이 고려되어야 한다(보건복지부, 한국보육진흥원, 2016).

- 유희실의 벽과 바닥은 푹신푹신하고 미끄럽지 않은 재질의 매트를 사용하고 영유아가 활동하기에 위험한 기둥이나 모서리는 충격완화 장치 및 안전매트나 모서리 보호대를 설치한다.
- 동작활동 및 신체활동 시 충분히 움직일 수 있는 넓은 공간을 확보한다(이영애, 신은수, 2015).
- 대그룹으로 모일 경우에는 영아반과 유아반의 시간대를 조절하여 활동에 지장이 없도록 한다.
- 넓은 공간이 필요한 덤블링 같은 놀이기구는 손잡이 등을 마련하여 안전하게 활동하도록 하며 충분한 거리를 두고 배치하여 부딪치지 않도록 한다.
- 방송장비 등은 영유아의 손이 닿지 않는 곳에 잠금장치를 하여 보관한다.

〈강당〉

〈푹신한 재질의 벽면〉

그림 4-5 **유희실/강당 안전장치의 예**

2 영유아교육기관의 실외시설 안전관리

영유아교육기관에서 실외시설이란 기관의 건물 외부에 있는 모든 시설로 실외놀이터, 다양하게 구비된 놀이기구와 모래놀이, 물놀이시설 등의 기타 부대시설을 포함한다(보건복지부, 한국보육진흥원, 2016). 실외시설은 영유아에게 있어서 매우 흥미로운 공간이다. 실외놀이터에서 할 수 있는 다양한 놀이는 영유아의 호기심을 자극하고 자신의 능력을 시험하고 새로운 기술을 습득할 수 있는 좋은 기회가 된다(보건복지부, 한국보육진흥원, 2016). 그러나 실외시설에서 추락이나 부딪힘, 충돌과 같은 안전사고가 자주 일어날 수 있으므로 영유아를 위한 실외놀이터는 안전사고가 발생하지 않도록 위험요소를 제거해야 한다. 또한 영유아가 자유롭게 탐색하고 이용할 수 있도록 안전하게 설계하고 관리해야 한다(교육부, 2015d).

1) 실외시설 관리

영유아교육기관의 실외시설은 영유아들의 안전을 위하여 외부인이 무분별하게 접근할 수 없도록 하며, 외부와 충분히 분리되도록 대문, 출입구, 울타리, 담장 등을 설치하여 영유아가 쉽게 나갈 수 없도록 해야 한다. 영유아를 위한 실외시설 안전관리를 위한 지침은 다음과 같다(보건복지부, 한국보육진흥원, 2016; 신동주, 이상은, 김현경, 박영선, 2015).

- 울타리나 담장 설치 시 영유아가 울타리, 담장을 딛고 올라설 수 없도록 담장의 높이는 영유아의 키를 고려하여 적어도 120cm가 되도록 하며, 울타리 아래로 애완동물이 출입할 수 없도록 설치한다.
- 실외놀이터의 바닥은 충격을 흡수할 수 있고 재질이 안전한 것을 사용한다(모래, 천연 및 인공잔디 등).
- 충격흡수용 표면재는 심한 패임 현상이 없어야 한다(행정안전부, 2020a).
- 실외놀이터를 이용하기 전에는 놀이터 바닥에 돌, 유리조각, 요철, 망가진 시설물,

깨진 시설물 잔해 등이 있는지 살펴보고 각종 상해를 유발할 수 있는 요인은 제거하고 주기적으로 관리한다.

- 야외 놀잇감(예: 모래놀이 도구, 자전거, 영유아용 스쿠터 등)을 정리할 수 있는 별도의 공간을 마련하여 안전하게 보관한다.
- 영유아 키 높이의 정원수는 가지를 제거하고, 장미나 탱자나무 등 가시가 있는 식물은 영유아의 손이나 눈에 닿지 않도록 보다 철저히 관리하여야 한다.
- 실외놀이터는 고정식 놀이기구를 설치하는 것을 원칙으로 한다. 「어린이놀이시설 안전관리법」 설치검사 후에는 고정식 놀이기구를 임의로 철거하거나 이동식 놀이기구로 대체할 수 없다.
- 인근 놀이터를 이용할 경우 이동 간 교통사고의 위험이 없도록, 안전한 횡단보도를 건너서 이용한다.

Tip

「어린이놀이시설 안전관리법」

■ 「어린이놀이시설 안전관리법」의 목적

놀이터에서 어린이들이 안전하고 편안하게 놀이기구를 사용할 수 있도록 어린이놀이시설의 설치 · 유지 및 보수 등에 관한 기본적인 사항을 정하고 어린이놀이시설을 담당하고 행정기관의 역할과 책무를 정하여 어린이놀이시설의 효율적인 안전관리 체계를 구축함으로써 어린이놀이시설 이용에 따른 어린이의 안전사고를 미연에 방지하기 위함이다.

■ 어린이놀이시설 관리주체의 의무

- 유지관리(제14조) 및 안전점검(제15조), 안전진단(제16조)
- 물놀이용 어린이놀이시설 내 안전요원의 배치(제15조의2)
- 점검결과 등의 기록 · 보관(제17조)
- 안전관리자의 배치 및 안전교육(제20조)
- 어린이놀이시설 배상책임보험 가입(제21조)
- 중대사고 발생 시 사고보고 및 사용중지(제22조)

2) 놀이기구 및 놀잇감

영유아에게 제공되는 놀이기구나 놀잇감은 안전이 우선적으로 확보되어야 한다. 안전한 놀이기구 및 놀잇감을 제공하기 위한 아동용품의 안전 기준은 다음과 같다(「아동복지법 시행령」 제27조).

- 놀이시설물의 어떠한 부분에도 영유아의 살을 베거나 찌를 수 있는 날카로운 부분, 모서리, 뾰족한 부분이 없도록 한다.
- 놀이시설물의 돌출 부분인 볼트와 너트는 위로 튀어나오지 않도록 하여야 하며 볼트와 너트가 위를 향하고 있을 때는 그 높이가 3.2mm를 넘지 않도록 하여야 한다.
- 영유아가 추락할 가능성이 있는 놀이시설물 아래와 주변의 공간(안전지대)은 충격을 흡수할 수 있도록 하여야 하며, 영유아가 걸려 넘어지거나 부딪칠 수 있는 방해물이 없도록 하여야 한다.
- 움직이는 부분들이 서로 맞물리는 놀이시설물의 경우 영유아의 신체 일부분이 끼지 않도록 시설물의 맞물림의 형태 및 그 힘을 점검하여야 한다.
- 놀이시설물에 구멍이나 틈이 있는 경우 주의 깊게 디자인하여 영유아의 몸이 빠지거나 끼는 사고가 없도록 한다.
- 놀이시설물 사이에 연결되거나 바닥의 놀이시설물에 45° 이내로 연결된 줄은 영유아가 많이 다니는 곳에 설치하지 않아야 한다.
- 안전사고 예방을 위하여 관리인은 각 놀이시설물에 대한 적절한 점검일정을 세우고 이를 지켜야 하며, 안전관리를 위하여 취한 모든 행위는 기록으로 보관해야 한다.

놀이 안전사고를 예방하기 위해서는 먼저 놀이기구가 안전하게 설치되어야 한다. 이에 관련 법령(「어린이놀이시설 안전관리법」 제11조)을 근거로 영유아가 자주 이용하는 미끄럼틀, 그네, 흔들놀이기구, 조합놀이대 등의 설치 및 이용에 필요한 안전기준과 내용을 알아본다(국가기술표준원(www.kats.go.kr), 2020)).

(1) 미끄럼틀

미끄럼틀은 다른 놀이기구와 착지하는 장소가 겹쳐서는 안 되며, 주변에 자유공간과 하강공간을 유지하여 다른 놀이기구를 이용하는 영유아와 충돌을 예방할 수 있게 설치되어야 한다. 미끄럼틀 설치 및 이용에 필요한 안전기준 및 내용은 다음과 같다(행정안전부, 2020a).

- 활강표면은 울퉁불퉁한 돌출부나 거친 면이 없어야 하며, 목재 미끄럼틀의 경우는 정기적으로 왁스나 기름칠을 해 주고 갈라진 틈, 가시가 돌출된 부분이 없는지 수시로 점검한다.
- 활강면의 끝은 평형으로 길게 빼거나 끝부분을 살짝 돌려 설치하여 가속도에 의한 신체의 충격을 완화하도록 한다.
- 미끄럼틀 꼭대기는 충분한 공간을 확보하여 안전하게 기다릴 수 있도록 하고, 활강 면의 양 옆에는 난간을 설치하여 옆으로 추락하는 것을 방지한다.
- 스테인리스 재질은 여름철에 복사열로 인한 화상의 우려가 있으므로 주의해서 사용하도록 하며, 금속제로 만든 경우에는 녹이 슬지 않도록 관리해야 한다.
- 착지면에는 흙이 덮여 있거나 물이 차 있어서는 안 되며, 내려올 때의 충격을 흡수할 수 있는 재질을 깔도록 한다.

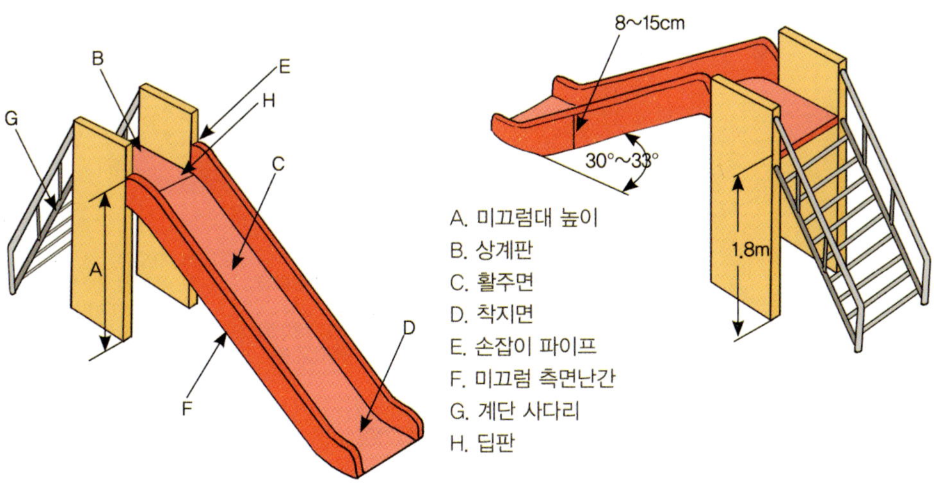

그림 4-6 미끄럼틀 설치기준

출처: 국가기술표준원(www.kats.go.kr).

(2) 그네

그네를 설치할 때에는 그네 뒤에서의 충돌을 막기 위하여 놀이터의 가장자리에 배치한다. 그네는 안전을 위해 영아용 그네와 유아용 그네를 따로 설치하는 것이 좋다. 그네의 설치 및 이용에 필요한 안전기준 및 내용은 다음과 같다(행정안전부, 2020a).

- 그네는 벽으로부터 1.8m 이상 떨어져 있어야 하며, 그네 사이의 간격은 70cm 이상이 되어야 하고, 그네 발판과 지면 간은 최소한 낮게(30~40cm 이하) 설치하여 낙하 시 안전사고를 방지하여야 한다.
- 최소 공간(기구가 차지하는 공간 + 하강공간 + 자유공간)과 그네를 설치하기 위해 필요로 하는 설치 공간(충격구역)을 확보하여야 하고, 또한 최소 공간은 다른 기구의 최소 공간과의 겹침이 없어야 한다.
- 그네 사슬의 고리 및 좌석 판은 풀리거나 파손되지 않아야 하며 녹이나 작동 상태 등을 수시로 점검한다.
- 그네 줄은 꼬이거나 모양이 변형되지 않아야 하고, 그네 줄 고리는 손가락이 끼이지 않게 8mm 이하로 작게 하고 구멍이 클 경우 튜브로 싸서 손가락이 끼이지 않도록 한다.

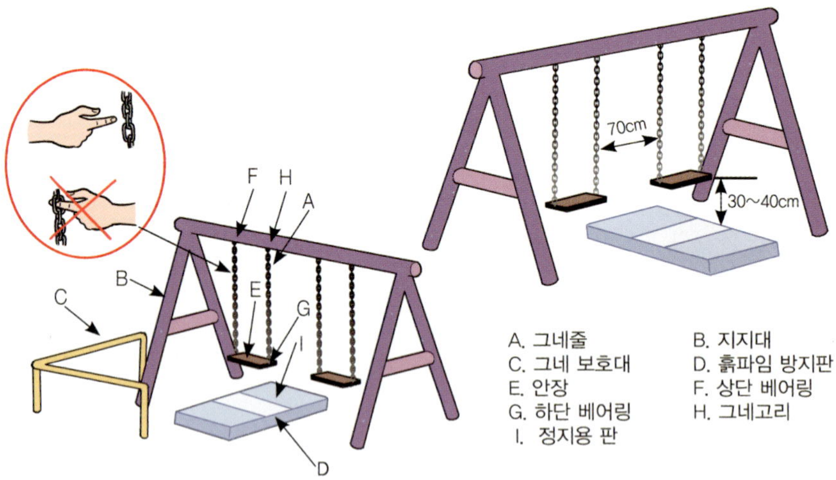

그림 4-7 그네 설치기준

출처: 국가기술표준원(www.kats.go.kr).

- 울타리를 설치할 경우 중심부에서 비교적 가까이 위치한 울타리 구석 부분에 한 개 이상의 출입구를 만든다.

- 그네가 운동하고 있는 주위로 어린이의 접근을 막고, 그네를 이용하는 어린이들의 시선이 타는 방향으로만 유지될 수 있도록 담이나 울타리를 최소 공간 밖에 설치하여야 한다.

(3) 흔들놀이기구(시소)

흔들놀이기구는 사용자에 의해 움직이며 기구 지탱부를 중심으로 흔들리는 놀이기구이다. 흔들놀이기구의 움직임은 기구의 유형과 외형에 따라 달라지므로 중심대 부분을 단단하게 고정하여 흔들거림이 없도록 안전하게 설치한다. 흔들놀이기구의 안전관리를 위한 점검사항은 다음과 같다(행정안전부, 2020a).

- 몸체, 손잡이 등은 흔들거림이 없도록 무게의 균형을 정확하게 잡아야 하고, 시소가 땅에 닿는 부분은 충격 완화용 타이어를 설치하여 충격을 덜 받도록 한다.
- 금속 재질로 만들어진 시소는 녹슬지 않도록 관리하고, 나무 재질로 되었을 경우에는 갈라지거나 썩은 부분이 있는지 수시로 점검하여 이상이 있을 시 즉시 수리나 교체하도록 한다.

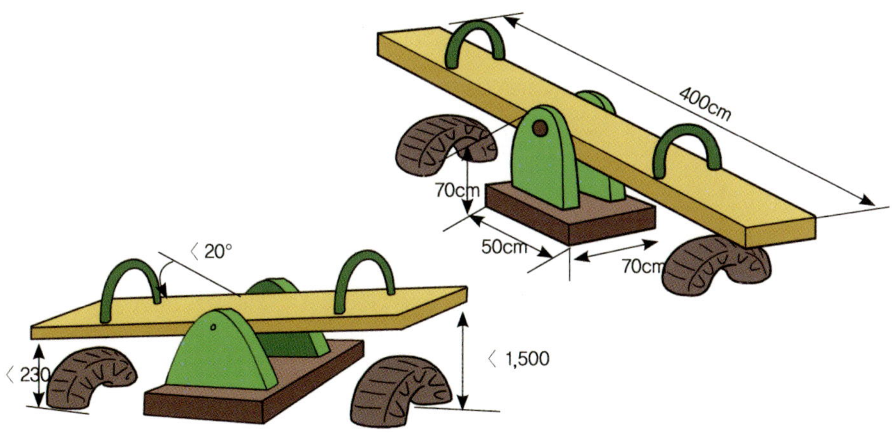

그림 4-8 시소 설치기준

출처: 국가기술표준원(www.kats.go.kr).

- 시소는 지면에서 150cm 이상 올라가지 않으며, 잡고 탈 수 있는 손 지지대를 설치하고, 손 지지대는 본체에 견고히 설치하여 안전하게 탈 수 있도록 한다.
- 손가락이 낄 만한 틈새가 없도록 수시로 확인하고 스프링이 심하게 마모되었거나 처질 경우 즉시 수리하여야 한다.

(4) 조합놀이대(정글짐, 오르는 기구 및 건너는 기구)

조합놀이대는 영유아의 대근육 발달을 위한 활동에 따라 다양하게 설계하여 구성하고, 실외놀이터의 공간과 이용하는 영유아의 연령, 기능과 형태를 고려하여 설치한다.

그림 4-9 조합놀이대의 예

- 최소 공간(기구가 차지하는 공간 + 하강공간 + 자유공간)과 놀이대를 설치하기 위해 필요로 하는 설치공간(충격구역)을 확보하여야 한다.
- 기구가 차지하는 공간으로부터 최소 1,500mm 둘레에는 어떠한 장애물이나 놀이기구도 설치하면 안 된다(하강공간 확보).
- 구성 부품을 확인할 때 철봉의 손잡이 봉은 충분한 강도가 필요하고 안정성을 충분히 고려한 소재나 형태, 구조로 하며 움켜잡음 요구사항(16~45mm)을 만족하고 봉이 회전하지 않아야 한다.
- 철봉과 오르는 기구 등은 사용자의 하중을 고려하여 튼튼한 기초 위에 기둥과 지지대를 설치하여야 한다.
- 머리, 목의 얽매임 방지를 위하여 단단한 원형개구부는 내부지름이 130~230mm가 되지 않게 설치하여야 한다.
- 옷의 묶임으로 인한 또는 움직임으로 인한 얽매임을 방지하여야 한다.
- 발 및 다리 얽매임을 방지하기 위해서는 발판, 손잡이판, 걷고 뛰는 데 이용되는 수평면에는 30mm 이상의 틈이 있어서는 안 된다.

(5) 놀이기구 이용 시의 안전수칙(행정안전부, 2018)

- 영유아는 보호자의 동반하에 놀이를 마칠 때까지 보호 및 관찰을 받아야만 한다. 특히 안내문에는 '36개월 미만 영유아의 경우 보호자의 지도하에 놀 것'이라고 게시한다.
- 놀이에 부적합한 끈이 달린 옷 또는 슬리퍼 등을 착용하거나 가방, 장난감 등을 소지한 채 놀이기구를 이용하지 않는다. 특히 미끄럼틀의 경우 줄넘기줄 등을 목, 몸통 등에 감거나 옷끈을 늘어뜨린 채 타지 않도록 주의한다.
- 난간과 밧줄이 있는 놀이기구는 항상 두 손으로 잡고 이용한다.
- 한여름에는 놀이기구가 뜨거운지 확인하고 눈이 올 때는 놀이기구가 미끄럽지 않은지 확인한 후에 이용한다.
- 놀이시설에 위험한 물건이 있거나 위험한 상태가 되었을 때 또는 다친 사람이 발생하였을 때 놀이를 중단하고 즉시 도움을 요청한다.
- 놀이기구를 소중히 이용하며, 낙서하거나 부착물을 훼손하지 않는다.
- 놀이기구는 차례대로 이용하고, 사용 인원을 초과하여 사용하지 않는다.
- 놀이가 이루어지고 있는 동안 활동공간 내에서는 야구, 축구, 배드민턴, 공놀이, 자전거 타기 등을 삼가야 하며, 휠체어, 유모차, 자전거 등을 세워 두어서도 안 된다.

장애영유아 통합기관의 경우 실외놀이활동 시 다음과 같은 점을 고려하여야 한다(유수옥 외, 2006).

- 장애영유아는 약물이나 치료 상태에 기인한 발작과 햇빛 민감성, 그리고 지각과 균형감각에 문제가 있을 수 있으므로 실외놀이 활동을 할 경우 장애영유아가 특별한 문제점과 제약을 가지고 있지는 않은지 부모들과 의논해야 한다.
- 실외활동 시 휠체어를 사용하는 장애영유아의 이동이 편리하도록 지면이 고른 곳을 선택하여 이동한다.
- 운동장 바닥은 부드럽고 탄력이 있어야 한다.
- 저시력 영유아를 위해, 한 영역에서 다른 영역으로 가는 길의 표시를 해 줄 필요가 있다.
- 다양한 장애의 특성상 예기치 않은 상황이 발생될 경우가 있으므로 실외활동 시에는 교사의 시선이 장애영유아에게서 벗어나지 않도록 주의해서 살핀다.

Tip 놀이터 관리자 명시

놀이터 입구에 놀이터 관리자명과 연락처를 알려 주어 사고가 발생했을 시 관리주체에게 알려 신속하게 처리할 수 있도록 한다. 또한 어린이놀이터를 이용하는 어린이와 주민에게 공통적으로 주지시켜야 할 사항을 게시하도록 한다.

〈어린이놀이터 입구 표지판 문구 예시〉

○○ 유치원 / ○○ 어린이집 어린이 놀이터

- 관리자: ○○○
- 연락처: 123-1234 / H · P 010-1234-1234
- 시설물이 파손된 부분을 발견하시면 연락하여 주시기 바랍니다.
- 어린이놀이터에 설치된 놀이기구는 어린이의 놀이를 위해 설치된 것으로 어른들의 사용을 금하오니 협조하여 주시기 바랍니다.
- 어린이놀이터 내 모래의 위생관리를 위해 애완동물의 출입을 금하니 이용하시는 분들의 협조를 부탁드립니다.

출처: 행정안전부, 2020a.

(6) 놀이기구별 안전 이용 픽토그램

사고의 대부분이 놀이기구를 잘못 이용하거나 영유아 및 아동의 부주의에 의해 발생하고 있다. 이에 행정안전부에서는 각급 교육기관을 통해 사고의 위험성과 안전이용요령 교육·홍보를 강화하고, 조합놀이대, 그네 등 위험놀이기구에는 안전 픽토그램(pictogram)[5]의 보급 및 설치를 권장하고 있다. 안전 픽토그램은 놀이시설 표지판 또는 어린이놀이기구 등 어린이가 잘 보일 수 있는 곳에 부착하여 사용한다.

5) 픽토(picto)와 전보를 뜻하는 텔레그램(telegram)의 합성어로, 사물과 시설 그리고 행동 등을 상징화하여, 불특정 다수의 사람들이 빠르고 쉽게 이해할 수 있도록 나타낸 시각 디자인을 말한다.

〈미끄럼틀〉

〈흔들놀이기구〉

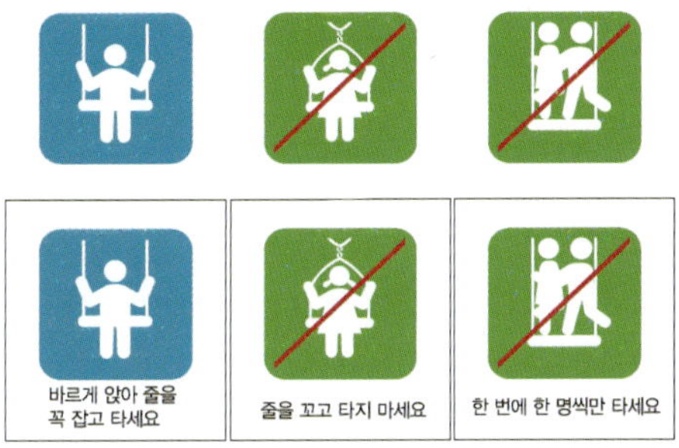

〈그네〉

〈정글짐〉

〈회전놀이기구〉

〈오르는 기구〉

〈건너는 기구〉

〈공중놀이기구〉

Tip

어린이놀이시설 설치 관련 법령

■ 유치원 내 어린이놀이시설 설치 의무

유치원의 체육장 면적은 「고등학교 이하 각급 학교 설립 · 운영 규정」 제3조와 「어린이놀이시설 안전관리법」 제11조에서 제시한 기준에 따른다.

- 면적: 40명 이하=160m², 41명 이상=120m²+N
- 설치기준: 실외 체육장은 「어린이놀이시설 안전관리법」에서 정하는 유아의 대근육활동을 위한 놀이기구 1종 이상을 포함한 놀이기구 3종 이상이다.

■ 어린이집 내 어린이놀이시설 설치 의무

「영유아보육법」 제8조에 근거 정원 50명 이상 어린이집을 운영하고자 할 경우 일정 기준에 따른 옥외놀이터를 설치해야 한다.

- 면적: 영유아 1명당 3.5m² 이상 규모의 옥외놀이터로 설치
- 설치기준: 6세 미만 영유아가 이용할 수 있는 대근육 활동을 위한 놀이기구 1종을 포함한 놀이기구 3종 이상 설치한다. 단, 직장 어린이집 내 옥외놀이터 설치가 불가능할 경우 옥내놀이터(지하층은 불가)를 설치하거나 관리주체의 승낙하에 인근 놀이터(놀이기구 3종 이상 설치된 놀이터만 해당)를 활용할 수 있다.

출처: 행정안전부, 2020b.

'실내' 안전교육을 위한 활동의 실제 1

<table>
<tr><td colspan="2">활동명</td><td>놀잇감을 안전하게 사용해요</td><td>대상연령</td><td>3세</td><td>활동유형</td><td>게임</td></tr>
<tr><td colspan="2">활동목표</td><td colspan="5">– 놀잇감을 안전하고 바르게 사용하는 방법을 안다.
– 게임에 즐겁게 참여할 수 있다.</td></tr>
<tr><td colspan="2">누리과정 관련요소</td><td colspan="5">– 신체운동 · 건강 〉 안전하게 생활하기 〉 일상에서 안전하게 놀이하고 생활한다.
– 의사소통 〉 듣기와 말하기 〉 자신의 경험, 느낌, 생각을 말한다.</td></tr>
<tr><td colspan="2">활동자료</td><td colspan="5">안전하게 놀이하는 모습 그림자료, 위험하게 놀이하는 모습 그림자료(칼, 성인용 가위, 송곳, 펀치, 글루건, 약품 등을 가지고 노는 모습), 'O'와 'X'가 그려진 주사위, 보드판 등</td></tr>
<tr><td rowspan="2">활동방법</td><td>도입</td><td colspan="5">■ 놀잇감을 바르고 안전하게 사용하는 그림과 위험하게 사용하는 그림을 보며 이야기 나눈다.

• 장면 1–놀잇감을 사이좋게 나누어 사용하는 그림
• 장면 2–블록을 안전하게 쌓아 놀이하는 그림
• 장면 3–가위의 자르는 부분을 잡고 친구에게 건네주는 그림
• 장면 4–놀잇감 사용 후 제자리에 정리하는 그림

• 장면 1–블록 구멍에 손가락이 끼인 그림
• 장면 2–하나의 놀잇감을 서로 가지고 놀려고 잡아당기는 그림
• 장면 3–놀잇감을 던지는 그림
• 장면 4–점토를 콧구멍에 넣은 그림

– 어떤 그림들이 있나요?
– 놀잇감을 가지고 놀 때 다치거나 위험한 적이 있었나요?
– 위험한 이유는 무엇인가요?
– 놀잇감을 안전하게 사용하려면 어떻게 해야 할까요?</td></tr>
<tr><td>전개</td><td colspan="5">■ 활동자료를 살펴보며 이야기를 나눈다.
– 여기에 무엇이 있니?
– (O, X가 그려진 주사위를 살펴보며) 이것은 어떤 표시일까?
– (빈 보드판을 살펴보며) 이것은 무엇일까?
– 이것을 이용하여 어떤 놀이를 할 수 있을까?

■ 게임방법에 대해 알아본다.
– 게임방법과 편 나누기 등에 대해 이야기 나눈다.

① 두 편으로 팀을 나눈다.
② 출발선에 서서 출발신호를 듣고 달린다.
③ 주사위가 있는 곳에 도착하면 제각각 'O'와 'X'가 그려진 주사위를 던진다.
④ 'O'가 나오면 안전하게 놀이하는 모습, 'X'가 나오면 위험하게 놀이하는 모습의 그림을 찾는다.
⑤ 각 팀의 보드판(안전, 위험)에 해당되는 그림을 붙이고 돌아온다.
⑥ 다음 친구에게 출발 터치를 한다.
⑦ 모든 유아가 돌아오면 안전하게 놀이하는 모습이 많은 팀이 승리한다.</td></tr>
</table>

		– 시범 보이기 후 게임을 진행한다. – 안전과 위험 부분에 적절한 그림이 붙어 있는지 유아와 함께 확인한다. – 안전하게 놀이하는 모습 그림이 총 몇 개인지 함께 세어 본다. **▪ 게임 규칙에 대해서 이야기 나눈다.** – 친구와 게임을 하기 위해 지켜야 할 약속이 있을까? – 우리가 지킬 수 있는 약속은 무엇이 있을까? – 게임을 하는 친구들을 위해 어떻게 응원할까? – 먼저 들어왔지만 보드판에 알맞은 안전하게 놀이하는 모습과 위험하게 놀이하는 모습을 붙이지 못했으면 어떻게 할까? **▪ 안전하게 놀이하는 모습과 위험하게 놀이하는 모습을 구분하는 게임을 진행한다.**
	마무리	**▪ 게임에 대해 이야기 나눈다.** – 어떤 게임을 하였니? – 어떤 그림 카드를 붙였니? – 게임을 하면서 어떤 점이 재미있었니? – 게임을 하면서 어려웠거나 아쉬웠던 점은 무엇이 있었니?
활동의 유의점		– 게임을 진행하며 유아들이 어떤 카드를 가졌는지 살펴보며 안전한 놀이방법을 인지할 수 있도록 한다. – 게임 진행 시 유아들이 빨리하려고 서두르지 않도록 주의한다.
확장활동		– 놀잇감을 안전하게 사용하여 재미있게 놀이를 해 본다. – 위험한 물건으로 인해 가정에서 일어날 수 있는 안전사고에는 어떤 것들이 있는지 조사하여 발표해 본다.

'실내' 안전교육을 위한 활동의 실제 2

<table>
<tr><th colspan="2">활동명</th><td>살피면서 다녀요</td><th>대상연령</th><td>4세</td><th>활동유형</th><td>신체</td></tr>
<tr><th colspan="2">활동목표</th><td colspan="5">– 복도/계단에서 안전하게 생활하는 방법에 대해 알고 실천한다.</td></tr>
<tr><th colspan="2">누리과정 관련요소</th><td colspan="5">– 신체운동 · 건강 〉 안전하게 생활하기 〉 일상생활에서 안전하게 놀이하고 생활한다.
– 의사소통 〉 듣기와 말하기 〉 자신의 경험, 느낌, 생각을 말한다.</td></tr>
<tr><th colspan="2">활동자료</th><td colspan="5">복도/계단 이용 시 촬영자료, 약속 판 등</td></tr>
<tr><th rowspan="2">활동방법</th><th>도입</th><td colspan="5">■ 복도/계단에서 유아들이 생활하는 모습을 촬영한 것을 보며 이야기 나눈다.
– 친구들이 복도/계단에서 어떻게 행동했니?
– (상황을 보고 정지 버튼을 누르며) 이 모습은 안전하다고 생각하니, 위험하다고 생각하니?
– 왜 안전/위험하다고 생각하니?
– ○○처럼 행동하면 어떤 일이 생길 수 있을까?

■ 실내에서 안전하게 이동하려면 어떻게 해야 할지 이야기 나눈 후 신체 활동을 소개한다.
– 복도나 계단에서 어떻게 다녀야 안전하게 다닐 수 있을까?
(복도에서는 뛰지 않고 천천히 걸어야 한다.)
(복도와 계단에서는 친구와 부딪치지 않도록 오른쪽으로 걸어야 한다.)
(계단을 오르거나 내려갈 때는 친구와 손을 잡지 않아야 한다.)
(계단은 한 칸씩 올라가고, 내려올 때도 한 칸씩 내려오도록 해야 한다.)
– 복도와 계단으로 가서 안전하게 걸어 볼까?</td></tr>
<tr><th>전개</th><td colspan="5">■ 복도와 계단으로 이동하여 안전하게 걸어 보는 신체활동을 해 본다.
① 복도로 이동해 안전하게 걸어 보도록 한다.
– 복도에서 어떻게 안전하게 걸어야 할까?
– 복도에서는 어느 쪽으로 다녀야 안전할까?
– 우리 같이 복도를 걸어 보자.
② 계단으로 이동해 안전하게 오르고, 내려오도록 한다.
– 계단을 안전하게 올라갈 때는 어떻게 해야 할까?
– 계단을 안전하게 내려갈 때는 어떻게 해야 할까?
– 우리 같이 계단을 안전하게 올라가 내려가 보자.

■ 활동이 다 끝난 후에는 복도와 계단에서 지켜야 할 규칙을 약속 판에 적는다.
– 복도와 계단에서는 천천히 걸어요.
– 복도와 계단에서는 오른쪽으로 다니고, 친구와 부딪치지 않도록 걸어요.
– 걸을 때는 앞 친구를 보고 걸어요.
– 계단을 오르거나 내려갈 때 친구와 손을 잡지 않아요.
– 계단은 한 칸씩 오르고 내리며, 한꺼번에 뛰어 내리지 않아요.</td></tr>
</table>

	마무리	■ **'살피면서 다녀요' 활동에 대해 이야기 나눈다.** – 복도/계단을 다닐 때 주의해야 할 점 중 새롭게 알게 된 것은 무엇이니? – 약속 판을 보고 규칙을 따라 읽어 보자. – 약속 판의 내용을 지키기로 약속해 보자.
활동의 유의점		– 촬영 시 특정한 아이가 불안전한 행동을 하는 것으로 인식되지 않도록 주의하여 촬영한다. – 약속 판은 잘 보이는 곳에 게시한다.
확장활동		– 복도와 계단을 안전하게 걸어 본다. – 실내안전 포스터를 제작해 본다. – 가정연계활동으로 가족과 함께 '안전 포스터'를 만들어 본다.

'실외놀이' 안전교육을 위한 활동의 실제 1

<table>
<tr><th>활동명</th><td>놀이터 안전규칙 안내판 만들기</td><th>대상연령</th><td>4세</td><th>활동유형</th><td>미술</td></tr>
<tr><th colspan="1">활동목표</th><td colspan="5">– 실외놀이터에서 안전하게 놀이하기 위해 지켜야 하는 규칙을 알아본다.
– 놀이터 안전규칙 안내판을 만들어 본다.</td></tr>
<tr><th>누리과정 관련요소</th><td colspan="5">– 신체운동 · 건강 〉 안전하게 생활하기 〉 일상생활에서 안전하게 놀이하고 생활한다.
– 예술경험 〉 창의적으로 표현하기 〉 다양한 미술 재료와 도구로 자신의 생각과 느낌을 표현한다.
– 사회관계 〉 더불어 생활하기 〉 친구와 서로 도우며 사이좋게 지낸다.</td></tr>
<tr><th>활동자료</th><td colspan="5">'실외놀이터에서 안전하게 놀이해요' 멀티자료, 실외놀이터에서 위험하게 놀이하는 모습 안전교육자료, 팔, 다리, 손가락, 머리가 다친 유아의 모습 그림자료, 놀이기구별 안전규칙 그림자료, '놀이터 안전을 지켜요' 쓰기자료, 안내판 만들기 재료(색종이, 색연필, 가위, 풀, 빨대, 종이컵)</td></tr>
<tr><th rowspan="3">활동방법</th><th>도입</th><td colspan="4">▪ '실외놀이터에서 안전하게 놀이해요' 자료를 보며 놀이터에서 놀이하다가 다친 경험에 대해 이야기를 나눈다.
– 놀이터에서 놀이하다가 다친 적이 있었니?
– 친구들이 놀이기구를 어떻게 이용하고 있니?
– 왜 다치게 되었니?</td></tr>
<tr><th>전개</th><td colspan="4">▪ (안전하게 놀이하는 모습과 위험하게 놀이하는 모습의 안전교육 자료 제시) 안전하게 놀이하는 방법에 대해 알아본다.
– 우리 놀이터에는 어떤 놀이기구들이 있니?
– 안전하게 놀이하는 방법에는 무엇이 있을까?
– 놀이기구를 탈 때 어떤 약속을 지키며 놀이해야 할까?

▪ 놀이터 안전규칙 안내판을 만든다.
① 놀이기구별 안전규칙 그림자료를 보며 어떤 내용인지 이야기 나눈다.
② 만들고 싶은 놀이기구별 안전규칙 안내판을 정한다.
③ 풀을 사용하여 색종이로 종이컵을 감싼다.
④ 놀이기구별 안전규칙 그림자료를 골라 색연필로 색칠한 후 가위로 오려 본다.
⑤ 가위로 오린 그림자료를 빨대에 붙여 고정시킨다.
⑥ '놀이터 안전을 지켜요' 쓰기자료 속 그림과 글자를 따라 써 보거나 색칠한다.
⑦ 쓰기자료를 가위로 오려 종이컵에 붙인 후 놀이기구별 안전규칙 그림자료를 종이컵에 꽂아 놀이터 안전규칙 안내판을 완성한다.
⑧ 내가 만든 안전규칙 안내판이 어떤 것인지 친구들과 이야기 나눈다.</td></tr>
<tr><th>마무리</th><td colspan="4">▪ 이야기 나눈 것을 회상하며 실외놀이터에서 놀이할 때 규칙을 지키고 안전하게 놀이하기로 약속한다.
– 이 활동을 통해 새롭게 알게 된 점이 있니?
– 놀이터에서 안전하게 놀이하는 방법에는 어떤 약속이 있었니?
– 놀이터 안전규칙 안내판에는 어떤 놀이 규칙이 있었니?</td></tr>
</table>

활동의 유의점	– 안전규칙 안내판을 만들기 전 안전규칙에 대한 이야기 나누기가 충분히 될 수 있도록 한다. – 안전규칙 안내판을 만들 때 가위 사용에 어려움이 있는 유아들의 경우 교사의 도움을 받아 오려 볼 수 있도록 지도한다.
확장활동	– 안전한 놀이규칙에 대한 게임을 실시해 볼 수 있다. – 자유놀이 영역에 놀이기구별 안전규칙 안내판을 교구로 제시한다.

'생활' 안전교육을 위한 활동의 실제

<table>
<tr><th colspan="2">활동명</th><td>엘리베이터에서 약속을 지켜요</td><th>대상연령</th><td>4세</td><th>활동유형</th><td>게임</td></tr>
<tr><th colspan="2">활동목표</th><td colspan="5">– 엘리베이터 안에서의 안전한 행동에 대해 안다.
– 엘리베이터 안에서의 안전한 행동을 실천해 볼 수 있다.
– 규칙을 지키며 게임에 참여한다.</td></tr>
<tr><th colspan="2">누리과정
관련요소</th><td colspan="5">– 신체운동 · 건강 〉 안전하게 생활하기 〉 안전사고, 화재, 재난, 학대, 유괴 등에 대처하는 방법을 경험한다.
– 사회관계 〉 더불어 생활하기 〉 약속과 규칙의 필요성을 알고 지킨다.</td></tr>
<tr><th colspan="2">활동자료</th><td colspan="5">엘리베이터 그림자료(안전한 행동, 위험한 행동이 표현되어 있는 그림), 마스킹테이프, 그림카드(엘리베이터 안에서의 위험한 행동과 안전한 행동이 그려진 그림 카드), 점수판 등</td></tr>
<tr><th rowspan="2">활동
방법</th><th>도입</th><td colspan="5">▪ 엘리베이터를 이용해 본 경험에 대해 이야기 나눈다.
– 엘리베이터를 본 적이 있니?
– 엘리베이터를 타 본 경험이 있니?
– 엘리베이터는 어떻게 생겼니? 어떻게 움직일까?
– 엘리베이터는 우리에게 어떤 편리함을 줄까?

▪ 다양한 상황 그림자료를 살펴보며 이야기 나눈다.
– 엘리베이터에서 발생할 수 있는 위험한 상황을 경험한 적 있니?
– 엘리베이터 문틈에 신체부위가 끼지 않으려면 어떻게 해야 할까?
– 엘리베이터 문이 열리지 않을 때는 어떻게 해야 할까?
– 엘리베이터를 탈 때에는 어떤 약속을 지켜야 할까?

• 장면 1–엘리베이터 문에 기대어 서 있는 그림
• 장면 2–엘리베이터 안에서 뛰는 그림
• 장면 3–뛰어서 엘리베이터를 타는 그림
• 장면 4–엘리베이터 문틈에 신체부위가 끼이는 그림
• 장면 5–엘리베이터 문을 억지로 여는 그림</td></tr>
<tr><th>전개</th><td colspan="5">▪ 엘리베이터 안전 게임을 해 본다.
– 지금 이야기 나눈 엘리베이터 안에서의 안전 약속을 생각하며 게임을 해 보도록 하자.

[게임방법]
① 바닥에 마스킹테이프를 붙여 엘리베이터 모양으로 2개를 만든다.
② 마스킹테이프 안에 엘리베이터에서 지켜야 하는 안전한 행동과 위험한 행동이 앞뒤로 그려진 그림카드를 흩어 놓는다.
③ 2팀으로 나누어 출발신호가 울리면 엘리베이터 안(①번에서 마스킹테이프로 만든 엘리베이터)으로 들어간다.
④ 교사의 종료 신호(그림카드를 찾을 수 있는 10초 정도의 시간을 주고 신호를 울린다)가 있을 때까지 엘리베이터에서의 안전한 행동 그림카드를 찾는다.
⑤ 종료 신호가 울리면 각자 찾은 그림카드를 들고 출발선으로 돌아온다.</td></tr>
</table>

		⑥ 그림카드를 바르게 찾았는지 함께 살펴본다. ⑦ 찾아온 안전한 행동의 그림카드가 몇 개인지 세어 본다. ⑧ 안전한 행동의 그림카드를 더 많이 찾아온 팀이 이긴다.
	마무리	■ **활동을 평가해 보고 안전한 엘리베이터 사용에 대해 실천할 것을 약속한다.** – 안전하게 승강기를 이용하는 게임을 해 보았는데 느낌이 어땠니? – 엘리베이터를 안전하게 사용하려면 어떤 규칙을 지켜야 할까? – 엘리베이터에서의 안전한 행동에 대해 다시 한 번 약속한다. 〈엘리베이터에서 지켜야 할 약속〉 • 엘리베이터 문에 기대어 서 있지 않기 • 엘리베이터 안에서 뛰지 않기 / 닫히려고 할 때 급히 타거나 내리지 않기 • 문틈으로 손이나 이물질을 넣지 않기 • 엘리베이터 버튼으로 장난하지 않기 • 문이 열리지 않을 때 억지로 문을 열지 않기
활동의 유의점		– 사전활동으로 '엘리베이터 안전'에 대한 이야기 나누기를 실시한다. – 점수판을 엘리베이터 모양으로 만들고 점수를 획득할 때마다 1층, 2층 등의 층수로 표시해 주어 엘리베이터라는 주제와 맥락을 같이할 수 있도록 할 수 있다.
확장활동		– 자유놀이 영역에 엘리베이터 안전에 관련된 보드게임을 마련해 주어 자연스럽게 엘리베이터 사용법에 대해 익혀 볼 수 있도록 한다. – 가정연계활동으로 부모님과 함께 건물의 엘리베이터를 체험해 본 후 느낌을 이야기해 본다.

PART 2

영유아 안전관리의 실제

Chapter 05 대인관계 안전

Chapter 06 생활안전

Chapter 07 재해안전

Chapter 08 실외안전

Chapter 09 응급처치

CHAPTER

05

대인관계 안전

1. 아동학대

2. 유괴 및 실종

3. 학교폭력

1 아동학대

아동학대는 각 가정의 개인적인 문제가 아니라 사회적인 문제이기도 하다. 아동학대는 아동이 성장하는 데 있어 정서적, 신체적, 사회적으로 문제가 야기될 수 있으므로 교사는 아동학대의 개념과 유형 및 징후 등 아동학대를 예방할 수 있는 다양한 방법을 알고 실천할 수 있어야 한다.

1) 아동학대의 개념

아동학대는 각 시대와 문화에 따라 서로 다른 기준과 범위를 바탕으로 다양하게 정의되어 왔기 때문에 한마디로 일관된 정의를 내리기는 쉽지 않다. 세계보건기구(WHO)에서는 아동학대를 18세 미만의 어린이에게 일어나는 학대와 방임으로 정의한다. 여기에는 책임, 신뢰 또는 권력의 관계에서 어린이의 건강, 생존, 발달 또는 존엄성에 실제 또는 잠재적 해를 초래하는 모든 유형의 신체적 학대, 정서적 학대, 성적 학대, 태만, 부주의, 상업적 또는 기타 착취가 포함된다. 「아동복지법」에서는 아동학대를 보호자를 포함한 성인이 아동의 건강 또는 복지를 해치거나 정상적 아동발달을 저해할 수 있는 신체적 · 정신적 · 성적 폭력이나 가혹행위를 하는 것을 포함하여 아동의 보호자가 아동을 유기하거나 방임하는 것으로 정의하였다. 구체적으로, 아동이 건강하게 성장하며 발달하는 과정에서 보호자를 포함한 성인이 의도적으로 해를 가하는 행동뿐만 아니라 아동에게 제공해야 함에도 불구하고 아동의 기본욕구를 충족시키지 않는 모든 행동이 아동학대에 포함된다(「아동복지법」 제3조).

아동학대의 유형은 신체에 상해를 주는 신체학대, 정신적 폭력이나 가혹행위를 하는 정서학대, 성적폭력이나 가혹행위를 하는 성학대, 보호자가 아동에게 위험한 환경에 처하게 하거나 아동에게 필요한 의식주나 의무교육을 제공하지 않는 유기 및 방임으로 구분된다(「아동복지법」 제3조). 최근에는 교사의 아동학대가 이슈화됨에 따라 영유아교육기관에서의 아동학대에 대한 올바른 이해와 예방법이 강조되고 있다. 영유아교육기관에서 아동학대 발생이 많은 이유는 과거에 비해 교육기관에 다니는 영유아의 수가 많아지고, 기관에서 머무르는 시간이 길어졌기 때문인 것으로 보인다. 뿐만 아니라 영유아교육기관의 물리적인 환경이나 교직원의 전문성 결여, 과중한 업무로 인한 스트레스로 인하여 학대가 발생할 수 있기에 구체적인 대책방안과 교사교육도 필요하다(박혜숙, 김보기, 2013). 그러므로 교사는 아동학대의 중요성을 인식하고 적절하게 대처할 수 있는 예방교육을 실시해야 한다.

2) 아동학대 현황

영유아교육기관에서 일어나는 아동학대의 유형과 피해 영유아의 연령, 성별, 발생장소, 피해자와 가해자와의 관계 등 아동학대 발생현황에 대하여 구체적으로 살펴보면 다음과 같다.

(1) 아동학대 발생현황

중앙아동보호전문기관의 '2018 아동학대 주요통계'에 따르면 아동보호전문기관 신고접수 건수는 2018년 총 36,416건으로 전년도 34,166건보다 약 6.6% 증가하였다. 이 중 아동학대 사례로 판단된 결과는 총 24,604건으로 전년도 22,367건보다 약 10% 증가하였다. 이는 2014년에 1만 건을 넘어선 이후 해마다 증가하고 있는 추세이다. 연도별 아동학대로 신고 접수된 사례의 건수와 발생건수는 다음과 같다(그림 5-1).

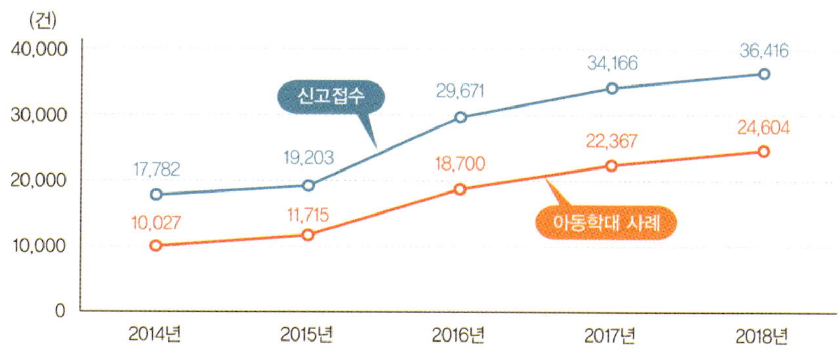

그림 5-1 아동학대 신고접수 및 발생건수

출처: 아동권리보장원, 중앙아동보호전문기관(www.korea1391.go.kr).

(2) 피해아동의 성별

2018년 중앙아동보호전문기관으로 신고접수된 사례 중 아동학대로 판단된 24,604건 중 여아가 12,737건(51.8%), 남아가 11,867건(48.2%)으로 여아가 약 3.6% 많은 것으로 나타났지만(표 5-1), 성별에 따른 큰 차이는 없었다.

표 5-1 피해아동의 성별 (단위: 건, %)

구분	남아	여아	계
건수(비율)	11,867(48.2)	12,737(51.8)	24,604(100)
명수(비율)	9,707(48.5)	10,311(51.5)	20,018(100)

출처: 아동권리보장원, 중앙아동보호전문기관(www.korea1391.go.kr).

(3) 아동학대 유형

「아동복지법」에서 아동학대는 신체학대, 정서학대, 성학대, 방임 및 유기로 구분된다. 2018년 중앙아동보호전문기관에서 제공하는 아동학대 현황에 따르면 정서학대 5,862건(23.8%), 신체학대 3,436건(14.0%), 방임 2,604건(10.6%), 성학대 910건(3.7%) 순으로 나타났다. 한 가지 유형보다는 두 가지 유형 이상의 학대가 복합적으로 발생하는 중복학대는 11,792건(47.9%)이었다. 아동학대 유형을 살펴보면 다음과 같다(표 5-2).

표 5-2 아동학대 유형 (단위: 건, %)

학대 유형	건수(비율)
신체학대	3,436(14.0)
정서학대	5,862(23.8)
성학대	910(3.7)
방임	2,604(10.6)
중복학대	11,792(47.9)
계	24,604(100.0)

출처: 아동권리보장원, 중앙아동보호전문기관(www.korea1391.go.kr).

(4) 연령별 아동학대 발생 현황

아동학대 유형별 피해아동의 연령을 살펴보면, 1~3세는 3,141건(8.4%), 4~6세는 4,187건(11.2%), 7~9세는 6,463건(17.3%), 10~12세는 8,336건(22.3%), 13~15세는 9,606건(25.8%), 16~17세는 4,945건(13.3%)이다(표 5-3). 1세 미만을 제외하고 전반적으로 모든 연령대에서 신체학대와 정서학대가 높게 나타났다.

표 5-3 연령별 아동학대 발생 현황(중복 포함) (단위: 건, %)

유형 연령	신체학대	정서학대	성학대	방임	계
1세 미만	133(0.9)	177(1.0)	2(0.1)	313(7.2)	625(1.7)
1~3세	930(6.6)	1,433(8.3)	8(0.5)	770(17.8)	3,141(8.4)
4~6세	1,400(10.0)	1,938(11.2)	42(2.6)	807(18.6)	4,187(11.2)
7~9세	2,430(17.3)	3,052(17.6)	134(8.3)	847(19.5)	6,463(17.3)
10~12세	3,067(21.9)	4,035(23.3)	452(28.1)	782(18.0)	8,336(22.3)
13~15세	4,042(28.8)	4,408(25.4)	575(35.7)	581(13.4)	9,606(25.8)
16~17세	2,021(14.4)	2,291(13.2)	397(24.7)	236(5.4)	4,945(13.3)
계	14,023(100)	17,334(100)	1,610(100)	4,336(100)	37,303(100)

출처: 아동권리보장원, 중앙아동보호전문기관(www.korea1391.go.kr).

(5) 피해아동 가족유형

아동학대사례로 판단된 피해아동 가족유형의 경우, 친부모가족이 13,546건(55.1%), 친부모가족 외는 8,682건(35.2%), 대리양육형태는 258건(1.1%), 기타는 2,118건(8.6%) 순으로 나타났다(표 5-4). 아직도 우리 사회는 훈육과 아동학대라는 구별이 쉽지 않아, 아동과 가장 가까운 친부모가족에서 아동학대가 가장 많이 발생하고 있으므로 사회적·국가적으로 아동학대를 미연에 예방할 수 있는 정책이 시급한 상황이다.

표 5-4 피해아동 가족유형 (단위: 건, %)

친부모가족	친부모가족 외 형태								대리양육형태				기타	계
	부자가정	모자가정	미혼부모가정	재혼가정	친인척보호	동거(실혼포함)	소년소녀가장	소계	가정위탁	입양가정	시설보호	소계		
13,546 (55.1)	2,997 (12.2)	2,865 (11.6)	404 (1.6)	1,435 (5.8)	483 (2.0)	490 (2.0)	8 (0.0)	8,682 (35.2)	27 (0.1)	44 (0.2)	187 (0.8)	258 (1.1)	2,118 (8.6)	24,604 (100)

출처: 아동권리보장원, 중앙아동보호전문기관(www.korea1391.go.kr).

(6) 아동학대 발생장소

아동학대 중 가정 내에서 발생한 사례가 19,748건(80.3%)으로 가장 높게 나타났고, 이 중 아동의 가정 내에서 발생한 사례는 19,365건(78.7%)이었다. 어린이집, 유치원, 학교와 같이 아동을 돌보고 교육하는 기관에서도 아동학대가 각각 811건(3.3%), 187건(0.8%), 2,086건(8.5%)으로 발생되었다. 또한 복지시설의 경우, 아동복지시설이 357건(1.5%), 기타복지시설이 60건(0.2%)으로 전체 사례 중 1.7%이었다(표 5-5).

표 5-5 아동학대 발생장소 (단위: 건, %)

발생장소		건수(비율)
가정 내	아동 가정 내	19,365(78.7)
	학대행위자 가정 내	383(1.6)
소계		19,748(80.3)
집근처 또는 길가		352(1.4)
친척집		143(0.6)
이웃집		30(0.1)
어린이집		811(3.3)
유치원		187(0.8)
학교		2,086(8.5)
학원		154(0.6)
병원		58(0.2)
복지시설	아동복지시설	357(1.5)
	기타복지시설	60(0.2)
소계		4,238(17.2)

숙박업소	94(0.4)
종교시설	31(0.1)
기타	493(2.0)
소계	618(2.5)
총계	**24,604(100.0)**

출처: 아동권리보장원, 중앙아동보호전문기관(www.korea1391.go.kr).

(7) 학대행위자와 피해아동과의 관계

2018년에 아동학대로 판단된 24,604건을 바탕으로 학대행위자와 피해아동과의 관계를 살펴본 결과, 부모 18,919건(76.9%), 대리양육자 3,906건(15.9%), 친인척 1,114건(4.5%), 타인과 기타 665건(2.7%) 등의 순으로 나타났다. 학대행위자 피해아동과의 관계는 다음과 같다(그림 5-2).

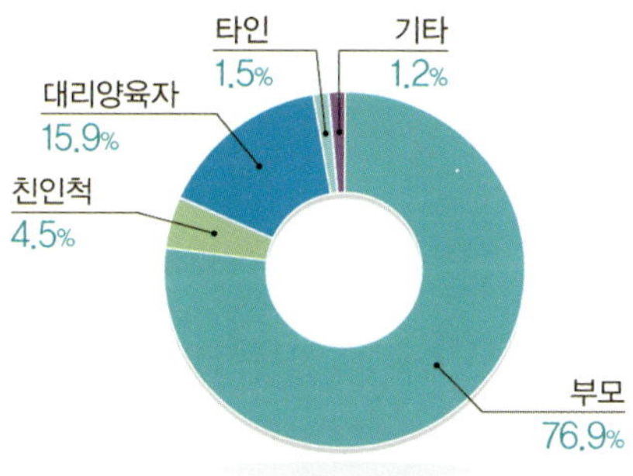

그림 5-2 학대행위자와 피해아동과의 관계

출처: 아동권리보장원, 중앙아동보호전문기관(www.korea1391.go.kr).

그리고 부모에 의해 발생한 사례 중 친부에 의해 발생한 사례가 10,747건(43.7%)으로 가장 많았고, 친모 7,337건(29.8%), 계부 480건(2.0%), 계모 297건(1.2%)이었다. 부모, 친모, 계부, 계모 등 부모에 의한 학대가 전체의 76.9%로 높은 비율을 차지하는 것을 볼 때(표 5-6) 부모교육을 통해 아동학대에 대한 경각심을 고취시키는 일이 매우 시급함을 알 수 있다.

표 5-6 부모에 의해 발생한 학대사례 (단위: 건, %)

관계		건수(비율)
부모	친부	10,747(43.7)
	친모	7,337(29.8)
	계부	480(2.0)
	계모	297(1.2)
	양부	36(0.1)
	양모	22(0.1)
소계		18,919(76.9)

출처: 아동권리보장원, 중앙아동보호전문기관(www.korea1391.go.kr).

3) 아동학대 원인

아동권리보장원, 중앙아동보호전문기관에서는 아동학대의 원인을 가족 요인, 개인 요인, 사회 요인으로 분류하였다.

(1) 가족 요인

나이가 어리고 안정되지 못한 부모들은 영유아의 행동이나 욕구를 이해하지 못하여 아동학대가 일어나게 된다. 부모가 자녀양육에 대한 지식부족, 자신의 자녀에 대한 지나친 기대, 알코올 중독에 빠진 부모, 가정의 경제적인 어려움, 가정불화, 자녀양육에 대한 도움을 받을 곳이 없을 때 학대가 일어나기도 한다. 또한 부모 자신이 어릴 때 받은 학대 경험도 부모의 행동에 영향을 줄 수 있으며, 부모 자신의 욕구를 충족하지 못하는 경우도 자녀를 학대할 수 있다.

(2) 개인 요인

만성 혹은 급성질환 아동, 신체적, 정신적, 기질적으로 특이하거나 장애를 가진 아동, 운동 및 언어 등 발달이 늦은 아동, 문제 행동을 보이는 아동, 분리불만의 결함, 자신감 결여, 적대적 행위, 폭력적 행동, 대인관계에 둔감하고 매력이 없는 아동, 약물경험 아동은 학대의 요인이 된다.

(3) 사회 요인

가족구성원 간에 갈등이 존재하거나 가족 상호작용이 약하여 아동학대가 발생하기도 한다. 또한 미성년 가족, 한부모 가족, 이혼가족, 재혼가족도 아동학대의 원인이 될 수 있다. 사회적 고립 및 사회적 지지체계가 결여되거나 아동을 존중하지 않는 문화, 자녀에 대한 소유 의식이 강한 가정에서 아동학대가 발생할 수 있다.

이 외 아동학대는 영유아교육기관에서도 발생할 수 있다. 영유아교육기관에서 발생하는 아동학대는 영유아의 발달에 부적합한 환경이나 영유아를 존중하지 않는 교사의 잘못된 인식 등에 의해서도 나타난다. 이를 정리하면 다음과 같다(어린이집안전공제회, 2019a).

- 폐쇄적이고 위계적인 조직문화
- 영유아의 발달에 부적합한 환경
- 교사 교육 미비
- 영유아 문제의 지도방안에 대한 교육기관 내 논의 부족
- 영유아의 문제 해결을 위한 전문기관과의 연계 부족
- 원장의 운영 철학

4) 아동학대의 유형별 특징

아동학대는 학대받은 기간, 학대 발생 시점, 학대 유형에 따라 후유증이 달라지며 학대를 받고 나서 제공된 서비스, 학대 처치와 치료, 사회적으로 개입된 방법에 따라 후유증의 영향이 다르게 나타날 수 있다(아동권리보장원, 중앙아동보호전문기관, 2020).

(1) 신체학대

신체학대는 심한 신체적인 상해를 주는 것으로 「아동복지법」 제17조에 근거하면 보호자를 포함한 성인이 아동의 건강 또는 복지를 해치거나 정상적 발달을 저해할 수 있는 신체적 폭력이나 가혹행위를 말한다. 일반적으로 학대라고 하면 신체적 학대를

생각하는 경우가 많은데, 이는 신체학대가 외관상으로 가장 잘 드러나기 때문이다. 신체학대의 예는 다음과 같다.

- 직접적으로 신체에 가해지는 행위(손, 발 등으로 때림, 꼬집고 물어뜯는 행위, 조르고 비트는 행위, 할퀴는 행위 등)
- 도구를 사용하여 신체를 가해하는 행위(도구로 때림, 흉기 및 뾰족한 도구로 찌름 등)
- 완력을 사용하여 신체를 위협하는 행위(강하게 흔듦, 신체부위 묶음, 벽에 밀어붙임, 떠밀고 잡음, 아동 던짐, 거꾸로 매닮, 물에 빠트림 등)
- 신체에 유해한 물질로 신체에 가해지는 행위(화학물질 혹은 약물 등으로 신체에 상해를 입히는 행위, 화상을 입힘 등)

신체학대가 의심되거나 징후가 보이면 교사가 즉시 개입하는 것이 필요하다. 신체학대를 받은 아동의 특징은 다음과 같다.

- 신체적 접촉을 꺼리며, 대인관계가 위축된다.
- 다른 아이가 울 때 무서워하며, 부모나 주 양육자를 두려워하거나 집에 돌아가기를 꺼리거나 영유아교육기관에 가기를 꺼린다.
- 상처에 대해 말하지 않으려 하거나 엉뚱한 변명을 한다.
- 더운 날 옷을 갈아입기를 싫어하며, 병원에 가기를 싫어한다.
- 다른 아이들에게 공격적이거나 지나치게 수동적이다.
- 음식을 거부하거나 과식하는 등 식사 패턴이 자주 변한다.
- 자기 파괴적 행동을 보이거나, 다른 아이나 어른에게 공격성이 나타난다.

신체학대는 학대빈도가 심할수록 의료적인 처치를 요하며 생각의 문제, 주의 산만, 사회성 부족, 비행이나 공격성 같은 행동이 나타난다. 그리고 타박상, 골절, 화상, 열상과 같이 생명의 위협이 될 정도로 심각한 후유증이 나타날 수 있다(오은영, 2013).

(2) 정서학대

정서학대는 보호자를 포함한 성인이 아동의 정신건강 및 발달에 해를 끼치는 행위를 말한다(「아동복지법」 제17조). 즉, 아동에게 행하는 언어적 폭력, 정서적 위협, 감금 등을 말하며 언어적, 정서적, 심리적 학대라고도 한다. 정서학대에 해당하는 행위의 예는 다음과 같다.

- 원망적/거부적/적대적 또는 경멸적인 언어폭력 등
- 잠을 재우지 않는 것
- 벌거벗겨 내쫓는 행위
- 형제나 친구 등과 비교, 차별, 편애하는 행위
- 가족 내에서 왕따시키는 행위
- 아동이 가정폭력을 목격하도록 하는 행위
- 아동을 시설 등에 버리겠다고 위협하거나 짐을 싸서 쫓아내는 행위
- 미성년자 출입금지 업소에 아동을 데리고 다니는 행위
- 아동의 정서 발달 및 연령상 감당하기 어려운 것을 강요하는 행위(감금, 약취 및 유인, 아동 노동 착취)
- 다른 아동을 학대하도록 강요하는 행위

정서학대 받은 아동은 다음과 같은 특징을 보일 수 있다.

- 발달지연 및 성장장애
- 신체발달 저하
- 행동장애(반사회적, 파괴적 행동장애)
- 신경성 기질 장애(놀이장애)
- 정신신경성 반응(히스테리, 강박, 공포)
- 언어장애
- 극단행동, 과잉행동, 자살시도
- 실수에 대한 과잉 반응
- 부모와의 접촉에 대한 두려움
- 특정물건을 계속 빨고 있거나 물어뜯음

정서학대는 생활에 지속적으로 영향을 주고 잠재적으로 남아 있어 평생 남을 사랑하지 못하거나 이웃과 함께 살아가지 못하는 자아를 형성해 실제로는 잘못한 것이 없는데도 자신의 잘못이라고 생각한다. 그리고 정서학대가 심해지면 우울, 불안, 자아존중감 저하, 분노, 공격성과 자아기능의 상실 등이 나타나며, 자아기능의 상실은 과잉행동, 충동성, 언어발달 장애로 이어질 수 있다(정영희, 석현숙, 최민수, 2002). 또한 심리적 충격으로 자살기도나 자살미수와 가출, 다양한 자폭행위를 일으키며 집중력 장애, 과잉행동, 인지손상으로 인해 학업성취가 어려울 수 있으며, 부정, 투사 등을 사용하여 내적이나 외적으로 부모를 사랑하는 마음과 미워하는 마음을 하나로 통합하지 못하는 혼란의 현상이 나타나기도 한다(최민수, 정영희, 2014).

(3) 성학대

성학대는 보호자를 포함한 성인이 아동에게 음란한 행위를 시키거나 이를 매개하는 행위 또는 아동에게 성적 수치심을 주는 성희롱 등의 성적 학대행위를 말한다(「아동복지법」 제17조). 성학대와 유사한 개념인 성추행은 일방적인 성적 만족을 얻기 위하여 물리적으로 신체 접촉을 가함으로써 상대방에게 성적 수치심을 불러일으키는 행위이며 성폭력은 성적인 행위로 남에게 육체적 손상 및 정신적 · 심리적 압박을 주는 물리적 강제력을 뜻한다(국립국어원, 2020).

아동 성폭력은 그 실태가 정확히 파악되지 않고 있지만 낯선 사람보다는 아동과 가까운 가족, 친지, 교사 등에 의해 반복적으로 발생하고 있는 것으로 파악된다. 브릭스(Briggs, 1995)는 모든 아동은 나이, 성별, 인종, 민족, 사회계층, 종교적 배경 등에 관계없이 성폭력으로부터 보호되어야 한다고 강조하면서 성폭력으로부터 보호의 필요성을 다음과 같이 제시하였다.

첫째, 유아는 힘이 없어 기본적인 욕구를 충족하기 위해서 성인에게 의존할 수밖에 없으므로 유아 성폭력범은 이러한 유아의 특성을 이용한다.

둘째, 성학대에 대한 특별한 교육이 없다면 8세 이하의 유아는 친절하게 행동하는 모든 성인을 믿고, 아버지가 근친상간이나 가정폭력으로 감옥에 있다 할지라도 부모가 그들의 유일한 보호자라고 생각한다.

셋째, 유아는 성인의 동기를 평가할 수 있는 능력이 부족하다. 유아를 괴롭히는 사람들은 강제, 속임수, 위협, 물질공세 등 유아에게 해서는 안 되는 다양한 방법을 사용하는데 유아는 그 사람의 동기보다는 외모나 태도를 보고 판단한다.

넷째, 유아는 성인에게 복종하는 것이 좋은 것이라고 배우며 성인이 하는 모든 것을 믿는 경향이 있다.

다섯째, 유아는 자신의 신체에 대해 호기심이 많으나 성에 관한 지식은 부족하다. 특히 남아는 여아보다 성에 대해 관심이 더 많아 자위행위를 하기도 하고 성에 관계된 말을 더 빨리 배우는 경향이 있다.

여섯째, 성 안전에 대해 배우지 않은 유아는 성폭력 행동이 잘못된 것인지 모른다. 유아가 용납되는 행동과 그렇지 못한 행동을 구분하는 것을 배우지 않았다면 성폭력 행동도 정상적인 행동으로 생각할 수 있다.

일곱째, 성폭력이 흔히 애정의 표현이나 증거로 가장되기도 한다. 교육을 받지 않은 유아는 성폭력적인 행동도 사람들이 서로 사랑할 때 보통으로 할 수 있는 행동으로 받아들일 수 있으며 가해자들은 성폭력 후 예뻐서 한 행동이라고 속이기도 한다.

여덟째, 유아는 자신의 고민이나 두려움을 표현할 기회가 많지 않다. 유아가 신체적인 고통을 호소할 때도 부모들은 별일 아닌 것으로 생각하는 경우가 있다.

성학대행위의 예는 다음과 같다(아동권리보장원, 중앙아동보호전문기관, 2020).

- 자신의 성적만족을 위해 아동에게 성적인 노출을 강요하는 행위(옷을 벗기거나 벗겨서 관찰하는 등의 관음적 행위, 성관계 장면을 노출, 나체 및 성기 노출, 자위행위 노출 및 강요, 음란물을 노출하는 행위 등)
- 아동을 성적으로 추행하는 행위(구강추행, 성기추행, 항문추행, 기타 신체부위를 성적으로 추행하는 행위 등)
- 아동에게 유사성행위를 하는 행위(드라이성교 등)
- 성교를 하는 행위(성기삽입, 구강성교, 항문성교)
- 성매매를 시키거나 성매매를 매개하는 행위

성학대받은 아동의 특징을 성적 행동지표와 비(非)성적 행동지표로 나누어 보면 다음과 같다(아동권리보장원, 중앙아동보호전문기관, 2020).

〈성적 행동지표〉

- 나이에 맞지 않는 성적행동
- 해박하고 조숙한 성지식
- 명백하게 성적인 묘사를 한 그림들
- 타인과의 성적인 상호관계
- 동물이나 장난감을 대상으로 하는 성적인 상호관계

〈비(非)성적인 행동지표〉

- 위축, 환상, 퇴행행동
- 자기 파괴적 또는 위험을 무릅쓴 모험적인 행동
- 충동성, 산만함 및 주의집중장애
- 혼자 남아 있기를 거부 또는 외톨이
- 특정 유형의 사람들 또는 성에 대한 두려움
- 방화/동물에게 잔혹함(주로 남아의 특징)
- 비행, 가출
- 약물 및 알콜 남용
- 자기 파괴적 행동(자살시도)
- 범죄행위
- 우울, 불안, 사회관계의 단절
- 수면장애
- 유뇨증/유분증
- 섭식장애(폭식증/거식증)
- 야뇨증
- 외상 후 스트레스 장애
- 저조한 학업수행

성적 학대를 당한 영유아는 초기에는 성적인 놀이나 성에 대한 집착이 나타나며 장기적으로는 성에 대한 부정적인 태도가 나타난다. 또한 반복적으로 학대가 일어나면 성에 대한 공포심이나 혐오감을 나타낼 수 있으며 수면 장애, 신경질, 가해자에 대한 공포심이 생겨 불안 증세가 나타날 수 있다. 신체적인 상처는 시간이 흐르면서 치유되지만 폭행 당시의 공포, 수치심, 죄의식, 불안 등 정신적인 상처는 후유증으로 남게 된다(김영실 외, 2013).

① 성폭력 피해 발생장소

인천해바라기센터에 의하면 성폭력 피해 발생장소는 친부, 의부, 형제 자매 등의 가족 관계나 친인척 간에 같이 동거하는 경우로 공동주거지에서 발생한 범죄가 17.2%(25건)으로 가장 많았다. 그리고 미취학 아동의 교육시설인 학교, 학원, 유치원, 어린이집 내에서도 16.5%(24건)가 발생하였는데 이는 영유아교육기관의 교직원에 대한 성폭력 안전 예방교육을 강화할 필요가 있다는 것을 의미한다. 그 외 가해자 집 15.9%(23건), 피해자 집 8.3%(12건), 길과 노상 8.3%(12건), 엘리베이터 2.8%(4건), 숙박업소 4.1%(6건), 자동차 안 1.4%(2건), 놀이터 0.7%(1건), 이용시설 6.2%(9건), 상가 내 4.8%(7건), 사이버상 9%(13건), 기타 4.8%(7건)에서 발생했다.

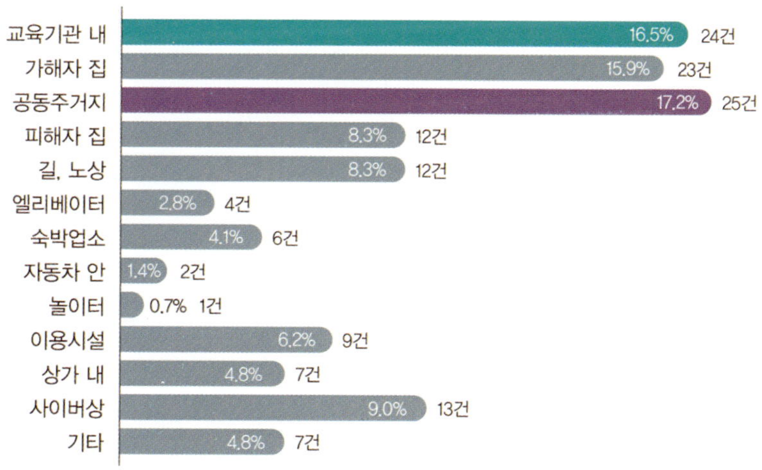

그림 5-3 성폭력 피해 발생장소

출처: 인천해바라기센터(www.sunflowericn.or.kr), 2020.

② 성폭력 피해아동의 성별 및 연령

인천해바라기아동센터에 의하면 2018년 센터에 접수된 성폭력 피해 사례 중 88.5%(285명)가 여성이었으며 10.6%(34명)는 남성이었다. 또한 성별을 밝히지 않은 경우가 0.9%(3명)였다(그림 5-4). 또한 한국성폭력상담소에 의하면 2019년 센터에 접수된 성폭력상담 전체건수 중 7세 이하는 2.4%(22명)이었으며 8~13세 어린이는 6.8%(62명)이었다(표 5-7).

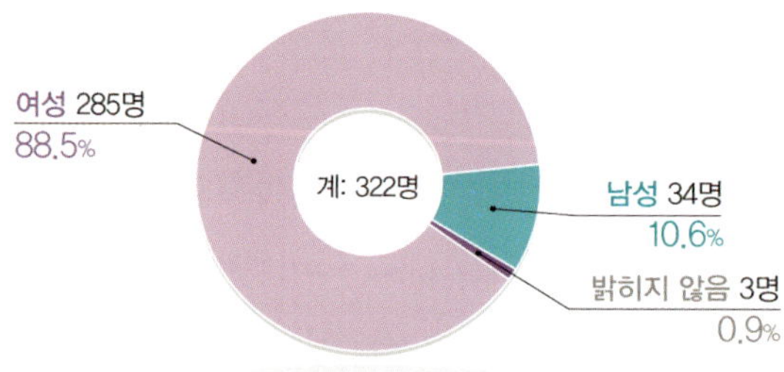

그림 5-4 성폭력 피해아동의 성별

출처: 인천해바라기아동센터(www.sunflowericn.or.kr), 2020.

표 5-7 피해자 성별, 연령별 현황 (단위: 건, %)

성별 \ 연령	유아(7세 이하)	어린이(8세~13세)	전체
여	22(2.4)	56(6.1)	84(92.1)
남	0(0)	5(0.5)	62(6.8)
미상	0(0)	1(0.1)	10(1.1)
총계	22(2.4)	62(6.8)	156(100)

출처: 한국성폭력상담소(www.sisters.or.kr).

(4) 방임 및 유기

방임은 자신의 보호·감독을 받는 아동을 유기하거나 의식주를 포함한 기본적 보호·양육·치료 및 교육을 소홀히 하는 행위이며, 유기는 보호자가 아동을 보호하지 않고 버리는 행위이다(「아동복지법」 제17조). 방임은 세부적으로 물리적 방임, 교육적 방임, 의료적 방임으로 분류할 수 있다.

방임을 겪은 영유아는 의식주와 안전에 대한 욕구 및 인지적, 정서적, 사회적으로도 부적절하게 반응한다. 신체적 방임(무관심)의 경우, 머리 흔들기, 머리칼 꼬기, 머리 부딪히기, 신경증적 행동, 파괴성과 공격성, 충동적인 도벽, 어른에게 달라붙는 등의 이상행동을 보일 수 있다. 교육적 방임을 경험한 영유아는 가정 내에서 자극을 받지 못하여 영유아교육기관이나 이후의 학교생활에 적응하지 못한다. 또한 언어능력의 부족, 자존감과 자신감의 부족, 발육부진, 집중력의 결여, 생각을 표현하고 새로운 개념을 이해하는 데 곤란을 겪는다. 정서적 방임의 경우 또래나 성인과의 적절한 관계 형성의 실패, 새로운 상황에 대한 두려움, 자존심과 자신감의 부족, 신체적 혹은 지적으로 모험을 하려고 하지 않는 등의 행동을 보인다. 그리고 말더듬과 같은 언어장애, 전반적인 발육부진, 부모와의 접촉을 두려워함, 지나치게 수동적이거나 공격적임, 집중도 결여, 물건을 훔치고 거짓말을 함, 어느 정도 연령이 지났는데도 오줌을 쌈, 지나치게 주의를 끌고자 하는 등의 행동을 보일 수 있다(안동현 외, 2003). 방임 및 유기의 종류에 따른 행위의 예는 다음과 같다(아동권리보장원, 중앙아동보호전문기관, 2020).

(1) 물리적 방임

- 기본적인 의식주를 제공하지 않는 행위
- 불결한 환경이나 위험한 상태에 아동을 방치하는 행위
- 아동의 출생신고를 하지 않는 행위
- 보호자가 아동을 가정 내에 두고 가출한 경우
- 보호자가 아동을 시설 근처에 두고 사라진 경우
- 보호자가 친족에게 연락하지 않고 아동을 친족 집 근처에 두고 사라진 경우

(2) 교육적 방임

- 보호자가 아동을 특별한 사유 없이 학교(의무교육)에 보내지 않는 행위
- 아동의 무단결석을 방치하는 행위

(3) 의료적 방임

- 필요한 예방접종을 제때에 하지 않는 경우

- 아동에게 필요한 의료적 처치 및 개입을 하지 않는 행위
- 중대한 병이 들어도 병원에 데리고 가지 않는 행위
- 충분한 영양을 공급받지 못해 발육 부진이 되는 경우
- 아동을 자동차 안에 방치하여 열중증(熱中症)으로 사망하게 하는 행위
- 아동을 집에 남겨 두어 화재로 아동이 소사(燒死)하게 하는 행위

방임된 아동의 특징은 다음과 같다.

- 나이에 비해 왜소하고 체중이 미달이며, 체격이 빈약하고 피부가 마르고 주름이 있다.
- 항상 굶주리고 음식을 찾으며 음식을 발견하면 게걸스럽게 먹고 여위고 배만 볼록하다.
- 개인적 위생처리가 불량하여 더럽고 오줌 냄새가 나며, 보살핌을 받지 못한 모습을 보인다.
- 머리를 빗지 않았거나 이를 닦지 않으며, 옷은 더럽고 너무 크거나 작으며 철 지난 옷을 입고 있다.
- 보호를 받지 못해 자주 사고를 당한다.
- 항상 피곤하거나 힘이 없다.
- 교육기관에 지각하는 일이 잦고 출석율이 낮다.
- 자존심과 자신감이 없다.
- 또래들과 잘 사귀지 못한다.
- 파괴성과 공격성을 보인다.
- 어른들에게 달라붙는 행동을 보인다.
- 그림 맞추기와 장난감 조립에 익숙하지 않고 창의적인 놀이에 서툴다.
- 생각을 표현하고 새로운 개념을 이해하는 데 곤란을 겪는다.

(4) 유기

- 아동을 보호하지 않고 버리는 행위
- 아동을 병원에 입원시키고 사라진 경우

- 시설근처에 버리고 가는 행위

Tip 영유아의 결석관리

- 매일 영유아의 건강 · 안전 확인 및 결석 아동의 결석 사유 확인
  - 부모는 유선, 스마트 알림장 등 대화방법을 통해 교사와 영유아의 결석 사유 공유
  - 교사는 영유아의 결석 당일 지속적으로 유선 연락하여 결석 사유 확인
- 2일 이상 무단결석을 할 경우, 전화연락 또는 가정방문을 할 수 있으며 영유아의 소재, 안전이 확인되지 않는 경우 수사기관(112)에 신고해야 하고 가정방문은 보육교직원, 읍, 면, 동 공무원으로 구성된 2인이 함께 실시함

출처: 교육부, 보건복지부, 2016.

5) 아동학대 신고와 교사의 역할

누구든지 아동학대를 알게 된 때에는 아동보호전문 기관에 또는 수사기관에 신고할 수 있다(「아동학대범죄의 처벌 등에 관한 특례법」 제10조). 신고자는 아동학대 신고 시 신원노출과 신변위협에 대한 두려움을 갖기도 하는데 「아동학대범죄의 처벌 등에 관한 특례법」 제62조에 따라 신고인의 신변보호가 보장된다. 특히, 교직원은 신고의무자로서 직무상 아동학대를 인지하고도 신고하지 않으면 처벌 대상이 되기에 의심이 되는 경우에는 아동보호전문기관 또는 수사기관에 신고해야 한다. 아동학대 신고의무자가 직무상 아동학대를 발견하였으나 신고를 하지 않았을 경우에는 500만 원 이하 과태료가 부과된다(어린이집안전공제회, 2019c).

(1) 아동학대 발견하기

교사는 학대받는 영유아가 있는지 자세히 관찰하여 신고하여야 한다. 어린 영유아일수록 학대 후유증이 심각하므로 신고가 중요하다. 아동학대의 징후를 살펴보면 다음과 같다(표 5-8).

표 5-8 아동학대의 징후

유형 \ 징후	신체적 징후	행동적 징후
신체 학대	• 설명할 수 없는 상처나 구타자국 • 발생 및 회복에 시간차가 있는 상처 • 사용된 도구의 모양이 그대로 드러난 상처 • 담뱃불 자국, 뜨거운 물에 잠긴 화상자국 • 시간차가 있는 골절, 복합 및 나선형 골절 • 입, 입술, 치흔, 눈, 외음부 상처 • 겨드랑이, 팔뚝 안쪽, 허벅지 안쪽 등 다치기 어려운 부위의 상처	• 공격적이거나 위축된 극단적 행동 • 부모에 대한 두려움 • 집에 가는 것을 두려워함 • 위험에 대한 지속적 경계 • 어른과의 접촉 회피 • 다른 아동이 울 때 공포를 나타냄
정서 학대	• 발달지연 성장장애 • 신체발달 저하 • 언어장애	• 특정 물건을 계속 빨고 있거나 물어 뜯음 • 행동장애(반사회적파괴적행동 장애) • 신경성 기질장애 • 정신신경성반응(히스테리, 강박, 공포) • 극단행동, 과잉행동, 자살시도
성학대	• 성병감염, 임신 • 걷거나 앉는 데 어려움 • 질에 있는 점액 • 찢기거나 손실된 처녀막 • 질에 생긴 상처난 긁힌 자국, 홍진 • 항문 주변의 멍이나 찰과상 • 회음부의 통증과 가려움 • 입천장의 손상	• 나이에 맞지 않는 성적행동 • 강박적인 자위행위, 타인과 성적인 상호관계 • 명백하게 성적인 묘사를 한 그림 • 위축, 환상, 유아적 행동 • 혼자 있기를 거부 또는 외톨이 • 특정 유형의 사람 또는 성에 대한 두려움 • 자기 파괴적 행동(자살시도), 비행, 가출 • 수면장애, 섭식장애
방임	• 불규칙적 식사 또는 잦은 굶주림으로 인한 영양 상태 불량 • 비위생적인 신체상태 • 예방접종과 의학적 치료 불이행으로 인한 건강상태 불량 • 계절에 맞지 않는 부적절한 옷차림 • 지속적인 피로, 불안정감 호소	• 음식을 구걸하거나 훔침 • 비행 또는 도둑질 • 학교에 일찍 등교하고 집에 늦게 귀가함 • 수업 중 조는 태도 • 잦은 결석

출처: 아동권리보장원, 중앙아동보호전문기관(www.korea1391.go.kr).

Tip 아동학대 신고 방법

- ○○유치원/어린이집에 재직하고 있는 교사로 아동학대 신고의무자입니다.
- ○○유치원/어린이집에 등원하는 아동 중에
  - ○○월 ○○일부터 ○○월 ○○일까지 ○○일 동안 무단결석한 아동이 있어 전화 연락 또는 가정방문 등으로 아동의 소재 및 안전을 파악해 본 결과 ~~~~의 이유로 아동학대가 의심되어 신고합니다.
- 아동의 현재 상황은 ~~~~합니다.
  - 아동의 안전 여부, 응급조치 필요 여부, 아동의 심신상태, 가정 상황 등
- 아동의 인적 상황은 ~~~~입니다.
  - 성명, 성별, 연령, 주소, 전화번호 등
- 학대행위자로 의심되는 사람은 ~~~~입니다.
  - 이름, 성별, 나이, 주소 등(학대행위자 정보를 파악하지 못해도 신고 가능)
- 신고자는 ~~~~입니다.
  - 성명, 전화번호, 주소, 아동과의 관계 등

출처: 교육부, 보건복지부, 2016.

(2) 아동학대 신고하기

아동학대로 의심되는 영유아를 발견하면 아동학대 신고전화 112(전국 공통, 24시간 접수)에 신고하도록 한다. 신고자는 다음에 제시한 아동학대 신고의무자용 점검표를 참고한다(표 5-9).

표 5-9 아동학대 신고의무자용 점검표

연번	평가항목	평가 ✔	
1	사고로 보이기에는 미심쩍은 상흔이나 폭행으로 보이는 멍이나 상처가 발생한다.	예	아니요
2	상처 및 상흔에 대한 아동 및 보호자의 설명이 불명확하다.	예	아니요
3	보호자가 아동이 매를 맞고 자라야 한다는 생각을 갖고 있거나 체벌을 사용한다.	예	아니요
4	아동이 보호자에게 언어적, 정서적 위협을 당한다.	예	아니요
5	아동이 보호자에게 감금, 억제, 기타 가학적인 행위를 당한다.	예	아니요
6	기아, 영양실조, 적절하지 못한 영양섭취를 보인다.	예	아니요

연번	평가항목	평가 ✔	
7	계절에 맞지 않는 옷, 청결하지 못한 외모를 보인다.	예	아니요
8	불결한 환경이나 위험한 상태로부터 아동을 보호하지 않고 방치한다.	예	아니요
9	성학대로 의심될 성 질환이 있거나 임신 등의 신체적 흔적이 있다.	예	아니요
10	나이에 맞지 않는 성적 행동 및 해박하고 조숙한 성지식을 보인다.	예	아니요
11	자주 결석하거나 결석에 대한 사유가 불명확하다.	예	아니요
12	필요한 의료적 처치를 하지 않거나 예방접종이 필요한 아동에게 예방접종을 실시하지 않는다.	예	아니요
13	보호자에 대한 거부감과 두려움을 표현하거나 집(보호기관)으로 돌아가는 것에 대해 두려워한다.	예	아니요
14	아동이 히스테리, 강박, 공포 등 정신신경성 반응을 보이거나 공격적이거나 위축된 모습 등의 극단적인 행동을 한다.	예	아니요
15	"아동학대 점검표" 1~14에 해당되지 않지만 그 외의 학대로 의심되는 경우 (학대 의심 사항:)	예	아니요

–「아동학대 점검표」에 1개 문항 이상 '예'라고 체크된 경우, 아동학대를 의심해 볼 수 있는 상황임
– 아동학대가 '의심'되면 아동학대로 반드시 신고함

출처: 아동권리보장원, 중앙아동보호전문기관(www.korea1391.go.kr).

(3) 협력 및 지원하기

아동학대가 사실로 판정되면 피해아동 및 가족에 대한 영유아교육기관과 아동보호전문 기관의 협력이 중요하며 영유아의 안전을 위해서 현장 조사 시 적극적으로 협조해야 한다. 또한 교사는 아동학대가 발견된 영유아를 신고 전과 후 일관성 있는 태도로 대해야 하며 영유아의 말을 경청해야 한다. 영유아가 보이는 비언어적인 대화에도 민감하게 반응해야 하며, 학대를 받은 것이 영유아의 잘못이 아님을 확인시켜 주는 것도 중요하다. 학대를 받은 영유아에게 지속적인 관심을 보여 학대가 다시 일어나지 않게 해야 한다. 다음은 부모의 아동학대 예방을 위해 교사가 숙지해야 하는 내용과 도움을 줄 수 있는 방법을 제시한 것이다(최혜순 외, 2013).

- 영유아 아동학대 예방을 위해 사회·경제적으로 스트레스를 받는 부모에게 바른 양육태도와 양육스트레스를 해소하는 방법에 대해 안내한다.
- 부모의 스트레스는 영유아에게 전이될 수 있으므로 교사는 부모가 가족의 위기를 인식하고 문제해결을 할 수 있게 도와준다.

- 영유아 부모에게 도움이 되는 지역사회연계 프로그램을 소개하는 것도 좋은 내용이 될 수 있으며 아동학대 신고전화번호 '112'를 안내하여 아동학대를 예방할 수 있게 한다.
- 자녀에 대한 지나친 기대보다는 내 아이의 현재 수준을 바르게 이해하려고 노력하는 것이 중요하며 힘들 경우 주변 사람에게 도움을 받을 수 있도록 한다.
- 부모가 영유아에게 '나 전달법'을 사용하여 부모 자신의 감정을 솔직하게 표현하도록 돕는다.
- 화목한 가정을 만들기 위해 가족 구성원 모두의 노력이 필요함을 알게 한다.

부모는 자녀가 아동학대를 당한 사실을 알게 되었을 경우 다음과 같은 행동을 취할 수 있도록 안내할 수 있다(인천해바라기센터(아동)(www.sunflowericn.or.kr), 2020).

- 아이에게 침착하고 흥분하지 않으며 안정되고 흔들리지 않는 모습을 보여 준다.
- 아이를 비난하는 언행을 하면 안 되며, 아이의 말을 믿어 주고 감싸 주어야 한다.
- 피해 사실에 대해 아이에게 추궁하듯 반복해서 묻거나 대답을 강요하지 않아야 한다.
- 혼자 해결하려 하지 말고 전문기관을 통한 의료, 상담지원, 법률 지원을 받도록 한다.
- 피해가 발생할 경우 안전한 곳에서 친구나 가족에게 연락을 한다. 가능하면 빨리 경찰서(112)에 신고하고, 도움을 요청한다.

Tip

성폭력을 당한 아이, 가정에서의 대처법

아이에게 이렇게 해 주세요
- 엄마, 아빠는 너를 믿어.
- 너 때문에 일어난 일이 아니란다.
- 네가 나쁜 아이라서 생긴 일이 아니란다.
- 큰 일 날 뻔했구나, 그만 하니 참으로 다행이다.
- 다른 아이였더라도 마찬가지였을 거야.
- 그 상황에선 어떻게 할 수 없었겠구나.
- 거기만 아픈 거지 온몸이 다 잘못된 것은 아니란다.
- 네가 화가 나는 건 당연해.

아이에게 이런 말은 피해 주세요
- 그게 정말이니? 거짓말 아니니?
- 내가 반드시 복수하고 말 거야.
- 거기를 왜 갔니?
- 그 친구랑 놀지 말라고 그랬지?
- 좀 더 조심하지 그랬니?
- 내가 그런 사람을 조심하라고 그랬잖니?
- 아무나 따라가지 말라고 했잖니?
- 왜 진작 말하지 않았니?
- 그 얘기는 그만하자.
- 지금은 그만하고 나중에 말하자.

출처: 서울해바라기센터(아동)(www.child1375.or.kr).

6) 성폭력 예방을 위한 안전교육

성폭력은 영유아에게 사회적, 정서적, 신체적으로 후유증을 발생시킬 수 있으므로 영유아가 신변의 위험에 처했을 때 적절하게 대처할 수 있도록 교육해야 한다. 성폭력에 대한 교육 시 평소 영유아가 성에 대해 호기심을 보이면 회피하지 말고 바르게 이야기해 주어 언제라도 질문할 수 있는 분위기를 만들어 준다. 성폭력 예방교육은 직접적인 사례를 이야기하기보다 영상을 보거나 동화를 들려주면서 이야기를 하는 것도 좋다. 그리고 평소 자기주장 능력, 의사결정능력, 문제해결력 등을 키워 주는 활동을 통해 영유아가 위험에 처했을 때 적절하게 대처할 수 있도록 한다. 성폭력 예방교육은 발달에 적합한 교육내용을 선정하여 반복적으로 교육하는 것이 중요하다(표 5-10). 영유아에게 교육해야 할 성폭력 예방교육의 내용은 다음과 같다(서울해바라기센터(아동)(www.child1375.or.kr), 2020).

- 적절한 성적 접촉과 부적절한 성적 접촉에 대해 안다.
- 나의 몸은 소중해서 함부로 보여 주거나 만지게 해서는 안 된다.
- 나쁜 접촉이 발생한 경우 “싫어요, 안 돼요, 하지 마세요.” 하고 단호하게 말할 수 있다.
- 나쁜 일이 일어난 후 부모에게 비밀로 해야 한다고 가해자가 강조해도 반드시 부모나 교사에게 이 사실을 알린다.
- 좋지 않은 이상한 말을 하거나 나쁜 사진이나 잡지, 이상한 비디오를 보여 준다고 하는 사람이 있으면 이를 부모나 교사에게 알린다.
- 낯선 장소에서 혼자 있거나 늦게까지 돌아다니지 않고 낯선 화장실은 혼자 가지 않는다.
- 모르는 사람이 벨을 누르면 절대 열어 주지 않는다.
- 외출할 때는, 보호자에게 누구와 함께 가는지, 언제 들어오는지를 꼭 알린다.
- 공중 화장실에 가거나 엘리베이터를 탈 때 친구나 어른과 함께 간다.

표 5-10 연령별 성폭력 예방 교육

연령	교육 내용
18개월~3세	• 신체 각 부위의 정확한 명칭을 가르쳐 준다.
3~5세	• 자신의 몸은 소중하니 누군가 만지면 “싫어요.”라고 말한다. • 타인이 자신의 소중한 부분을 만지면 “안 돼요.”라고 말한다.
5~8세	• 부모와 유아가 잘 아는 어른의 휴대전화 번호를 안다. • 좋은 접촉과 나쁜 접촉의 차이점을 안다. • 옷을 벗을 때와 벗지 않아야 할 때의 상황에 대해서 안다. • 나의 동의없이 만지거나 입맞춤하는 것을 그냥 두면 안 된다는 것을 안다. • 성폭력은 전적으로 가해자에게 책임이 있다는 것을 안다. • 유아가 피해를 입었을 때 도움을 주는 기관이 있다는 것을 안다.

출처: 송만영, 2014.

Tip

성폭력 대처 방안

성폭력이 일어났을 때 가장 먼저 해야 할 일은 '나'를 가장 중요하게 생각하고 돌보는 일이다. 그리고 상처를 치유하기 위한 과정들을 찾아내는 일이 필요하다.

- 나에게 잘못이 있지 않나 하는 생각 버리기
- 내가 느꼈던 공포와 무력감을 인정하기
- 나의 분노 인정하기
- 나에게 필요한 것 찾기
- 자신을 지지해 주는 사람, 좋아하는 사람과 함께하기

출처: 서울해바라기센터(www.help0365.or.kr).

7) 성폭력 예방을 위한 교사의 역할

영유아는 자신을 스스로 보호할 수 없기 때문에 교사는 아동학대로부터 영유아를 지켜야 한다. 특히 성폭력은 영유아에게 정신적, 육체적으로 큰 스트레스를 줄 수 있으므로 교사는 영유아를 잘 관찰해야 하며 성폭력 예방을 위한 교육을 실시해야 한다. 성폭력 예방을 위한 교사의 역할을 정리하면 다음과 같다(권덕수 외, 2014; 최혜순 외, 2013).

- 교사는 안전교육을 통해서 학대가 무엇인지, 왜 나쁜지를 지속적으로 반복해서 알려 준다.
- 소꿉놀이나 인형놀이를 통해 인형이 거칠게 다루어졌을 때 어떤 느낌인지 같이 이야기해 봄으로써 영유아가 자신의 감정을 솔직하게 표현할 수 있는 태도를 길러 주며, 자신의 마음 상태가 놀이 활동을 통해서 표출될 수 있게 한다.
- 교사가 성폭력 사실을 알았을 때에는 부모와 상의하여 신고한다. 성폭력을 없애기 위해서는 적극적인 신고가 필요하다는 것을 부모에게 알리고 신고하기 전에 피해 내용을 정확하게 파악한 후 기록해 둔다.
- 성폭력 사실을 알았을 때 교사는 너무 놀라지 말고 침착하게 대한다. 지나치게 반응해서는 영유아가 자신이 생각했던 것보다 더 큰 일이 일어난 것처럼 생각할 수 있기에 영유아에게 잘못이 없고 부끄러운 일이 아니라는 것을 꼭 인지시켜 준다.

- 피해 영유아의 말을 믿어 주고 피해 영유아에게 가해자에 대한 심한 말은 하지 않는다.
- 성폭력 피해 후 48시간 이내에 여아는 산부인과나 외과를, 남아는 항문외과나 비뇨기과를 방문하여 검사를 한다. 이때 몸을 씻지 않고 옷도 그대로 보존하여 병원으로 가지고 간다. 이후 병원에서 우울함, 불안함과 같은 외상 후 스트레스 증후군, 경계선 성격장애 등 장기적이고 집중적인 심리상담이나 입원치료를 권유하는 경우 전문가의 상담이나 치료를 받게 한다.
- 피해자가 충격으로 영유아교육기관을 계속 다니지 못할 경우가 있는데 이때 인내심을 갖고 기다려 주며 상처를 극복할 수 있게 도와준다.
- 교사는 영유아에게 언제나 도움을 줄 수 있는 사람으로 인식시켜 안정감을 느끼고 자신의 생각, 감정을 사실대로 말할 수 있게 한다.
- 성폭력 피해가 의심되는 영유아에게도 평상시와 같이 대해 주고 부모와 의논하여 전문가와 상담을 받게 한다.
- 영유아교육기관에서는 안전교육을 반복적으로 실시하고 부모교육, 가정통신문 등을 통해 가정과 연계한다.

Tip

아동학대 '어린이 스스로 체크해 보아요'

손이나 발, 물건으로 때리거나 꼬집어서 나를 아프게 했어요 □
나를 향해 물건을 던졌어요 □
나를 아플 정도로 흔들거나 밀었어요 □
음식을 억지로 먹여서 토할 것 같거나 토했어요 □
욕을 하거나 소리를 질러서 무서웠어요 □
때릴 것처럼 겁을 줘서 두려웠어요 □
잠을 자고 싶은데 잠을 못 자게 했어요 □
부모님이 싸우는 모습을 보고 무서웠어요 □
내 몸을 함부로 만졌어요 □
재미있는 놀이라면서 옷 속에 손을 집어넣었어요 □
속옷을 입는 소중한 곳을 나에게 보여 줬어요 □
먹을 것을 주지 않거나, 조금 주어서 배가 너무 고파요 □
냄새가 날 정도로 씻어 주지 않았어요 □
어른 없이 나 혼자 집에 있어 무서웠어요 □

출처: 아동권리보장원, 중앙아동보호전문기관(www.korea1391.go.kr).

2 유괴 및 실종

1) 유괴 및 실종 안전교육의 개념 및 필요성

유괴는 사람을 속여서 꾀어내는 것이고, 실종은 종적을 잃어 간 곳이나 생사를 알 수 없게 됨을 뜻한다(국립국어원, 2020). 아동의 유괴를 정의하는 것은 어려움이 있는데, 첫째는 정립된 단일 개념이 없고, 둘째는 아동유괴의 유형이 매우 다양하기 때문이다. 그러나 낯선 사람에 의한 유괴는 다음과 같은 준거에 의해 가려낸다. 아동을 밤새 붙잡아 두고 있거나 유괴 장소로부터 80km 또는 더 먼 곳으로 이동하거나 살해하거나 몸값을 요구하거나 아동을 영구적으로 데리고 있겠다는 것 등이다. 유괴는 폭행, 감금, 성폭력 등의 범죄뿐 아니라 그 이상의 무서운 학대행위로 이어지기도 한다(이혜정, 2015).

영유아는 아직 자신의 의사를 제대로 표현하지 못하고, 잠깐 동안의 관리 소홀로 유괴 및 실종이 될 수 있기에 영유아 유괴 및 실종 예방 교육은 사전에 이루어져야 한다. 그리고 대부분의 영유아는 낯선 사람과 친근한 사람을 쉽게 구분할 수 없는 미숙한 판단력을 갖고 있다. 또한 예의를 중시하는 우리나라에서는 부정적인 감정을 잘 드러내지 않아야 하며, 낯선 사람이 친근하게 다가와 말을 하면 들어야 한다고 생각하는 경향이 있다. 그러므로 올바른 판단력이 없는 영유아 시기에는 교육을 통하여 올바른 가치관을 심어 줄 필요가 있다.

대부분의 유괴 및 실종은 사람이 많이 모이는 장소에서 발생하기도 하지만 집에 혼자 남겨져 있을 때도 발생할 수 있다. 영유아의 실종은 부모의 부주의로도 발생할 수 있기 때문에 나들이에서 실종사고가 발생하지 않도록 각별한 주의가 요구된다. 따라서 영유아의 유괴 및 실종을 예방하기 위해서는 가정에서도 실종, 유괴에 관한 교육이 필요하며 영유아가 다양한 상황의 실종, 유괴 유형에 대해 이해하고 유괴범의 행동에 대해 바른 태도와 판단력을 갖고 대처할 수 있도록 실제적이고 구체적인 반복 훈련을 실시해야 한다(곽은복, 2000).

2) 유괴 및 실종 피해 유아의 현황

(1) 실종 유아 발생 현황

<표 5-11>은 우리나라의 각 연도별 18세 미만 아동의 실종신고 접수를 나타낸 것이다. 2014년 이전 누적 미발견 아동 건수는 601건이며, 2019년 기준 실종아동 신고 접수는 21,551건, 미발견 아동 수는 99건이다. 현재 실종 영유아는 크게 증가하고 있지는 않지만 계속 발생하고 있고 보호자에게 인계되지 않는 영유아도 있기에 교사나 성인은 외출 시 실종 영유아가 발생되지 않도록 신경 써야 한다. 또한 단순 실종이 장기 실종으로 이어지는 경우도 있기 때문에 실종사고가 발생할 경우 신속하게 대처해야 한다.

표 5-11 실종아동 신고접수 및 미발견 현황(실종신고 당시 18세 미만 아동) (단위: 건)

사례 연도	18세 미만아동		
	발생 건수	발견 건수	미발견 건수
총 누적			601
2014	21,591	21,589	2
2015	19,428	19,427	1
2016	19,870	19,865	5
2017	19,956	19,951	5
2018	21,980	21,970	10
2019	21,551	21,452	99

출처: 아동권리보장원, 실종아동전문기관(www.missingchild.or.kr).

(2) 유괴의 발생시간과 장소

유괴는 부모님이 활동을 하는 시간에 특히 많이 발생하고 있다. 유괴범죄가 가장 많이 발생한 시간은 오후 12시부터 17시 59분까지로 전체 범죄의 64.0%를 차지하고 있다(그림 5-5). 또한 아동유괴범죄의 44.2%(46건)가 노상에서 발생하였으며, 그 외 기타장소가 33.7%(35건), 주거지가 22.1%(23건)로 나타났다(그림 5-6). 따라서 안전한 외출이 될 수 있도록 영유아교육기관과 각 가정에서는 영유아가 안전하게 대처할 수 있는 방법에 대하여 교육을 실시해야 한다.

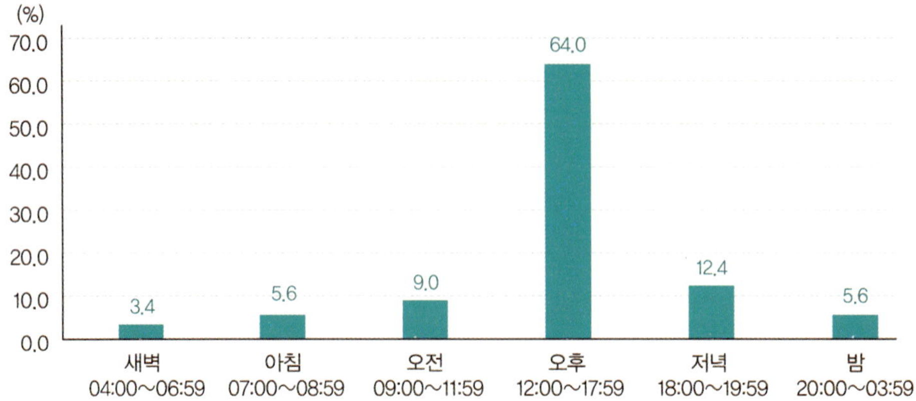

그림 5-5 아동유괴범죄의 발생시간

출처: 대검찰청(www.spo.go.kr).

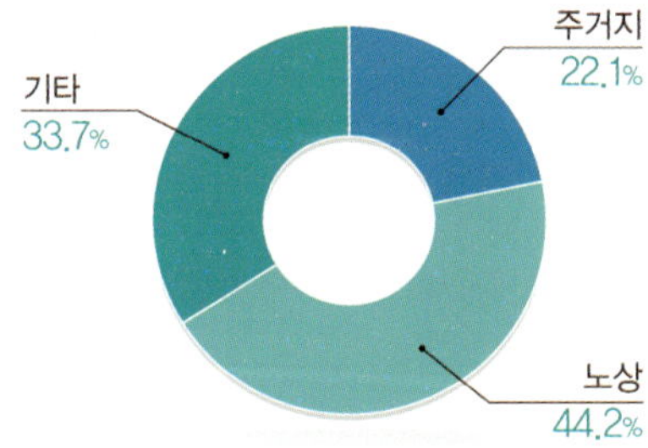

그림 5-6 유괴범죄의 발생 장소

출처: 대검찰청(www.spo.go.kr).

Tip 유괴 상황의 세 가지 수칙

- 안 돼요!—가족의 허락 없이는 타인을 따라가지 않는다는 의사표현 하기
- 싫어요!—가족 외의 타인을 따라가지 않겠다는 거부의 의사표현 하기
- 도와주세요!—강제로 데리고 가려고 할 경우 주변 사람에게 위험한 상황을 알리기 위하여 큰 소리로 "도와주세요"라고 도움 요청하기

출처: 어린이집안전공제회, 2019a.

(3) 유괴범죄자와 피해자의 관계

아동 유괴범죄자와 피해자의 관계는 타인인 경우(72.4%)가 지인관계인 경우(25.9%)보다 많았고 지인관계인 경우에는 대부분 친족관계(19.0%)였다(그림 5-7). 따라서 실종, 유괴 교육을 통하여 나를 잘 아는 사람도 안전하지 않을 수 있다는 교육이 필요하다.

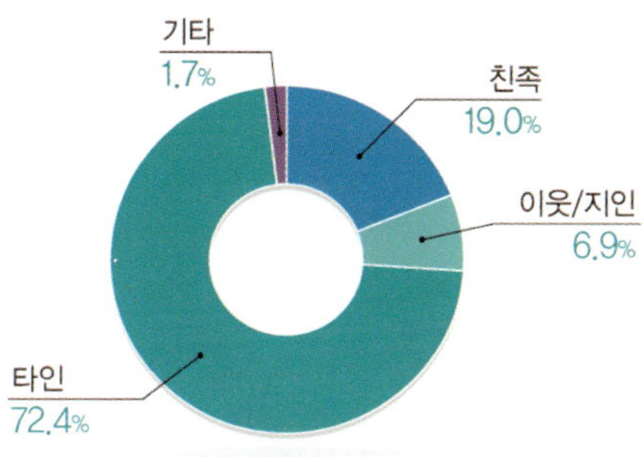

그림 5-7 유괴범죄자와 피해자의 관계

출처: 대검찰청(www.spo.go.kr).

Tip 실종신고 요령

출처: 아동권리보장원, 실종아동전문기관(www.missingchild.or.kr).

3) 유괴 및 실종 예방을 위한 안전교육

낯선 사람이란 처음 보거나 잘 모르는 사람으로 얼굴이 무섭게 생기고 상처가 있어도 낯선 사람이 아니라는 것을 영유아가 알 수 있도록 해야 한다. 또한 영유아를 유괴하려는 사람은 친절하게 먹을 것으로 유인하면서 다가온다는 것을 명심시키는 교육을 해야 한다(윤선화, 정윤경, 이경선, 2010).

(1) 상황과 장소에 따른 유괴 예방법 알기

유괴나 실종은 다양한 상황에서 발생할 수 있기에 영유아교육기관에서 적절한 교육을 실시해야 한다. 영유아교육기관에서 실시할 수 있는 유괴 예방을 위한 교육내용은 다음과 같다.

- 영유아교육기관을 오고 갈 때 자동차의 진행 방향과 반대로 걷고 인도 안쪽으로 걷는 습관을 기른다.
- 인적이 드문 길로 다니지 않고 집과 멀리 떨어진 곳에서 혼자 놀지 않으며 누군가 따라 오면 아동안전지킴이집이나 슈퍼마켓, 문방구 등으로 들어가 도움을 요청하고 낯선 사람의 차와 최소한 2.7m 이상의 거리를 유지한다.
- 놀이터나 공원에서 절대 모르는 사람을 따라가지 않도록 하고 부모님과 같이 갔을 때는 부모님이 지켜보는 곳에서 놀며 친구와 같이 놀이한다.
- 혼자 갔을 때는 귀가시간을 말씀드리고 약속한 시간을 지킨다.
- 집에 혼자 있을 때 모르는 사람에게는 절대 문을 열어 주지 않으며, 집에 들어갈 때는 곁에 수상한 사람은 없는지 확인하면서 문을 연다.
- 혼자 있을 때에는 집에 어른이 없다는 것을 알리지 않도록 하며 전화가 걸려온다면 이름이나 주소를 절대 말하지 않는다.
- 집에 있는 사람을 바꿔 달라고 하면 지금 전화를 받으실 수 없다고 말한 뒤 상대방의 전화번호를 물어보고 대답하지 않으면 그냥 전화를 끊는다(최혜순 외, 2013).

(2) 다양한 유인상황 알기

영유아가 실제 겪을 수 있는 다양한 유인상황을 알아보면 다음과 같다.

- 영유아에게 다양한 상황에서 유괴가 일어날 수 있음을 안다.
- '낯선 사람이 장난감, 초콜릿, 아이스크림을 주면 어떻게 할 것인가? 놀이터에서 놀고 있는데 낯선 사람이 와서 엄마가 집에서 빨리 오라고 했다면 따라갈 것인가? 낯선 아저씨가 약국에 같이 가자고 하면 어떻게 할 것인가? 길거리에서 자동차에 탄 사람이 길을 물어 보면 어떻게 할 것인가?' 등 다양한 상황에서 영유아가 대처할 수 있는 방법을 안다.
- 낯선 사람이 말을 걸어오면 일단은 경계해야 한다.

(3) 주변에 도움 요청하는 법 알기

영유아가 위험에 처했을 때 도움을 요청하는 방법을 알아보면 다음과 같다.

- 모든 어른의 부탁을 반드시 들어야 하는 것은 아니다.
- 위급한 상황인 경우 주변에 도움을 요청하는 방법을 알고 실천한다.
- 오늘 일어난 일에 대하여 항상 부모님께 말씀드린다.
- 길거리에서 낯선 사람이 귀찮게 하면 큰 소리를 치거나 그 자리를 벗어난다.
- 낯선 사람의 차에 탔을 때는 울지 말고 침착하게 행동한다.

(4) 유괴 시 대처방법 알기

영유아는 위급한 상황에 처했을 때 당황하게 되므로 교사는 반복적으로 훈련을 하여 잘 대처할 수 있게 해야 한다. 유괴 시 대처방법을 살펴보면 다음과 같다(아동권리보장원, 실종아동전문기관, www.missingchild.or.kr)

- 모르는 사람이 선물을 주겠다면서 같이 가자고 할 때는 "같이 갈 수 없어요.", "다른 어른에게 물어보세요."라고 말한다. 불쌍해 보여도 절대로 따라가지 않는다.
- 부모님, 친구, 친척 등 아는 사람이라면서 같이 가자고 할 때는 "싫어요."라고 말하고 절대로 따라가지 않는다. 만약 차에 탄 사람이 같이 가자고 하는 경우 차에서 충분히 떨어진다.

- 길을 가르쳐 달라는 등 도와 달라면서 같이 가자고 할 때는 먼저 부모님께 말씀드리고 허락을 받아야 한다고 거절한다.
- 강제로 끌고 가려고 할 때는 "안 돼요! 싫어요! 도와주세요!" 하고 큰소리로 외친다. 근처에 사람들이 없다면 사람들이 많은 쪽으로 뛰어가서 큰 소리로 외친다.
- 낯선 사람이 이름을 부르면 아는 척하지 말고 음료수나 과자를 건네주어도 받지 않는다. 길을 물어본다면 따라가지 말고 그 자리에서만 대답한다.

(5) 실종 예방을 위한 방법 알기

아동권리보장원, 실종아동전문기관에서는 실종아동 예방을 위해 영유아에게 다음과 같은 3단계 교육 방법을 사용할 것을 권장한다.

- 1단계는 '멈추기'이다. 일단 길을 잃거나 부모와 헤어지면 제자리에 서서 부모를 기다리게 한다. 영유아는 길을 잃었다는 것을 알면 계속해서 앞으로 나아가기 때문에 잃어버린 지점보다 상당히 먼 곳까지 가게 되고 찾기가 어려워진다. 따라서 영유아가 당황하지 않고 그 자리에 서 있으면 부모님이 그 자리에 다시 온다고 알려 준다.
- 2단계는 '생각하기'이다. 영유아가 혼자 부모님을 기다리기가 쉬운 일은 아니지만 자신의 이름과 연락처 등을 생각하고 기다려야 한다고 이야기해 준다. 영유아는 길을 잃고 당황하면 평소 잘 외우고 있었던 부모님의 이름이나 전화번호 등도 쉽게 기억하지 못하며 심지어는 자신의 이름도 기억하지 못할 수 있다. 따라서 자신의 기본정보를 기억할 수 있도록 평소에 반복적으로 외우고 말하기를 연습해야 한다.
- 3단계는 '도와주세요'이다. 길을 잃었을 때 주위에 있는 사람에게 도움을 요청하도록 하며 가까운 곳의 공중전화를 찾아 긴급통화 112를 눌러 경찰에 도움을 요청하게 한다. 공중전화는 위치추적이 가능하기에 건물 안에 들어가 도움을 구하도록 교육한다.

4) 유괴 및 실종 시 도움을 받을 수 있는 제도

(1) 아동안전지킴이집

아동안전지킴이집은 학교주변 · 통학로 · 공원 주변의 문구점, 편의점, 약국 등에서 위험에 처한 아동을 임시보호하고 경찰에 인계하는 곳이다. 아동안전지킴이집은 아동보호 운영에 자발적 참여 의지가 강한 업소, 경찰 관련 협의회 등 평소 협력치안 활동에 적극적인 업소, 사회봉사 및 아동보호에 관심이 많은 업소의 자격기준에 적합할 때 선정된다. 교사는 아동안전지킴이집의 기능과 역할을 알고 영유아에게 아동안전지킴이집의 도움을 받는 방법을 알려 줄 필요가 있다.

(2) 코드아담

코드아담은 「실종아동 등의 보호 및 지원에 관한 법률」 제9조의 3에 따라 2014년 7월부터 시행된 제도로, 다중이용시설의 경우 미아 발생 신고가 접수되면 즉각 안내방송과 경보를 발령하고, 출입구를 봉쇄해 10분간 집중 수색 후 발견하지 못하면 경찰에 신고를 의무화하는 미아찾기제도이다. 우리나라의 코드아담은 대규모 터미널, 유원시설, 점포 등에서 시행 중이며, 실종 아동 발생 시 초기에 시설 자체 인력, 장비를 총동원하여 골든타임 내에 실종아동을 발견하도록 한다. 실종 신고가 접수되면 시설 운영자는 즉시 경보를 발령하고 출입구 통제나 감시 등의 조치를 해야 하며, 동시에 실종 상황을 직원과 시설 이용자에게 알리고, 자체 인력과 장비를 활용해 실종자를 수색한다. 또한 실종자가 발견되지 않으면 보호자의 동의를 얻어 경찰에 신고해야 한다.

Tip **실종 예방수칙**

부모님 수칙	일반인 수칙
• 자녀와 함께 다니고, 자녀를 집에 혼자 있게 하지 않기 • 이름, 나이, 주소, 연락처, 부모님 이름 등을 기억하도록 가르치기 • 자녀의 정면사진을 최소 6개월 단위로 미리 찍어 두고 소지하고 다니기 • 자녀의 신상정보는 겉으로 잘 보이지 않는 곳에 기입하거나 넣어 두기 • 위급상황 시 대처방법을 알려 주고 몇 번씩 같이 연습해 보기 • 실종예방 3단계 구호(멈추기! 생각하기! 도와주세요!)를 암기시키기 • 부모와 헤어졌을 때는 돌아다니지 않고 제자리에 멈춰 서 있게 가르치기 • 길이 어긋나 못 만났을 경우 부모에게 전화(수신자부담–부모님 연락처)를 하거나 경찰(긴급통화–112)에 도움을 요청하도록 하기 • 외출 시 자녀의 착의사항을 기억하기	• 절대 아이를 다른 곳으로 데려가거나 자신의 집으로 데려가지 않기 • 겁먹은 아이를 잘 달래어 진정시켜 주기 • 그 자리에 서서 아이의 부모를 함께 기다리기 • 아이의 이름과 연락처 등을 물어보기 • 안내방송이나 주위에 도움 요청하기 • 경찰청 182에 신고하고 인근 지구대에 데려다주기 • 실종아동 발견 당시 상황을 정확히 설명하기

출처: 아동권리보장원, 실종아동전문기관(www.missingchild.or.kr)..

5) 유괴 및 실종 예방을 위한 교사의 역할

유괴 및 실종을 예방하기 위한 안전교육은 낯선 사람에 대한 개념을 이해하고 유괴가 일어날 수 있는 다양한 상황을 알도록 하며, 유괴 시 대처방법을 알고 이를 수행할 수 있도록 교육해야 한다. 영유아교육기관에서는 유괴 및 실종 예방을 위해 반드시 영유아를 데리러 온 사람의 신원을 확인하여 귀가동의서에 기록된 사람에게만 인계하여야 한다. 그렇지 않은 경우는 보호자에게 전화를 걸어 확인한 후 귀가시키도록 해야 한다. 귀가동의서에는 영유아가 등 · 하원하는 구체적인 절차와 방법, 부모가 원하더라도 영유아를 혼자 귀가시키지 않도록 하는 것, 반드시 지정된 보호자에게 영유아를 인계한다는 내용이 포함되도록 작성해야 한다(성미영, 민미희, 정현심, 2014).

- 유괴범의 접근 방식에 대해 상황을 직접 재연하여 역할놀이를 통한 교육이 필요하다.
- 유괴범은 험상궂게 생기거나 무례하게 행동하기보다는 오히려 친절하게 접근한다는 점을 강조한다.
- 부모의 허락 없이는 낯선 사람뿐만 아니라 아는 사람도 따라가지 않도록 교육한다.
- 강제로 데려가려 하면 분명하고 완강하게 저항하도록 평소에 훈련시킨다. 그러나 소리치는 것이 생명에 위협이 될지도 모르는 상황인지를 분별하는 것이 필요하다.

3 학교폭력

「학교폭력예방 및 대책에 관한 법률」 제2조에 따르면 학교폭력은 학교 내외에서 학생 간 발생한 상해, 폭행, 감금, 협박, 약취 · 유인, 명예훼손 · 모욕, 공갈, 강요 · 강제적인 심부름 및 성폭력, 따돌림, 정보통신망을 이용한 음란 · 폭력 정보 등에 의하여 신체 정신 또는 재산상의 피해를 수반하는 행위를 의미한다. 학교폭력은 학교 안에서 발생하는 폭력뿐 아니라 학교 밖에서 발생하는 학생 간의 폭력을 말하며 신체적 상해뿐 아니라 정신적, 정서적 고통까지 포함한다. 학교폭력의 유형은 다음과 같다(표 5-12).

표 5-12 학교폭력의 유형

유형	「학교폭력 예방법」 관련 내용	예시
신체폭력	상해 폭행	• 신체의 일부를 손, 발로 때리는 행위 • 신체를 손, 발로 때리는 등 고통을 가하는 행위(상해, 폭행) • 장난을 빙자한 꼬집기, 때리기, 힘껏 밀치기 등 상대학생이 폭력으로 인식하는 행위
	감금	• 일정한 장소에서 쉽게 나오지 못하도록 하는 행위
	약취 · 유인	• 강제(폭행, 협박)로 일정한 장소로 데리고 가는 행위(약취) • 상대방을 속이거나 유혹해서 일정한 장소로 데리고 가는 행위(유인)
언어폭력	명예훼손	• 여러 사람 앞에서 상대방의 명예를 훼손하는 구체적인 말(성격, 능력, 배경 등)을 하거나 그런 내용의 글을 인터넷, SNS 등으로 퍼뜨리는 행위(명예훼손). ※ 내용이 진실이라고 하더라도 범죄이고, 허위인 경우에는 형법상 가중 처벌 대상이 됨
	모욕	• 여러 사람 앞에서 모욕적인 용어(생김새에 대한 놀림, 병신, 바보 등 상대방을 비하하는 내용)를 지속적으로 말하거나 그런 내용의 글을 인터넷, SNS 등으로 퍼뜨리는 행위
	협박	• 신체 등에 해를 끼칠 듯한 언행("죽을래" 등)과 문자메시지 등으로 겁을 주는 행위
금품갈취 (공갈)	공갈	• 금품 등 물건을 빼앗고 돌려주지 않기 • 돌려줄 생각이 없으면서 돈을 요구하는 행위 • 옷, 문구류 등을 빌린다며 되돌려 주지 않는 행위 • 일부러 물품을 망가뜨리는 행위 • 돈을 걷어 오라고 하는 행위
강요	강요 · 강제적인 심부름	• 속칭 빵 셔틀, 와이파이 셔틀, 과제 대행, 게임 대행, 심부름 강요 등 의사에 반하는 행동을 강요하는 행위(강제적 심부름) • 폭행 또는 협박으로 상대방의 권리행사를 방해하거나 해야 할 의무가 없는 일을 하게 하는 행위(강요)
따돌림	따돌림	• 집단적으로 상대방을 의도적이고, 반복적으로 피하는 행위 • 싫어하는 말로 바보 취급 등 놀리기, 빈정거림, 면박 주기, 겁주는 행동, 골탕 먹이기, 비웃기 • 다른 학생들과 어울리지 못하도록 막는 행위
성폭력	성폭력	• 폭행 · 협박을 하여 성행위를 강제하거나 유사성행위, 성기에 이물질을 삽입하는 등의 행위 • 상대방에게 폭행과 협박을 하면서 성적 모멸감을 느끼도록 신체적 접촉을 하는 행위 • 성적인 말과 행동을 함으로써 상대방이 성적 굴욕감, 수치감을 느끼도록 하는 행위

유형	「학교폭력 예방법」 관련 내용	예시
사이버 폭력	정보통신망을 이용한 음란 · 폭력 정보 등에 의해 신체 · 정신 또는 재산상 피해를 수반하는 행위	• 속칭 사이버모욕, 사이버명예훼손, 사이버성희롱, 사이버스토킹, 사이버음란물 유통, 대화명 테러, 인증놀이, 게임부주 강요 등 정보통신기기를 이용하여 괴롭히는 행위 • 특정인에 대해 모욕적 언사나 욕설 등을 인터넷 게시판, 채팅, 카페 등에 올리는 행위. 특정인에 대한 저격글이 그 한 형태임 • 특정인에 대한 허위 글이나 개인의 사생활에 관한 사실을 인터넷, SNS 등을 통해 불특정 다수에 공개하는 행위 • 성적 수치심을 주거나, 위협하는 내용, 조롱하는 글, 그림, 동영상 등을 정보통신망을 통해 유포하는 행위 • 공포심이나 불안감을 유발하는 문자, 음향, 영상 등을 휴대전화 등 정보통신망을 통해 반복적으로 보내는 행위

출처: 교육부, 2020b.

1) 언어 폭력

언어 폭력에는 말로 위협하거나 협박하는 행위, 욕설을 하는 행위, 험담을 하는 행위, 조롱하거나 비웃는 행위, 모욕을 주는 행위, 약점을 들춰서 괴롭히는 행위, 본인이 싫어하는 별명을 부르며 놀리는 행위, 나쁜 소문을 퍼뜨리는 행위 등이 포함된다. 자녀에 대한 부모의 지속적인 폭언 · 폭행이나 부모 상호 간의 폭력은 자녀에게 영향을 미쳐서 남들과 다른 행동을 하게 되고 그것이 다른 친구에 대한 폭력과 적대감으로 나타나기도 한다(조종태, 2013).

2) 신체 폭력

폭력은 남을 거칠고 사납게 제압할 때에 쓰는, 주먹이나 발 또는 몽둥이 따위의 수단이나 힘을 말하며(국립국어원, 2020), 신체 폭력은 신체의 일부를 때리거나 폭행 및 협박하기 위하여 강제로 다른 장소로 이동하는 것을 말한다. 신체 폭력의 유형에는 걸어가는 친구에게 장난으로 발 걸기, 서 있는 친구 갑자기 밀기, 레슬링이라고 장난하면서 친구 넘어 뜨리기, 주먹으로 얼굴 때리기, 화장실에 들어간 친구 못 나오게 막고 있기, 장난으로 친구 목 조르기, 장난으로 물건 던져서 친구 맞히기, 팔을 한 번 꼬집기, 친구의 머리카락 잡아 당기기, 친구 손등을 손톱으로 할퀴기, 친구에게 침 뱉기, 머리를 손가락으로 툭툭 건드리기, 친구를 발로 차기 등이 있다.

영유아교육기관에서 다룰 수 있는 폭력예방에 대한 교육내용은 다투었던 친구와 화해하기, 무리한 신체접촉을 하지 않기, 나의 몸이 소중한 것처럼 친구의 몸도 소중함을 알기, 폭력으로 인한 어려움이 생길 경우 신고하는 용기 가지기 등이 있다.

3) 금품 갈취

금품 갈취는 돈이나 물건을 빼앗거나 감추는 행위, 돌려줄 생각이 없으면서 돈을 요구하는 행위, 옷, 문구류 등을 빌린다며 되돌려 주지 않는 행위, 일부러 물품을 망가뜨리는 행위, 돈을 걷어 오라고 하는 행위 등이 포함된다.

4) 강요

강요는 본인이 싫어하는 행동을 강요하는 행위, 속칭 빵 셔틀, 와이파이 셔틀, 과제 대행, 게임 대행, 심부름 등을 강요하는 행위, 협박 등으로 상대방의 권리행사를 방해하거나 해야 할 의무가 없는 일을 하게 하는 행위 등이 포함된다.

5) 따돌림

집단따돌림은 왕따라고 불리는데 특정 집단 내에 존재하는 기준에서 벗어나는 언행을 하는 구성원을 벌주기 위한 의도적 행동, 특정인을 따돌리는 행동을 주도하는 구성원들의 압력에 동조하여 같이 괴롭히는 행동 등이 포함된다(교육부, 2015c). 집단따돌림은 피해학생의 의사와는 상관없이 집단으로 따돌림을 당하며 따돌림을 당한 피해자는 위압감이나 공포심을 갖게 된다.

집단따돌림의 유형에는 신체적 특징으로 놀리기, 친구들과 놀이시간에 끼워 주지 않기, 친구가 물어볼 때 무시하기, 공연히 쳐다보면서 귓속말하고 웃기, 집단적으로 상대방을 의도적, 반복적으로 피하는 행위, 다른 학생들과 어울리지 못하도록 막기, 싫어하는 말로 바보취급 등 놀리기, 빈정거림, 면박 주기, 골탕 먹이기 등이 있다(교육부, 2015c). 영유아의 또래 괴롭힘(집단따돌림)은 또래들과 비교해 언어발달이 늦은 경우 또래들과 상호작용을 하는 데 어려움이 있어 집단따돌림의 발생이 높다. 또한 신체적 공격성 성향이 높고, 불안 · 위축 행동이 높으며, 또래수용도가 낮고, 또래와의 관계가 원만하지 못한 경우 집단따돌림의 피해 정도가 높다(김혜연, 2008). 따라서 교사는 영유아가 원만한 사회성을 형성하고 긍정적인 대인관계 기술을 배울 수 있도록 도와야 한다. 집단따돌림의 예방법을 정리하면 다음과 같다.

- 친구를 아프게 했을 때는 벌을 받을 수 있기 때문에 괴롭힌 친구에게 미안하다고 하기, 학교에 올 수 있다는 결정이 내려지기 전까지 학교에 못 오게 하기, 나쁜 마음에 대한 치료 받기 등이 있다.
- 친구가 괴롭힐 때는 반드시 싫다고 말하기, 혼자 다니지 않도록 하기, 그날 일어난 일은 꼭 일기에 적어 두기, 부모님이나 선생님에게 반드시 알리기, 나를 따돌리는 친구들에게 내가 가장 잘하는 것을 보여 주기 등이 있다.
- 괴롭힘을 당할까 봐 두려워하는 경우에는 “너에게 들은 이야기는 아무에게도 말하지 않을 거야.” 또는 “너를 보호하기 위해서 상담 선생님, 부모님, 선생님이 모두 도와주실 거야.” 하고 이야기해 준다.
- 친구가 괴롭힘 당하는 것을 봤을 때는 ‘꼭 선생님이나 부모님께 알려 드려야 한다, 이것은 안 해도 되는 것이 아니라 법에서 반드시 해야 된다고 정한 것이다, 또한 괴롭힘을 당한 친구를 도와주고 보호해 주어야 한다(법무부, 2016)’고 이야기한다.

6) 성폭력

성폭력에는 상대방에게 폭행과 협박을 하면서 성적 모멸감을 느끼도록 신체적 접촉을 하는 행위, 성적인 말과 행동을 함으로써 상대방이 성적 굴욕감, 수치감을 느끼도록 하는 행위, 폭행 · 협박을 하여 성행위를 강제하거나 유사성행위, 성기에 이물질을 삽입하는 등의 행위 등이 포함된다.

7) 사이버 폭력

사이버 폭력은 인터넷 게시판, 채팅, 메신저, 이메일 등 타인과 소통할 수 있는 사이버 공간에서 욕, 막말, 비하, 명령, 협박, 비방, 험담이나 무시 등으로 타인의 자아개념을 손상시키고 인격적으로 모욕감을 주는 언어적 행위를 말한다(김현진, 2013). 사이버 폭력에는 정보통신망을 이용하여 남에게 해를 가하는 행위, 학교 게시판이나 인터넷 사이트에 특정인에 대해 비방 · 험담하는 글을 올리는 행위, 특정인에게 이메일이나 휴대전화 등을 통해 비난하는 메시지를 보내는 행위, 특정인에 대해 안티카페를 만들어 험담하는 게시글을 올리고 공유하는 행위, 특정인에 대해 허위의 사실을 다른 사람에게 휴대전화 문자로 발송하는 행위, 특정인의 휴대전화번호를 인터넷상에 유포하는 행위, 특정 행동을 사진이나 동영상으로 찍어 본인에게 수치심을 주는 행위 등이 포함된다. 사이버 폭력은 보이지 않는 사이버 공간에서 일어나기에 바른말 고운말을 사용하여 서로가 타인을 배려하는 마음으로 생활화하는 습관을 길러야 한다.

'성폭력' 안전교육을 위한 활동의 실제

<table>
<tr><td colspan="2">활동명</td><td>나쁜 비밀은 지키지 않아요</td><td>대상연령</td><td>4세</td><td>활동유형</td><td>역할놀이</td></tr>
<tr><td colspan="2">활동목표</td><td colspan="5">– 지켜야 하는 비밀과 말해야 하는 비밀을 구별할 수 있다.
– 성과 관련된 비밀 약속은 어른에게(부모님/선생님) 말해야 함을 안다.</td></tr>
<tr><td colspan="2">누리과정 관련요소</td><td colspan="5">– 신체운동 · 건강 〉 안전하게 생활하기 〉 안전사고, 화재, 재난, 학대, 유괴 등에 대처하는 방법을 경험한다.
– 의사소통 〉 듣기와 말하기 〉 자신의 경험, 느낌, 생각을 말한다.
– 사회관계 〉 나를 알고 존중하기 〉 나의 감정을 알고 상황에 맞게 표현한다.</td></tr>
<tr><td colspan="2">활동자료</td><td colspan="5">– 그림자료[지켜야 할 비밀과 말해야 하는 비밀(나쁜 비밀)이 있는 그림]
– 역할극놀이 가면(인상이 나쁜 아저씨, 인상이 좋은 아저씨)</td></tr>
<tr><td rowspan="2">활동방법</td><td>도입</td><td colspan="5">■ '비밀'이라는 말에 대해 알아본다.
– '비밀'이라는 말을 들어 본 적 있니? 비밀이란 다른 사람과 한 약속을 겉으로 드러내거나 알리지 않는 것을 말한단다.
– 너희들은 비밀이 있니?</td></tr>
<tr><td>전개</td><td colspan="5">■ ①, ② 상황 그림자료를 보면서 '비밀 약속'에 대해 알아본다.

① 내일은 외국에서 사는 안전이의 이모가 안전이의 집에 방문하는 날이야. 엄마와 안전이는 이모에게 깜짝 파티를 해 드리려고 해. 엄마는 안전이에게 이렇게 말씀하셨어. "내일 이모가 우리 집에 오실 때까지 이모한테는 비밀로 하자. 내일 우리 집에 오시면 아마 깜짝 놀라실 거야."

– 안전이와 엄마가 무엇을 하고 있니?
– 엄마는 안전이에게 왜 이모 환영 파티를 비밀로 하자고 했을까?
– 안전이는 비밀 약속을 지켜야 할까?

② 유치원에서 바깥놀이 시간에 선생님이 지킴이의 바지를 갈아 입히셨어. 아마 지킴이가 너무 재미있게 놀이를 하다가 그만 옷에다 실수를 한 것 같아. 선생님은 지킴이에게 말씀하셨어. "쉿! 다른 친구들에게는 비밀이야!"

– 선생님은 지킴이의 일을 왜 친구들에게 비밀로 하자고 말했을까?
– 지킴이는 비밀을 지켜야 할까?

■ ③, ④ 상황 그림자료를 보면서 성에 관련된 '비밀 약속'에 대해 알아본다.

③ 어제 놀이터에서 율이가 혼자 놀고 있는데 아는 형이 와서 율이를 놀이터 뒤로 데려갔어. 그리고 아무도 안 보는 것 같자 율이의 고추를 만지려고 했어. 그런데 율이가 "이잉~ 싫어!"라고 말하자 율이를 때리고 고추를 만졌어. 그리고 그 형은 율이에게 이렇게 말했어. "엄마한테 말하면 내일 더 혼내 줄 거야. 내가 오늘 한 것은 절대로 말하지 마. 너 비밀이 뭔지 알지? 이건 비밀이야!"

– 율이에게 어떤 일이 일어났니?
– 형이 비밀로 하라는 약속은 꼭 지켜야 하는 것일까?</td></tr>
</table>

		④ 엄마가 외출하시면서 옆집 아주머니께 송이를 잠깐 동안 돌봐 달라고 부탁하셨어. 그래서 송이는 옆집에 가서 놀이를 하게 되었어. 그런데 아주머니가 잠깐 슈퍼에 갔다 온다고 나가시자 아저씨와 송이만 집에 남게 되었어. 아저씨는 송이가 예쁘다며 안아 주고 몸을 쓰다듬었어. 그런데 아저씨가 그렇게 할 때 송이는 기분이 좋지 않아서 싫다고 말했어. 아저씨는 송이에게 이렇게 말했어 "이건 아저씨하고 송이만 아는 비밀이니까 아무한테도 말하지 말아야 해. 비밀을 잘 지켜야 착한 아이인 거야. 알지?" – 송이에게 어떤 일이 일어났니? – 아무에게도 말하지 말라는 아저씨의 말을 어떻게 생각하니? **■ 만약 다른 사람이 함부로 내 몸을 만지면 어떻게 해야 할지 역할극을 해 본다.** – 나쁜 사람이 내 몸을 만지면 '싫어요, 안 돼요, 도와주세요'를 외치는 연습을 한다. – 나쁜 사람의 가면을 쓰고 친구끼리 돌아 가며 역할극을 한다. **■ 오늘 누구와 무엇을 했는지, 어떤 이야기를 했는지, 기분이 어땠는지를 매일매일 부모님께 말해야 하는 이유에 대해 이야기한다.** – 부모님은 너희들이 위험하다는 것을 어떻게 알 수 있을까? – 율이와 송이가 겪은 일 같은 비밀 약속을 부모님께 말하지 않으면 어떻게 될까? – 부모님께 말해야 할지 안 해야 할지 잘 모를 때 어떻게 해야 할까?
	마무리	**■ 활동을 통해 새롭게 알게 된 점과 느낀 점에 대해 이야기 나눈다.** – 오늘 선생님과 어떤 이야기를 나누었니? – 새롭게 알게 된 것은 무엇이니? – 어떤 비밀을 선생님이나 부모님께 말해야 하는지 알 수 있겠니?
활동의 유의점		– 친절한 사람이거나 잘 아는 사람이라도 몸을 함부로 만지거나 보여 주기를 요구하는 사람과의 비밀 약속은 반드시 부모님이나 선생님께 말해야 한다는 것을 강조한다.
확장활동		– 유아가 가지고 있는 비밀을 그려 보고 이야기를 나눈다. – 유아가 지켜야 하는 비밀 약속과 말해야 하는 비밀 약속을 알 수 있도록 생활에서 일어날 수 있는 다양한 이야기를 그림자료를 준비한 후 이를 구별해 보는 O, X 퀴즈 활동을 해 본다. – 언어영역에 역할극에 필요한 자료를 준비하고 친구끼리 '싫어요, 안 돼요, 도와주세요' 등에 관한 상황극 놀이를 한다.

'성폭력' 안전교육을 위한 활동의 실제

<table>
<tr><td>활동명</td><td colspan="2">소중한 나의 몸</td><td>대상연령</td><td>3세</td><td>활동유형</td><td>조작놀이</td></tr>
<tr><td>활동목표</td><td colspan="6">– 내 몸의 명칭을 알아보고 소중한 부분이 있음을 안다.
– 내 몸의 소중한 부분을 보호하는 방법을 알아본다.</td></tr>
<tr><td>누리과정 관련요소</td><td colspan="6">– 신체운동 · 건강 〉 건강하게 생활하기 〉 질병을 예방하는 방법을 알고 실천한다.
– 자연탐구 〉 탐구 과정 기르기 〉 궁금한 것을 탐구하는 과정에 즐겁게 참여한다.</td></tr>
<tr><td>활동자료</td><td colspan="6">남아와 여아의 신체 사진이나 삽화, 남녀 인형, 옷 그림이 있는 퍼즐카드(글자가 써 있는 퍼즐) 등</td></tr>
<tr><td rowspan="2">활동방법</td><td>도입</td><td colspan="5">■ 남, 여 인형을 가지고 이야기 나눈다.
– 이 친구는 여자일까 남자일까?
– 남자와 여자는 어떤 점이 다를까?
– 여자 친구에게는 '가슴'이라는 소중한 부분이 있어서 절대로 남에게 보여 주어서는 안 되며 남자 친구도 여자 친구의 가슴을 만져서는 안 된다.</td></tr>
<tr><td>전개</td><td colspan="5">■ 삽화를 보면서 우리 몸의 명칭을 알아본다.
– 여기는 어디일까?
–(옷 카드를 떼어 내 옷을 벗은 모습을 보여 주며) 이 친구들은 어떤 모습을 하고 있니?
– 우리 몸에는 소중한 곳이 있어서 남에게 보여 주면 안 되는 곳이 있어요. 선생님이 옷 퍼즐카드를 준비했는데 이 친구의 소중한 부분을 붙여 보기로 하자.
– 퍼즐 카드를 붙이고 나면 글자를 읽어 본다.

■ 퍼즐을 맞춰 본다.
– 미리 준비한 여자 남자의 옷을 퍼즐 조각 형식으로 게시판에 붙여 놓는다.
– 한 명씩 붙여 보는데 다 붙이면 글자가 완성될 수 있게 퍼즐 조각을 만든다.
– 한 명씩 나와 남자와 여자의 소중한 부분을 붙여 볼 수 있게 한다(여자 친구는 가슴을 가릴 수 있는 옷이 있다는 것을 설명해 준다).
– 퍼즐을 붙이고 옷 모양이 바르게 되었는지 확인한다.
– 글자도 다 같이 읽어 본다.

</td></tr>
</table>

	마무리	■ **활동을 평가한다.** – 우리 몸의 소중한 부분을 보호하기 위해서 어떻게 해야 할까? – 항상 옷을 입도록 한다. – 수영할 때는 수영복을 입도록 한다. – 소중한 부분은 보여 주지 않도록 한다. – 누가 만지려고 하면 "안 돼요, 싫어요." 하고 외치도록 한다. ■ **소중한 내 몸을 보호하는 방법을 알아본다.** – 속옷을 매일 갈아입는다. – 손으로 만지지 않는다. – 대변을 보고 난 다음 휴지로 꼭 닦는다. – 목욕을 자주 하여 청결을 유지한다. – 다치지 않도록 조심한다.
활동의 유의점		– 나의 몸은 소중하기 때문에 절대 남한테 보여 주지 않아야 한다는 것을 강조한다. – 누군가 나의 몸을 마음대로 만지면 싫다고 표현하는 구체적인 방법을 알려 준다. – 교사는 적당한 수의 퍼즐 조각을 만들어 제공한다.
확장활동		– '소중한 나의 몸'에 대한 자료를 조작 영역에 비치해 놓고 활동할 수 있게 한다.

'아동학대' 안전교육을 위한 활동의 실제

<table>
<tr><td>활동명</td><td colspan="2">내가 제일 힘이 세다고~</td><td>대상연령</td><td>5세</td><td>활동유형</td><td>역할놀이</td></tr>
<tr><td>활동목표</td><td colspan="6">- 신체적 학대가 무엇인지 안다.
- 친구의 마음이 아픔을 알고 위로해 줄 수 있다.</td></tr>
<tr><td>누리과정 관련요소</td><td colspan="6">- 사회관계 〉 나를 알고 존중하기 〉 나의 감정을 알고 상황에 맞게 표현한다.
- 의사소통 〉 듣기와 말하기 〉 자신의 경험, 느낌, 생각을 말한다.</td></tr>
<tr><td>활동자료</td><td colspan="6">역할머리띠, 『슈퍼주먹과 마법의 주문 동화책 등』(글: 양대승, 출판사: 그레이트북스)</td></tr>
<tr><td rowspan="2">활동방법</td><td>도입</td><td colspan="5">[동화]
슈퍼 주먹을 가진 아이는 자신의 힘으로 남의 간식도 뺏어 먹고 남을 때리기도 잘하는 아이였어요. 그러던 어느 날 놀이터에서 새치기를 하려는 순간 초록아이가 마법의 주문(안 돼, 하지 마)을 외우는 순간 슈퍼주먹의 손이 멈추고 말았어요. 다음에 혼내 주기로 하고 그날은 그만 잠이 들었어요. 다음 날 놀이터에 갔을 때 큰 형들이 슈퍼 주먹을 때리려고 하자 또 초록아이가 나타나 "안 돼, 하지 마!" 하고 마법의 주문을 외니까 큰 형들은 사과하고 달아났어요. 그 뒤 초록아이는 나타나지 않았지만 슈퍼 주먹 아이는 친구들과 사이좋게 지내게 되었고 초록아이는 슈퍼 주먹에게 편지를 썼어요 '넌 제법 괜찮은 친구'라고요.

■ 지난 시간 들었던 동화에 대해 이야기 나눈다.
- (지난 시간에 배운 동화 이야기를 상기시키며) 어떤 친구들이 나왔는지 기억나니?
- 슈퍼 주먹은 친구들에게 어떻게 대해 주었니?
- 친구들을 때리고 괴롭히는 것을 신체학대라고 한단다. 우리 지난 시간에 들었던 동화로 역할극을 해 보기로 하자.</td></tr>
<tr><td>전개</td><td colspan="5">■ 동화 내용을 역할극으로 꾸며 극놀이를 해 본다.
- 꾸며진 대본을 다 같이 연습해 본다.
- 슈퍼 주먹, 초록아이, 큰 형 등 역할을 정한다.
- 등장인물이 기다리는 자리와 입장과 퇴장의 위치를 유아들과 정한다.
- 역할극의 시작과 끝을 알리는 신호를 정하고 교사가 내레이터를 한다.
- 세 명의 배역을 정하고 역할머리띠를 쓴 후 역할극을 해 본다.
- 역할극이 끝난 후 자신이 맡은 배역을 소개하며 인사한다.
- 배역과 유아를 바꾸어 역할극을 다시 해 본다.

• 내레이터: 슈퍼 주먹을 가진 아이는 자신의 힘으로 남의 간식도 뺏어 먹고 남을 때리기도 잘하는 아이였어요.
• 슈퍼 주먹: 내가 힘이 가장 세다고…… 모두 비켜, 간식도 내가 다 먹을 거다.
• 친구들: 안 돼~~
• 슈퍼 주먹: 오늘은 놀이터에 친구들이 많구나. 저리 비켜 내가 먼저 타게.
• 초록아이: (갑자기 초록아이가 나타나~) 순서대로 타야지, 수리수리마수리 "안 돼, 하지 마~"
• 슈퍼 주먹: 어?~ 에잉?~~
• 내레이터: 슈퍼 주먹은 갑자기 팔이 공중에서 멈춰서 움직이지 않아 새치기를 하지 못했어요. 다음 날 슈퍼 주먹은 초록아이를 혼내 주려고 또 놀이터에 갔어요. 놀이터</td></tr>
</table>

<table>
<tr><td rowspan="2"></td><td></td><td>에는 큰 형이 있었어요.
• 큰 형: 에잇! (슈퍼 주먹을 때리려고 하자)
• 초록아이: (마법주문을 외운다.) "수리수리마수리~ 안 돼, 하지 마!"
• 큰 형: (무서워서 도망가는 흉내를 낸다.) 엄마야~
• 슈퍼 주먹: 앞으로는 친구들하고 사이좋게 놀아야겠다.
• 내레이터: 초록아이는 나타나지 않았지만 슈퍼 주먹은 친구들과 사이좋게 놀았답니다.</td></tr>
<tr><td>마무리</td><td>■ 역할극 내용을 회상하며 이야기 나누기를 한다.
– 슈퍼 주먹에게 어떤 말을 해 주고 싶니?
– 초록아이처럼 주문을 외운다면 어떤 주문을 외우고 싶니?
– 슈퍼 주먹이 나를 때린다면 기분이 어떨까?

■ 친구의 마음을 아프게 한 적이 있는지 이야기 나누기를 한다.
– 친구를 괴롭혀서 친구가 속상해한 적이 있었니?
– 친구를 괴롭혀서 친구가 울었을 때 마음이 어땠었니?
– 친구가 속상해서 울고 있다면 어떻게 위로해 줄 수 있을까?

■ 신체학대에 대해 다시 한번 더 강조해서 이야기한다.
– 친구를 괴롭히고 때리는 것을 무엇이라고 할까?
– 신체학대를 당한다면 어떻게 해야 할까?</td></tr>
<tr><td colspan="2">활동의 유의점</td><td>– 친구를 때리기보다 말로 자신의 생각을 표현할 수 있어야 한다는 것을 강조한다.
– 소극적인 유아는 첫 번째 역할극에서 배역을 맡기보다는 친구들이 하는 것을 본 후 배역을 맡을 수 있도록 배려한다.</td></tr>
<tr><td colspan="2">확장활동</td><td>– 역할영역에 동화 주인공들의 머리띠를 준비하여 역할놀이를 해 볼 수 있도록 한다.
– 동화 내용을 바탕으로 언어영역에서 작은 책 만들기 활동을 해 본다.</td></tr>
</table>

'실종 및 유괴' 안전교육을 위한 활동의 실제

<table>
<tr><td>활동명</td><td>알 수 있어요!</td><td>대상연령</td><td>4세</td><td>활동유형</td><td>게임</td></tr>
<tr><td>활동목표</td><td colspan="5">– 낯선 상황에서 올바르게 대처하는 방법을 알 수 있다.
– 다양한 유괴상황이 있음을 안다.</td></tr>
<tr><td>누리과정 관련요소</td><td colspan="5">– 신체운동 · 건강 〉 안전하게 생활하기 〉 안전사고, 화재, 재난, 학대 유괴 등에 대처하는 방법을 경험한다.
– 의사소통 〉 듣기와 말하기 〉 자신의 경험, 느낌, 생각을 말한다.</td></tr>
<tr><td>활동자료</td><td colspan="5">낯선 상황 삽화 그림, O, X 팻말 등</td></tr>
<tr><td rowspan="2">활동방법</td><td>도입</td><td colspan="4">■ 선생님이 짧은 이야기(○○가 마트에서 아저씨가 과자를 사 준다고 해서 따라가느라 엄마를 잃어버렸다는 이야기)를 들려 준다.
– 이럴 때 어떻게 해야 하는지 알고 있니?
– 모르는 사람이 과자를 사 준다고 하면 어떻게 해야 할까?</td></tr>
<tr><td>전개</td><td colspan="4">■ 그림자료를 보고 이야기를 나눈다.
<table>
<tr><th>상황 1</th><th>상황 2</th><th>상황 3</th></tr>
<tr><td>걸어가기 힘드니까 아저씨 차 타자.</td><td>혼자 있을 때 벨이 울려 문을 열어 주었어요.</td><td>아저씨가 장난감 사 줄테니까 같이 가자.</td></tr>
<tr><th>상황 4</th><th>상황 5</th><th>상황 6</th></tr>
<tr><td>놀이터에서 길을 물어봐요.</td><td>아빠가 너를 데려오라고 하는데 같이 가자.</td><td>이웃집 아주머니가 내 이름을 물어봐요.</td></tr>
</table>
– (그림자료를 보여 주며) 맞는 그림에는 O라고 쓰인 팻말을 들고 틀린 그림에는 X라고 쓰여진 팻말을 들어야 한다는 것을 알려 준다.

■ 상황 1을 보여 주며 이야기 나눈다.
– 이 그림은 어떤 그림이니?
– ○○이는 어떤 팻말을 들어야 한다고 생각하니?
– 왜 그렇게 생각하니?

■ 상황 2를 보여 주며 이야기 나눈다.
– 이 그림은 어떤 그림이니? 누가 말해 볼 수 있겠니?
– ○○이는 어떤 팻말을 들어야 한다고 생각하니?
– 왜 그렇게 생각하니?

■ 낯선 상황에서 대처하는 방법에 대해 알아본다.
– 강제로 데리고 가려고 하면 “안 돼요, 싫어요!”라고 큰소리로 외치기
– 주변의 어른께 “도와주세요.”라고 외치기
– 낯선 사람이 데리고 가려고 했던 상황은 꼭 교사나 부모님께 말씀드리기

■ 이야기 나누기를 한 후 O, X 팻말을 사용하여 게임을 한다.
– 한 친구가 그림을 보여 주면 다른 친구는 그림 상황을 보고 팻말을 든다.
– 다양한 그림을 활용하여 팻말을 들 수 있게 한다.</td></tr>
</table>

	마무리	**■ 오늘의 활동을 평가해 본다.** – 오늘 낯선 사람이 우리를 데리고 가려는 그림을 보며 이야기 나누었는데 어떤 생각이 들었니? – 오늘 친구들과 함께한 약속들을 잘 기억하고 지키도록 하자.
활동의 유의점		– 낯선 사람은 우리 집 근처에도 있다는 것을 알려 주고 낯선 상황에서 당황하지 말고 대처해야 함을 알려 준다.
확장활동		– 언어영역에 그림을 보고 친구들끼리 이야기 나누어 볼 수 있도록 그림자료를 준비해 준다. – 낯선 상황은 누구에게나 일어날 수 있으니 평소에 수시로 연습을 하도록 한다. – 언어영역에 O, X 팻말을 놓아 두고 친구끼리 연습할 수 있도록 한다.

'실종 및 유괴' 안전교육을 위한 활동의 실제

<table>
<tr><td colspan="2">활동명</td><td>낯선 사람 따라가면 안 돼요!</td><td>대상연령</td><td>5세</td><td>활동유형</td><td>역할 놀이</td></tr>
<tr><td colspan="2">활동목표</td><td colspan="5">– 낯선 사람을 따라가면 위험함을 안다.
– 낯선 사람을 따라갔을 때 대처방법을 알고 실천할 수 있다.</td></tr>
<tr><td colspan="2">누리과정 관련요소</td><td colspan="5">– 사회관계 〉 나를 알고 존중하기 〉 나의 감정을 알고 상황에 맞게 표현한다.
– 예술경험 〉 창의적으로 표현하기 〉 극놀이로 경험이나 이야기를 표현한다.</td></tr>
<tr><td colspan="2">활동자료</td><td colspan="5">– 극놀이를 위한 가면(좋은 사람의 이미지 가면/나쁜 사람의 이미지 가면–남자가면, 여자 가면)</td></tr>
<tr><td rowspan="3">활동방법</td><td>도입</td><td colspan="5">▪ 오늘의 활동을 소개한다.
– 지난 이야기 나누기 시간의 안전교육 내용(따라가면 안 돼요)을 회상한다.
– 실종유괴 역할극을 소개한다.
– 역할극에 사용할 가면에 대해 소개한다.</td></tr>
<tr><td>전개</td><td colspan="5">▪ 역할극을 하기 위한 준비를 한다.
– 얼굴이 보이지 않도록 교사는 가면을 미리 준비해 둔다.
– 각자 맡을 배역을 정한다(성인과 유아의 역할을 정한다).
– 이야기를 잘 듣고 대처할 수 있도록 안내한다.
– 다양한 가면을 쓰고 역할극을 해 본다.

〈상황 1〉
T: 얘들아, 아줌마(아저씨)가 과자 사 줄게 같이 갈래?
C: 싫어요, 안 돼요.
T: 아줌마가 너의 엄마 친구야. 아줌마가 어린이집 가는 길을 모르는데 같이 갈래?
C: 안 돼요, 엄마한테 물어봐야 해요.

〈상황 2〉
T: 아줌마(아저씨) 집에 멋진 로봇이 있는데 같이 가서 놀까?
C: 싫어요, 안 돼요.
T: 아줌마 집에 터닝메카드 로봇도 있어. 친구 줄게. 같이 가자.
C: 정말 주는 거예요? 그럼 갈게요.

〈상황 3〉
T: 얘들아, 아줌마(아저씨) 집에 예쁜 강아지 있는데 보여 줄게. 같이 갈까?
C: 싫어요, 안 돼요.
T: 왜? 정말 예쁜 강아지야. 너 강아지 좋아하잖아, 가자?
C: 안 돼요, 엄마한테 물어봐야 해요.</td></tr>
<tr><td>마무리</td><td colspan="5">▪ 역할극을 해 본 느낌에 대해 이야기하며 활동을 평가해 본다.
– 오늘 역할극을 해 보니 어떤 느낌이 들었니?
– 친구가 낯선 사람 따라가는 것을 보았을 때는 주위에 있는 사람에게 큰 소리를 쳐서</td></tr>
</table>

		"도와주세요!"를 외치자. – 낯선 사람이 강제로 끌고 가려고 하면 "도와주세요!"라고 외치자.
활동의 유의점		– 교사는 얼굴이 이상하게 생겼다고 해서 모두 나쁜 사람이 아니라는 것을 알려 주고 나쁜 사람은 친근하고 친절하게 다가올 수 있다는 것을 알려 준다. – 어른의 부탁을 무조건 들어주는 것이 위험할 수 있음을 인지시킨다. – 낯선 사람을 따라갔을 때 대처방법을 잘 숙지할 수 있도록 반복하여 연습한다.
확장활동		– 언어영역에 그림자료를 준비하여 친구들과 이야기 나누어 볼 수 있도록 한다. – 부모님을 초청하여 가면을 쓰고 역할극을 하면서 가정과 연계할 수 있다.

CHAPTER

06

생활안전

1. 약물안전
2. 식품안전
3. 동식물 안전
4. 미디어 안전

1 약물안전

1) 약물안전교육의 개념 및 필요성

약물안전은 약물의 오용과 남용으로부터 안전한 상태를 말한다. 약물오용은 약물을 의학적인 목적으로 사용하지만 전문가의 처방에 따르지 않고 임의로 사용하거나 처방된 약을 처방대로 사용하지 않는 것을 말한다(이윤경 외, 2013). 예를 들어, 영유아에게 의사가 처방한 용량을 먹였으나 차도가 없다고 생각하여 용량이나 횟수를 늘리거나 임의로 다른 감기약이나 해열제 등과 함께 먹이는 경우가 이에 해당한다. 약물남용이란 약물의 비의학적 사용으로 행동이나 감정에 변화를 일으키기 위해 약물을 불법적으로 사용하는 행위를 말한다(신태용, 2004). 예를 들어, 근심 걱정으로부터 벗어나거나 일시적인 쾌락을 추구하기 위해 접착제, 본드, 부탄가스 등을 사용하는 경우이다.

약물 오남용은 중독사고 뿐만 아니라 각종 안전사고를 일으킬 수 있으므로 영유아와 함께 생활하는 성인은 약물의 사용과 보관에 주의해야 한다. 특히 연령이 어린 영유아는 무엇이든지 입으로 가져가 탐색하거나 만져 보기 때문에 성인이 주의하지 않으면 영유아가 해로운 약물에 쉽게 노출될 수 있다. 영유아는 성인에 비해 면역력이 약하고 체격이 작기 때문에 소량의 약물에도 중독사고가 발생할 수 있으며, 독성물질에 특히 민감하며 피부나 소화기를 통한 화학물질 흡수율이 성인보다 빠르고 높아 그 후유증이 심각하다(김영실 외, 2015). 따라서 성인의 관리 소홀로 인해 영유아가 약물에 노출되지 않도록 해야 한다.

약물안전교육이 필요한 이유는 영유아가 약물을 접하는 연령이 점차 낮아지고 있고 많은 영유아가 직간접적으로 약물 오남용 및 약물에 중독될 수 있는 환경적 위험요소에 노출되어 있기 때문이다(이명조 외, 2015). 또한 약물안전교육은 영유아 스스로 자신의 안전을 보호할 수 있는 능력과 기술이 부족하기 때문에 교육을 통해 약물에 대한 위험성을 알게 하고 자신의 안전을 보호할 수 있는 능력과 기술을 증진하기 위해 필요하다(전남련 외, 2014).

영유아를 위한 약물안전교육은 약물 오남용의 위험으로부터 영유아를 보호하는 데 그 목적이 있다. 따라서 영유아가 다양한 약물에 대해 알고 독성화학물질을 구별할 수 있도록 하며, 영유아가 약물의 올바른 사용법을 알도록 지도한다. 또한 약물안전교육은 영유아가 흔히 섭취할 수 있는 약품(감기약, 해열진통제, 비타민 등), 가정용 화학제품(세탁제, 살충제, 화장품, 본드, 페인트, 시너, 농약 등), 유해약물(담배, 주류, 마약류 등) 등의 위험성을 이해하고 영유아에게 치명적인 간접흡연으로 인한 독성물질 흡입을 막아 다양한 약물사고를 예방할 수 있는 내용으로 구성한다.

2) 약물안전사고의 현황

한국소비자원(2019)의 어린이 안전사고 동향분석에 의하면, 영유아가 약물 등에 중독 작용을 일으킨 위해사례는 2015년 89건에서 2019년 41건으로 큰 폭으로 감소하는 추세를 보였다. 그러나 2015년에서 2019년까지의 연령별 중독사고 현황을 살펴보면 1~3세의 경우, 전체 306건 중 181건이 발생하여 중독사고 발생의 절반 이상을 차지하고 있어 중독사고에 취약한 것을 알 수 있다. 1~3세 걸음마기 연령은 이동 능력이 점차 발달하면서 움직임이 많아지는 시기이므로 영유아가 접근하지 못하도록 약물에 대한 보호자의 각별한 관심과 주의가 필요하다.

표 6-1 연도별 어린이 중독사고 현황 (단위: 건)

구분	2015년	2016년	2017년	2018년	2019년	합계
중독사고	89	62	59	55	41	306

표 6-2 연령별 중독사고 현황 (단위: 건, %)

구분	0세	1~3세	4~6세	7~14세	합계
남아	18	100	12	29	159(52.0)
여아	25	81	18	23	147(48)
합계	43(14.0)	181(59.2)	30(9.8)	52(17.0)	306(100)

출처: 한국소비자원, 2019.

한국소비자원(2019)에 따르면 약물중독사고를 일으키는 제품 중 감기약, 해열제 등의 의약품으로 인한 사고가 119건(38.9%)으로 가장 높은 비율을 차지했다. 그다음으로는 의약외품 40건(13.1%), 가정용 청소 및 세탁용품 30건(9.8%)이 발생했는데, 영유아의 손이 닿기 쉬운 장소에 의약품, 의약외품, 청소 및 세탁용품을 놓아 영유아가 삼키거나 흡입한 것이 원인이다. 영유아를 대상으로 하는 간접흡연에 대한 관련 자료는 없지만 간접흡연은 누구에게나 일어날 수 있다. 따라서 영유아의 간접흡연에 대한 경각심이 요구된다.

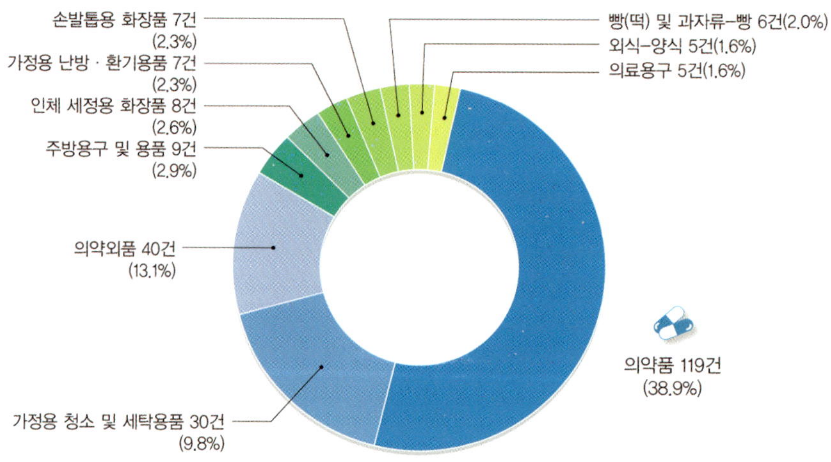

그림 6-1 중독사고를 일으키는 주요 제품

출처: 한국소비자원, 2019.

3) 약물안전관리

(1) 의약품 및 의약외품 안전관리

어린 시기부터 약물 사용에 대한 기초 지식을 영유아가 이해하고 있다면 약물로 인한 안전사고를 미연에 예방할 수 있다. 따라서 교사는 영유아가 일상생활에서 다양한 종류의 약물에 대해 알고 약물 오남용에 대해 올바르게 인식할 수 있도록 안전교육을 해야 한다. 의약품 및 의약외품과 관련한 영유아기의 안전교육의 내용은 다음과 같다.

- 약의 이로움과 해로움에 대해 안다.
- 주변에 있는 약물의 여러 종류에 대해 안다.
- 약은 반드시 부모나 교사가 주는 것만 먹는다.
- 먹을 수 있는 약과 먹을 수 없는 약을 구분해 본다.
- 화학제품이나 살충제 등은 만지거나 먹지 않는다.

의약품 안전관리와 영유아의 의약품 오남용 방지를 위해서 교사는 약을 함부로 복용했을 때의 부작용에 대해 알고 올바른 약의 복용법과 보관에 주의를 기울여야 한다. 교사는 다음과 같은 안전수칙을 지켜야 한다(권덕수 외, 2014; 신동주 외, 2015; 정재경 외, 2015).

- 의사의 처방전 대로 사용한다.
- 의약품 사용 전에 사용 설명서에 기재된 사용 방법, 사용 용량, 유통기한, 주의사항 등을 확인한다.
- 영유아 혼자서 약을 복용하지 않도록 한다.
- 시럽으로 된 항생제는 냉장 보관하고, 5~14일 이내에 복용한다.
- 가루약과 시럽제 복용 시 먹기 직전에 혼합한다.
- 용량을 정확하게 측정할 수 있는 계량스푼, 계량컵, 경구용 주사기 등 계량기구를 사용한다.
- 약은 체온과 비슷한 온도의 미지근한 물과 함께 복용한다.
- 약을 쉽게 먹이기 위해 맛있는 것이라고 이야기하지 않는다.
- 영유아가 약을 먹지 않으려고 하더라도 다른 액체와 타서 먹이지 않는다.
- 의약품은 원래 용기에 보관하고 제품에 대한 설명서나 라벨을 떼어 내지 않는다.
- 유통기한이 지난 약은 약국이나 보건소의 폐의약품 수거함에 넣는다.
- 약물중독사고에 대비해서 문의할 병원이나 응급의료센터의 전화번호를 전화기 가까운 곳에 부착해 둔다.
- 가정에서 가져온 약을 투약하도록 의뢰받을 때에 교사는 투약의뢰서를 토대로 약 복용을 도와준다. 투약의뢰서에는 투약하는 약의 종류, 용량, 횟수 및 시간, 의뢰자 등을 기재한다(그림 6-2).

- 투약 후에는 투약보고서를 작성하여 가정에 보낸다(그림 6-2).

투약의뢰서

투약을 선생님께 의뢰합니다.
투약으로 인한 책임은 의뢰자가 집니다.

영유아명 :
증상 : 보관방법 : 실온 / 냉장
약의 종류 및 용량 :
투약 횟수 및 시간 :
부탁하는 사항 :

년 월 일
의뢰자 (인)

투약보고서

유아명 :

	투약시간	용량	투약자
1			
2			
3			
비고			

년 월 일

그림 6-2 **투약의뢰서와 투약보고서**

의약품뿐만 아니라 일상생활에서 사용하는 화학제품으로부터 영유아를 안전하게 보호하기 위한 교사의 역할을 정리하면 다음과 같다(신동주 외, 2015).

- 세탁용 세제나 세정제 등의 화학제품은 원래의 용기에 담아 뚜껑이 잠긴 상태로 보관한다.
- 세제는 액체보다 과립 형태로 된 제품을 사용한다. 과립형은 피부에 스며들지 않기 때문에 엎질러진 경우 제거하기가 더 쉽다.
- 약품의 사용법과 주의사항, 해독방법 등이 명시되어 있는 용기의 라벨을 떼지 않는다.
- 약물 구입 시 가능하면 어린이 보호 포장제품을 구입하여 사용한다. 단, 어린이 보호 포장제품이더라도 개봉시간이 조금 더 걸릴 뿐이지 위험성은 여전히 존재하므로 주의해야 한다.
- 바닥에 바퀴벌레 약이나 개미 약 등을 두지 않는다.
- 설명서나 지시 없이 화학제품을 서로 섞어서 사용하지 않는다.
- 액체나 매트 전자모기향은 사용하지 않을 때는 반드시 스위치를 빼고, 다 사용한 매트는 영유아가 가지고 장난하지 않도록 한다.

- 에어로졸 제품은 어린이 장난감, 피부, 음식물, 식기 등에 닿지 않도록 주의하고 닿았을 경우 즉시 비눗물로 씻는다.
- 본드, 페인트, 농약 등의 유독성 물체는 영유아의 손에 닿지 않는 곳에 보관한다.
- 화학제품 사용 후 즉시 안전한 곳에 정리한다.
- 화학제품 중독사고가 발생했을 경우 응급의료센터 119에 연락하고 먹은 제품을 병원에 가지고 간다.

(2) 흡연 안전관리

흡연의 폐해 및 예방교육은 교육부(2015c)에서 제시하는 학교 안전교육 7대 표준안의 약물 및 사이버 중독 예방교육 중 약물중독에 속한다. 집 안에서의 흡연 또는 담배를 피운 사람의 옷 등에 남아 있는 담배의 성분은 환경에 따라 다른 물질과 반응하여 비흡연자의 호흡기 또는 피부로 흡수될 수 있다. 특히 영유아에게 더욱 치명적인 3차 간접흡연은 호흡기 및 심혈관질환, 각종 암의 원인이 될 수 있다(금연길라잡이, 2020). 담배의 해로움과 거절방법에 대해 정리하면 다음과 같다(한국금연운동협의회, 2020).

- 담배를 피우지 않는 사람의 폐와 흡연자의 폐에 대해 안다.
- 어린 나이에 담배를 피우면 키가 잘 자라지 않을 수 있고, 숨이 차서 운동을 잘하지 못하며, 성적이 떨어질 수 있다.
- 담배의 독성물질은 우리 몸의 면역력을 떨어뜨려 감기와 같은 여러 질병에 걸릴 위험을 높인다.
- 담배를 피우면 이가 누렇게 변하고 입에서 냄새가 난다.
- 담배의 유혹을 거절하는 방법은 "난 담배 피우지 않을래.", "난 담배 연기에 알레르기가 있어.", "나는 천식이 있어." 등 단호하게 말하는 것이다.

영유아가 간접흡연을 피할 수 있는 방법은 다음과 같다.

- 담배 피는 사람이나 담배 연기가 있는 곳에 가지 않는다.
- 기침을 하며 담배를 꺼 달라고 부탁한다.
- 실내에서 담배 피우는 사람이 있으면 밖에서 피우도록 부탁한다.
- 건강을 위해 담배를 끊도록 담배의 해로움에 대해 설명한다.

- "아빠가 담배를 피우면 나도 담배를 피우는 것과 같아요."라고 이야기한다.
- 보건소 금연클리닉이나 금연상담(1544-9030)에 전화해서 금연상담을 받도록 한다.

Tip 간접흡연의 건강 피해

간접흡연은 담배가 타면서 나오는 연기와 담배를 피는 사람이 내뿜는 연기를 옆에서 들이마시게 되는 것이다. 담배연기에 민감한 사람의 경우 눈이 따갑거나, 코가 매캐하고, 두통, 기침 등을 경험한다.

- 부모가 흡연하는 가정의 영유아는 천식, 중이염 등이 생길 위험이 6배 더 높다.
- 흡연하는 아빠와 같이 지내는 엄마는 폐암 발생률이 30%, 심장병 발생률이 40% 더 높다.
- 임신 중 흡연은 태아의 평균 체중을 감소시키고, 간접흡연에 노출된 임산부 역시 태아의 평균체중을 감소시킨다.
- 엄마의 흡연은 영아돌연사증후군을 일으킬 수 있다.

출처: 한국금연운동협의회, 2020.

2 식품안전

1) 식품안전교육의 개념 및 필요성

식품이란 의약으로 섭취하는 것을 제외한 모든 음식물을 말한다(「식품위생법」 제2조). 식품은 우리의 신체에 필요한 영양소를 제공하고 심리적인 안정감과 즐거움을 주며 건강을 유지하게 한다. 우리 주변에 있는 자연식품, 가공식품, 냉동식품, 인스턴트식품 등 풍부한 먹거리는 영유아의 성장과 발달에 도움을 주지만, 식중독, 식품첨가물, 식품 알레르기 등과 같은 식품 관련 안전사고를 일으키기도 한다. 식품 속에 들어 있는 첨가물이나 잔류 농약, 환경 호르몬과 같은 유독 성분은 체내에 흡수되었을 때 건강을 위협하는 요인이 될 수 있고 오염된 식품으로 인한 식중독은 급성 부작용을 일으킬 수 있다.

식품안전은 영유아가 건강하고 바른 식생활을 실천할 수 있도록 식품으로 인해 발생되는 위험으로부터 안전하게 보호되는 것이다. 영유아는 성인에 비해 건강위해요인에 대한 저항력이 약하기 때문에 이러한 식품으로 인한 피해는 영유아에게 매우 치명적일 수 있다(성미영 외, 2014). 또한 과거보다 현재의 유아가 어린 시기부터 가공식품의 섭취 기회가 증가되었기 때문에 이러한 물질에 대한 피해가 즉각적으로 나타나지 않는다 할지라도 적은 양이 계속 체내에 쌓이게 될 경우 성인이 된 후 건강장애를 일으키는 요인이 될 수 있다(정아란, 2015). 영유아기에 형성되는 음식에 대한 기호도, 위생적인 습관, 식사예절 등과 같은 식생활의 기초는 성인이 될 때까지 많은 영향을 끼친다. 따라서 영유아 시기의 식품에 대한 안전교육은 매우 중요하다.

영유아의 식품안전교육은 영유아가 각종 식품을 바르게 선택하여 적당한 양을 섭취할 수 있도록 하는 데 필요한 지식을 배우고 매일의 식사로부터 바람직한 식습관을 기르게 하는 내용으로 구성될 수 있다. 교사와 부모는 영유아에게 안전하고 충분한 영양섭취를 위한 식품을 제공하여 영유아의 올바른 식생활 습관 형성을 돕고 그들이 정신적·육체적으로 건강한 생활을 할 수 있도록 해야 한다.

2) 식품안전사고의 현황

(1) 식중독

식중독은 독소, 세균, 기생충, 화학물질 등에 음식이 오염되어 생기는 질환으로 설사, 구토, 복통 등의 증상을 일으킨다. 식중독의 원인균으로는 노로바이러스, 병원성 대장균, 클로스트리디움 퍼프린젠스, 살모넬라균 등이 있다. 식중독균은 대체로 저온에서 잘 번식하지 못하고 열에 약하므로 음식은 냉장 보관하고 충분히 익혀 먹는 것이 안전하다. 매년 어린이집 유치원과 같이 영유아 대상의 어린이급식소에서 식중독이 발생하고 있다. 2018년 어린이집 유치원 식중독 환자 수는 303명으로 2017년 174명에 비해 약 74% 증가하였다(식품의약품안전처, 2019).

표 6-3 연도별 어린이집 유치원 식중독 발생현황

구분	2016년	2017년	2018년
발생 수(건)	13	10	15
환자 수(명)	276	174	303

출처: 식품의약품안전처, 2019.

식중독은 여름철에 발생률이 높다. 그러나 날씨가 선선한 가을이라도 낮 동안은 기온이 높아 식중독균이 잘 증식할 수 있으므로 가을에도 주의해야 한다. 최근 5년간(2015~2019년 연간 평균) 계절별 식중독 발생건수는 봄(3~5월) 89건, 여름(6~8월) 108건, 가을(9~11월) 89건, 겨울(12~2월) 56건으로 총 342건이다(식품의약품안전처, 2020a). 이처럼 식중독을 예방하기 위해서는 사계절 모두 위생관리에 각별한 주의가 필요하다.

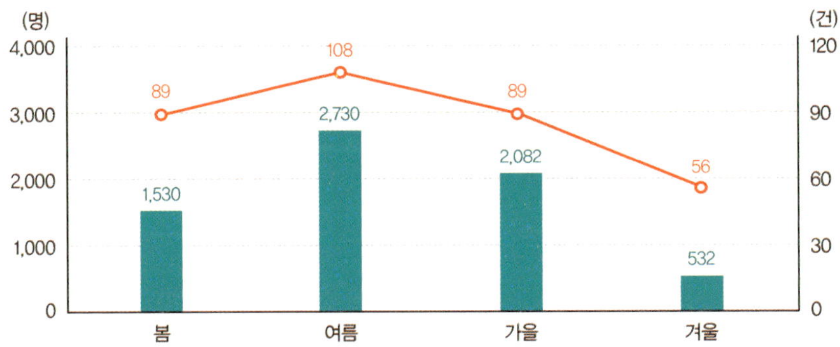

그림 6-3 계절별 식중독 발생 건수

출처: 식품의약품안전처, 2020a.

(2) 식품첨가물

식품첨가물이란 식품을 제조 · 가공 · 조리 또는 보존하는 과정에서 감미, 착색, 표백 또는 산화방지 등을 목적으로 식품에 사용되는 물질이다(「식품위생법」 제2조). 식품첨가물은 식품의 풍미를 높여 주고 식품의 부패를 방지하며 영양소를 강화해 주는 역할을 한다. 식품첨가물은 안전하지 않다는 잘못된 인식으로 불안감이 있지만, 우리가 섭취하는 식품첨가물은 기술적 필요성과 과학적인 안전성 평가를 거쳐 사용이 허가되고 있다. 또한 안전한 식품첨가물 섭취를 위해 국제기구인 FAO/WHO 합동 식품첨가물 전문가위원회(JECFA)에서는 한 사람이 평생 동안 매일 먹더라도 건강에 나쁜 영향을 미치지 않는 '일일 섭취허용량(Acceptable Daily Intake: ADI)'을 설정하여 그보다 훨씬 적은 양을 사용하도록 관리하고 있다(식품의약품안전처, 2018). 표백제(식품의 색을 제거하기 위해 사용되는 식품첨가물)와 발색제(식품의 색을 유지하거나 강화시키는 식품첨가물)의 일일섭취허용량을 살펴보면 다음과 같다(표 6-4).

표 6-4 표백제 및 발색제의 일일섭취허용량(ADI)

구분		ADI (mg/kg bw/day)
표백제	무수아황산 아황산나트륨 메타중아황산칼륨 산성아황산나트륨 메타중아황산나트륨 차아황산나트륨	0.7 (이산화황으로)
발색제	아질산나트륨 질산나트륨 질산칼륨	0.07 (아질산이온으로)

출처: 식품의약품안전처, 2018.

(3) 식품 알레르기

식품 알레르기는 섭취한 식품으로 인해 부작용이 나타나는 것으로 두드러기와 아토피성 피부염 같은 피부 증상, 구토나 설사와 같은 위장 증상, 천식, 아나필락시스(Anaphylaxis)[1] 쇼크 등과 같은 증상이 나타난다(권덕수 외, 2015). 식품 알레르기를 가진 영유아는 극미량을 섭취하더라도 심한 경우 사망에까지 이를 수 있기 때문에 위험성이 높다.

한국소비자원(2018)의 2015~2017년 소비자위해감시시스템(CISS)에 접수된 식품알레르기 관련 위해사고는 총 1,853건으로 2017년에는 835건이 접수되어 2015년 419건에

1) 특정물질에 대해 몸에서 과민반응을 일으키는 것으로 극소량만 접촉해도 전신에 걸쳐 증상이 발생하는 심각한 알레르기 반응이다. 주로 즉각적으로 반응이 나타나며, 즉시 치료가 이루어지면 수월하게 회복되지만, 진단과 치료가 지연되면 치명적일 수도 있다(서울아산병원, 2020). 음식 중 달걀, 땅콩, 해산물, 과일 등에 의해 일어날 수 있다.

비해 약 2배 증가하였다(표 6-5). 특히 4건 중 1건은 10세 미만의 영유아 안전사고인 것으로 확인되어 보호자의 각별한 주의가 필요하다.

표 6-5 연도별 식품 알레르기 위해사고 접수 현황

구분	2015년	2016년	2017년
건수(증감률)	419건	599건(43.0%↑)	835건(39.4%↑)

출처: 한국소비자원, 2018.

3) 식품안전관리를 위한 교사의 역할

(1) 식중독

식중독을 예방하는 요령은 손을 비누로 깨끗이 씻기, 음식물을 익혀서 먹기, 물을 끓여서 마시기 등이다. 이 중 손 씻기는 식중독을 예방할 수 있는 가장 효과적인 방법으로 올바르게 손을 씻으면 세균을 제거하는 효과가 매우 크다. 화장실을 다녀온 후나 외출 후에는 따뜻한 물에 비누거품을 내 20초 이상 올바르게 손을 씻는다. 또한 간식과 급식 지도 시 청결과 위생에 유의한다.

(2) 식품첨가물

영유아가 식품첨가물을 과량 섭취하지 않도록 식품첨가물을 줄이는 방법은 다음과 같다.

- 햄, 소시지, 어묵은 칼집을 내고 뜨거운 물에 살짝 데치거나 물에 5분 정도 담가 두었다가 조리한다.
- 단무지, 맛살 등은 찬물에 5분간 담갔다가 사용한다.
- 두부는 찬물에 여러 번 헹군 후 요리한다.
- 빵 종류는 프라이팬이나 오븐에 살짝 굽거나 전자레인지에 데워서 섭취한다.

Tip **카페인 중독 예방법**

영유아가 즐겨 먹는 초콜릿, 에너지 음료 등에는 카페인이 함유되어 있다. 카페인 섭취 제한량은 영유아의 몸무게 1kg당 2.5mg 이하이다(식품의약품안전처 식품안전정보포털, 2020).

- 식품의 뒷면에 기재된 성분분석표를 보고 카페인의 섭취 제한량을 넘지 않도록 한다.
- 카페인이 들어 있는 음식(콜라, 커피가 포함된 아이스크림 등)은 가능한 선택하지 않는다.
- 카페인이 들어 있는 음료보다는 물이나 과일로 수분을 보충한다.

(3) 식품 알레르기

부모는 자녀가 식품 알레르기가 있는 경우 교육기관에 미리 알리고, 교사는 식품알레르기를 지닌 영유아와 원인 식품을 파악하여 알고 있어야 한다. 이 외에도 교사가 숙지해야 할 안전수칙은 다음과 같다(권덕수 외, 2014).

- 식품을 먹고 두드러기 등의 이상증상 발생 경험이 있는 경우 알레르기 내과에 내원하여 정확한 원인 식품을 파악하고 적절한 치료를 받는다.
- 포장식품은 영유아에게 위험한 알레르기원이 있는지 원재료 및 성분 표시사항을 꼼꼼히 확인한 후 구입한다.
- 비포장식품은 표시사항을 통해 원료를 확인할 수 없으므로 보호자의 지도하에 섭취하도록 한다.
- 항히스타민제를 항상 구비하고, 심각한 증세일 경우 즉시 응급실로 내원한다.
- 알레르기원 식품을 피할 경우 영양적으로 대체가 가능한 식품 제공 여부를 고려한다.

4) 식품안전사고 예방을 위한 안전교육

영유아를 위한 식품안전교육의 내용은 식중독, 식품첨가물, 식품 알레르기에 관한 것으로 정리할 수 있다.

(1) 식중독

- 따뜻한 물에 비누거품을 내어 깨끗하게 손을 씻는다.
- 손등과 손가락 사이, 손톱 밑도 반드시 문질러 씻는다.
- 식품의 유통기한과 포장상태 등을 확인하는 방법을 안다.
- 위생상태가 좋지 않은 음식은 먹지 않는다.

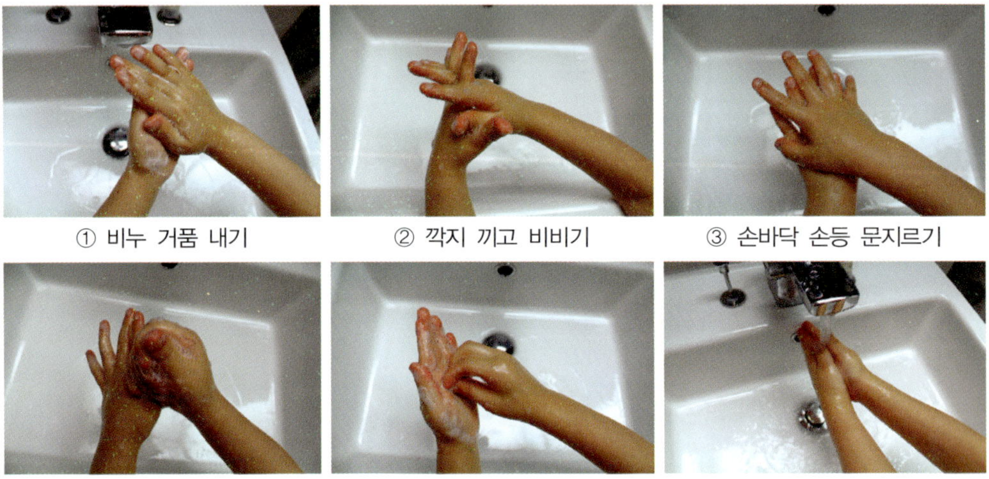

① 비누 거품 내기 ② 깍지 끼고 비비기 ③ 손바닥 손등 문지르기

④ 손가락 돌려 닦기 ⑤ 손톱으로 문지르기 ⑥ 흐르는 물로 헹구기

그림 6-4 올바른 손씻기

출처: 식품의약품안전처, 2020b.

(2) 식품첨가물

- 성분표시가 복잡한 가공식품은 많이 먹지 않는다.
- 외식보다는 가정에서 조리한 음식을 먹는다.
- 식품을 구입할 때는 유통기한, 첨가물 표시 등을 확인한다.
- 색이 지나치게 알록달록한 식품은 먹지 않는다.
- '~향', '~맛'이 표시된 식품은 많이 먹지 않는다.
- 간식을 고를 때는 제품포장지에 스마일 마크(어린이 기호식품 품질인증 식품 마크)가 있는 제품을 선택한다(그림 6-5).

어린이 기호식품
품질인증
식품의약품안전처

그림 6-5 어린이 기호식품 품질인증 식품 마크

출처: 식품의약품안전처, 2020c.

(3) 식품 알레르기

- 자신에게 알레르기가 있는 식품이 있는지 알아본다.
- 알레르기가 있는 식품은 먹지 않아야 함을 안다.
- 포장식품은 원재료 및 성분 표시사항을 꼼꼼히 확인한다.
- 비포장식품은 성분 확인이 어려우므로 보호자의 지도하에 먹는다.

3 동식물 안전

1) 동식물 안전교육의 개념 및 필요성

영유아는 동식물을 키우면서 감성이 풍부해지고 존중과 배려의 의미를 깨닫게 되며 자연을 관찰할 기회를 갖는다. 또한 동식물 키우기는 자기 주도적 감정을 긍정적으로 표현할 기회를 갖게 하는 측면에서 바람직하다. 그러나 동물을 적절히 다루지 못해 위험한 상황에 처할 수 있고, 독이 있는 식물에 노출되기도 한다. 이와 같이 영유아는 동물과 식물을 기르는 과정에서 배려와 존중, 책임감 등을 기를 수 있지만 이들로 인해 영유아가 신체적 상해를 입거나 알레르기성 천식 및 비염, 아토피성 피부염 등이 유발될 수 있으므로 동식물 다루기에 주의해야 한다.

동식물 안전이란 영유아에게 위험요소가 있는 동식물로부터 열상, 감염 등의 위해가 발생하지 않는 환경을 제공하고, 영유아가 스스로 동물과 식물을 안전하게 다루게 하는 것이다. 따라서 동식물 안전교육을 통해 동식물을 안전하게 다루는 방법과 위험 상황에 대처하는 방법 등을 학습할 필요가 있다.

2) 동식물 안전사고의 현황

한국소비자원(2015)에 따르면 2011년 1월부터 2014년 12월까지 4년간 애완견에게 물려 병원 치료를 받은 위해사례는 총 2,097건으로 해마다 지속적으로 증가 추세를 보였다.

표 6-6 소비자위해감시시스템(CISS)에 접수된 애완견 물림으로 인한 병원치료 현황

구분	2011년	2012년	2013년	2014년	계
건수	245	560	616	676	2,097

출처: 한국소비자원, 2015.

10세 미만 아동의 경우 애완견에게 물리는 사고가 404건(19.3%)으로 다른 연령에 비해 가장 많이 발생한 것으로 나타난다(그림 6-6). 영유아의 경우, 신장이 작아 얼굴 부분을 물리는 경우가 많고, 피부가 약해 치명적인 사고로 연결될 수 있으므로 보호자의 각별한 주의가 요구된다(한국소비자원, 2015).

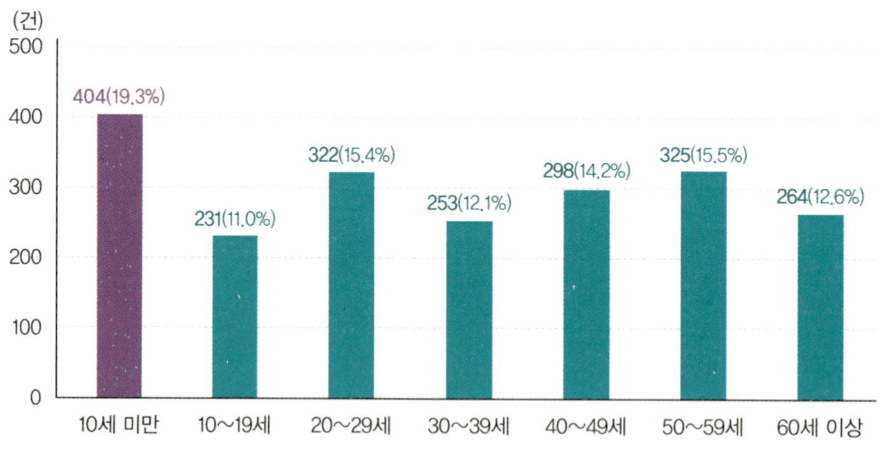

그림 6-6 애완견 물림 사고 연령별 현황

출처: 한국소비자원, 2015.

3) 동물 안전관리를 위한 교사의 역할

영유아교육기관에서 동물을 키운다면 부모에게 이를 고지하여 영유아에게 알레르기나 과민반응이 있는지 조사해야 하고, 영유아의 알레르기, 질병, 상해 등의 방지를 위하여 정기적으로 수의사를 통한 면역조치를 받아야 한다. 동물 안전관리를 위한 교사의 안전수칙은 다음과 같다(권덕수 외, 2014; 채혜선 외, 2014).

- 애완동물은 깨끗하게 관리한다.
- 애완동물로부터 영유아가 상해를 입지 않도록 안전관리(사육장의 문이 닫혀 있는지, 기어 나온 동물은 없는지 등)를 철저히 한다.
- 동물을 만진 후에는 반드시 비누로 손을 깨끗이 씻는다.
- 애완동물을 친절하게 다루는 모델을 보여 주지만, 애완동물과 입을 맞추는 등 지나친 애정표현은 삼간다.
- 대체로 동물들은 혀를 이용해서 자신의 몸을 닦기 때문에 동물이 영유아를 핥거나 영유아가 동물을 핥지 않도록 한다.
- 애완동물 몸의 안과 밖에 기생충이 없도록 하고, 예방 접종 여부를 확인한다.
- 영유아가 개에게 물렸을 경우에는 물린 아이와 개를 함께 병원으로 데리고 간다.
- 가능한 영유아가 집에서 동물을 데려오지 않도록 지도한다.
- 동물의 배설물은 즉시 치운다. 감염된 동물 배설물은 영유아에게 기생충을 옮길 수 있다.

4) 동물 안전사고 예방을 위한 안전교육

영유아 주변에서 동물을 기르거나 동물을 접할 때는 동물의 다양한 특성에 대해 이해하고 다음과 같은 안전수칙을 지킬 수 있어야 한다(권덕수 외, 2014; 채혜선 외, 2014).

- 주변의 동물이 위험할 수 있음을 안다.
- 영유아 혼자 동물과 있지 않도록 한다.
- 동물도 스트레스를 받는다는 것을 알고 부주의하게 다루지 않는다.

- 동물이 자고 있을 때, 먹고 있을 때, 새끼를 돌보고 있을 때는 가까이 가지 않는다.
- 낯선 동물에게는 다가가지 않으며 특히 먹을 것을 가지고 동물에게 가지 않는다.
- 동물의 눈을 쳐다보면 공격하려는 것으로 생각할 수 있으니 눈을 쳐다보지 않는다.
- 동물의 배설물은 만지지 않는다.
- 영유아가 직접 동물에게 먹이를 줄 때는 교사나 부모가 지켜보는 앞에서 준다.
- 동물을 만진 후에는 비누로 손을 깨끗이 씻는다.

5) 식물 안전사고 예방을 위한 안전교육

영유아에게 발생할 수 있는 식물 안전사고를 예방하기 위한 교육내용으로 다음과 같은 안전수칙을 다룰 수 있다(권덕수 외, 2014; 채혜선 외, 2014).

- 독성이 있는 식물에 대해 알아본다.
- 독버섯의 종류에 대해 안다.
- 독성이 있는 식물이나 낯선 식물 가까이 가지 않는다.
- 모양과 색이 예쁜 열매의 위험성에 대해 안다.
- 식물을 함부로 만지거나 가까이 가지 않는다.
- 식물의 잎이나 줄기, 열매를 혀나 입으로 접촉하거나 먹지 않는다.
- 독성이 있는 식물을 만졌을 때는 즉시 비누를 이용해 깨끗이 씻는다.
- 가시에 찔렸을 때는 교사에게 말한다.

6) 식물 안전관리를 위한 교사의 역할

우리가 흔히 먹는 식물이지만 독성이 있는 식물로는 고사리, 원추리, 감자, 은행, 매실 등이 있다(임경수, 김원학, 손창환, 유승목, 2013). 예를 들어, 고사리 순에는 청산가리 성분이 미량 함유되어 있으므로 독성분이 제거되지 않은 상태로 섭취하면 심한 복통 등의 소화기 장애를 유발할 수 있다. 고사리는 끓는 물에 데친 후 충분히 물에 담궜다가 조리해야 한다. 고사리를 삶거나 우려내는 과정에서 많은 양의 독소가 빠져

나가기 때문이다. 원추리의 성장한 잎은 독성분이 많지만 어린 순에는 독성분이 비교적 소량 함유되어 있어 주로 어린 순을 먹는다. 어린 순도 충분히 물로 씻은 후 열을 가하여 요리해야만 독성을 없앨 수 있다. 교사는 이러한 식물의 특성을 알고 관리할 수 있어야 한다. 교사가 식물안전관리를 위해 알아야 할 내용은 다음과 같다(권덕수 외, 2014; 권혜진, 김혜라, 전숙영, 정윤주, 채진영, 2014; 임경수 외, 2013).

- 영유아교육기관에서 익숙하지 않은 식물을 키울 때는 영유아에게 과민반응이 있는지 점검한다.
- 가시가 있는 선인장이나 독성이 있는 식물은 영유아교육기관에서 기르지 않는다.
- 독성 식물에 접촉한 피부는 즉시 비누와 물로 닦아 낸다.
- 영유아가 독성이 있는 식물에 스쳤거나 식물을 먹었을 경우 추측되는 식물을 가지고 병원에 간다.
- 감자의 싹이 나오는 부위에 솔라닌(solanine)이라는 독성분이 함유되어 있으므로 새싹 부위를 충분히 도려낸 다음 190℃ 이상의 고온으로 요리한다.
- 은행나무 열매에는 메틸피리독신(methylpyridoxine)이라는 독성분이 함유되어 있다. 많은 양을 먹으면 신경계 중독증상(의식장애, 경련 등)이 발현할 수 있다. 특히 어린이는 소량을 먹어도 중독된다.
- 덜 익은 매실 열매는 아미그달린(amygdalin)이라는 청산배당체가 함유되어 있어서 중독될 수 있다.

Tip 쯔쯔가무시

쯔쯔가무시증은 1994년 감염병 감시를 시작한 이래 1998년 이후 수년간의 주기로 계단식으로 증가하는 추세를 보였다. 2018년에는 전년 대비 36.7% 감소하였고, 2019년에는 전년 동기간 대비 39.8%로 크게 감소하고는 있으나 지속적으로 발생하고 있다. 다음의 표에서 2019년 통계는 변동 가능한 잠정통계이다(질병관리청, 2020).

구분	'10	'11	'12	'13	'14	'15	'16	'17	'18	'19
신고 수	5,671	5,151	8,604	10,365	8,130	9,513	11,105	10,528	6,668	4,011
인구 10만 명당 발생률	11.31	10.17	16.92	20.31	15.87	18.50	21.52	20.35	12.87	7.74
사망자 수	–	6	9	23	13	11	13	18	5	4

출처: 질병관리청, 2020.

쯔쯔가무시증을 예방하기 위한 방법은 다음과 같다.

- 풀밭에 앉거나 눕지 않고 휴식 시에는 돗자리를 사용한다.
- 직접적으로 잔디나 풀밭에 살갗이 닿지 않도록 피부 노출을 최소화한다.
- 잔디나 풀밭에서 나온 즉시 옷을 털어 준다.
- 외출을 마치고 귀가한 후에는 옷을 깨끗하게 세탁하고 귀가 즉시 목욕이나 샤워를 한다.

우리 주변에서 흔히 키우는 독성이 있는 식물을 다음에 제시하였다(표 6-7).

표 6-7 독성이 있는 식물

이름	위험성
아이비	잎이나 줄기를 먹었을 경우 소화기계 증상이 나타나면서 흥분상태로 됨. 호흡이 곤란해지고 혼수상태에 빠지기도 함
철쭉	철쭉의 꽃과 잎에는 안드로메도톡신(andromedotoxin)이라는 독성분 함유. 안드로메도톡신의 함량은 꽃(특히 꽃가루)이 가장 높고 잎은 봄에 높다가 6월부터는 점차 감소. 소화기 증상과 함께 두통이나 어지럼증 동반
포인세티아	Phorbal ester 성분이 피부에 닿게 되면 독성분이 직접 피부를 통과하여 접촉성 피부염을 유발. 경구로 섭취하면 소화기계 증상 유발
협죽도	식물 전체에 유독성분이 있음. 피부에 접촉하는 경우 피부 병변을 일으킴. 나뭇가지를 도구로 사용하거나 어린이들이 잎을 입에 물다가 중독되기도 함. 소화기계 증상과 심혈관계 증상이 나타남. 해외에서 협죽도 독성으로 사망 사례 많음
능소화	꽃과 수액에 알레르기를 유발하는 cachineside Ⅰ–Ⅳ, campenoside Ⅰ, Ⅱ 등이 함유. 꽃가루나 수액이 눈에 들어가면 알레르기와 피부염증 유발
금전수	식물 전체에 많은 양의 수산칼슘 결정(calcium oxalate crystal)이 함유되어 있음. 금전수와 접촉한 부위의 피부나 점막에 통증 발생. 섭취한 경우 입의 통증과 함께 복통, 구역질, 구토 등이 동반
수선화	알카로이드인 리코린(lycorine)이 주요 독성분. 식물 전체에 독이 있는데 특히 뿌리에 독성분이 가장 많음. 섭취하면 소화기 증상이 주로 나타남. 피부에 접촉하면 피부질환이 발생

출처: 임경수, 2013.

4 미디어 안전

1) 미디어 안전교육의 개념 및 필요성

급속한 정보화로 인해 우리는 하루의 많은 시간을 각종 미디어를 사용하면서 보낸다. 디지털 미디어의 활동이 확대됨에 따라 유아도 일상생활에서 컴퓨터, 스마트폰, 태블릿 PC를 통해 다양한 미디어 콘텐츠를 경험하고 있다. 미디어는 매체를 뜻하며 커뮤니케이션을 가능하게 하는 모든 환경을 의미하는 것으로(전북연구원, 2020), TV, 스마트기기, 컴퓨터와 인터넷 등이 이에 해당한다. 미디어는 경험하기 힘든 세계에 대한 정보를 제공해 주는 장점을 가지고 있다. 또한 시각과 청각이 함께하기 때문에 교육적 효과가 크고 다른 매체보다 오랫동안 기억에 남는다. 미디어는 이 같은 순기능을 가지고 있지만 부적절한 이용으로 중독이라는 역기능이 심각한 문제로 나타나고 있다.

미래창조과학부(2015)는 2014년 인터넷 중독실태조사에서 인터넷 이용자 중 3~59세의 인터넷 중독위험군[2]은 6.9%로 2,621천 명으로 추산하고 있다. 이 중 미취학 영유아의 인터넷 중독위험군 비율은 4.4%로 2013년 3.4% 대비 1.0% 정도가 증가하였다. 조사대상의 가장 어린 연령이 2013년 만 5세에서 2014년 만 3세로 변동되는 것을 볼 때 미디어 중독 현상이 저연령화되어 간다는 것을 알 수 있다. 이러한 현상은 컴퓨터의 크기가 작아지고 스마트기기로 등장하면서 인터넷 사용이 증가한 것과 교육과 놀이 등을 위한 미디어의 활용이 증가하고 있는 것이 원인이기도 하다. 또한 출산율이 저하되면서 함께 놀이할 수 있는 형제와 또래가 없고, 실내에서 활동하는 시간이 증가하고 있기 때문이기도 하다(전북연구원, 2020).

영유아기는 신체적 · 정신적 및 뇌 발달이 중요한 시기로 영유아기의 미디어 부적절 이용은 중독으로 이어져 신체와 심리, 사회적 생활과 다양한 기능에 심각한 성장 장애와 부정적 영향을 불러올 수 있다. 미디어 최초 이용 시기가 빠른 영유아는 미디어

2) 인터넷 과다사용으로 인터넷 이용에 대한 금단, 내성이 있고 이로 인해 일상생활 장애가 유발되는 상태이다. 중독위험군(100%)=고위험군(26%: 금단, 내성, 일상생활장애를 보임)+잠재적위험군(74%: 금단, 내성, 일상생활 장애 중 1가지 이상의 증상을 보이며, 사용조절력 감소)

이용 시간이 길고, 이에 대한 부작용도 크다(전북연구원, 2020). 그리고 영유아의 장시간 미디어 사용은 신체적으로 수면장애, 시력저하 등 문제를 일으키고, 산만한 행동, 대인관계문제, 폭력성 등 정신적·사회적 발달에 부정적인 영향을 미친다. 특히 발암물질로 분류되는 스마트폰 전자파는 성인보다 두개골이 얇고 뇌의 크기가 작은 영유아에게 더 해로워 주의가 필요하다(과학기술정보통신부, 한국정보화진흥원, 스마트쉼센터, 2019a).

보호자의 미디어 이용 습관을 영유아는 그대로 습득하고 영유아의 미디어 활용역량은 보호자로부터 시작된다. 영유아의 성장에 필요한 것은 놀이와 체험 그리고 보호자와의 상호작용이다. 영유아가 현명하게 미디어를 사용할 수 있도록 보호자가 도와주어야 한다. 이를 위해 가족과 합의하여 미디어 사용 규칙을 구체적으로 정하고 함께 따르는 것이 중요하다(과학기술정보통신부, 한국정보화진흥원, 스마트쉼센터, 2019b). 이러한 미디어의 안전한 사용 환경 조성을 위해 미디어 안전교육은 필요하다.

영유아에 대한 미디어 안전교육은 영유아가 전자미디어 매체를 적절히 활용하여 과다 이용에 따른 부정적 결과를 예방할 수 있도록 하는 교육이다. 미디어 안전교육을 통해 전자미디어로 인한 신체적·정신적 측면의 부정적인 영향을 최소화하고 미디어를 올바르게 활용할 수 있는 태도를 기를 수 있다. 특히 미디어 안전교육은 영유아에게 미디어의 과다 사용 시 중독의 위해성과 미디어의 적절한 사용 등을 안내하여 건전한 습관을 형성하도록 도와야 한다.

2) 영유아의 미디어 매체 이용에 대한 현황

대부분의 가정에서 보유하고 있는 미디어 매체는 양적으로 증가하였다(그림 6-7). 2019년 미디어기기 보유율은 TV 98.3%, 디지털 TV 90.4%, 셋톱박스 88.3%, 데스크톱 PC 56.6%, 노트북 31.0%, 스마트폰 91.7%로 나타났다(정보통신정책연구원, 2019).

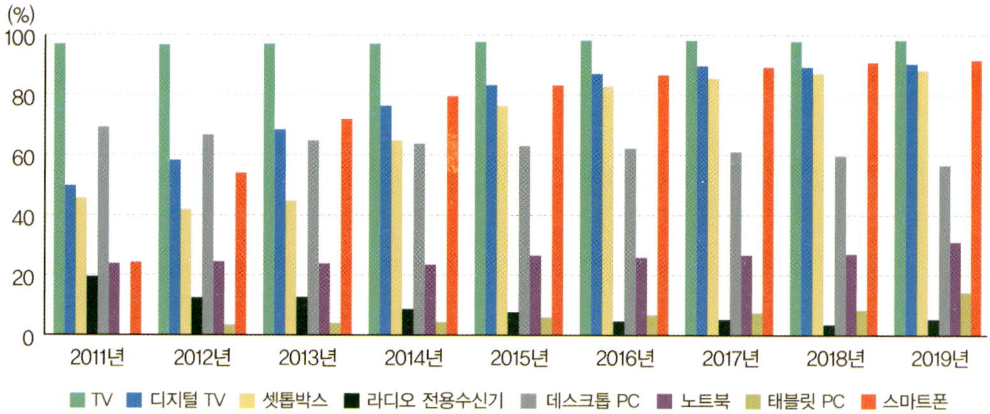

주: TV는 모니터 겸용 TV, 프로젝터, 휴대용 TV, 주방용 TV, 빌트인 TV 등을 모두 포함하는 개념임

그림 6-7 가구 미디어기기 보유율 변화

출처: 정보통신정책연구원, 2019.

오주현과 박용완(2019)은 영유아의 스마트 미디어 사용 실태 및 부모 인식을 연구하기 위해 12개월~만 6세 이하 영유아 602명의 자료를 수집하여 분석하였다. 연구 결과 영유아의 스마트 미디어 최초 사용 시기는 1세(12~24개월 미만)가 45.1%로 가장 높게 나타났고, 2세(24~36개월 미만)가 20.2%, 3세(36~48개월 미만) 15.1%로 나타났다. 출생 시기별로 살펴본 결과에서는 스마트 미디어 사용 시기가 점점 어려지고 있다(표 6-8).

표 6-8 출생 시기별 스마트 미디어 최초 사용 시기 (단위: 건, %)

아이 현재 연령	~12개월	1세	2세	3세	4세	5세	6세	빈도 비율
1세 (12~24개월 미만)	12 (23.5)	39 (76.5)						51 (100)
2세 (24~36개월 미만)	8 (10.1)	62 (78.5)	9 (11.4)					79 (100)
3세 (36~48개월 미만)	1 (2.8)	16 (44.4)	14 (38.9)	5 (13.9)				36 (100)
4세 (48~60개월 미만)	3 (2.8)	29 (27.1)	38 (35.5)	27 (25.2)	10 (9.3)			107 (100)
5세 (60~72개월 미만)	4 (5.2)	14 (18.2)	10 (13.0)	21 (27.3)	21 (27.3)	7 (9.1)		77 (100)
6세 (72~84개월 미만)	0 (0.0)	1 (14.3)	1 (14.3)	1 (14.3)	2 (28.6)	2 (28.6)	0 (0)	7 (100)
전체	28 (7.8)	161 (45.1)	72 (20.2)	54 (15.1)	33 (9.2)	9 (2.5)	0 (0)	357 (100)

주: 스마트 미디어를 사용하는 영유아 부모 357명 대상

출처: 오주현, 박용완, 2019.

과학기술정보통신부와 한국정보화진흥원(2020)의 인터넷 이용 실태조사를 보면 2019년 만 3~9세 아동의 인터넷 이용률은 91.2%로 2018년과 비교하여 3.4% 상승했고, 컴퓨터 이용률은 2019년 67.0%였으며, 이동전화(스마트폰 포함) 이용률은 2018년과 비교하여 9% 증가한 94.5%의 이용률을 보였다(그림 6-8).

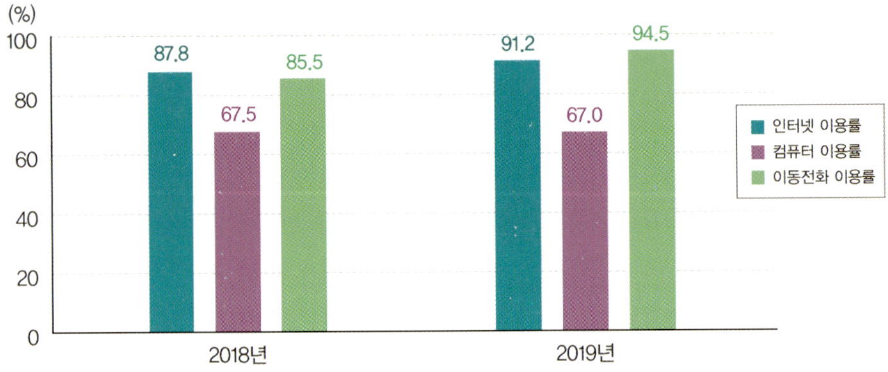

그림 6-8 3~9세 인터넷과 컴퓨터, 이동전화 이용률

출처: 과학기술정보통신부, 한국정보화진흥원, 2020.

과의존위험군은 고위험군과 잠재적위험군으로 구분된다. 고위험군은 스마트폰 사용에 대한 통제력을 상실한 상태로 대인관계 갈등이나 일상의 역할문제, 건강문제 등이 심각하게 발생한 상태이다. 잠재적위험군은 스마트폰 사용에 대한 조절력이 약화된 상태로 대인관계 갈등이나 일상의 역할에 문제가 발생하기 시작한 단계이다. 아동(3~9세) 과의존위험군은 2017년 19.1%에서 2018년 20.7%로 1.6% 상승했고, 2019년에는 22.9%로 2.2% 상승해 전 연령대 중 가장 가파른 증가를 보이고 있다(과학기술정보통신부, 한국정보화진흥원, 2019).

그림 6-9 **연도별 · 대상별 스마트폰 과의존위험군 현황(%)**
출처: 과학기술정보통신부, 한국정보화진흥원, 2019.

과학기술정보통신부, 한국정보화진흥원(2019)의 유아동 스마트폰 과의존 현황을 살펴보면 성별로는 남아가 여아보다 과의존 위험에 취약하였고, 세부 연령별로는 6~9세가 3~5세보다 과의존 위험에 취약했다. 부모의 맞벌이 여부별로는 맞벌이 가정의 유아가 외벌이 가정의 유아보다 과의존 위험에 취약했다(그림 6-10).

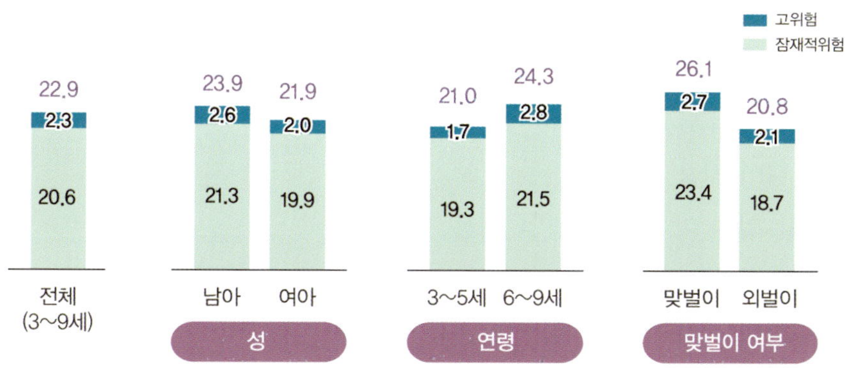

그림 6-10 **유아동 스마트폰 과의존위험군 현황(%)**
출처: 과학기술정보통신부, 한국정보화진흥원, 2019.

3) 미디어 안전교육

3~9세 아동의 미디어 매체 이용시간과 위험률은 매년 상승하고 있다. 따라서 취학 전 아동에 대한 미디어의 적절 이용에 대한 교육이 시급하다. 이에 「지능정보화 기본

법」 제54조에서는 영유아교육기관에서 영유아를 대상으로 연 1회 이상 지능정보서비스 과의존의 예방 및 해소를 위한 교육을 실시하여 그 결과를 과학기술정보통신부 장관에게 제출하도록 하고 있다.

미디어 사용으로 인한 역기능을 예방하기 위해 영유아에게 무조건 미디어를 사용하지 못하게 하는 것보다 미디어의 역기능과 순기능을 이해하고, 스스로 조절할 수 있는 태도를 길러 주는 것이 바람직하다. 영유아의 미디어 안전을 위한 환경 관리와 안전지침을 정리하면 다음과 같다(신동주 외, 2015).

- 영유아가 모든 전자미디어를 접하는 시기를 최대한 늦춘다. 만 1세 미만의 영아에게는 모바일기기, TV, 컴퓨터와 같이 화면을 보면서 앉은 채 수동적으로 이용하는 오락거리를 허용하지 않는다(과학기술정보통신부 외, 2019a).
- 전자미디어 사용 시 조명은 책을 볼 때와 비슷한 정도의 밝기가 적절하다.
- 영유아교육기관에 있는 2세 이상의 영유아에게 일주일에 한 번 30분 이상 영상관련 매체(TV, DVD, 컴퓨터 동화 등)를 접하지 않게 한다.
- 전이활동 시간, 귀가 시간, 통합 시간, 교사가 다른 업무를 보는 시간 등에 무분별하게 또는 시간을 보내기 위해 영상관련 매체 시청시간을 갖지 않는다.
- 전자미디어 사용으로 친구관계나 가족관계, 학습에 지장이 생기는 영유아는 전문상담기관의 도움을 받는다.
- 전자미디어 사용 규칙을 만들어 보고 약속은 반드시 지킨다.
- 먼저 할 일을 마치고 전자미디어를 사용한다.
- 전자미디어를 사용하기 전에는 부모님께 여쭈어 보고 사용한다.
- 전자미디어 사용 이외에 취미나 운동 시간을 늘린다.
- 전자미디어 사용 시 바른 자세로 이용하는 습관을 갖는다.
- 전자미디어 이용 후에는 체조 등의 운동을 한다.

부모도 영유아의 미디어 사용에 관한 안전관리를 하는 것이 바람직하다. 처음 영유아가 전자미디어를 사용하기 시작할 때 부모가 함께하도록 하며 미디어의 사용시간을 영유아와 협의하여 결정하도록 한다. 또한 미디어의 사용시간과 내용 등을 기록하는 미디어 사용일지 기록을 습관화하는 것이 좋다. 미디어 사용 시에는 식사나 취침시간을 준수하도록 하고 영유아가 음식 먹는 동안에는 전자미디어를 허용하지 않는다. 이외에 부모가 해야 할 일을 정리하면 다음과 같다(권덕수 외, 2014).

- 영유아의 전자미디어 사용에 일관된 태도를 보인다.
- 부모의 전자미디어 사용습관을 영유아가 따라 하므로 바람직한 모델이 되도록 한다.
- 전자미디어 사용 시 대화를 하거나 함께 참여하면서 상호작용을 한다.
- 영유아 스스로 전자미디어 사용을 끝낼 수 있도록 도와준다.
- 전자미디어를 끄고 나면 좋아하는 활동이나 재미있는 놀이를 함께하여 전자미디어의 잔상을 없앤다.
- 스트레스 해소나 보상을 목적으로 또는 부모의 편의를 위해 전자미디어 사용을 허락하지 않는다.

TV, 컴퓨터, 스마트기기 등 미디어 안전에 대한 수칙을 구체적으로 살펴보면 다음과 같다(신동주 외, 2015; 이영심, 2015).

(1) TV

- 영유아가 TV와 4~5m 떨어진 곳에서 볼 수 있도록 자리 배치를 한다.
- 시청할 TV 프로그램을 정한 후 그 시간 동안만 TV를 켠다.
- 영유아교육기관에서 다수의 영유아가 TV를 볼 때 TV화면을 중심으로 좌우의 시청각도는 60~90° 이내가 적당하다.
- 어린이 프로그램 또는 교육방송이어도 프로그램의 내용과 시간을 선별하여 적합 유무를 판단한 후 영유아에게 보여 준다.

(2) 컴퓨터

- 컴퓨터를 특별한 목적 없이 켜 놓지 않는다.
- 유아가 컴퓨터를 사용하기 전 인터넷 유해사이트 접속차단 프로그램을 설치해 놓는다.
- 유아의 키에 맞는 컴퓨터 책상과 의자를 갖추어 성장장애를 일으키지 않도록 한다.

- 아동용 마우스와 보안경을 갖춘 후 사용한다.
- 컴퓨터 옆에 알람시계를 두어 사용시간을 수시로 확인한다.
- 유아 스스로 인터넷 사용조절이 어려울 경우, 시간관리 소프트웨어를 설치한다.
- 학습을 돕는 긍정적인 인터넷 사용을 격려한다.
- 유아는 의자의 등받이에 등을 기대어 앉은 후 키보드 자판을 두드릴 수 있도록 한다.
- 한 대의 컴퓨터에 2~3개의 의자를 놓아 적어도 2~3명의 유아가 상호작용할 수 있도록 배치한다.
- 컴퓨터 모니터의 화면을 교사가 수월히 볼 수 있도록 배치한다.
- 가정의 컴퓨터는 거실에 배치하는 것이 좋다.

(3) 스마트기기

- 스마트기기는 영유아의 눈에 띄지 않는 곳에 보관한다.
- 영유아가 스마트기기를 접하기보다는 따뜻한 대인관계를 통해 영유아의 지능과 정서가 충분히 발달할 수 있도록 보호가 필요하다.
- 가정에서 스마트폰이 허용되는 장소와 시간을 정해 준다. 거실 등 열린 공간에서 보호자와 함께 1회 20분 미만으로 스마트기기를 사용하는 등 우리 가정만의 규칙을 정한다.
- 영유아와 스마트폰 사용시간을 정할 때는 아이의 연령과 수준을 고려해서 "30분까지만 하자~!"보다는 "한 번(게임)만 더 하자."라고 구체적으로 약속한다.
- 영유아에게는 스마트기기를 주기보다는 대체할 수 있는 다른 방안을 생각한다.
- 스마트기기를 보면서 길을 걷지 않는다.

0~2세 영아의 올바른 스마트폰 이용 방법은 다음과 같다(과학기술정보통신부 외, 2019a).

- 스마트폰을 육아 또는 교육 도구로 이용하지 않는다. 영아에게 무심코 보여 주는 10분의 모바일 콘텐츠(영상, 음악, 게임 등)로 인해 영아는 스마트폰에 과의존할 수 있다.

- 영아와 같이 있을 때 보호자는 스마트폰을 보지 않도록 최대한 노력한다.
- 대체로 영아는 자신의 의지보다 보호자로 인해 스마트폰을 처음 접한다. 가족이 함께 스마트폰을 보지 않는 공간과 이용 규칙을 정해 지킨다.
- 보호자가 같이 있는 상황에서도 아이가 스마트폰을 직접 이용하지 않도록 한다.

3~5세 유아의 올바른 스마트폰 이용방법은 다음과 같다(과학기술정보통신부 외, 2019b).

- 스마트폰으로 할 수 있는 놀이와 스마트폰 없이 할 수 있는 놀이의 차이를 알려 준다.
- 가정 내 스마트폰을 사용하는 공간과 시간을 구체적으로 정하여 알려 준다.
- 스마트폰 이용시간은 적을수록 좋다.
- 놀이와 달리 스마트폰 이용의 주도권은 아이에게 주지 않는다.
- 집이 아닌 공간에서도 아이를 진정시키는 방법으로 스마트폰을 사용하지 않도록 노력한다.
- 스마트폰 사용규칙을 어겼을 경우 스마트폰 사용 금지기간을 정하고, 규칙은 일관되고 단호하게 지켜 준다.

'식품' 안전교육을 위한 활동의 실제 1

<table>
<tr><td>활동명</td><td>손을 깨끗이 씻어요</td><td>대상연령</td><td>3세</td><td>활동유형</td><td>음률</td></tr>
<tr><td>활동목표</td><td colspan="5">– 손을 깨끗이 씻는 방법에 대해 안다.
– 손 씻는 소리를 리듬으로 표현해 본다.
– 손을 깨끗이 씻어 본다.</td></tr>
<tr><td>누리과정 관련요소</td><td colspan="5">– 예술경험 〉 창의적으로 표현하기 〉 신체, 사물, 악기로 간단한 소리와 리듬을 만들어 본다.
– 신체운동 · 건강 〉 건강하게 생활하기 〉 자신의 몸과 주변을 깨끗이 한다.</td></tr>
<tr><td>활동자료</td><td colspan="5">– 이야기 나누기 자료(깨끗이/건강이 손인형, 손 씻는 순서 그림자료와 박자표)
– 손씻기 자료(큰 대야, 수건, 물비누 등)</td></tr>
</table>

<table>
<tr><td rowspan="2">활동방법</td><td>도입</td><td>■ 손인형으로 깨끗한 손에 대해 짧은 이야기를 들려준다.

깨끗이: 건강아, 손이 왜 이렇게 더럽니?
건강이: 재미있게 놀아서 그렇지.
교 사: 건강이가 신나게 놀았구나. 건강이가 잘 놀아서 건강이인가?
건강이: 선생님, 저는 잘 놀기도 하지만요, 놀이 후에는 손도 깨끗이 씻어요.
깨끗이: 손을 깨끗이 씻는다고!
건강이: 응. 나는 화장실 다녀온 후, 음식 먹기 전에 손을 깨끗이 씻어.
깨끗이: 그냥 물 묻히고 비누 묻히고 이렇게 씻는 거잖아.
건강이: 물론 물도 묻히고, 비누도 묻히지. 무엇보다 꼼꼼하게 비비고 깨끗이 헹구는 것이 중요해.

– 우리도 건강이, 깨끗이와 함께 손을 씻어 보자.</td></tr>
<tr><td>전개</td><td>■ 거품 내기 부분을 언어리듬으로 표현해 본다.
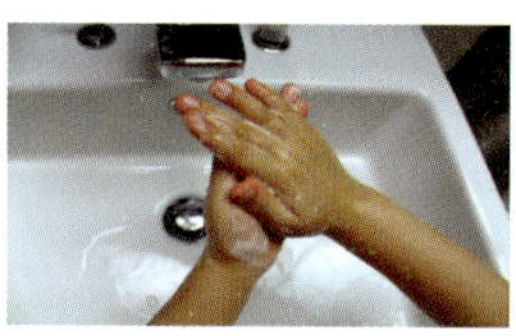
♩♩ ♩♩ ♩♪♪ ♩♩
∨∨ ∨∨ ∨∖/ ∨∨
뽀글 뽀글 거품을 내자
빙글 빙글 거품을 내자
– 비누를 쭈욱 손바닥에 짜고 거품을 내자.
– 교사는 언어리듬으로 표현하고 유아는 거품을 내는 흉내를 내 본다.

■ 깍지 끼고 비비기 부분을 언어리듬으로 표현해 본다.
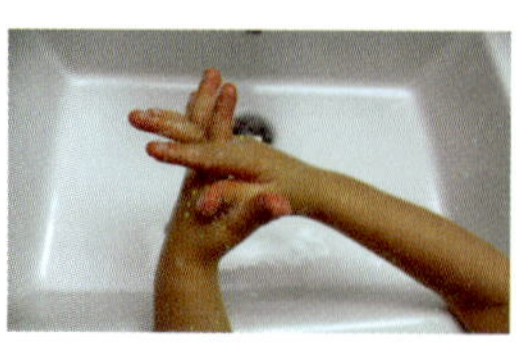
♩♩ ♩♩ ♩♩ ♩♩
∨∨ ∨∨ ∨∨ ∨∨
깍지 끼고 쓱싹 쓱싹
깨끗 하게 쓱싹 쓱싹
– 깨끗하게 손을 씻으려면 어떻게 씻어야 할까?
– 무릎에 손을 두드리며 한 박자를 표현해 본다.
– 유아의 박자에 맞추어 교사는 언어리듬으로 표현한다.
– 박자치기에 익숙해지면 언어리듬을 말하면서 깍지 끼고 손을 비벼 본다.</td></tr>
</table>

■ **손바닥 · 손등 문지르기 부분을 언어리듬으로 표현해 본다.**

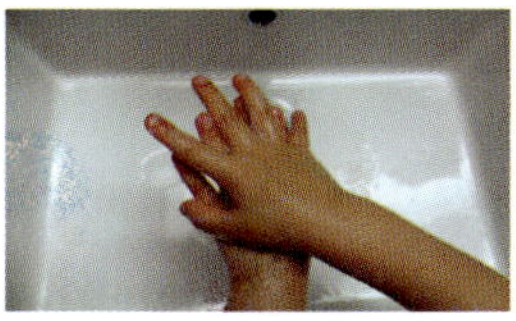

♩♪♪♩ ♩♪♪ ♩♩♩♩
∨\/ ∨ ∨\/ ∨∨∨∨
손바닥을 맞대고 쓱쓱쓱쓱
♩♪♪ ♪♪♪♪ ♩♩♩♩
∨\/ \/\/ ∨∨∨∨
손등에 손을얹고 싹싹싹싹

– 손바닥은 어떻게 씻어 주면 좋겠니?
– 손등은 어떻게 씻어 줄까?
– 손바닥과 손등을 씻을 때는 어떤 소리를 내 볼 수 있겠니?
– 박자치기에 익숙해지면 언어리듬을 말하면서 손바닥 · 손등 문지르기 부분을 표현해 본다.

■ **손가락 돌려 닦기 부분을 언어리듬으로 표현해 본다.**

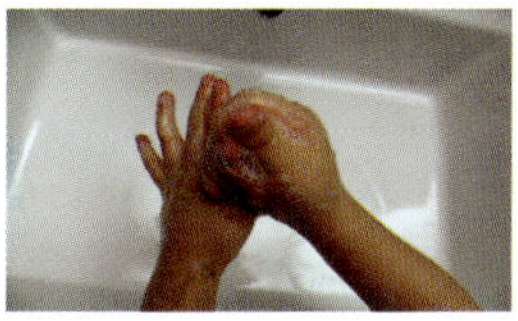

♩♪♪ ♩♩ ♩♩♩♩
∨\/ ∨∨ ∨∨∨∨
엄지를 잡고 동글동글
검지를 잡고 동글동글

– 손바닥과 손등 다음에는 어디를 씻으면 좋을까?
– ○○처럼 엄지손가락을 잡고 돌려서 닦아 보자.
– 엄지, 검지, 중지, 약지, 새끼손가락의 순서로 손가락을 언어리듬에 맞추어 닦아 본다.

■ **손톱으로 문지르기 부분을 언어리듬으로 표현해 본다.**

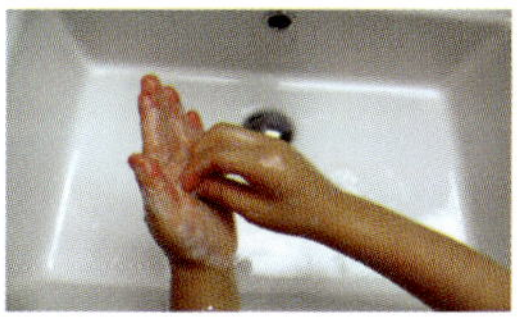

♩♪♪ ♩♪♪ ♩♩♩♩
∨\/ ∨\/ ∨∨∨∨
손톱을 세우고 긁어주자
손톱을 세우고 박박박박

– 세균을 더 깨끗이 닦아 내려면 어떻게 씻어 줄 수 있을까?
– 오른손과 왼손 바닥을 번갈아 가며 손톱으로 문질러 준다.

■ **교사와 두 명 정도의 유아가 둘러 앉아 한 대야에서 손을 씻어 본다.**
– 손을 씻자. 깨끗하게 씻자. 친구와 함께 손을 씻자.
– 손 씻을 때 어떤 소리가 나니?
– 좋아! ○○처럼 손바닥을 맞대고 쓱싹 쓱싹
– 어어~ 미끌미끌 무엇이 필요할까?
(물비누를 유아의 손에 짜 준다) 비누를 손에 쭉
– 이번에는 어떻게 말하며 손을 씻어 볼까?
– 이번에는 어떤 부분을 씻어 볼까?
– 유아가 만드는 간단한 리듬으로 손을 씻어 본다.

마무리

■ **'손을 깨끗이 씻어요' 활동에 대해 평가한다.**
– 손 씻기를 해 보니 어떠니?
– 손 씻기 놀이 중 무엇이 재미있었니?

활동의 유의점	– 팔을 걷은 후 손을 씻도록 한다. – 손 씻을 때 유아의 옷이 젖지 않도록 주의한다. – 물비누 사용 시 낭비하거나 장난하는 유아가 있는지 살핀다. – 손 씻기 표현 시 왼손과 오른손을 번갈아 가며 씻는다. – '손톱으로 문지르기'의 경우 긴 손톱으로 인한 상처가 나지 않도록 손바닥 부분을 문질러 준다.
확장활동	– 친구의 손을 씻어 주는 놀이를 한다. – 교사의 언어리듬을 들으며 유아들끼리 손을 씻어 본다. – 손을 깨끗이 씻을 수 있도록 손 씻는 과정을 가정에 안내한다. – 가족과 함께 재미있게 손 씻는 방법을 찾아본다.

'식품' 안전교육을 위한 활동의 실제 2

<table>
<tr><td>활동명</td><td>색소를 줄여 먹어요</td><td>대상연령</td><td>4세</td><td>활동유형</td><td>과학</td></tr>
<tr><td>활동목표</td><td colspan="5">– 색소가 들어 있는 음식을 찾아본다.
– 색소는 몸에 해롭다는 것을 안다.
– 몸에 좋은 음식을 먹어야 함을 알고 실천한다.</td></tr>
<tr><td>누리과정 관련요소</td><td colspan="5">– 자연탐구 〉 생활 속에서 탐구하기 〉 물체의 특성과 변화를 여러 가지 방법으로 탐색한다.
– 신체운동 · 건강 〉 건강하게 생활하기 〉 몸에 좋은 음식에 관심을 가지고 바른 태도로 즐겁게 먹는다.</td></tr>
<tr><td>활동자료</td><td colspan="5">– 이야기 나누기 자료('음식들의 노래' 동시판)
– 실험 자료(색소가 들어간 사탕 또는 젤리, 초콜릿 중 1가지, 물, 하얀 접시, 붓)</td></tr>
<tr><td rowspan="2">활동방법</td><td>도입</td><td colspan="4">■ 〈음식들의 노래〉 동시를 유아와 함께 읽어 본다.

음식들의 노래

사탕은 알록달록
바나나 우유는 랄랄랄라
과자는 바삭바삭
하지만 식품첨가물 줄여야 해요

그럼, 어떤 음식을 먹어야 할까요?

완두콩은 콩콩콩
고구마는 고고고
수박은 박박박
살구는 살살살
한라봉은 봉봉봉
방울토마토는 방방방
자연에서 나는 음식 먹고
튼튼하게 자라요!

– 이 동시에는 어떤 음식들이 나오니?
– 어떤 음식을 먹어 보았니?
– 식품첨가물은 무엇일까?
– 식품첨가물(색소)을 적게 먹어야 하는 이유는 무엇일까?
– 색소가 나오는 실험을 해 보자.</td></tr>
<tr><td>전개</td><td colspan="4">■ 접시 위에 색소가 들어간 사탕을 동그랗게 놓는다.
– 접시 위에 사탕을 어떻게 담아 볼까?
– 접시 위에 사탕을 동그랗게 놓아 보자.

■ 따뜻한 물을 붓는다.
– 물을 부으면 어떻게 될까?</td></tr>
</table>

<table>
<tr><td rowspan="2"></td><td></td><td>– 교사는 접시 가운데에 천천히 물을 부어 준다.

■ 색소가 퍼지는 모습을 관찰한다.
– 물의 색이 어떻게 변했니?
– 왜 이렇게 변했을까?
– 식용색소가 얼마나 들어 있는지 직접 눈으로 확인한다.
– 물의 색이 변하게 하는 것이 색소란다.
– 색이 변한 이 물을 마시고 싶니?
– 마시고 싶지 않은 이유는 무엇이니?
– 색소를 많이 먹으면 어떻게 될까?

■ 붓으로 색을 섞으며 놀이한다.
– 붓으로 색을 섞어 보자.
– 어떻게 변했니?</td></tr>
<tr><td>마무리</td><td>■ '색소를 줄여 먹어요' 활동을 평가한다.
– 실험을 하면서 무엇을 알게 되었니?
– 음식에 대해 새롭게 알게 된 것은 무엇이니?</td></tr>
<tr><td colspan="2">활동의 유의점</td><td>– 사탕으로부터 색소를 좀 더 빨리 보이게 하고 싶을 때는 따뜻한 물을 사용한다.
– 유아의 수가 적을 경우 개별 접시와 재료를 나누어 주어 막대로 저어 보거나 붓으로 섞어 볼 수 있다.</td></tr>
<tr><td colspan="2">확장활동</td><td>– 마트 견학을 통해 몸에 좋은 음식과 좋지 않은 음식을 구분해 본다.
– 식품첨가물 대신 건강한 재료를 이용한 요리활동을 한다.</td></tr>
</table>

'약물' 안전교육을 위한 활동의 실제 1

<table>
<tr><td>활동명</td><td>약 먹는 약속을 지켜요</td><td>대상연령</td><td>5세</td><td>활동유형</td><td>인형극</td></tr>
<tr><td>활동목표</td><td colspan="5">– 약물 오용을 예방하는 방법을 안다.
– 약 먹을 때 지켜야 할 약속을 실천한다.</td></tr>
<tr><td>누리과정
관련요소</td><td colspan="5">– 의사소통 〉 듣기와 말하기 〉 말이나 이야기를 관심 있게 듣는다.
– 의사소통 〉 듣기와 말하기 〉 바른 태도로 듣고 말한다.</td></tr>
<tr><td>활동자료</td><td colspan="5">– 선생님 인형, 어린이 인형, 의사 인형</td></tr>
<tr><td rowspan="2">활동방법</td><td>도입</td><td colspan="4">■ 약을 먹어 본 경험에 대해 이야기 나눈다.
– 약을 언제 먹었니?
– 약 먹을 때 어떻게 먹었니?
– 약 먹을 때 지켜야 할 약속은 무엇이 있을까?
– 우리 인형극을 같이 보자.</td></tr>
<tr><td>전개</td><td colspan="4">■ '친구의 약을 먹지 않아요' 상황에 관한 인형극을 들려준다.
– 의사: 어디가 아픈가요?
– 아이1: 콧물이 나고 기침이 나요.
– 의사: 감기에 걸렸군요.
– 아이1: 네 어제 옷을 따뜻하게 입지 않고 바깥에서 놀았어요.
– 의사: 여기 약이 있어요.
– 아이: 네. 고맙습니다!
(유치원으로 돌아와)
– 아이2: 에취 에취. 기침이 나고 머리가 아파.
– 아이1: 그래. 조금만 기다려. 내 약을 줄게.
– 아이2: 응 고마워.
– 교사: 친구들아 무엇이 잘못되었니?
– 교사: 그래, 증상이나 용량이 다를 수 있기 때문에 친구의 약을 먹으면 안 돼. 의사선생님의 처방을 받고 약을 먹어야 한단다. 그리고 약은 어른이 주는 것만 먹어야 해.

■ '약은 물과 함께 먹어요' 상황에 관한 인형극을 들려준다.
– 엄마: 네가 좋아하는 불고기 했어. 밥 먹자.
– 아이: 엄마 먹고 싶지 않아요.
– 엄마: 감기에 걸려 입맛이 없나 보구나.
– 아이: 밥 안 먹을래요.
– 엄마: 어쩌지. 약을 먹어야 하는데.
– 아이: 그럼 약만 먹을래요.
– 엄마: 밥을 먹지 않고 약을 먹으면 어떨까?
– 아이: 그래도 밥 먹기 싫어요.
– 엄마: 어지럽고 머리가 아플 수도 있어. 잠을 잘 수도 있고.
– 아이: 밥 먹을게요.
– 엄마: 자, 이제 약 먹을 시간이다.</td></tr>
</table>

		– 아이: 엄마 약은 써요. – 엄마: 그래 약은 쓴 맛이 나기도 하지. – 아이: 주스랑 같이 먹을래요. – 엄마: 주스와 같이 먹고 싶다고? – 교사: 친구들아 무엇이 잘못 되었니? – 교사: 그래. 약을 음료수나 주스, 우유와 함께 먹으면 우리 몸에 흡수가 잘 되지 않아. 그래서 약은 물과 함께 먹어야 해. – 교사: 아~ 얼음물, 뜨거운 물, 미지근한 물 중 어떤 물과 함께 약을 먹어야 할까? – 교사: 그렇게 생각하는구나. 미지근한 물은 우리 몸의 온도와 비슷해서 약이 잘 흡수될 수 있도록 도와주지. 약은 미지근한 물과 함께 먹자.
	마무리	■ **활동을 평가한다.** – 약 먹는 것에 대해 새롭게 알게 된 것이 있니? – 약 먹을 때 지켜야 할 점을 약속해 보자.
활동의 유의점		– 다른 사람의 이야기를 주의 깊게 듣는다. – 먹을 수 있는 약도 처방이나 설명서에 따라 먹어야 함을 이야기한다.
확장활동		– 주변에 있는 약의 여러 종류에 대해 안다. – 어린이가 먹을 수 있는 음료와 먹지 않아야 할 음료(카페인이 들어간 음료)를 알아본다.

'약물' 안전교육을 위한 활동의 실제 2

<table>
<tr><th>활동명</th><td>담배연기 싫어요</td><th>대상연령</th><td>4세</th><th>활동유형</th><td>음률</td></tr>
<tr><th>활동목표</th><td colspan="5">- 담배연기의 해로움에 대해 안다.
- 간접흡연을 피할 수 있는 방법을 실천해본다.
- 금연송 부르기에 즐겁게 참여한다.</td></tr>
<tr><th>누리과정 관련요소</th><td colspan="5">- 예술경험 〉 창의적으로 표현하기 〉 노래를 즐겨 부른다.
- 신체운동 · 건강 〉 건강하게 생활하기 〉 질병을 예방하는 방법을 알고 실천한다.</td></tr>
<tr><th>활동자료</th><td colspan="5">- 이야기 나누기 자료(정상인의 폐와 흡연자의 폐 사진)
- 노래 자료(금연송 노래 가사)</td></tr>
<tr><th rowspan="2">활동방법</th><th>도입</th><td colspan="4">■ 담배연기에 대한 경험에 대해 이야기 나눈다.
- 어른이 담배를 피우면 어떤 기분이 드니?
- 어른들이 담배를 피우는 이유는 무엇일까?
- 담배연기를 맡으면 어떤 느낌이 드니?</td></tr>
<tr><th>전개</th><td colspan="4">■ 담배연기에 대해 이야기 나눈다.
- 담배를 피우는 사람 근처에서 담배연기를 맡으면 우리 몸은 어떻게 될까?
- 담배연기를 피하려면 어떻게 해야 할까?
- 담배를 피우지 않는 사람의 폐는 무슨 색이니?
- 담배를 피우는 사람의 폐는 색이 어떠니?

■ 〈금연송〉 노래말을 읽어 보며 노랫말에 대해 이야기 나눈다.
- 만약 아빠, 엄마께서 담배를 피우면 무슨 말을 해 주는 것이 좋을까?
- 담배 피우는 사람이 근처에 있을 때 우리는 어떻게 해야 할까?
- 노래의 내용을 간단한 이야기로 들려준다.
- 노랫말을 읽어 본다.

금연송
싫 어 싫 어 담 배 연 기 피 지 마 세 요
간 접 흡 연 폐 아 프 고 코 도 매 워 - 요
담 배 끊 어 요 뚝 - 딱 운 동 해 요 뚝 - 딱

■ 멜로디를 듣는다.
- 멜로디를 들으니 어떤 느낌이 드니?
- 노랫말이 없는 노래를 들었는데 어떤 생각이 드니?

■ 다양한 방법으로 노래를 감상한다.
- 노래에 맞추어 박수를 쳐 볼까?
- 이번에는 어디를 두드리면서 노래를 들을까?</td></tr>
</table>

		■ 〈금연송〉 노래를 불러 본다(〈도깨비 나라〉 노래 개사). – 유아들은 〈도깨비 나라〉 음악에 맞추어 허밍을 하고 교사는 노래를 불러 준다. – 노래를 다 함께 불러본다. **■ 노래에 익숙해지면 가사를 바꾸어 불러 본다.**
	마무리	**■ 활동에 대해 평가한다.** – 〈금연송〉 노래를 불러 보니 어떠니? – 담배연기를 맡으면 어디가 아프다고 했니?
활동의 유의점		– 노래를 부르기 전 노래 말에 대해 이야기를 나눈다.
확장활동		– 간접흡연의 위험성에 대한 동시를 지어 본다. – (지역사회활동) 실내에서 담배 피지 않기 캠페인을 한다.

'식물' 안전교육을 위한 활동의 실제

<table>
<tr><td colspan="2">활동명</td><td>먹을 수 있는 식물,
먹을 수 없는 식물</td><td>대상연령</td><td>5세</td><td>활동유형</td><td>이야기 나누기</td></tr>
<tr><td colspan="2">활동목표</td><td colspan="5">– 주변에 있는 식물이 위험할 수 있음을 안다.
– 식물을 함부로 만지거나 먹지 않아야 함을 알고 실천한다.</td></tr>
<tr><td colspan="2">누리과정
관련요소</td><td colspan="5">– 의사소통 〉 듣기와 말하기 〉 자신의 경험, 느낌, 생각을 말한다.
– 신체운동 · 건강 〉 안전하게 생활하기 〉 일상에서 안전하게 놀이하고 생활한다.</td></tr>
<tr><td colspan="2">활동자료</td><td colspan="5">– 이야기 나누기 자료(먹을 수 있는 식물과 먹을 없는 식물 사진자료, 〈예쁜 버섯〉 동화)</td></tr>
<tr><td rowspan="2">활동방법</td><td>도입</td><td colspan="5">■ 버섯에 대한 짧은 이야기를 들려준다.

예쁜 버섯
안전이와 지킴이는 아빠, 엄마와 동네 산에서 등산을 한다.
안전이: 아빠, 저기 지난번에 엄마께서 국에 넣었던 버섯과 비슷한 버섯이 있어요.
지킴이: 예쁘다~ 국 속에 있는 모습보다 땅 위에 있는 모습이 예뻐요.
엄마: 예쁘게 보이는구나. 버섯이 많이 자라고 있네.
안전이, 지킴이: (버섯을 뜯으려고 버섯 근처로 간다.) 우리 버섯 따자.
아빠, 엄마는 안전이와 지킴이의 모습에 화들짝 놀란다.
아빠: 안전아, 지킴아~ 잠깐만!
엄마: 야외에 있는 버섯을 함부로 만지면 안 돼. 우선 저 버섯의 사진을 찍자. 먹어도 되는 버섯인지 먹으면 안 되는지, 우리가 만져 보아도 되는지 함께 찾아보는 것이 어때?
안전이: 아~ 선생님께서 지난번에 약속이가 버섯 먹고 배 아팠다고 버섯을 함부로 먹거나 만지지 말라고 하셨어요.
네 식구는 도서관에 가서 식물과 버섯에 관한 책을 찾아보았다.
지킴이: 아~ 식물에는 먹어도 되는 것도 있고, 먹으면 안 되는 것도 있구나.

– 산책이나 등산을 하다가 버섯을 보면 어떻게 해야 할까?
– 안전이와 지킴이는 버섯을 보고 어떤 행동을 하려고 했었니?
– 왜 모르는 버섯을 만지면 안 될까?</td></tr>
<tr><td>전개</td><td colspan="5">■ 먹을 수 있는 식물과 먹을 수 없는 식물 사진을 보며 이야기 나눈다.
– 먹을 수 있는 식물은 어떤 것이 있을까?
– 이 식물은 왜 먹을 수 없을까?
– 먹을 수 없는 식물을 만지거나 먹으면 어떤 일이 생길까?

■ 먹을 수 있는 식물과 먹을 수 없는 식물 사진을 보여 주며 ○, × 퀴즈를 한다.
– 지금부터 사진을 보여 줄 거야.
– 먹을 수 있는 식물에는 ○라고 표시를 해 주겠니?
– 먹을 수 없는 식물에는 ×라고 표시를 해 주겠니?
– 새송이 버섯 사진을 보여 준다.
– 독버섯 사진을 보여 준다.
– 상추 사진을 보여 준다.</td></tr>
</table>

		– 깻잎 사진을 보여 준다. – 아이비 사진을 보여 준다. – 양배추 사진을 보여 준다. – 철쭉 사진을 보여 준다. ▪ **안전하게 식물을 관찰할 수 있는 방법에 대해 알아본다.** – 산에 가서 버섯을 본다면 어떻게 해야 할까? – 집에 선인장(가시가 있거나 독성이 있는 식물)이 있다면 어떻게 해야 할까? ▪ **위험한 상황에서 도움을 청할 수 있는 방법에 대해 이야기 나눈다.** – 만약 누군가 식물의 잎이나 독버섯을 먹었을 때는 어떻게 해야 하니?
	마무리	▪ **'먹을 수 있는 식물, 먹을 수 없는 식물' 활동에 대해 평가한다.** – 이야기 나누기를 통해 새롭게 알게 된 점이 있니? – 식물을 함부로 먹지 않아야 함을 약속한다.
활동의 유의점		– 비슷한 식물을 유심히 구분해 볼 수 있도록 한다. – 정화작용이 뛰어나 우리 주변에 있지만 독성이 있는 식물을 먹지 않도록 한다.
확장활동		– 사진 속의 식물과 실제 식물을 비교해 본다.

'동물' 안전교육을 위한 활동의 실제

활동명	강아지와 안전하게 지내요	대상연령	5세	활동유형	노래극
활동목표	−강아지를 만났을 때 안전하게 행동하는 방법에 대해 안다. −강아지를 만났을 때 안전하게 행동한다. −노래극에 즐겁게 참여한다.				
교육과정 관련요소	−신체운동 · 건강 〉 안전하게 생활하기 〉 일상에서 안전하게 놀이하고 생활한다. −예술경험 〉 창의적으로 표현하기 〉 극놀이로 경험이나 이야기를 표현한다.				
활동자료	−강아지 모자 5개, 강아지들 막대 1개, 아이들 막대 1개				
활동방법 도입	▪ **막대 인형을 이용해서 노래를 들려준다(노래는 교사가 작곡하여 부른다).** −아이 다섯 명이 뛰어요. −강아지 다섯 마리 멍멍 짖어요. −아이는 멀리 지나가요. −아이 다섯 명이 뛰어요. −강아지 다섯 마리 자고 있어요. −아이는 멀리 지나가요. −아이 다섯 명이 뛰어요. −강아지 다섯 마리 먹이 먹어요. −아이는 멀리 지나가요. −아이 다섯 명이 뛰어요. −강아지 다섯 마리 새끼 돌봐요. −아이는 멀리 지나가요. −아이 다섯 명이 뛰어요. −강아지 다섯 마리 아이들 봐요. −아이는 강아지 눈을 쳐다보지 않아요. −아이 다섯 명이 뛰어요. −강아지 다섯 마리 똥을 싸요. −아이는 똥을 만지지 않아요. −강아지 다섯 마리 기분 좋아요. −아이는 강아지를 만져 보아요. −강아지 다섯 마리 꼬리를 흔들흔들 −아이는 손을 씻어요. −모두 다 함께 인사를 해요.				
활동방법 전개	▪ **노래 내용을 회상하는 시간을 갖는다.** −우리가 지나가는 주변에 강아지가 있으면 어떻게 해야 할까? −강아지가 자고 있을 때는 어떻게 해야 할까? −강아지가 먹이를 먹고 있을 때는 어떻게 해야 할까? ▪ **무대 배치에 대해 이야기 나눈다.** −아이들이 뛰는 곳은 어디로 할까? −강아지가 있는 곳은 어디로 할까?				

<table>
<tr><td rowspan="2"></td><td></td><td>■ 역할을 정한다.
– 아이 역할을 하고 싶은 친구는 누구이니?
– 강아지 역할을 해 보고 싶은 친구는 누구이니?
– '아이 다섯 명이 뛰어요.' 이 부분은 관객이 노래를 부르면 어떨까?

■ 관객과 배우의 태도를 점검한다.
– 관객은 어떤 태도로 노래극을 보아야 할까?
– 배우는 어떻게 노래해야 할까?
– '아이 다섯 명이 뛰어요.' 이 부분에서 아이들은 어떻게 될까?
– '강아지 다섯 마리 멍멍 짖어요' 이 부분에서 강아지는 어떻게 소리를 낼까?
– '아이는 멀리 지나가요' 이 부분은 어떻게 표현하면 좋을까?

■ 노래극을 한다.
– 교사는 아이들과 함께 노래를 부른다.
– 배우는 노래극을 한다.</td></tr>
<tr><td>마무리</td><td>■ 노래극을 본 느낌이 어떤지 이야기 나눈다.
– 노래극을 보니 어떠했니?
– 어떤 부분이 재미있었니?
– 맡은 역할을 해 본 기분은 어떠했니?</td></tr>
<tr><td colspan="2">활동의 유의점</td><td>– 아이들이 뛸 때 뛰는 아이와 관객이 다치지 않도록 주의한다.
– '아이는 멀리 지나가요' 노래를 부른 후 아이들이 멀리 지나가는 동안 타악기를 연주해서 시작과 끝을 알려 준다.</td></tr>
<tr><td colspan="2">확장활동</td><td>– 미술영역에서 배경 및 소품을 만들어 본다.
– 노랫말을 바꾸어 불러 본다.</td></tr>
</table>

'미디어' 안전교육을 위한 활동의 실제 1

<table>
<tr><th colspan="2">활동명</th><td>미디어 몬스터</td><th>대상연령</th><td>5세</td><th>활동유형</th><td>이야기 나누기</td></tr>
<tr><th colspan="2">활동목표</th><td colspan="5">– 미디어의 이로운 점과 해로운 점에 대해 안다.
– 적절한 미디어 사용 약속을 지킬 수 있다.</td></tr>
<tr><th colspan="2">누리과정
관련요소</th><td colspan="5">– 신체운동 · 건강 〉 안전하게 생활하기 〉 TV, 컴퓨터, 스마트폰 등을 바르게 사용한다.
– 의사소통 〉 듣기와 말하기 〉 말이나 이야기를 관심 있게 듣는다.</td></tr>
<tr><th colspan="2">활동자료</th><td colspan="5">– 동화자료(지킴이, 몬스터, 엄마 손인형)
– 이야기 나누기 자료(미디어의 종류 사진, 미디어의 좋은 점과 나쁜 점 관련 사진)</td></tr>
<tr><th rowspan="2">활동방법</th><th>도입</th><td colspan="5">■ 미디어의 장점에 대해 이야기 나눈다.
– 너희들은 궁금한 점이 있거나 잘 모르는 것이 있으면 어떻게 하니?
– 또 다른 방법에는 무엇이 있을까?
– 신문, 텔레비전, 컴퓨터(인터넷) 등 우리에게 정보를 제공하는 것을 '미디어'라고 한단다.
– 우리에게 정보를 주는 미디어가 좋은 이유는 어떤 점이 있을까?</td></tr>
<tr><th>전개</th><td colspan="5">■ 미디어 관련 짧은 이야기를 듣는다.

지킴이는 엄마와 정해진 시간 동안 컴퓨터 게임을 하기로 약속했단다. 하지만 열심히 게임을 하다가 그만 엄마랑 약속한 시간을 깜박 잊어버렸어.
지킴이는 열심히 컴퓨터 게임을 하고 있었어. 그런데 그만 어느 낯선 곳에 와 있는 거야. 그곳은 깜깜하고 가끔 불이 번쩍거리기도 하고, 소리도 크게 들렸단다.
지킴이: 어~ 이상하다. 여기가 어디지?
그런데 갑자기 몬스터가 나타나서,
몬스터: 지킴아~ 나는 너처럼 컴퓨터게임 많이 하는 친구들을 데려다가 여기서 계속 게임만 시키는 미디어 몬스터야. 밥도 안 먹고 잠도 안 자고……. 하루 종일 컴퓨터 게임! 재미있겠지?
지킴이: 좋아요. (게임을 하는 흉내를 내며) 아, 재미있다. 신나는데…….
그렇게 지킴이는 게임을 한참 했어요. 그러다 보니 눈이 아프고 엄마도 그리워졌어요.
지킴이: 저 집에 가고 싶어요. 집에 보내 주세요. 엄마 보고 싶어요. 앙앙앙~
몬스터: 너 그럼 앞으로 엄마랑 약속한 시간 만큼 컴퓨터 게임을 할 거라고 약속할 수 있어?
지킴이: 네, 이제 엄마랑 약속한 시간만 할 거예요. 보내 주세요.
하며 막 울면서 그만 잠에서 깼어. 그런데 엄마가 옆에서 지킴이를 부르며
엄마: 지킴아, 저녁 먹어야지. 자다가 꿈을 꾸었구나. 괜찮니?
지킴이: (훌쩍거리며) 네, 엄마! 그리고 이제 컴퓨터 게임 조금만 할게요. 엄마 사랑해요~.
엄마: 엄마도 기쁘구나. 게임을 조금만 하겠다고 하니…….

■ 동화 내용에 대해 이야기 나눈다.
– 지킴이가 엄마와 지키지 않은 약속은 무엇이니?
– 지킴이는 왜 게임을 계속하고 싶었을까?
– 미디어 사용 시간 약속을 지켜야 하는 이유는 무엇이니?</td></tr>
</table>

<table>
<tr><td rowspan="2"></td><td></td><td>– 하루 종일 게임을 하게 하는 미디어 몬스터에 대해 너희들은 어떻게 생각하니?
– 내가 만약 몬스터의 나라에 갔다면 어떨까?

■ 미디어의 해로운 점에 대해 알아본다.
– 미디어를 오랜 시간 사용하면 어떤 점이 좋지 않을까?
– 전자파는 왜 몸에 좋지 않을까?
– 전자파를 피하는 방법은 무엇이 있을까?
– 컴퓨터나 스마트폰 게임을 많이 하면 어떤 일이 생기게 될까?</td></tr>
<tr><td>마무리</td><td>■ 유아들과 함께 활동을 평가해 본다.
– 미디어의 해로운 점에 대해 알아보니 어떤 생각이 들었니?
– 안전한 미디어 사용법에 대해 약속하고 실천해 보도록 한다.</td></tr>
<tr><td colspan="2">활동의 유의점</td><td>– 미디어의 좋은 점과 해로운 점이 부각되는 사진 및 그림자료를 제공하여 유아가 미디어에 대한 순기능과 역기능을 쉽게 이해할 수 있도록 한다.
– 유아들의 생각을 자유롭게 이야기할 수 있도록 편안한 분위기를 조성한다.</td></tr>
<tr><td colspan="2">확장활동</td><td>– 미디어 사용 시의 약속을 포스터로 만들어 본다.
– 다양한 미디어 매체 중 유아들이 가장 선호하는 매체는 어떤 것인지 그래프로 표현해 본다.</td></tr>
</table>

'미디어' 안전교육을 위한 활동의 실제 2

<table>
<tr><td>활동명</td><td colspan="2">건강 체조를 해요</td><td>대상연령</td><td>4세</td><td>활동유형</td><td>신체활동</td></tr>
<tr><td colspan="2">활동목표</td><td colspan="5">– 미디어 사용 후 신체를 움직이는 운동을 해야 함을 안다.
– 건강 체조에 즐겁게 참여한다.</td></tr>
<tr><td colspan="2">교육과정 관련요소</td><td colspan="5">– 신체운동 · 건강 〉 건강하게 생활하기 〉 하루 일과에서 적당한 휴식을 취한다.
– 신체운동 · 건강 〉 신체활동 즐기기 〉 신체를 인식하고 움직인다.</td></tr>
<tr><td colspan="2">활동자료</td><td colspan="5">– '체조놀이' 음원</td></tr>
<tr><td rowspan="2">활동방법</td><td>도입</td><td colspan="5">■ 미디어기기를 사용해 본 경험에 대해 이야기 나눈다.
– 컴퓨터나 스마트폰을 사용해 본 적이 있니?
– 언제 사용해 보았니?
– 어디서 사용해 보았니?

■ 오랫동안 사용하였을 경우 몸의 변화에 대해 이야기 나눈다.
– 컴퓨터나 스마트폰을 오래 했을 때 몸이 어땠었니?</td></tr>
<tr><td>전개</td><td colspan="5">■ 미디어기기를 사용하고 난 후 할 수 있는 것에 대해 이야기 나눈다.
– 컴퓨터나 스마트폰을 사용하고 난 후 머리나 눈이 아플 때 어떻게 하면 좋을까?
– 미디어 사용 후 몸을 풀기 위해 건강 체조를 해 보자.

■ 미디어 사용 후 할 수 있는 눈 운동을 해 본다.
– 선생님이 말하는 데로 눈을 움직여 보자.
– 위로(5초 정도).
– 아래로(5초 정도).
– 오른쪽으로(5초 정도).
– 왼쪽으로(5초 정도).
– 오른쪽 사선 아래로(5초 정도).
– 왼쪽 사선 아래로(5초 정도).
– 이번에는 눈을 돌려 보자.
– 한 바퀴, 두 바퀴, 세 바퀴, 네 바퀴, 다섯 바퀴.
– 이번에는 반대로 돌려 보자.
– 한 바퀴, 두 바퀴, 세 바퀴, 네 바퀴, 다섯 바퀴.

■ 건강 체조를 한 동작씩 움직여 본다.
– 손을 앞으로 하고 주먹을 쥐고~ 폈다 오므렸다 폈다 오므렸다 하나에 펴고 둘에 오므리고 하나 둘 하나 둘.
– 손뼉을 쳐 보자 짝짝짝 짝짝짝.
– 고개를 돌려 보자 오른쪽, 왼쪽 오른쪽, 왼쪽.
– 오뚜기처럼 비틀비틀 몸을 좌우로 움직였다가.
– 제자리에서 한 바퀴 빙 돌고.
– 한 번 더 비틀비틀 몸을 좌우로 움직였다가. 한 바퀴 빙 돌고.</td></tr>
</table>

		– 토끼처럼 깡충깡충 뛰다가 어깨를 으쓱으쓱. – 이번에는 제자리에서 높이 뛰어 보자. – 한 번 더 뛰어 보자. – 옆으로 옆으로 이동했다가 오른발을 앞으로 쭈욱 왼발을 앞으로 쭈욱. – 다시 제자리로 옆으로 옆으로 이동했다가 오른발을 앞으로 쭈욱 왼발을 앞으로 쭈욱. – 모두 다같이 앉았다가 일어나자. **■ 건강 체조를 따라 해 본다.** 잼잼잼 짝짝짝 도리도리 도리 짝짝짝 비틀비틀 비틀비틀 빙그르르 비틀비틀 비틀비틀 빙그르르 깡충깡충 뛰다가 으쓱으쓱 깡충깡충 뛰다가 으쓱으쓱 하나 둘 셋 넷 뛰어 봐요 둘 둘 셋 넷 뛰어 봐요 옆으로 옆으로 옆으로 옆으로 오른발 왼발 옆으로 옆으로 옆으로 옆으로 오른발 왼발 뱅그르르 앉았다가 일어났다 뱅그르르 앉았다가 일어났다 콩콩콩콩 뛰어 봐요 콩콩콩콩 뛰어 봐요 하나 둘 셋 넷 뛰어 봐요 둘 둘 셋 넷 뛰어 봐요
	마무리	**■ 건강 체조를 하고 난 후 느낌에 대해 이야기 나눈다.** – 건강 체조를 해 보니까 어떠니? – 어떤 부분이 재미있었니? 어려운 동작은 무엇이었니? – 건강 체조를 하면 어떤 점이 좋을까?
활동의 유의점		– 체조 중 다른 유아와 부딪히지 않도록 주의한다. – 동작 하나하나를 정확하게 익히는 데 초점을 두기보다는 유아가 체조에 즐겁게 참여할 수 있도록 한다.
확장활동		– 건강 체조 방법을 그림카드로 제작하여 도서 영역 및 컴퓨터 영역에 게시하여 유아가 따라 할 수 있도록 한다. – 미디어 사용 시 바른 자세에 대해 알아본다.

CHAPTER

07

재해안전

1. 감염병 안전
2. 화재안전
3. 자연재해 안전

1 감염병 안전

보건복지부는 전국의 영유아교육기관에 신종 코로나바이러스감염증-19[1)]와 관련하여 예방수칙을 배포하고 대응요령을 긴급 전파하였다. 어린이집 대응요령에는 예방수칙에 따라 손 씻기 및 마스크 쓰기 등을 철저히 하고, 교직원 외에 외부인의 영유아교육기관 출입 금지, 사람이 많이 모이는 장소에서의 외부 현장학습 등을 자제해야 한다는 내용이 포함되어 있다.

1) 감염병의 개념 및 감염병 관리의 필요성

감염병이란 병균 따위가 몸 안에 침입하여 증식하거나 퍼져 생기는 병으로 세균, 스피로헤타, 리케차, 바이러스, 진균, 기생충과 같은 여러 병원체에 의해 감염되어 발병하는 질환이다. 숙주 간 면역, 병리적인 과정을 거쳐 질병이 발생한다는 측면에서 붙여진 이름이며, 반면 전염병(communicable disease)은 전파 과정을 거쳐 질병이 발생한다는 측면에서 붙여진 용어이다(교육부, 2016a; 육아정책연구소, 2020).

특히 병원체에 의한 감염은 미생물, 호흡에 의한 병원체의 흡입, 다른 사람과의 접촉 등 다양한 방법으로 전파되며 개인의 연령, 건강상태, 백신 접종 등에 따라 증상에 차이가 있을 수 있다(육아정책연구소, 2020). 또한 감염되었을 경우 잠복기를 거치므로 감염병의 증상이 나타나기까지 감염병의 치료 기간은 단기간이 될 수도 있고, 장기간 지속될 수도 있어 이를 잘 관리하는 것이 감염 관리를 잘 할 수 있는 방법이다(육아정책연구소, 2020).

영유아교육기관에서 감염병 관리에 더욱 관심과 주의를 기울여야 하는 이유는 다음과 같다(보건복지부, 대한소아과학회, 2016; 홍길회, 정미자, 2014).

1) 코로나바이러스감염증-19(COVID-19)는 SARS-CoV-2 감염에 의한 호흡기 증후군으로 현재까지는 기침이나 재채기로 인한 호흡기 비말 등과 오염된 물건을 만진 뒤 눈, 코, 입을 만지는 접촉을 통한 전파로 알려져 있다. 증상으로는 발열, 권태감, 기침, 호흡곤란 및 폐렴, 급성호흡곤란증후군 등 경증에서 중증까지 다양하게 호흡기감염증이 나타난다(질병관리청, 2020a).

첫째, 영유아는 질병 특히 감염병에 대한 면역체계의 발달이 미성숙하여 영유아 간의 전파 확산이 쉽게 이루어질 수 있다. 둘째, 장시간 동안 같은 장소에서 다수의 영유아와 교직원이 공동생활을 하므로 영유아의 대변, 타액, 콧물, 피부 등에 쉽게 노출되어 집단감염이 될 수 있다(보건복지부, 대한소아과학회, 2016). 셋째, 전염병이 유행할 경우 잘 씻지 않은 손으로 놀잇감이나 물건 등을 만지고 입으로 가져갈 경우 비위생적인 행동방식으로 인해 전염병의 전파가 빨라질 수 있다(홍길회, 정미자, 2014).

영유아교육기관 내에서 감염병의 전파를 최소한으로 감소시키는 것은 감염 관리의 가장 큰 목적이다. 영유아교육기관은 감염병의 위험으로부터 영유아와 교직원을 보호하고 정상적인 영유아교육기관의 기능을 유지해야 한다(보건복지부, 대한소아과학회, 2016).

2) 법정 감염병 발생 현황 및 시기별 유행 감염병

통계청(2020)에서 발표한 법정 감염병 군별 발생 현황에 따르면, 우리나라 법정 감염병 중 콜레라, 장티푸스 등 제1군 감염병은 6종이며, 이는 물 또는 식품을 매개로 발생한다. 제2군 감염병은 디프테리아, 백일해 등 10종이 해당되며, 국가 예방접종 사업 대상이다. 법정 감염병에 해당되는 질병이 발견되었을 때에는 즉시 관할 보건소에 신고하여 후속 조치를 받도록 하는 것이 중요하다.

표 7-1 감염병 군별 발생 현황 (단위: 건)

법정감염병	법정감염병	2015년	2016년	2017년	2018년	2019년
제1군 (제1급*)	소계	2,128	5,077	4,875	3,011	18,045
	콜레라	0	4	5	2	1
	장티푸스	121	121	128	213	94
	파라티푸스	44	56	73	47	55
	세균성이질	88	113	112	191	151
	장출혈성대장균	71	104	138	121	146
	A형간염	1804	4679	4419	2437	17,598
제2군 (제2급)	소계	73,957	72,127	98,308	117,811	100,513
	디프테리아	0	0	0	0	0
	백일해	205	129	318	980	496
	파상풍	22	23	34	31	31

법정감염병	법정감염병	2015년	2016년	2017년	2018년	2019년
	홍역	7	18	7	15	194
	유행성이하선염	23,448	17,057	16,924	19,237	15,969
	풍진	11	11	7	0	8
	B형간염(급성)	155	359	391	392	389
	일본뇌염	40	28	9	17	34
	수두	46,330	54,060	80,092	96,467	82,868
	폐렴구균	228	441	523	670	526

* 감염병은 2020. 12. 15. 일자로 '군'의 분류에서 '급'의 분류로 용어가 변경됨
출처: 국가통계포털(www.kosis.kr).

감염병에 관한 관련 법령은 「학교보건법」, 「감염병의 예방 및 관리에 관한 법률」, 「유아교육법」, 「재난 및 안전관리 기본법」, 「국가위기관리기본지침」에 따르며 관련 지침은 보건복지부의 감염병 위기관리 표준매뉴얼과 교육부의 감염병 예방·위기대응 실무매뉴얼에 따른다(교육부, 2016a).

특별한 언급이 없는 감염병은 자주 발생하는 계절이 없이 연중 발생한다(표 7-2). 〈표 7-2〉에 제시된 감염병의 유행 기간 표시는 최근 수년간의 통계를 나타내는 것으로 매년 그 양상이 조금씩 차이가 나타나고 있다. 시기별 유행 감염병은 다음과 같다(보건복지부, 대한소아과학회, 2016).

표 7-2 시기별 유행 감염병

	1월	2월	3월	4월	5월	6월	7월	8월	9월	10월	11월	12월
인플루엔자												
파라인플루엔자			3형				1, 2형					
RS 바이러스												
유행성결막염												
수족구병												
무균성수막염												
로타, 노로장염												
수두												
홍역												
볼거리												
설사성대장균												
비장티푸스성 살모넬라												

주요 감염병의 종류에 따른 증상과 관리방안을 정리하면 다음과 같다(표 7-3)(교육부, 2016a; 어린이집안전공제회, 2019b).

표 7-3 주요 감염병의 관리 방안

종류	증상	전파차단을 위한 중지(격리) 기간[2)3)]	밀접접촉자 파악	일시적 격리[4)]	마스크 착용
수족구병	• 발열, 식욕부진, 인후통으로 시작, 열이 나기 시작한 1~2일 후 구강 통증성 피부병변이 혀, 잇몸, 뺨의 안쪽에서 발생, 작고 붉은 반점으로 시작하여 물집, 궤양으로 발전, 가려움이 없는 피부발진이 손바닥, 발바닥에 나타남 • 잠복기[5)] 수일~수주	수포 발생 후 6일간 또는 가피가 형성될 때까지	○	○	○
b형 헤모필루스 인플루엔자	• 수막염, 후두개염, 폐렴, 관절염 등의 증상이 나타남 • 잠복기 2~4일	항생제 치료 시작 후 24시간까지	○	○	×
인플루엔자	• 38℃ 이상의 전신 증상(갑작스러운 고열, 두통, 근육통, 피로감)과 호흡기 증상(기침, 인후통, 가래 등) • 잠복기 수일~수주	유행차단을 위한 등원 중지는 의미 없지만 환자 상태에 따라 실시	×	○	○
수두	• 발진 발생 1~2일 전부터 권태감, 미열이 동반, 24시간 내에 반점, 구진, 수포, 농포, 딱지의 순으로 진행 • 발진은 몸통, 두피, 얼굴에 발생하고 매우 가려움 • 잠복기 수일~수주	모든 수포에 가피가 형성될 때까지	○	○	○
볼거리 (유행성이하선염)	• 발열 두통, 근육통, 구토 등 증상을 보이다가 귀밑샘, 턱밑샘, 혀밑샘 등 염증 • 잠복기 수일~수주	증상 발생 후 5일까지	○	○	○
홍역	• 발열, 기침, 콧물, 결막염, 구강 내 병변, 이후 홍반성 발진이 목 뒤, 귀 아래에서 시작하여 몸통, 팔다리 순서로 퍼짐 • 발진은 3일 이상 지속 • 잠복기 수일~수주	발진이 나타난 후 4일까지	○	○	○
수막구균성 수막염	• 두통, 발열, 경부경직, 오심, 구토 등 • 잠복기 2~10일(평균 3~4일)	항생제 치료 시작 후 24시간까지	○	○	○

종류	증상	전파차단을 위한 중지(격리) 기간[2)3)]	밀접접촉자 파악	일시적 격리[4)]	마스크 착용
급성출혈성 결막염	• 충혈, 안통, 이물감, 많은 눈물, 눈꼽, 눈부심, 결막하출혈 등 • 잠복기 8~48시간	격리 없이 개인위생수칙을 철저히 지킬 것을 권장	○	○	×
노로바이러스	• 오심, 구토, 설사, 복통, 권태감, 발열 등 • 잠복기 24~48시간(평균 33시간)	증상소실 후 48시간	○	○	×
백일해	• 상기도 감기 증상, 발작적 기침, 구토 등 • 잠복기 7~20일(평균 5~10일)	항생제 투여 후 5일까지	○	○	○

감염병의 대처를 위해서는 매일 등·하원 시 영유아의 건강상태를 주의 깊게 살펴보는 것이 필요하며, 영유아에게 자주 발생하는 전염성 질환의 예방 및 관리에 관한 가정통신문이나 부모교육자료 등을 통해 제공한다. 또한 영유아가 평소와 다른 행동을 보이거나, 기침, 발열, 식욕저하, 눈의 충혈, 설사, 잠만 자려고 함, 발진, 구토 등 전염성 질환이 의심되는 증상이 있는 경우 영유아교육기관으로부터 격리시키는 것이 필요하다. 치료가 필요한 영유아는 보호자와 협의하여 조치해야 한다(어린이집안전공제회, 2019b). 영유아교육기관에서 영유아를 데리고 있지 못할 만큼 건강상태가 좋지 않으면 다음과 같은 조치를 취하면서 보호자를 기다린다(어린이집안전공제회, 2019b).

- 가능한 격리된 방에 아픈 영유아를 건강한 영유아와 격리한다.
- 격리한 영유아가 성인의 보호하에 있도록 한 명의 교사가 전담하여 아픈 영유아를 돌본다.
- 아픈 영유아가 가지고 놀이한 장난감은 구별하여야 하며 사용 후에는 반드시 소독을 한다.

등원을 제한하거나 격리가 필요한 경우는 다음과 같다(어린이집안전공제회, 2019b).

- 발열과 함께 구역질, 구토 등이 있을 때

2), 3) 전파차단을 위한 등원 중지 기간으로 관련 질환에 대한 질병관리본부 매뉴얼의 환자 격리 기간을 바탕으로 작성함. 등원 중지 기간은 휴일을 포함

4) 전파 우려가 있는 감염병 의심 영유아가 의료 기관에 진료를 받으러 가기 전까지 격리하여 관찰하는 것

5) 감염 시작 시점부터 증상과 증후 발생 시점까지의 기간

- 열과 함께 몸에 발진이 돋았을 때
- 설사(두 번 이상 변을 보았다거나 평소 배변습관에서 변화를 보인 경우)를 할 경우
- 최근 24시간 내 두 번 이상의 구토가 있었을 경우
- 피부나 눈에 황달이 관찰된 경우
- 영유아가 달래지지 않고, 계속 보채거나 지속적으로 울 경우

한편, 격리가 필요하지 않은 경우도 있다. 예를 들어, 단순 감기, 거대세포바이러스(CMV)감염, 중이염, 단순히 열만 나는 경우, 제5병(감염 홍반), B형간염, 인간면역결핍바이러스(HIV) 감염, 분비물이 없는 충혈, 아구창 등은 등원을 제한하거나 격리가 필요하지 않다(어린이집안전공제회, 2019b). 영유아에게 등원을 제한하거나 격리가 필요한 감염병의 종류 및 격리 기간은 다음과 같다(표 7-4).

표 7-4 격리가 필요한 감염병의 종류 및 격리 기간

종류	격리 기간
설사	• 설사를 마친 후 24시간
머릿니	• 첫 치료 시작 후 24시간
A형 간염	• 황달 시작 시점에서 7일간
농가진	• 항생제 사용 시작 시점에서 24시간
독감	• 증상 시작 후 5일간
홍역	• 발진 발생 후 5일간
뇌막염	• 의사에 의해 괜찮다는 판정을 받을 때까지
볼거리(유행성 이하선염)	• 볼이 붓기 시작 시점에서 9일간
백일해	• 항생제 사용 시작 시점에서 5일간 • 항생제 사용하지 않은 상황이면 3주간
폐렴	• 의사에 의해 괜찮다는 판정을 받을 때까지
풍진	• 발진 발생 후 7일간
옴	• 치료 시작 시점에서 24시간
성홍열	• 항생제 사용 시작 시점에서 24시간
이질	• 대변 검사에서 2회 연속 음성인 경우
결핵	• 결핵 전문 소아청소년과 상담
구토	• 구토가 멎을 때까지
수두	• 발진 발생 후 5일 • 더 이상 생기지 않고 딱지가 다 생길 때까지

출처: 보건복지부, 대한소아과학회, 2016.

3) 감염병의 집단발병에 대한 일반적 지침

집단발병은 감염병이 발병한 영유아나 교직원의 숫자가 평상시보다 높게 나타나는 경우를 말한다(보건복지부, 대한소아과학회, 2016). 만약 집단발병이 의심되는 경우나 감염병이 유행할 때는 다음의 지침에 따라 차분하게 대응한다. 감염병의 전파를 최소한으로 감소시키는 것이 감염 관리의 가장 큰 목적이며, 이러한 목적을 달성하기 위해 영유아교육기관에서 감염병 발병에 신속하고 효과적으로 대응해야 한다(교육부, 2016a; 보건복지부, 대한소아과학회, 2016).

첫째, 영유아교육기관의 원장은 영유아 또는 교직원에게 「감염병의 예방 및 관리에 관한 법률」에 따른 제1급 감염병부터 제3급 감염병까지 해당하는 감염병 중 보건복지부령으로 정하는 집단 감염병이 발병한 경우 또는 의심되는 증상 발견 시 어린이집의 경우에는 관할 보건소와 보육통합지원시스템에 보고(사고/감염병보고)하며, 유치원의 경우에는 관할 교육청에 즉시 보고한다(교육부, 2016a; 보건복지부, 대한소아과학회, 2016).

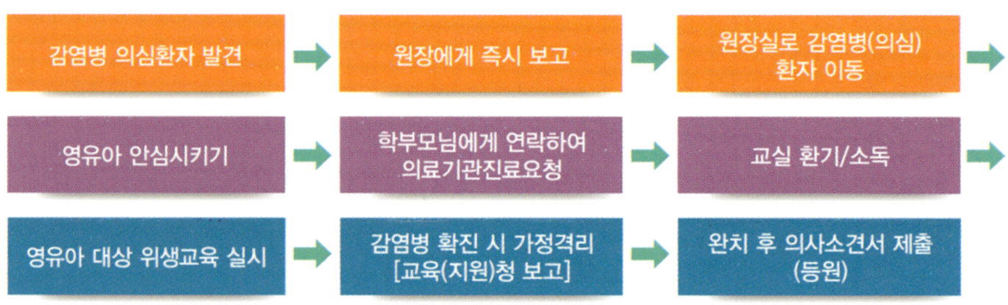

그림 7-1 감염(의심)환자 발생 시 행동지침

출처: 교육부, 2016a; 보건복지부, 2016.

Tip 감염병(의심) 영유아의 이동 수칙

- 감염병(의심) 영유아가 원내에서 혼자 이동하는 것을 원칙적으로 금지하고, 담당교사가 동행함
- 담당교사는 담임교사를 권장함(만약 임신부 등 감염병 고위험군인 경우 다른 교사로 대체)
- 감염병(의심) 영유아와 이동 담당 교사 모두 마스크를 착용함

출처: 교육부, 2016a.

둘째, 집단 감염병의 발생 원인과 전파 경로를 파악한 후 영유아교육기관의 피해가 최소화될 수 있도록 외부인의 출입을 통제하는 등 전파 경로를 차단한다(보건복지부, 대한소아과학회, 2016).

셋째, 집단 감염병의 증상을 확인하고, 등원하는 영유아가 있을 경우에는 하루 두 번 이상 발열 체크를 하는 등 평소보다 좀 더 주의 깊게 관찰한다(보건복지부, 대한소아과학회, 2016).

넷째, 집단 감염병이 발병했을 경우 SNS나 가정통신문을 통해 영유아의 가정에 즉시 통보하고, 등하원 시 학부모의 출입을 최소한으로 제한한다. 또한 외부인의 출입을 통제하되 부득이한 경우를 대비하여 출입구에 손 소독제와 마스크를 비치한 후 사용하도록 하며, 발열 체크 등을 실시한다(보건복지부, 대한소아과학회, 2016).

〈출입구 안내자료〉

〈출입구 손 소독제 비치〉

그림 7-2 영유아교육기관 출입구 안내자료 및 손소독제 비치

만약 집단 감염병으로 인해 '휴원령' 또는 '임시휴원' 체제로 전환된 경우에는 차분하게 대응하며 문자메시지나 전화 등을 통해 가정과 소통함으로써 가정에서의 불안을 줄일 수 있도록 노력한다. 이후 '휴원령' 또는 '임시휴원'이 해제되었을 경우에는 SNS, 게시판, 홈페이지 등에 내용을 탑재하거나 가정통신문 등 다양한 방법을 통하여 가정에 알린다(보건복지부, 대한소아과학회, 2016).

다섯째, 집단 감염병이 발병했을 경우 놀잇감이나 시설물의 표면을 수시로 소독한다. 영유아가 주로 사용하는 장소는 감염병의 집단 발병 기간 동안 높은 수준의 소독제를 사용하도록 한다(보건복지부, 대한소아과학회, 2016).

4) 감염병 관리를 위한 교사의 역할

영유아교육기관 내 감염병이 없는 일반적인 상황을 유지하는 경우에는 감염병의 전반적인 관리 및 대응을 위해 교직원의 구성원 중 감염병 담당자 1인을 지정하여 관리한다. 감염병 관리를 위한 평상시 일상적인 관리방법을 제시하면 다음과 같다(교육부, 2016a).

(1) 1단계: 감염병 예방 · 관리계획 수립 및 실행

감염병 예방 · 관리계획 수립 및 실행단계에서는 감염병 영유아 발생에 대비하여 대응체계를 구축하고 예방 활동을 수행하는 것이 중요하다. 영유아교육기관에서는 감염병의 예방 및 대응방법, 감염병 예방교육 실시 계획 및 실행, 방역물품 비축계획, 방역(소독) 실시 계획 등을 수립하고 실행하도록 한다(교육부, 2016a).

감염병 담당자는 감염병 예방 및 대응을 위해 매뉴얼의 대응방법 및 절차와 감염병 관련 지식 등을 평소에 잘 숙지하도록 한다. 또한 담당자는 업무의 숙련도 향상 및 지속성을 위해 잦은 교체는 지양하며 학부모나 보건소 등 대외기관과의 유기적인 협조관계 유지를 위해 관리자(원장/원감)를 담당자로 지정할 수 있다(교육부, 2016a).

※ 조직 구성은 예시이므로 영유아교육기관의 상황에 따라 역할분담을 달리할 수 있음.
구성원 중 감염병 담당자 1인 지정

그림 7-3 감염병 관리조직 구성 예시

출처: 교육부, 2016a.

(2) 2단계: 예방접종 관리

예방접종은 영유아의 건강은 물론 감염병을 예방하여 가족과 이웃의 안전까지 지키는데 가장 효과적이고 손쉬운 예방법이다(질병관리청, 2020b). 이에 보건복지부에서는 「감염병의 예방 및 관리에 관한 법률」 제24조에 근거하여 2009년부터 '국가예방접종 지원사업'을 시행하고 있다. 국가예방접종 지원사업은 아동의 예방접종 지원 확대 등으로 양육에 대한 경제적 부담을 경감하고, 예방접종률 향상을 통해 예방접종 대상 감염병 퇴치 기반을 마련하여 국민건강을 보호하고자 한다. 영유아교육기관을 이용하는 영유아들의 대부분은 국가 권고 예방접종을 해야 하는 시기이므로 영유아교육기관에서는 영유아의 예방접종의 시기 등을 잘 파악하여 이를 체계적으로 안내하고 관리할 필요가 있다(보건복지부, 2016).

(3) 3단계: 감염병 예방교육

영유아, 학부모, 교직원을 대상으로 실시하는 감염병 예방교육은 감염병 예방 및 대처능력 향상을 목적으로 한다. 교육내용은 감염병 일반 예방수칙(손 씻기, 기침예절 등), 영유아교육기관에서 자주 발생하는 감염병의 예방 · 관리방법, 감염병 증상 발생 시 행동요령, 심리적 피해 예방 교육 등을 포함한다. 교육방법으로는 전문가를 통한 교육, 교육자료 게시, 관련 시청각교육, 실습(예: 손 씻기 등) 또는 현장학습, 사례분석, 가정통신문, SNS 등 영유아교육기관 여건에 맞게 다양한 방법을 활용한다(교육부, 2016a).

Tip 손 씻기 교육

■ **영유아의 손 씻기: 언제 손을 씻어야 하는지에 대한 설명이 필요함**
- 외출에서 돌아왔을 때
- 음식을 먹기 전
- 용변 후
- 동물을 만지거나 장난감을 만진 후
- 더럽거나 더러워 보이는 것을 만진 후에
- 침, 콧물(코를 푼 후)과 같은 체액이나 혈액에 노출되었을 때

■ **교직원이 일회용 위생 장갑을 사용해야 하는 경우**
- 피부에 상처가 난 경우나 설사가 심하여 기저귀를 빈번하게 갈아 줄 경우
- 피, 구토물, 대소변으로 더럽혀진 곳을 청소할 경우
- 장갑을 벗은 후에는 반드시 손을 씻어야 함

■ **건조방법: 건조기를 사용할 경우**
- 영유아교육기관의 상황에 맞는 방법을 선택하여 사용함(타월, 일회용 종이 타월, 건조기 등).
- 건조기를 사용할 경우 건조시간이 조금 더 걸리기 때문에 손 씻기 실천을 감소시키는 요인으로 작용할 가능성이 있으며, 건조기의 위생적인 관리가 요구됨

출처: 어린이집안전공제회, 2019b.

Tip **심리적 피해 예방 교육**

- 감염병 담당자 또는 담임교사는 감염병(의심)환자의 낙인효과(비난받음, 따돌림 등)를 예방하기 위해 평소에 교육을 실시하고, 필요시 학부모에게도 관련 사실을 알림
- 교육 내용(예시)
  - 감염병이 의심될 경우 자신과 다른 사람의 보호를 위한 다양한 조치(일시적 격리, 마스크 착용, 등원 중지 등)를 하는 것이 당연하다는 것을 안전교육 및 일상생활지도를 통해 평소에 알림
  - 일시적 격리와 마스크 착용이 감염병 환자임을 의미하는 것이 아니며, 환자로 확인되기 전에 필요한 사전조치이므로 본인이나 주변 사람들이 불안해할 필요가 없음
  - 대부분의 감염병은 개인위생수칙, 영양섭취 등의 건강생활수칙 준수 시 충분히 예방 및 치료가 가능하므로 지나치게 불안해하지 않도록 함
  - 감염병에 걸린 것이 자신의 잘못이 아니며, 누구나 감염될 수 있다는 것을 안내함

출처: 교육부, 2016a.

(4) 4단계: 방역(소독) 활동

방역(소독) 활동은 발열 감시와 감염병의 전파 차단, 소독을 위해 영유아교육기관에서 실시해야 할 매우 중요한 과정이다. 또한 영유아교육기관의 영유아 수와 교직원 수 등을 고려하여 비접촉식 체온계 및 고막 체온계, 방역용 마스크(N80 이상)와 일회용 마스크 등을 비축하여 감염병 발생 시를 대비한다. 방역(소독)은 연간 계획수립 후 예산확보, 방역업체 선정, 실시 주기 등을 확인 후 실행하며, 특정 월에 자주 발생하는 감염병이 있을 경우에는 방역(소독)업체 소독 외에도 자체적으로 여러 가지 소독 방법을 선택하여 자주 실시한다(교육부, 2016a).

Tip **소독 관련 용어의 정의**

- 세척(cleaning): 모든 종류의 이물질을 제거하는 것으로 물과 기계적인 마찰, 세제를 병행함. 일반적으로 세척은 소독이나 멸균을 하기 전에 반드시 해야 할 과정임
- 소독(disinfection): 세균의 아포(식물이 무성 생식을 하기 위해 형성하는 생식 세포)를 제외한 모든 미생물을 죽이는 것을 말함
- 살균제(germicide): 살아 있는 조직이나 미생물을 죽이기 위한 약품
- 멸균(sterilization): 살균, 물리적 화학적인 방법으로 미생물을 죽이는 것으로, 좁은 의미로는 완전 무균상태로 하는 것이지만, 넓은 의미로 거의 무균상태에 이르도록 하는 소독도 포함됨

출처: 보건복지부, 대한소아과학회, 2016.

Tip **소독제의 종류**

- 강한 수준의 소독제
  - 모든 박테리아, 바이러스, 진균, 결핵균, 아포의 일부까지 사멸
  - 종류: 2% 글루타알데하이드, 유리 이산화염소, 6% 안정화된 과산화수소, 과초산, 1,000ppm 락스(차아염소산나트륨)
- 중간/낮은 수준의 소독제(환경소독제)
  - 종박테리아 아포를 제외한 미생물을 제거하거나 감소시키기 위함, 중간 수준의 소독은 결핵균에 효과가 있음
  - 종류: 페놀화합물, 제사(급) 암모늄화합물, 염소화합물, 아이오도포르, 알코올, 락스(차아염소산나트륨)
- 환경소독제 사용 시 주의사항: 희석배율, 접촉시간, 취급 시 주의사항 등 제조사 권장사항을 준수

출처: 보건복지부, 대한소아과학회, 2016.

5) 감염병 관리를 위한 안전교육

감염병은 바이러스, 세균, 기생충, 곰팡이 등이 사람들 사이에 빠르게 전파되어 사람들의 건강, 재산, 개인의 심리, 문화 여가 생활, 경제활동에까지 해를 주기 때문에 사회

적 재난이라고 할 수 있다(교육부, 2016a). 이것은 개인의 연령, 건강상태, 백신 접종 등에 따라 증상에 차이가 있으며, 질병에 따라 예방 백신이나 치료제가 있지만, 아직 개발되지 않은 경우도 있다. 세계보건기구(WHO)는 감염병의 위험도에 따라 감염병 경보단계를 1~6단계까지 나누는데, 최고위험단계인 팬데믹(pandemic)은 감염병의 세계적 유행을 의미하며 신종플루와 코로나19가 이에 해당한다(서울연구원, 2020).

감염병의 재난이 장기화될수록 스트레스 반응이 나타날 수 있으며, 감염병 증상과 관련 없이 심리적 스트레스로 인해 소화불량, 구토, 피로, 두통, 수면장애, 호흡곤란, 변비, 근육통 등의 신체적 증상이 나타나는 경우도 있다(육아정책연구소, 2020). 영유아교육기관에서의 효율적인 감염병 대응을 위해서는 영유아의 건강상태를 주의 깊게 살펴볼 필요가 있으며, 영유아의 행동 변화에 관심을 가져야 한다. 특히 감염병에 대해 잘 모를 때 막연한 두려움과 불안을 더 크게 느낄 수 있으므로 영유아에게 감염병 재난을 설명해 주는 것은 두려움을 줄이고, 감염병 재난 상황을 잘 극복할 수 있는 방법이다. 영유아에게 감염병 재난에 관해 안전교육을 실시할 경우 설명하는 방법을 제시하면 다음과 같다(육아정책연구소, 2020).

첫째, 감염병에 대해 이야기할 때 차분하고 쉬운 언어로 설명해 준다. 영유아는 성인의 감정 변화에 매우 민감하게 반응하기 때문에 성인의 마음을 진정시키고 침착한 태도로 설명해 줄 필요가 있다. 이때 영유아의 발달수준과 이해수준을 고려하여 쉬운 어휘로 간결하게 설명해 준다.

둘째, 감염병에 대해 느끼는 정서를 인정하고 감정을 충분히 표현하도록 배려한다. 영유아의 주변 사람들이 아프다는 소리를 들으면 영유아는 불안을 느낄 수 있다. "그런 기분이 들 수 있어.", "그런 생각을 하는 건 이상한 게 아니야."라는 말로 지금 느끼는 감정이 잘못된 게 아니라는 것을 알려 주는 것이 바람직하다. 영유아의 마음을 표현하도록 도와주기 위해서는 하루 일과 중 미술활동, 게임, 가벼운 산책 등을 활용해 볼 수 있다.

셋째, 감염병을 예방할 수 있는 구체적인 방법이나 예시를 들어 설명해 주는 것이 좋다. 예를 들어, 깨끗이 손 씻는 방법에 대해 설명하고, 실제로 연습해 보는 시간을 갖거나, 올바른 마스크 착용법에 대해 이야기를 나누는 것은 감염병을 무서워하는 영유아에게 감염병을 예방하고, 건강하게 지내는 구체적인 방법을 알려 주는 것이다.

넷째, 감염병으로 인해 예상치 못하게 부모와 격리가 될 경우 영유아에게 부모의 상황을 설명해 준다. 영유아의 발달 상황을 고려하여 부모와 떨어지게 된 이유를 설명해 주고, 주변의 성인(예를 들면 조부모, 친인척, 교사 등)이 영유아를 안전하게 보호하고 지원해 주는 것이 필요하다.

다섯째, 영유아에게 안정감을 주기 위해서는 사회적 거리두기 상황에서도 익숙한 환경을 바꾸지 않고 유지하는 것이 좋다. 영유아는 반복적이고 일관된 것을 선호하며, 친한 친구나 선생님을 만나지 못하는 일상이 영유아에게는 낯설고, 힘든 상황이 될 수 있으므로 안정감을 느낄 수 있도록 도와주는 것이 필요하다.

2 화재안전

1) 화재안전교육의 개념 및 필요성

화재안전교육이란 불이 나는 재앙 또는 불로 인한 재난에서 위험이 생기거나 사고가 날 염려가 없는 상태를 만들기 위해 영유아 스스로 화재 위험으로부터 자신을 보호할 수 있도록 화재에 대한 지식과 기술 등을 가르쳐(국립국어원, 2020) 화재로 인한 피해를 예방하고, 건강하고 안전한 생활을 습관화할 수 있도록 도와주는 교육이다.

영유아는 화재가 발생하면 정확한 판단을 하기 어렵기 때문에 적절한 대처능력을 기를 수 있는 교육을 실시해야 한다. 또한 영유아의 부주의로 인한 화재도 많이 발생하므로 영유아교육기관에서는 정기적인 교육을 통하여 화재사고를 미연에 예방하고, 화재로 인한 재해를 최소화해야 한다.

화재안전교육을 통하여 영유아 자신은 물론 타인의 생명도 존중하는 마음으로 사고에 대한 통찰력과 문제해결력을 기를 수 있다. 또한 재해 및 그 밖에 위급한 상황에서 영유아의 생명과 신체 및 재산을 보호함으로써 안녕과 질서를 유지할 수 있다. 어린이 화재사고는 가정이나 교실/보육실 등 주로 영유아가 활동하는 공간에서 발생한다. 이

때 영유아는 대피능력, 상황판단 능력, 신체조절 능력의 부족으로 치명적인 피해를 입기 때문에(조희연, 조경자, 김진선, 정동희, 2012), 영유아교육기관에서는 화재안전교육을 지속적으로 해야 한다. 영유아기 때, 화재안전교육을 받고 화재를 미리 예방한다면 성인이 되었을 때도 화재안전에 대한 바른 의식을 갖고 화재안전교육을 실천할 수 있다. 이처럼 화재안전교육은 많은 목적과 의미를 가지고 있기 때문에 일상생활에서 반복훈련을 실시하여 만일의 사태에 대비해야 한다. 울산의 한 어린이집에서 교사들이 평소에 소방훈련을 침착하고 신속하게 실시하여 실제로 화재가 일어났을 때 피해를 면한 사례를 보더라도(일요신문, 2015. 3. 25.; 박종민, 2015) 평상시 화재안전교육이 얼마나 중요한지를 짐작할 수 있다. 따라서 교사는 화재로부터 안전한 환경을 만들고 안전관리를 철저히 할뿐만 아니라 영유아가 위험으로부터 스스로 자신을 보호할 수 있도록 상황에 맞는 훈련을 실시하여 위급한 상황에 대처할 수 있게 해야 한다(윤선화, 2012).

2) 화재안전사고의 현황

소방청 통계연보(2019)에 따르면, 우리나라 화재 발생건수와 피해는 2010년 41,863건이었으나 2019년에는 40,103건으로 4.2% 감소하였다. 그러나 사망자는 2010년 1,892명에서 2019년 2,515명으로 32.9%가 증가하였다(그림 7-4). 특히 주거지에서의 화재발생 비율이 높은데 주거지의 화재는 다른 장소에 비해 인명피해가 높다는 특징이 있으므로 각별히 화재안전을 위해서 신경을 써야 한다. 영유아교육기관도 대부분 주거지에 속하기 때문에 화재 시 피해가 클 가능성이 있으므로 영유아교육기관의 교사는 소방안전에 대해서 경각심을 갖고 반드시 매월 소방훈련을 실시해야 한다. 화재건수 및 인명피해 현황과 장소별 화재 발생 현황은 다음과 같다(그림 7-4, 그림 7-5).

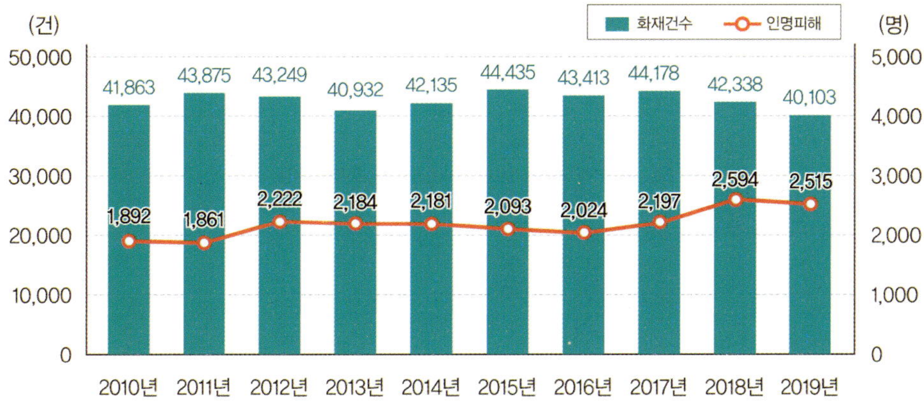

그림 7-4 **화재건수 및 인명피해 현황**

출처: 소방청(www.nfa.go.kr).

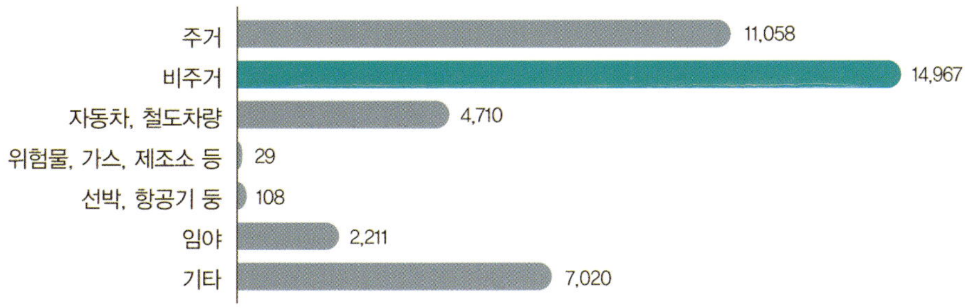

그림 7-5 **장소별 화재 발생 현황**

출처: 소방청(www.nfa.go.kr).

3) 화재안전관리를 위한 교사의 역할

영유아교육기관에서 화재안전교육은 영유아의 생명과 직결되기 때문에 무엇보다 중요하다. 화재안전교육을 경험한 교사가 화재안전교육을 받지 않은 교사보다 화재로부터 안전한 환경관리를 실천하고 화재안전교육에 적극적으로 참여하므로(윤선화, 2002) 화재안전에 대한 교사교육이 필요하다. 화재안전관리를 위해 교사가 점검해야 할 사항과 교사의 역할을 정리하면 다음과 같다.

첫째, 교사는 화재관련 자료나 교구를 충분히 구비하고 영유아의 연령과 특성에 맞는 적절한 자료를 활용해야 한다(조희연 외, 2012).

둘째, 교사는 화재가 일어났을 때 영유아에게 안전하게 대피할 수 있도록 지식, 기술, 태도 등에 관한 안전교육을 실시해야 한다.

셋째, 영유아를 위한 화재안전교육은 영유아 자신이나 다른 친구들이 사고를 당했을 때 적절하게 대처할 수 있는 방법을 경험하도록 해야 한다.

넷째, 영유아 자신이 가치롭고 존엄한 존재라는 것을 인식할 수 있도록 해야 하며 자아존중감을 증진시키는 활동이 도움이 될 수 있다.

다섯째, 영유아에게 화재안전교육을 실시하기 위해 교사는 먼저 화재 시 대피방법, 소화기 사용법, 응급처치법 등을 확실하게 익혀 실제 교육상황에서 당황하지 않고 실시하도록 한다.

여섯째, 비상시 업무 분담과 소방훈련을 매월 실시하도록 하고 인근 소방서, 경찰서, 가스 관련 기관과의 연락처 등을 전화기 옆에 부착하고 비상연락체계를 구축하여 만일의 사태에 대비해야 한다.

일곱째, 안전한 환경이 되기 위해 화재에 대비한 비상구, 비상 유도등, 소화전, 소화기를 설치해야 한다. 2층 이상의 어린이집인 경우 비상계단이나 비상탈출용 미끄럼대를 반드시 설치해야 한다. 3층 이상의 건물을 사용하는 유치원도 외부바닥으로 통하는 직통계단 등 안전시설을 갖추어야 한다.

여덟째, 가스를 사용할 때는 가스누출 경보기 및 자동차단기를 설치해서 정기적으로 점검을 받아야 하며 비상구를 제외한 출입문이나 창문은 영유아가 안에 갇히더라도 밖에서 쉽게 열 수 있도록 설치해야 한다.

아홉째, 화재안전교육은 가정과의 연계협조가 이루어질 수 있도록 부모교육을 실시하고 영유아가 흥미를 가질 수 있는 주제를 선택한다.

(1) 소화기 사용법

화재 시 작은 불인 경우 물, 모래, 담요 등을 이용해서 끄고, 기름이나 전기에 의한 불은 소화기를 이용해서 끈다. 소화기는 시설의 크기에 따라 비치할 수 있는 개수만큼 설치해야 하며(김일옥, 이정은, 2008), 정기적으로 압력 상태를 확인한다. 정상 상태의 압력은 지시침이 녹색 부분을, 이상 차압 상태는 적색 부분을, 압력 미만 상태는 흰색 또는 노란색 부분을 가리킨다. 초기 화재 진압용으로 용이한 투척용 소화기도 설치하여 정기적으로 점검해야 한다. 또한 가스 소화기의 경우 방출할 때 '쉭!' 하는 소리가 매우 크게 나고, 사람 몸에 닿으면 동상을 입을 수 있으며 소화 분말은 가루가 날려 눈, 코에 들어가면 맵기 때문에 사용할 때 주의하도록 한다. 소화기 사용법에 대한 자세한 사항은 다음과 같다(이혜정, 2015).

- 기름, 전기, 그 이외의 원인에 의해 불이 난 경우에도 소화기를 사용한다.
- 소화기는 잘 보이는 곳, 쉽게 꺼낼 수 있는 곳에 두며 관리카드를 작성한다.
- 평소에 소화기를 가지고 장난하지 않게 하며 소화기는 항상 있던 자리에 두도록 한다.
- 용도에 따른 다양한 소화기가 있으므로 영유아교육기관에서는 다목적용 소화기를 고른다.
- 교사는 소화기 사용법을 반드시 알고 있어야 한다.

그림 7-6 소화기 사용법

출처: 소방안전원(www.kfsi.or.kr).

(2) 소방대피훈련 계획

영유아교육기관에서는 만일의 화재 발생 시에 대비하여 행동요령, 교직원의 역할 분담, 소화기나 소화전 사용방법 등을 정해 놓고 연간소방계획에 의거하여 소방 대피 훈련을 실시해야 한다(「아동복지법」 제31조). 화재 시 적절하게 대피하면 화염에 의한 기도손상을 막을 수 있으므로 교사는 화재대피의 기본 지침을 평소에 익힌다. 주 출입구와 비상구로 신속하게 대피할 수 있게 하며 밖으로 대피한 다음에는 안전한 대피장소에 모일 수 있도록 대피장소를 정한다. 그리고 만일의 사태에 대비하여 비상구에는 물건을 쌓아 두지 않도록 한다.

(3) 화재 예방법

화재는 전기, 가스, 불장난, 담뱃불, 방화 등 다양한 원인으로 인해 발생할 수 있으며 작은 부주의로 대형화재까지 연결될 수 있기 때문에 평소 화재안전에 대해 신경을 쓰고 안전한 생활을 하는 습관을 길러야 한다. 화재에 따른 주요 예방법은 다음과 같다(조희연 외, 2012).

① 일반화재 예방법

일반화재는 성냥, 라이터 등에 의한 화재로 우리 생활 주변에서 가장 많이 볼 수 있는 화재이다. 담뱃불 취급 부주의, 화기 또는 열원 사용 시 취급 부주의, 감정에 의한 방화 등이 주된 원인이며 6~13세 미만의 유아나 아동에 의해 많이 발생한다. 일반화재 예방을 위한 교육내용은 다음과 같다.

- 영유아가 불의 위험성을 잘 인식할 수 있게 한다.
- 불장난을 목격했을 때는 충분히 알아들을 수 있게 설명한다.
- 성냥이나 라이터를 발견하면 즉시 어른에게 가져다주게 한다.

② 전기화재 예방법

전기화재는 전기용품에 대한 지식이나 상식 부족 또는 사용하면서 부주의나 방심으로 인해 발생한다. 주요 발화 원인은 배선 불량, 전기기기나 기구의 과열, 전기 기구의 불량 등이다. 그리고 문어발식 배선으로 전기기구를 사용하면 용량초과로 화재 위험이 있으므로 다음의 올바른 사용법을 숙지하도록 한다.

- 사용하지 않는 전기콘센트에는 반드시 안전덮개를 한다.
- 코드를 뽑을 때는 반드시 플러그를 잡고 뽑는다.
- 전기를 만질 때는 물기가 없는 손으로 만지며 피복선이 벗겨진 전선은 만지지 않

는다.

- 콘센트에 꼽을 때는 깊숙이 꽂아 흔들리지 않게 한다.
- 여러 개의 플러그를 한 콘센트에 사용하지 않는다.

③ 가스화재 예방법

가스는 깨끗하고 다른 것에 비해 사용이 편리하지만 폭발의 위험이 있기 때문에 영유아교육기관에서 안전하게 관리해야 한다. LPG는 공기보다 무거워 누출 시 바닥에 쌓이게 되므로 침착하게 빗자루 등으로 쓸어내려야 하며, LNG는 공기보다 가벼워 누출 시 공기 중으로 빠르게 확산되므로 환기가 잘 되어 있을 경우 연소의 위험이 적다(서울종합방재센터, www.119.seoul.go.kr). 따라서 영유아교육기관에서 사용하는 가스의 종류에 따라 유출 시 적절하게 대처할 수 있어야 하며, 가스를 사용할 때는 반드시 창문을 열고 환기를 시켜야 한다. 이 외에도 영유아교육기관에서 가스화재 예방을 위해 점검해야 할 사항은 다음과 같다.

- 음식을 조리하다가 넘치면 가스불이 꺼져 가스가 누출되는 사고가 일어날 수 있으므로 음식을 조리하기 전에 꼭 환기를 한다.
- 가스 사용 시 가스 냄새가 나는지 확인하며 가스레인지 주위에 가연성 물질을 두지 말고 가스가 누설되었을 경우에는 즉시 가스를 차단하는 중간 밸브와 메인 밸브를 잠근다(조희연 외, 2012).
- 화재 시에 전기기구를 조작하면 스파크에 의해 가스가 폭발할 위험이 있으므로 전기기구를 사용하지 않는다.
- 영유아는 가스레인지 근처에 오지 않도록 한다.
- 조리실에는 가스누설 경보기를 설치한다(한국보육진흥원, 2019).

Tip **연료용 가스 종류**

■ **공기보다 가벼운 도시가스(Liquefied Natural Gas: LNG)**

• 도시가스는 메탄이 주성분인 연료로 공기보다 가볍기 때문에 가스가 누출되면 위로 상승
 - 가스무게: 공기의 약 0.5배
 - 누출 시 특유의 가스냄새가 있으며 체류되면 점화원에 의해 폭발

■ **공기보다 무거운 액화석유가스(Liquefied Petroleum Gas: LPG)**

• LPG는 주로 용기에 의하여 공급받는 가스로 프로판이 주성분이고 공기보다 무겁기 때문에 가스가 새면 바닥 등 낮은 곳에 고임
 - 가스무게: 공기의 약 1.5배
 - 누출시 특유의 가스냄새가 있으며 체류되면 점화원에 의해 폭발

출처: 어린이집안전공제회, 2019a.

4) 화재안전사고 예방을 위한 안전교육

(1) 소방대피훈련

소방대피훈련은 가정이나 영유아 교육기관에 화재가 발생했을 때 영유아가 안전하게 대피하는 훈련이다. 소방대피를 위한 훈련 방법은 다음과 같다(성미영 외, 2014).

- 불을 발견하면 '불이야' 하고 큰 소리로 외쳐서 다른 사람에게 알린다.
- 화재가 나면 엘리베이터는 절대 이용하지 않도록 하며 계단을 이용한다.
- 아래층으로 대피할 수 없을 때에는 옥상으로 대피한다.
- 연기는 건물 내부의 위쪽에 모이므로 낮은 자세로 교사의 지시에 따라 대피한다.
- 불길 속을 통과할 때에는 물에 적신 담요나 수건 등으로 몸과 얼굴을 감싸며 천천히 이동한다.
- 방문을 열기 전에 문을 손등으로 대어 보거나, 손잡이를 만져 보아 뜨거우면 문을 열지 말고 다른 길을 찾는다.
- 대피한 경우에는 안전한 곳에 모인다.

- 밖으로 나온 뒤에는 절대 안으로 들어가지 않는다.
- 코와 입을 막고 자세를 낮추면서 출입구나 비상구로 나간다.
- 평상시 비상구의 위치를 알아 둔다.
- 구석진 곳에 숨지 말고 불길이 없는 곳으로 대피한다.

Tip 연기를 피하는 방법

화재 시 연기는 위에서 내려오고, 깨끗한 공기는 바닥면으로부터 30~60cm 사이에 있다. 따라서 연기가 보이면 손과 무릎을 이용하여 기어서 밖으로 나가야 한다. 연기가 많지 않은 경우에는 옷가지를 사용하여 코와 입을 막고 빨리 뛰어 나간다.

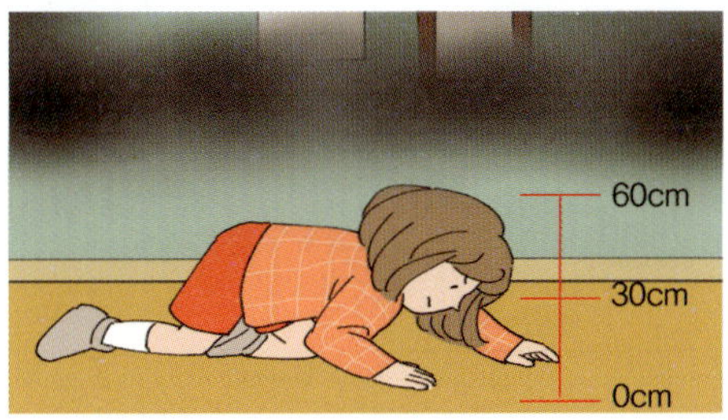

출처: 소방방재청(2015).

(2) 화재 시 대처방법

① 화재신고요령(소방청, www.nfa.go.kr)

- 119에 전화하여 간단명료하게 설명한다("우리 ㅇㅇ에 불이 났어요."라고 말하며 전화번호도 알려 준다).
- 주소를 알려 준다(ㅇㅇ구 ㅇㅇ로 ㅇㅇ길 ㅇㅇ유치원 뒤쪽이에요).
- 소방서에서 위치를 파악했다는 내용을 확인한 후에 전화를 끊는다.
- 공중전화일 경우 빨간색 긴급통화 버튼을 누르면 돈을 넣지 않아도 긴급신고(119, 112 등) 통화를 할 수 있다.
- 휴대전화에서는 개통 및 사용 제한 여부와 상관없이 긴급 신고가 가능하다.
- 불이 난 것을 알았을 때 119에 신고하며 신고할 때는 반드시 집 밖으로 나가서 신고할 수 있도록 평상시에 연습한다.
- 장난으로 119 등에 전화하지 않는다.

② 옷에 불이 붙었을 때 대응방법(한국화재보험협회, www.kfpa.or.kr)

옷에 불이 붙었을 때는 당황하여 옷을 벗거나 몸을 흔들어 불을 끄려고 하지 말아야 한다. 이런 행동은 불길을 더욱 확산시킬 수 있기 때문이다. 옷에 불이 붙으면 불이 꺼질 때까지 바닥에서 두 손으로 눈과 입을 가리고 계속 뒹군다. 또한 불이 붙은 부분에 따라 불을 끄는 방법이 다름을 알려 주고 이를 훈련한다.

그림 7-7 옷에 불이 붙었을 때 불을 끄는 방법

출처: 한국화재보험협회(www.kfpa.or.kr).

③ 화재가 났어요, 어떻게 할까요?

한국화재보험협회에서 어린이용으로 제시하는 화재 발생에 대한 내용을 살펴보면 다음과 같다(그림 7-8).

1. 주위에 알려요

소리가 날 수 있는 물건을 두드리거나, 주위에 비상벨이 있을 때에는 비상벨을 누르세요. 어린이는 대피가 최우선이며, 비상벨은 대피가 긴급하지 않은 경우에 사용하세요. 안전한 곳으로 대피한 후에는 119에 신고하세요. 불이 난 장소, 전화번호와 이름을 말하세요.

2. 안전하게 밖으로 대피하세요.

화재경보가 울리면 지체하지 말고 유도등의 표시방향을 따라 질서 있게 대피하세요. 엘리베이터, 무빙워크가 아닌 피난계단을 이용하여 대피하세요. 엘리베이터는 화재 발생층에서 열리거나 정전으로 멈출 경우 갇힐 위험이 있습니다(단, 피난용 엘리베이터는 이용 가능).

3. 대피훈련을 해 보세요.

침착하게 줄을 서서 선생님의 지시에 따라 질서 있게 대피하고, 대피한 후에는 선생님과 약속한 장소에서 만나도록 정기적으로 훈련하세요.

그림 7-8 **화재가 났어요, 어떻게 할까요?**

출처: 한국화재보험협회(www.kfpa.or.kr).

3 자연재해 안전

자연재해란 기상 변화, 천재지변 등의 자연현상으로 인한 피해로 지진, 황사, 미세먼지, 풍수해, 폭염 등의 자연재난과 화재, 폭발, 붕괴 등으로 인한 인적 재난을 모두 포함한다. 최근 환경의 변화로 인해 여러 가지 자연재해의 빈도가 높아지고 있으며 피해 규모가 커지고 있다. 특히 지진으로부터의 피해 우려도 커지고 있는 실정에서 자연재해로 인한 안전교육이 더욱 중요하게 되었다. 자연재해 안전교육은 자연재난 및 인적 재난으로부터 생명과 재산을 보호하고 안전하게 생활하는 것을 목표로 한다. 이러한 교육을 영유아가 받아 자연재해의 종류와 그에 따른 대비 및 대처방법을 이해하고 있다면 자신을 지킬 수 있고 나아가 인명과 재산의 피해를 최소화할 수 있다.

1) 황사

황사는 중국이나 몽골 등 아시아 대륙의 중심부에 있는 사막과 황토 지대의 작은 모래나 황토, 먼지가 하늘에 떠다니다가 상층 바람을 타고 날아와 떨어지는 현상이다(환경부, 2020). 황사에는 몸속에 들어가면 쉽게 빠져나가지 않고 체내에 쌓여서 면역 기능 약화나 폐렴, 천식, 비염 등의 질환을 야기할 수 있는 성분들이 들어 있어서 각별한 주의가 필요하다.

2000년 이후 황사가 관측되는 일수는 점점 증가하고 있다(표 7-5). 황사가 많이 관측되는 것은 우리의 생활에 미치는 자연재해가 더 많아지고 있다는 것을 말한다. 이에 따라 우리나라는 2002년부터 '황사 예 · 특보제'를 시행하여 국민들이 황사에 대비할 수 있도록 안내하고 있다.

표 7-5 **연도별 황사 관측 일수**

연도	2010	2011	2012	2013	2014	2015	2016	2017	2018	2019
지속일수	25	15	6	7	17	22	16	13	14	11
발생회수	15	7	5	5	11	12	7	10	6	5

출처: e-나라지표, 2020.

황사는 영유아에게 호흡기질환을 일으키므로 영유아교육기관에서 황사로부터 영유아를 보호하기 위해서는 수시로 '황사 발생 기상정보'를 확인하고 황사 발생 시 행동요령을 자연스럽게 익힐 수 있도록 해야 한다. 또한 가정통신문을 통해 황사 대비요령 등을 가정으로 전달하여 가정에서도 황사에 대비할 수 있도록 해야 한다. 황사 발생 시 교사의 대처방법은 다음과 같다(국민재난안전포털, 2020h).

(1) 황사 발생 전과 발생 시

- 영유아와 학부모를 대상으로 황사 피해예방 행동요령을 지도·안내한다.
- 영유아 비상연락망 점검 및 연락체계를 유지한다.
- TV, 인터넷, 라디오를 통해 기상 정보, 대기 중 실시간 황사 농도를 확인한다.
- 황사가 실내로 들어오지 못하도록 창문을 닫고, 점검한다.
- 실내공기청정기, 가습기 등을 준비한다.
- 황사 발생 시 영유아의 바깥놀이와 실외활동을 삼가고 견학이나 야외활동은 취소한다.
- 부득이한 실외활동 시에는 영유아가 긴소매 옷을 입고 마스크 등을 착용할 수 있도록 한다.
- 교사도 실외활동 시 마스크 등을 착용한다.
- 외출에서 돌아온 후에는 손을 깨끗이 씻고 양치질을 한다.

(2) 황사가 지나간 후

- 실내공기를 환기시킨다.
- 황사에 노출되어 오염된 물품은 충분히 세척 후 사용한다.

- 영유아교육기관의 실내·외를 청소하여 먼지를 제거한다.
- 황사 후 발생할 수 있는 전염병에 대한 예방접종을 가정에 안내한다.

Tip 재난 안전관리를 위한 황사 확인 방법

1. TV나 라디오를 통해 일기예보를 확인한다.
2. 기상청 및 국립수의과학검역원 홈페이지를 통한 확인
   - 기상청: www.kma.go.kr
   - 기상청 날씨누리: www.weather.go.kr
3. 전화를 통한 확인
   - 기상청 날씨누리: 02-2181-0900
   - 국번 없이 131(지역 기상정보: 지역번호 + 131)

출처: 국민재난안전포털, 2020h.

2) 폭염

폭염은 사람의 체온을 올려 심각한 영향을 미칠 수 있으므로 영유아에게 특별한 주의가 필요하다. 우리나라는 하루 최고기온이 섭씨 33℃ 이상인 경우가 2일 정도 지속될 때 '폭염주의보'를, 하루 최고기온이 35℃ 이상이고, 하루 최고 열지수가 42℃ 이상인 상태가 2일 이상 지속되면 '폭염경보'를 발령하여 폭염에 주의하도록 안내하고 있다(국민재난안전포털, 2020e). 기상청(2020)은 우리나라 2000년대 폭염 일수가 10회에서 2010년대에는 15.5회로 50% 이상 증가했다고 보고하였으며, 질병관리본부(2019)에 의하면 폭염에 의한 온열환자는 2017년 1,574명(사망 11명)에서 2018년 4,526명(사망 48명)으로 약 3배 증가했다.

폭염이 지속되면 우리 몸의 항상성 유지를 위한 체온조절 능력이 감소하여 열경련, 열부종, 열실신, 열탈진, 열사병, 일사병과 같은 질병이 발생할 수 있다(질병관리본부, 2012).

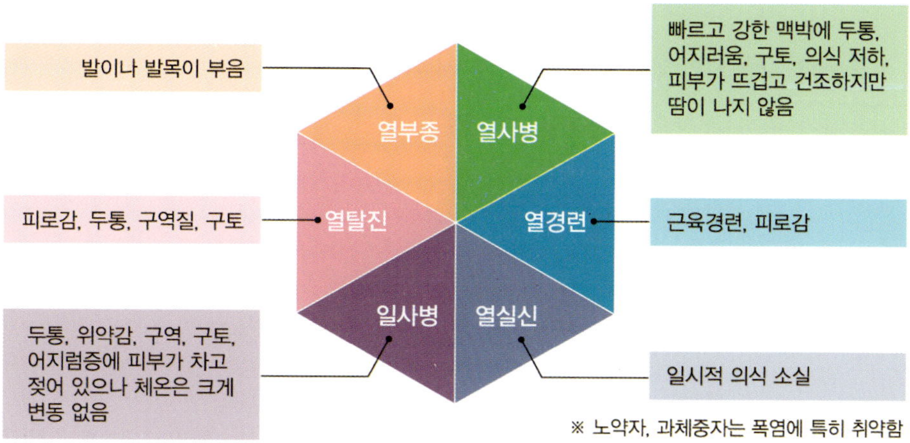

그림 7-9 경련에서부터 생명위협의 일사병까지 6가지 증상

출처: 교육과학기술부, 2011.

여름철 기온 상승으로 인한 폭염현상은 영유아를 쉽게 지치게 한다. 또한 영유아는 세균성 질병에 쉽게 노출되기 때문에 기온이 높은 날은 실외활동을 제한하고 일과 운영을 탄력적으로 하여 영유아가 지치지 않도록 해야 한다. 폭염 발생 시 교사의 대처방법은 다음과 같다(국민재난안전포털, 2020e).

- 여름철 기상상황에 관심을 갖고 라디오, TV의 무더위 관련 기상 상황을 매일 체크한다.
- 정전에 대비 손전등, 비상 식수, 부채, 휴대용 라디오 등을 미리 준비해 둔다.
- 영유아교육기관에서는 가까운 병원의 연락처를 미리 확인해 둔다.
- 영유아교육기관 주치의 서비스를 이용하여 영유아의 열사병 등의 증상을 체크한다.
- 창문에 커튼이나 천 등을 이용, 건물 안으로 들어오는 직사광선을 최대한 차단한다.
- 영유아의 야외활동을 삼가고 실내 온도를 적정선으로 유지시켜 준다.
- 냉방기기 사용 시는 실내 · 외 온도차를 5℃ 내외로 유지하여 냉방병을 예방한다(건강 실내 냉방온도는 26~28℃가 적당).
- 한 시간에 한 번씩 꼭 10분간 환기하고, 2주에 한 번은 에어컨 필터를 청소한다.
- 온도가 높은 한낮에는 되도록 실외활동을 피하도록 한다.
- 외출이 꼭 필요한 경우에는 창이 긴 모자, 햇빛 가리개, 썬크림 등 차단제를 준비

하고 시원한 장소를 찾아 더위를 피할 수 있도록 해 주어야 한다.

- 영유아가 낮잠시간을 충분히 갖도록 하고 교사도 잠깐 휴식할 수 있도록 한다.
- 영유아가 편한 복장으로 활동할 수 있도록 하고 하루 일과는 무리하지 말고, 융통성 있게 계획한다.

3) 태풍

태풍은 지구의 자전으로 인한 계절의 변화와 온도(열량)의 차이로 인해 나타나는 현상이다. 우리나라의 경우 태풍은 여름철과 가을철에 집중되어 있고 강한 바람과 많은 비를 동반하여 태풍이 오면 막대한 재산피해와 인명피해를 주게 되므로 이에 대비하는 것이 필요하다. 또한 지구온난화의 영향으로 태풍, 국지성 집중호우, 홍수, 낙뢰, 천둥 등이 잦아지고 있으므로 태풍에 대처하는 방법에 대해 알고 영유아에게 기상변화와 태풍 시 대처방법에 대해 교육해야 한다. 태풍 발생 시 교사의 대처방법은 다음과 같다(국민재난안전포털, 2020d).

(1) 태풍이 오기 전

- 영유아 및 부모를 대상으로 태풍대비 행동요령에 대해 안내 및 교육한다.
- TV나 라디오를 수신하여 태풍의 진로와 도달시간을 숙지한다.
- 긴급 상황에 따른 정보 수신을 위해 스마트폰에 안전디딤돌 앱을 설치한다.
- 가까운 행정복지센터(주민센터)의 연락처를 확인해 둔다.
- 침수나 산사태 위험 지역에 거주한다면 대피장소와 비상연락방법을 미리 알아 둔다.
- 응급 약품, 손전등, 식수 등의 생필품은 미리 준비한다.
- 원내의 비상연락방법과 대피방법을 미리 의논한다.
- 바람에 날아갈 위험이 있는 지붕, 간판, 창문, 출입문 또는 마당이나 외부에 있는 놀이기구, 자전거 등은 단단히 고정시킨다.
- 문과 창문을 잘 닫아 움직이지 않도록 한다.

- 안전을 위해 영유아교육기관 내부에 영유아가 머무를 수 있도록 한다.
- 테이프를 붙일 때에는 유리가 창틀에 고정되도록 해 유리가 흔들리지 않도록 한다.
- 유리창 파손예방을 위해 창틀과 유리 사이의 채움재를 체크하고 틈이 없도록 보강해 준다.

(2) 태풍주의보 및 경보 시

- 가능하면 단축수업이나 휴원을 하여 가정에서 영유아가 보호자와 함께 머무를 수 있도록 한다.
- 간판, 창문 등 날아갈 위험이 있는 물건은 단단히 고정한다.
- 영유아교육기관 내의 창문이나 출입문을 잠근다.
- 대피할 때에는 수도, 가스, 전기를 반드시 차단한다.
- 라디오, TV, 인터넷을 통해 기상예보 및 태풍상황을 잘 알아 둔다.
- 영유아 비상연락망 점검 및 연락체계를 유지한다.

4) 홍수

홍수는 단기간의 집중호우나 장기간 계속된 강수의 결과로 하천이 범람하거나 강의 물이 불어 주변 지역에 피해를 입히는 자연재해이다(한강홍수통제소, 2020). 홍수는 주거지역과 길을 파괴할 뿐 아니라 지반을 약화시켜 산사태를 유발하며, 사람들을 고립시키기도 하는 등 매우 큰 자연재해에 속한다. 2018년 한해 여름철 호우로 인해 발생한 홍수 및 범람 피해는 전국 약 414억 원에 달한다(환경부, 2018).

홍수는 살고 있는 생활터전을 잃어버리게 하고, 지반을 약화시켜 붕괴사고나 산사태 등 2차적인 피해로 이어질 수 있으며, 복구에도 많은 시간과 인력을 필요로 한다. 또한 하천 등의 오염된 물이 범람하여 전염성 질병을 일으킬 수 있으므로 이에 대한 대비를 하는 것이 필요하다. 집중호우나 태풍 등으로 인해 하천이 범람하거나 맨홀, 하수도 등의 역류현상으로 인한 침수피해를 입을 수 있으므로 평소 영유아교육기관 주변의 상하수도 파손상태나 위험이 있는 시설물을 점검하고 조치해야 한다. 홍수 발생 시

교사의 대처방법은 다음과 같다(국민재난안전포털, 2020g).

(1) 홍수 우려 시

- 휴원을 하거나 이미 영유아교육기관에 영유아가 머물고 있는 상태라면 빠른 시간 안에 귀가할 수 있도록 한다.
- 영유아가 실내에서 밖으로 나가지 않도록 한다.
- 피해가 예상되는 지역의 영유아교육기관에서는 대피 준비를 하고 물이 건물 안으로 흘러들어오는 것을 막기 위한 모래주머니나 튜브 등을 준비해 둔다.
- 라디오나 TV, 인터넷을 통해 기상변화를 알아 둔다.
- 홍수 우려 때 대피 가능한 장소와 대피로를 사전에 숙지해 둔다.
- 물은 오염될 수 있으니 마실 물은 미리 준비해 둔다.

(2) 물이 밀려올 때

- 홍수가 발생하면 높은 곳으로 빨리 대피한다.
- TV와 라디오를 주의 깊게 듣는다.
- 홍수로 밀려온 물에 가까이 가지 않도록 주의한다.
- 흐르는 물에 들어가지 않도록 한다.
- 지정된 대피소에 도착하면 반드시 도착 사실을 알리고, 통제에 따라 행동한다.

(3) 물이 빠진 후

- 물이 빠져나가고 있을 때 물에서 멀리 떨어진다(기름이나 더러운 물로 오염되었을 수 있음).
- 홍수가 지나간 지역은 도로가 약해져서 무너질 수 있으므로 재난발생지역에는 가까이 가지 않는다.
- 실내(건물)에 도착 후에는 들어가지 말고, 붕괴가능성을 반드시 점검한다.
- 가스 · 전기차단기가 off에 있는지 확인하고, 기술자의 안전조사가 끝난 후 사용한다.
- 건물 안에 진입하면 가스가 새어 축적되어 있을 수 있으므로 성냥불이나 라이터

불을 사용하지 말고, 창문을 열어 환기를 한다.
- 수돗물이나 저장식수도 오염 여부를 반드시 조사 후에 사용한다.
- 영유아교육기관 안팎의 시설물과 영유아의 손에 닿는 모든 물건을 소독, 방역 처리 후 이용할 수 있도록 한다.

5) 대설

대설은 눈이 많이 내려 교통을 마비시키고 사람들을 고립시키는 자연재해이다. 기상청에서는 적설량이 10cm 이상이 예상될 경우 대설주의보를 발령하고 적설량이 30cm 이상 되고 큰 눈에 의해 중대한 재해가 일어날 염려가 있다고 예상될 때 대설경보를 발령한다.

대설로 인해 교통마비나 사람들의 고립도 문제지만 눈의 무게로 인해 2차 붕괴사고로 이어질 수 있기 때문에 대설로 인한 피해를 최소화하는 대처방안을 숙지하는 것이 중요하다. 영유아 교사의 경우 대설피해에 대해 영유아가 인지하고 위험에 대비할 수 있도록 교육하는 것이 필요하다. 대설 발생 시 교사의 대처방법은 다음과 같다(국민재난안전포털, 2020a).

- TV, 라디오, 인터넷 등으로 기상정보를 미리 파악한다.
- 스마트폰에 안전디딤돌 앱을 설치하여 대설 관련한 재난 예·경보에 관심을 기울인다.
- 설해 대비용 안전 장구(염화칼슘, 체인, 모래주머니, 삽 등)를 준비한다.
- 응급약품, 손전등, 담요 등을 구비해 둔다.
- 영유아교육기관에 영유아가 있는 상태라면 영유아가 실외로 나가지 않도록 한다.
- 영유아교육기관 주변의 눈은 지속적으로 치운다.
- 30cm 이상 눈이 쌓인 경우 붕괴 예방을 위해 지붕 위의 눈을 수시로 치운다.
- 빙판 길에는 모래 또는 염화칼슘 등을 뿌려서 미끄럼 사고를 예방한다.
- 비상시를 대비한 지역 대피장소와 안전한 이동방법을 마련하고 숙지해 둔다.
- 차량에는 체인, 모래주머니, 삽 등 안전장구와 고립에 대비한 담요와 양초를 준비해 둔다.

- 비상연락망을 준비하고 비상시 연락을 취할 수 있도록 한다.

6) 한파

기상청은 겨울철에 기온이 급격히 하강할 때 한파주의보나 한파경보를 발령한다.[6)] 낮은 기온으로 인해 수도관 등의 동파사고로 이어질 수 있으며 보일러를 이용한 난방이 불가능해지기 때문에 겨울철에 가장 빈번히 발생할 수 있는 재해의 유형이다. 또한 저체온증, 동상 등의 2차 피해를 유발하며 얼어 있는 도로로 인한 차량사고나 상해사고 등이 발생할 수 있다.

한파가 발생하면 영유아가 감기 등의 질병에 노출되기 쉽고, 장시간 한파에 노출될 경우 저체온증을 유발할 수 있다. 신체조절능력이 미성숙한 영유아의 경우 겨울철의 낮은 기온변화에 성인보다 취약할 수 있다. 따라서 교사는 추운 날씨에 영유아가 장시간 노출되지 않도록 실외활동시간을 조정하거나 실내활동으로 전환하여 한파로 인한 질병에 걸리지 않도록 주의해야 한다. 한파 발생 시 교사의 대처방법은 다음과 같다(국민재난안전포털, 2020f).

- 겨울철에는 무리한 신체활동이나 장시간 실외활동은 자제하며, 주기적으로 따뜻한 곳에서 휴식을 취하도록 한다.
- 기온이 많이 내려간 날은 영유아가 가능하면 실외로 나가지 않도록 한다.
- 한파 발생 시 실외에 있다면 영유아가 담요나 두꺼운 옷 등을 걸쳐 체온을 유지하고 가볍게 몸을 움직일 수 있도록 해야 하며, 영유아가 잠들지 않도록 한다.
- 외출 후에는 손발을 씻도록 한다.
- 수도 계량기, 보일러 등은 동파되지 않도록 보온조치를 한다.
- 비상시 신속하게 연락할 수 있도록 비상연락망을 미리 알아 둔다.

---

6) • 한파주의보: 아침 최저기온이 전날보다 10℃ 이상 하강하여 3℃ 이하이고 평년값보다 3℃가 낮을 것으로 예상될 때, 또는 아침 최저기온이 -12℃ 이하가 2일 이상 지속될 것이 예상될 때
• 한파경보: 아침 최저기온이 전날보다 15℃ 이상 하강하여 3℃ 이하이고 평년값보다 3℃가 낮을 것으로 예상될 때, 또는 아침 최저기온이 -15℃ 이하가 2일 이상 지속될 것이 예상될 때

- 손가락, 발가락 등 신체 말단부위의 감각이 없거나 창백해지는 경우에는 동상을 조심해야 한다.
- 동상이 걸렸을 때는 비비거나 갑자기 불에 쬐어서는 안 되며, 따뜻한 물로 세척 후 보온을 유지하고 병원 진료를 받을 수 있도록 한다.

7) 지진

지진은 지구 내부의 축적된 에너지가 암석의 일부분에 급격한 운동을 일으켜 지표로 나와 땅이 갈라지며 흔들리는 현상을 말한다(한국기상학회, 기상청, 2015). 지진이 육지에서 발생하면 건물의 붕괴 등으로 이어져 수많은 인명 피해를 야기할 수 있으며, 바다에서 일어나면 지진해일(쓰나미)로까지 이어져 재산과 인명에 막대한 피해를 초래할 수 있다.

우리나라도 최근 경주(2016년 9월 12일 진도 5.8)와 포항(2017년 11월 15일 진도 5.4)에서 발생한 지진을 비롯하여 지진 발생 빈도가 높아지고 있으며 빈번한 지진 발생 국가인 일본과 인접해 있는 등 지형적 위치와 환경문제로 인한 위험요소들이 잠재해 있기 때문에 지진으로부터 결코 안전하다고 이야기할 수 없다. 2018년까지 발생한 우리나라의 지진 발생 빈도와 규모를 살펴보면 최근 들어와서 지진의 강도가 높아지고 있고 발생빈도도 증가하고 있다. 따라서 이에 대한 대비가 필요한 시점이다. 우리나라의 지진 발생빈도와 규모는 다음과 같다(그림 7-10).

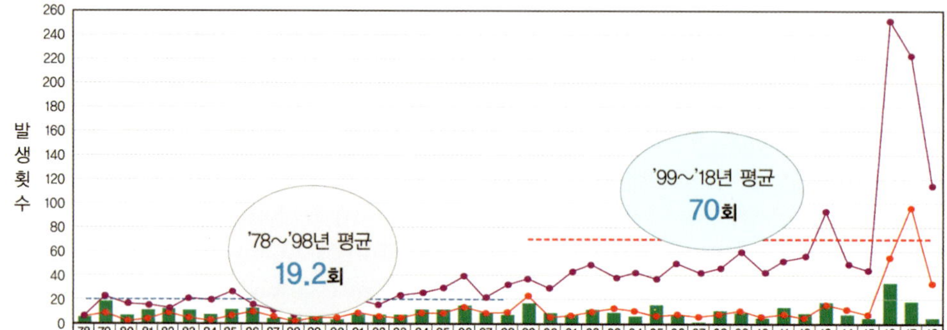

구분	78	79	80	81	82	83	84	85	86	87	88	89	90	91	92	93	94	95	96	97	98
규모 3.0 이상	5	17	6	10	11	10	7	11	12	4	4	13	3	7	7	7	11	11	14	8	7
유감지진	5	8	1	3	8	4	2	6	9	5	1	4	4	8	5	4	8	8	13	8	9
총 횟수(M≥2.0)	6	22	16	15	13	20	19	26	15	11	6	16	15	19	15	23	25	29	39	21	32

구분	99	00	01	02	03	04	05	06	07	08	09	10	11	12	13	14	15	16	17	18
규모 3.0 이상	16	8	7	11	9	6	15	7	2	10	10	5	14	9	18	8	5	34	19	5
유감지진	22	5	6	9	12	10	6	7	5	7	10	5	7	4	15	11	7	55	98	33
총 횟수(M≥2.0)	37	29	43	49	38	42	37	50	42	46	60	42	52	56	93	49	44	252	223	115

* 우리나라 연도별 지진발생추이('78~'18년)

구분	연평균 지진발생 횟수		
	'78~'17년	'78~'98년(아날로그 관측)	'99~'18년(디지털 관측)
규모 2.0 이상	42.2	19.2	70.0
규모 3.0 이상	10.0	8.8	10.9
유감지진	10.6	5.9	16.7

그림 7-10 지진 발생 빈도와 규모

출처: 기상청, 2019.

지진은 단시간에 가장 많은 피해를 일으키는 자연재해이기 때문에 지진 발생에 대한 경각심을 일깨우고 이에 대비할 수 있는 정기적인 안전교육은 반드시 필요하다. 따라서 영유아교육기관에서는 정기적으로 지진에 대비하는 안전교육을 실시하고 지진 대피 행동요령 등을 가정통신문을 통해 가정으로 전달하여 가정에서도 지진에 대비하는 안전교육이 이루어질 수 있도록 해야 한다. 지진 발생 시 교사의 대처방법은 다음과 같다(국민재난안전포털, 2020c)

(1) 지진 발생 전

- 지진 발생 때 위험을 일으킬 수 있는 교실의 가구와 높은 곳에서 떨어질 수 있는 물건을 미리 치워 둔다.
- 평상시 크고, 무겁고, 깨지기 쉬운 물건은 낮은 곳에 배치한다.
- 지진 발생 시 대피할 수 있는 안전한 장소를 미리 알아 둔다(예: 실내의 단단한 탁자 아래, 내력벽 사이 작은 공간 등).
- 비상시 사용할 약품 · 비품 · 장비 · 식품의 위치와 사용법을 알아 둔다.

- 비상시 취할 사항과 역할을 미리 정해 둔다.
- 영유아와 함께 지진에 대비한 훈련을 정기적으로 실시한다.
- 영유아교육기관 건물의 기초와 주변의 지반 상태를 정기적으로 점검한다.
- 지진 발생 시 화재에 대비하여 소화기를 준비해 두고 사용법을 알아 둔다.
- 환자 발생 시를 대비하여 평소에 응급처치 행동요령에 대해 숙지하도록 한다.

(2) 지진 발생 시

- 낙하물로 인한 부상의 위험성을 최소화하기 위해 제일 먼저 방석 등을 이용하여 머리를 보호한다(방석이 없을 때는 두 손으로 머리를 감싼다).
- 전기 · 가스불을 꺼서 화재를 예방하고 문을 열어 출구를 확보한다(철근 구조의 출입문은 지진으로 인해 문이 비뚤어져 열리지 않을 수 있음).
- 크게 흔들리는 시간은 길어야 1~2분 정도이므로 우선 튼튼한 테이블이나 책상 밑에 들어가 그 다리를 꽉 잡고 몸을 피하도록 한다.
- 실외에 있을 경우, 블록담이나 건물의 외벽이 튼튼하지 않을 수 있으므로 영유아가 기대지 않도록 한다. 특히 자동판매기 등 고정되지 않은 물건 등도 넘어질 우려가 있으므로 유의한다.
- 지진이나 화재가 발생할 때는 엘리베이터를 사용해서는 안 된다.
- 엘리베이터에 타고 있을 때는 모든 버튼을 눌러, 신속하게 내린 후 대피하도록 한다. 만일 갇혔을 때는 직접통화장치로 구조를 요청하고 영유아가 안정될 수 있도록 한다.
- 떨어지는 물건에 주의하며 신속하게 운동장이나 공원 등 넓은 공간으로 대피한다.
- 창문 유리가 깨질 우려가 있으므로 창문과 떨어져 이동한다.
- 응급 환자나 상처를 입은 영유아 발생 시 응급처치 방법에 따라 신속한 응급처치를 한다.
- 이동 시에는 지진으로 인한 유리 조각이나 떨어져 있는 물체로 인해 발을 다칠 수 있으므로 발을 보호할 수 있는 신발을 신고 이동해야 한다.

(3) 지진이 멈춘 직후

- 놀란 영유아를 안심시키고 다치거나 실종된 영유아가 없는지 확인한다.
- 영유아의 상태를 살펴보고 부상 영유아가 있을 시 즉시 구조를 요청하여야 한다.
- 만약 정전이 되었다면 손전등을 사용하고 불(양초, 성냥, 라이터)은 누출된 가스로 인해 폭발할 위험이 있으므로 안전을 확인하고 사용한다.
- 유리파편 등에 대비하여 영유아가 맨발로 이동하지 않도록 지도한다.

8) 미세먼지

미세먼지란 눈에 보이지 않을 정도로 입자가 작은 먼지로 대기 중에 떠다니거나 흩날려 내려오는 입자상 물질이다(보건복지부, 2020b). 미세먼지는 공장이나 자동차의 배출가스, 석탄 · 석유 등의 화석연료의 연소 과정에서 발생한 탄소류와 지표면의 흙먼지, 대기 오염물질이 공기 중에서 반응하며 형성되는 황산염이나 질산염 등이며 발생 지역이나 계절, 기상조건에 따라 미세먼지를 이루는 성분은 달라질 수 있다. 미세먼지의 크기는 10μm보다 작은 미세먼지(PM10)와 지름이 2.5μm보다 작은 미세먼지(PM2.5)로 나뉘며 세계보건기구(WHO)에서는 미세먼지(PM10, PM2.5)에 대한 대기질 가이드라인을 1987년부터 제시해 왔다. 미세먼지는 대기 중에 머물러 있다가 호흡기를 거쳐 폐 등에 침투하여 건강에 나쁜 영향을 미칠 수 있으며 2013년에는 세계보건기구 산하의 국제암연구소(International Agency for Research on Cancer: IARC)에서 미세먼지를 사람에게 발암이 확인된 1군 발암물질(Group 1)로 지정하였다.

환경부는 기상청과 함께 2014년 2월부터 전국을 대상으로 미세먼지(PM10) 예보제를 시행하였으며 2015년 11월부터는 미세먼지(PM10)와 초미세먼지(PM2.5) 모두 고려하여 매일 4회(오전 5시/11시, 오후 5시/11시) 좋음/보통/나쁨/매우나쁨의 단계로 예보하고 있다. 또한 방송과 인터넷 홈페이지(에어코리아, www.airkorea.or.kr), 모바일 앱(우리동네 대기질), 문자메시지 등으로 실시간 농도 및 대기질 예 · 경보를 제공하고 있다.

우리나라 주요도시의 미세먼지 오염도는 다음과 같다(그림 7-11, 그림 7-12).

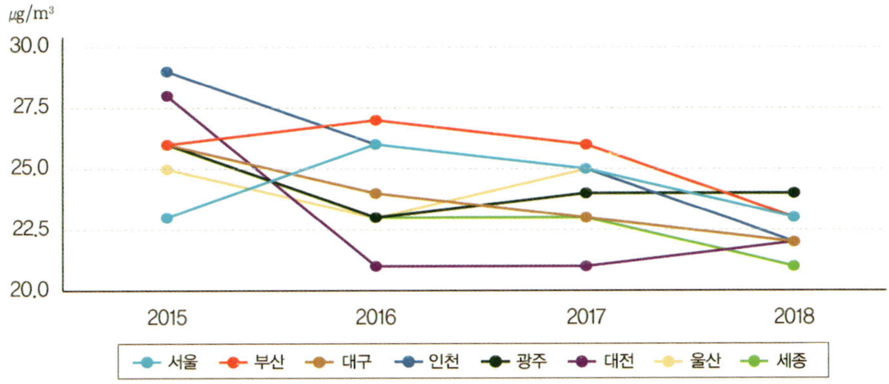

그림 7-11 주요도시 미세먼지(PM-2.5) 오염도

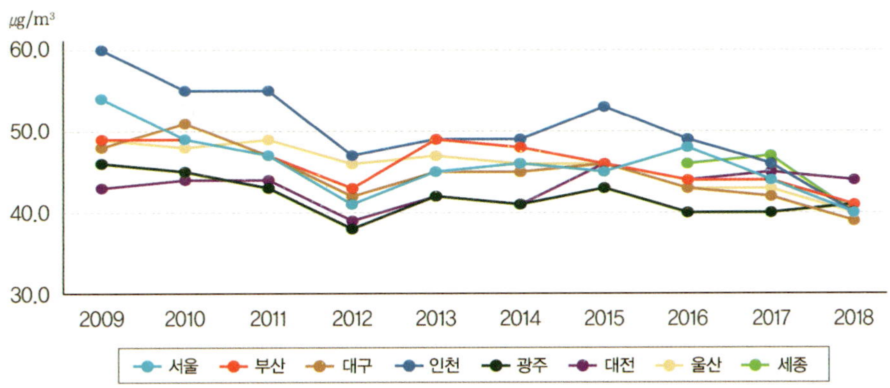

그림 7-12 주요도시 미세먼지(PM-10) 오염도

표 7-6 미세먼지 예보등급 4단계

구 분		등급(㎍/m³)			
		좋음	보통	나쁨	매우나쁨
예보 물질	미세먼지 (PM10)	0~30	31~80	81~150	151 이상
	초미세먼지 (PM2.5)	0~15	16~35	36~75	76 이상

* 미세먼지 예보등급은 PM10과 PM2.5 중 더 나쁜 등급을 기준으로 발표됨.

고농도 미세먼지 발생 시 영유아의 건강상 피해를 예방하기 위한 영유아교육기관에서의 대처방법은 다음과 같다(보건복지부, 2020b).

표 7-7 미세먼지 대응요령

단계	대응요령
평시 사전준비사항 포함	• 평상시 환기는 하루 두 번(오전, 오후) 이상 30분씩 실시 • 공기청정기 관리 (내부 필터 교체 주기 점검, 외부 필터 청소, 바람 흡입구 및 토출구 먼지 제거 등) • 미세먼지 '나쁨' 이상일 경우 자연환기 자제(실내공기질 오염상황에 따라 필요한 경우 짧게 환기 후 물청소) • 환기시설은 수시로 청소 (1일 8시간 사용 시 일주일에 1회, 3~4시간 사용 시 2주일에 1회 이상 권장) • 월 1회 이상 천장, 벽면, 창틀 및 방충망 등에 먼지가 쌓이지 않도록 물걸레 청소 • 고농도 미세먼지 발생 시 대처방안에 대한 숙지 • 보호자 비상연락망 구축 • 보호자 대상 대기오염 피해예방, 대응조치, 행동요령을 지도 • 고농도 미세먼지 상황 대비 실외활동 대체를 위한 사전계획 마련 – 대체활동 전환 기준 및 대체안(실내체육, 실외활동단축, 일정연기 등) 마련 • 호흡기질환 등 관심이 필요한 영·유아 관리대책 마련 – 현황 파악, 위생 점검 및 건강체크, 응급조치 요령 등 숙지 • 보건용 마스크, 상비약 등 비치 및 비치여부 확인 • 실내공기질 유지기준(PM10 75㎍/m^3, PM2.5 35㎍/m^3) 준수
고농도 예보 익일예보 '나쁨' 이상	• 온라인 게시판, 안내문, 보호자 비상연락망 등을 통한 예보상황 및 행동요령 공지 • 익일 예정된 실외활동에 대한 점검(실내활동으로 대체여부 검토 등) • 미세먼지 예보 상황 및 농도변화 수시 확인 ※ 에어코리아(airkorea.or.kr), '우리동네대기질' 모바일 앱 활용
고농도 발생 PM10 81 이상 또는 PM2.5 36 이상 1시간 지속	• 미세먼지 담당자는 미세먼지 농도를 수시로 확인, 기관 내 상황 전파 • 영·유아 대상 행동요령* 교육 및 실천 * 외출자제, 외출 시 마스크쓰기, 깨끗이 씻기 등 • 실외활동 자제(실내수업 대체), 바깥공기 유입 차단(창문 닫기) • 호흡기 질환 등 관심이 필요한 영유아 관리대책 이행 • 실내공기질 관리(예: 공기청정기 가동, 물걸레질 청소 등)
주의보 PM10 150 이상 또는 PM2.5 75 이상 2시간 지속	• 실외활동 단축 또는 금지, 필요시 등·하원 시간 조정 등 검토 ※ 체육활동, 현장학습 등을 실내활동으로 대체 • 시설 내 기계, 기구류 세척, 식재료 등 식당 위생관리 강화
비상저감조치 PM2.5 주의보 수준 유사	• 필요시 임시 휴원 및 수업시간 단축 등 권고 * (요건) ① 내일 '매우나쁨' 조건으로 비상저감조치가 발령될 경우 ② 비상저감조치 시행 중 초미세먼지 경보(150㎍/m^3 이상, 2시간)가 발령될 경우 ※ 다만, 휴원 등 권고 시에도 어린이집은 정상 운영하고, 어린이집에서 가정 내 보육 여부를 학부모가 선택할 수 있도록 '비상저감조치 발령사항' 및 '등원

단계	대응요령
	자제' 사전 안내(미등원 시에도 출석 인정) • 차량 운행제한 협조 * 통학차량 중 5등급 차량 확인 및 운영 자제
경보 PM10 300 이상 또는 PM2.5 150 이상 2시간 지속	• 실외활동 금지 • 등 · 하원 시간 조정, 임시 휴원 조치 검토 ※ 비상저감조치 발령 시 대응 요령과 동일 • 질환자 파악 및 특별관리 • 시설 내 기계, 기구류 세척, 식재료 등 식당 위생관리 강화

9) 자연재해 안전을 위한 영유아 안전교육

자연재해 안전을 위한 영유아 안전교육의 내용과 목표를 구체적으로 살펴보면 다음과 같다.

(1) 황사

- 황사의 개념과 현상에 대해 알고 그 위험성에 대해 안다.
- 황사 발생 시 대처방안을 알고 스스로 대비하는 능력을 기른다.
- 황사는 알레르기성 결막염, 비염, 기관지 천식 등을 유발할 수 있으므로 황사 발생 시에는 영유아 스스로 바깥놀이와 실외활동을 하지 않는다.
- 실외활동을 피할 수 없을 때에는 반드시 마스크를 착용하고 긴 옷을 입어 황사로부터 피부를 보호한다.
- 외출에서 돌아와서는 반드시 손 씻기와 양치하기 등 황사에 노출된 몸을 깨끗하게 씻어 내는 습관을 기른다.
- 흡입된 황사로부터 오염물질 제거를 위해 평소보다 물을 많이 마신다.

(2) 폭염

- 폭염의 개념과 원인에 대해 안다.
- 폭염 시 대비요령을 알고 실천해 볼 수 있다.

- 폭염 발생 시에는 꽉 끼는 옷은 피하고 실외활동을 자제한다.
- 폭염에 놀이시간을 스스로 조절할 수 있는 태도를 기른다.
- 폭염에 지치지 않도록 놀이 시간 후에는 반드시 휴식시간을 가진다.
- 외출 시에는 가볍고 밝은 색 계통의 얇은 옷을 헐렁하게 입는다.
- 챙이 넓은 모자를 착용하여 햇빛을 차단한다.
- 야외 활동 시에는 그늘진 곳을 이용하여 걷거나 그늘에서 자주 휴식을 취한다.
- 에어컨이나 선풍기에 너무 가까이 가거나 오랜 시간 사용하지 않는다.
- 피부가 장시간 햇빛에 노출될 우려가 있을 때는 자외선 차단제를 발라 피부를 보호할 수 있다.
- 폭염으로 인한 수분 부족이나 질병으로부터 스스로를 보호하기 위해 갈증이 나지 않더라도 규칙적으로 물을 마신다.

(3) 태풍

- 태풍의 발생 원리에 대해 이해한다.
- 태풍의 피해사례를 통해 태풍의 위험성을 안다.
- 태풍에 대비할 수 있는 방법에 대해 알아보고 실천해 본다.
- 태풍 발생 시 행동요령을 알고 지킨다.
- 태풍 발생 시에는 실외활동을 하지 말고 반드시 보호자와 함께 있는다.
- 번개가 칠 때 일어나는 감전 사고의 위험성에 대해 안다.
- 번개 발생 시 대처방법에 대해 알고 침착하게 행동한다.

Tip **천둥 번개 시 대처방법**

- 감전 사고를 예방하기 위해 우산을 쓰지 않는다.
- 붕괴 위험이 있으므로 전신주나 큰 나무 밑으로 가지 않는다.
- 낙뢰를 피하기 위해 금속이나 뾰족한 것이나 물가(호수, 강, 바닷가), 기찻길 등에서 멀리 피신한다.
- 건물 안으로 대피하지 못하고 평지에 있을 경우 최대한 웅크리고 앉는다.

(4) 홍수

- 홍수의 개념과 위험성에 대해 안다.
- 홍수가 발생하였을 때에는 실외활동을 하지 않는다.
- 집이나 현재 자신이 머물고 있는 건물 안으로 물이 들어올 경우 신속하게 높은 곳으로 대피한다.
- 비탈면이나 산사태가 일어날 수 있는 곳 근처에는 가지 않는다.
- 연못이나 물웅덩이 등 물이 있는 곳은 위험함을 알고 가까이 가지 않는다.

(5) 대설

- 많은 양의 눈이 내리면 이동이 어렵고 자칫 쌓인 눈 속에 빠질 수 있으므로 주의한다.
- 실외활동이나 외출을 자제하고 보호자와 함께 실내에 머무른다.
- 부모님과 함께 내 집 앞 눈 치우기를 실천해 본다.
- 눈이 올 때는 신발 바닥면이 미끄러운 것은 신지 않도록 하고, 가능한 방한 부츠나 겨울철 운동화를 신는다.
- 쌓인 눈으로 인한 붕괴의 위험성에 대해 안다.
- 눈이 내린 날 밤에는 색깔이 선명한 옷을 입어 교통사고에 대비한다.

(6) 한파

- 낮은 기온으로 인해 발생할 수 있는 몸의 변화에 대해 알고 그로 인한 위험성을 이해한다(동상, 저체온증, 안면홍조, 감기 등의 질병의 위험성).
- 몸을 따뜻하게 해야 하는 이유와 따뜻하게 하는 방법을 실천할 수 있다.
- 한파로 인하여 노면이 얼어붙어 있을 수 있으므로 실외활동 시 빙판길을 주의하고 빙판길을 걸을 때는 발바닥 전체로 걷는다.
- 장갑을 착용하고 주머니에 손을 집어넣고 다니지 않는다.
- 외출을 자제하고 오랜 시간 실외활동을 하지 않는다.

(7) 지진

- 장소에 따른 지진 발생 시의 안전한 행동요령에 대해 알아보고 대처할 수 있는 태도를 기른다.
- 지진으로 인한 화재 위험을 대비하기 위해 불을 끄고 가스 밸브를 잠근다.
- 천장이나 위에서 떨어지는 물체들로 인해 다치지 않도록 탁자나 책상 밑으로 몸을 피해 스스로를 보호한다.
- 깨진 조각이나 떨어진 물체의 파편들로 인하여 다칠 수 있으므로 반드시 신발을 신고 움직인다.
- 지진으로 인한 건물 붕괴에 대비해 인근 공원이나 광장 등 넓고 안전한 곳으로 침착하게 대피한다.

Tip 지진 발생 시 안전 약속

- 방석 등으로 머리를 덮어 낙하물로부터 보호한다.
- 문을 열어 출구를 확보한다.
- 실내에서 지진으로 흔들리는 1~2분 동안은 탁자 아래로 들어가 몸을 보호한다.
- 맨발로 다니지 않고 신발을 신고 다닌다.
- 집 밖에 있을 때 머리를 보호하면서 움직인다.
- 지진이 나면 건물이나 전선으로부터 멀리 떨어져 운동장이나 공원 등 넓은 공간으로 대피한다.

(8) 미세먼지

- 미세먼지의 위험성과 예방법에 대해 안다.
- 미세먼지가 우리 몸에 주는 영향에 대해 이해한다.
- 미세먼지의 해로움에 대해 관심을 가진다.
- 미세먼지 발생 시 실외활동이나 바깥놀이를 하지 않는다.
- 미세먼지 발생 시 창문을 열지 않는다.
- 미세먼지 발생 시 외부활동이 필요하다면 반드시 마스크를 쓴다.
- 외부활동 후에는 손, 발 등 몸을 깨끗이 씻고 옷을 갈아입는다.
- 물을 자주 마신다.

'감염병 재난 극복' 안전교육을 위한 활동의 실제

활동명	바이러스 안녕	대상연령	3~5세	활동유형	신체
활동목표	– 감염병에 관심을 가지고 예방하는 방법을 알고 실천할 수 있다. – 긴장된 근육을 이완시킴으로써 심리적으로 안정을 느낄 수 있다. – 신체를 조절하여 다양한 움직임으로 표현한다.				
누리과정 관련요소	– 신체운동 · 건강 〉 신체활동 즐기기 〉 신체 움직임을 조절한다. – 신체운동 · 건강 〉 건강하게 생활하기 〉 질병을 예방하는 방법을 알고 실천한다. – 예술경험 〉 창의적으로 표현하기 〉 신체나 도구를 활용하여 움직임과 춤으로 자유롭게 표현한다.				
활동자료	– CD플레이어, 조용한 음원				
활동방법 – 도입	▪ **요즘 유행하고 있는 감염병에 대해 이야기를 나눈다.** – 우리가 마스크를 착용하고 있는 이유는 무엇일까? – 바이러스가 우리 몸에 들어오면 어떻게 될까? 감기에 걸렸을 때 어땠니? – 바이러스가 우리 몸에 들어오지 않게 하려면 어떻게 해야 할까? – 어떻게 우리 몸의 면역력을 기를 수 있을까? ▪ **건강한 몸을 위한 신체활동의 필요성에 대해 이야기 나눈다.** – 집에서 움직이지 않고 가만히 있으면 어떻게 될까? – 운동을 해야 하는 이유는 무엇일까? – 집에서 가족들과 할 수 있는 운동은 어떤 것이 있을까?				
활동방법 – 전개	▪ **노래를 부르며 해당 신체 부위를 찾아 일대일 매칭을 해 본다.** – 노랫말을 듣고 우리 몸에서 찾아보자. – 노래가 조금 천천히 들리면 몸을 천천히 움직이며 찾아보자. ▪ **말하는 신체 부위에 힘을 천천히 주다 멈춘 뒤 힘을 빼며 의도적으로 조절해 본다.** – 이제 우리의 손, 얼굴, 배, 다리, 발에 돌아가면서 힘을 주고 빼 볼 수 있을까? – 이제 있는 힘껏 주먹을 쥐어 봐! 끝까지 힘이 들어갔으면 그대로 멈추자. – 다음은 얼굴이야. 얼굴을 최대한 찡그려 보자. 힘이 잔뜩 들어갔으면 잠시 그대로 멈추는 거야. (몇 초간 정지) – 자, 이제 천천히 힘을 빼자. 휴우. ▪ **풀린 근육을 의도적으로 움직여 본다.** – 이제 몸이 풀렸으면 천사를 한번 만들어 볼까? 눈밭에 누워서 천사 모양을 만드는 것처럼 누워서 팔과 다리를 움직여 보자. ▪ **다양한 방법으로 힘을 주고 빼보며 신체를 조절하여 움직여 본다.** – 어떤 자세를 해 볼까? (서서 하거나 누워서 하는 등 유아가 또래의 다양한 자세를 모방할 수 있다.)				

	마무리	▪ **활동을 하며 기억에 남는 자세에 대해 이야기를 나눠 본다.** – 어떤 동작이 가장 흥미로웠니? – 어떤 친구의 동작이 가장 기억이 남니? – 힘든 동작은 없었니? ▪ **활동을 하며 느낀 기분, 활동을 마친 후 자신의 느낌을 표현해 본다.** – 신체부위에 힘을 주었을 때 느낌이 어떠니? 힘을 뺄 때 느낌은 어떠니? – 활동을 마친 기분은 어떠니?
활동의 유의점		– 안전사고에 대비하여 바닥에 놀잇감 등을 정리하고, 천매트 등 미끄러울 수 있는 소재의 매트는 한 곳에 정리해 둔다. – 여러 신체 움직임을 시도할 수 있으므로 유아 간의 적정 거리를 유지할 수 있도록 지도한다.
확장활동		– 자신이 뽑은 동작 카드를 보고 유사하게 표현해 보기, 또래의 동작을 모방해 보기 등의 게임 활동을 시도해 볼 수 있다. – 한 부위의 근육만 긴장과 이완을 여러 번 반복해도 되며, 상황에 따라 시행 횟수도 조절해 볼 수 있다.

출처: 육아정책연구소, 2020.

'폭염' 안전교육을 위한 활동의 실제

<table>
<tr><th colspan="2">활동명</th><td>그늘을 만들어요!(재난대응훈련)</td><th>대상연령</th><td>4세</td><th>활동유형</th><td>신체</td></tr>
<tr><th colspan="2">활동목표</th><td colspan="5">– 폭염에 대해서 안다.
– 더운 날씨에 시원하게 보낼 수 있는 방법을 알고 도구를 만들어 볼 수 있다.</td></tr>
<tr><th colspan="2">누리과정 관련요소</th><td colspan="5">– 자연탐구 〉 자연과 더불어 살기 〉 날씨와 계절의 변화를 생활과 관련짓는다.
– 신체운동 · 건강 〉 건강하게 생활하기 〉 질병을 예방하는 방법을 알고 실천한다.</td></tr>
<tr><th colspan="2">활동자료</th><td colspan="5">파라슈트, 끈, 시원한 그림모음(선풍기, 에어컨, 아이스크림, 물놀이 사진, 모자, 부채 등)</td></tr>
<tr><th rowspan="2">활동방법</th><th>도입</th><td colspan="5">■ 폭염에 대한 수수께끼를 낸다.
– 난 여름에만 있어요. 여름에 갑작스럽게 찾아오고요. 선풍기나 에어컨이 필요해요. 나는 누구일까요? 난 더위와 비슷하지요? (정답: 폭염)
– 날씨가 더울 때 걸리는 병이에요. 햇볕이 있어야 걸린답니다. 이 병은 더운 날 실외에서 긴 시간 있을 때 걸릴 수 있어요. 무엇이라고 할까요? (정답: 일사병)
– 나는 폭염에 대처하는 방법중 하나예요. 나를 몸에 바르면 뜨거운 햇빛의 자외선으로부터 피부를 보호할 수 있어요. 나는 누구일까요? (정답: 자외선 차단제)
– 나를 머리에 착용하면 뜨거운 햇빛으로부터 머리와 얼굴을 보호할 수 있어요. 나는 누구일까요? (정답: 모자)
– 나는 전기가 없이도 시원한 바람을 줄 수 있어서 더위를 식혀 주는 착한 일을 해요. 나는 누구일까요? (정답: 부채)

■ 그늘 만들기 활동을 소개한다.
– 더위를 피하기 위해서는 햇볕이 없는 그늘에 들어가야 해요. 그늘은 햇볕을 피할 수 있어서 우리 친구들이 안전하게 여름을 보낼 수 있는 방법이지요. 그럼 그늘 만들기 활동을 해 봐요.</td></tr>
<tr><th>전개</th><td colspan="5">■ 실내에서 파라슈트 그늘 만들기를 한다.
– 교사는 파라슈트를 미리 준비해 준다.
– 파라슈트로 그늘을 만들기 위해 친구들이 어떻게 잡아야 할지 의논한다.
– 친구들이 중심을 잡기 위해 규칙적으로 잡아야 한다고 이야기 해 준다.
– 교사와 함께 파라슈트 그늘을 만든다.
(처음에 파라슈트 끈을 잡은 유아들과 교대하면서 파라슈트 그늘을 만든다.)
– 그늘 속으로 들어가 보자. 이제 밖으로 나와 보자. 어떤 느낌이 드니?
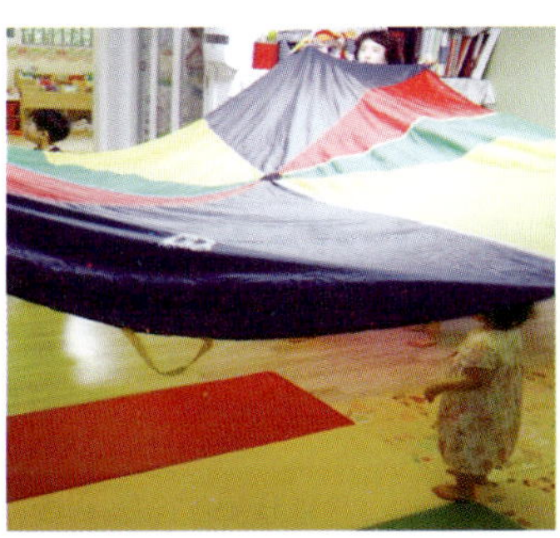 </td></tr>
</table>

		■ 실외로 나가 파라슈트 그늘 만들기를 해 본다. – 실외에 그늘이 없을 때를 대비해 파라슈트를 이용해 그늘을 만든다. – 교사는 미리 준비한 끈을 파라슈트 끝 손잡이에 연결해 놓는다. – 실외에서 지탱할 수 있는 지지대를 찾아 파라슈트를 이용해 그늘을 만든다.
	마무리	**■ 실외에서 파라슈트 그늘 속에 들어갔을 때와 햇볕에 나와 있을 때를 비교해 본다.** – 오늘 폭염을 대비하기 위해 파라슈트 그늘을 만들어 보았는데 어떤 것을 느꼈니? – 파라슈트 밖에 있을 때의 느낌은 어땠니? – 파라슈트 안에 있을 때의 느낌은 어땠니? – 어떤 점이 어려웠니? – 또 어떤 것을 만들어 볼 수 있을까?
활동의 유의점		– 날씨가 너무 더울 때 밖에 나가서 뛰어 놀면 위험하니 실내에서 지낼 수 있게 한다. – 파라슈트에서 이동 시 친구와 부딪치지 않도록 주의한다.
확장활동		– 더울 때 시원하게 보낼 수 있는 도구(부채와 모자)를 만들어 본다. – 시원한 음식 만들기 활동으로 화채나 빙수 만들기 활동을 한다.

'화재' 안전교육을 위한 활동의 실제 1

<table>
<tr><th>활동명</th><td>불을 끌 수 있어요</td><th>대상연령</th><td>5세</td><th>활동유형</th><td>과학</td></tr>
<tr><th>활동목표</th><td colspan="5">– 불이 꺼지는 원리에 대해 안다.
– 불이 꺼지는 원리를 이용하여 촛불을 꺼볼 수 있다.</td></tr>
<tr><th>누리과정 관련요소</th><td colspan="5">– 자연탐구 〉 탐구과정 즐기기 〉 궁금한 것을 탐구하는 과정에 즐겁게 참여한다.
– 의사소통 〉 듣기와 말하기 〉 자신의 경험, 느낌, 생각을 말한다.</td></tr>
<tr><th>활동자료</th><td colspan="5">페트병, 식초, 실, 탄산수소나트륨(소다), 화선지, 빨대, 찰흙 or 고무찰흙, 스카치테이프, 초, 유리컵 등</td></tr>
<tr><th rowspan="2">활동방법</th><th>도입</th><td colspan="5">■ 촛불을 보며 이야기 나눈다.
– (초를 가리키며) 이것이 무엇인지 알고 있니?
– (초에 불을 붙인다) 선생님이 여기 촛불을 준비했단다.
– 바람을 이용하지 않고 어떻게 촛불을 끌 수 있을까?
– (유리컵을 가리키며) 유리컵으로 촛불을 끌 수 있는 방법이 있을까?
– (유리컵으로 촛불을 덮어 불을 꺼 본다) 불이 꺼진 이유가 무엇일까?
– 유아들의 생각을 충분히 들어 본 후 산소가 없어서 불이 꺼지게 되었음을 이야기한다.</td></tr>
<tr><th>전개</th><td colspan="5">■ 연소의 원리에 대해 알아보고 불을 끌 수 있는 원리에 대해 탐색해 본다.

〈연소의 3요소〉
산소 + 탈 물질 + 발화점 이상의 온도

– 선생님이 촛불을 입으로 불지 않고 유리컵을 이용해서 불을 꺼 보았지?
– 불이 붙기 위해서는 산소와 탈 수 있는 물질과 높은 온도가 필요하단다.
– 그러면 불이 꺼지기 위해서는 어떤 조건들이 필요할까?
– 불이 꺼지기 위해서는 불이 붙기 위한 세 가지 요소 중 하나라도 없어지면 되는 거야. 앞에서 촛불을 유리컵으로 덮어서 산소가 없어지게 만든 것처럼 말이야.
– 이렇게 불이 잘 타게 만드는 요소 중 하나가 산소라면 반대로 불이 타는 것을 방해하는 요소는 '이산화탄소'라는 거란다.
– 오늘은 선생님과 함께 '이산화탄소'를 만들어서 촛불을 꺼 보는 실험을 해 보도록 하자.

■ 간이 소화기를 만들어 본다.
– 불이 타는 것을 방해하는 요소인 '이산화탄소'는 어떻게 만들 수 있을까?
– 재료를 소개하고 간이 소화기를 만들어 본다.

① 화선지에 탄산수소나트륨(소다)를 넣고 잘 감싸서 실로 묶는다.
② 페트병에 반 정도 식초를 담는다.
③ 실로 묶은 화선지(소다가 들어 있는)를 식초에 닿지 않을 정도로 페트병 안에 넣고 입구에 묶어 매달아 둔다.
④ 빨대를 식초가 닿지 않을 만큼만 길이를 조정하여 페트병 안에 넣고 고무찰흙을 이용하여 페트병의 입구를 막아 고정시킨다.</td></tr>
</table>

		■ **만들어진 간이 소화기를 이용하여 촛불을 끄는 실험을 해 본다.** – 촛불을 켠다. – 우리가 만든 간이 소화기를 촛불 옆으로 가져가면 어떻게 될까? – (간이 소화기를 바르게 세워 둔 뒤) 간이 소화기를 기울이면 어떻게 될까? – (만들어진 간이 소화기를 기울여서 빨대가 촛불 쪽으로 향하도록 한다.) 왜 촛불이 꺼졌을까?
	마무리	■ **활동을 한 느낌을 이야기하며 마무리한다.** – 오늘 촛불을 끄는 실험을 해 보았는데 어떤 느낌이 들었니? – 불을 끄는 방법에는 어떤 것들이 있을까? – 오늘 실험해 본 방법 외에 또 어떤 방법으로 불을 끌 수 있을까?
활동의 유의점		– 탄산수소나트륨이 식초에 닿지 않도록 길이를 잘 조정한다. – 간이 소화기를 기울이기 전과 기울인 후에 촛불의 변화에 대해 탐색해 볼 수 있도록 한다. – 빨대를 너무 촛불 가까이에 대면 빨대에 불이 붙을 수 있으므로 유의한다.
확장활동		– 불이 났을 때 소화기를 사용해 불을 끄는 역할극을 해 본다. – 가정에서 부모님과 함께 만들어 볼 수 있도록 실험과정을 안내한다.

'화재' 안전교육을 위한 활동의 실제 2

<table>
<tr><th colspan="2">활동명</th><td>연기가 날 때는 이렇게</td><th>대상연령</th><td>3세</td><th>활동유형</th><td>신체</td></tr>
<tr><th colspan="2">활동목표</th><td colspan="5">- 화재 시 올바른 대피방법에 대해 안다.
- 비상시 적절하게 대처하는 태도를 기른다.</td></tr>
<tr><th colspan="2">누리과정
관련요소</th><td colspan="5">- 신체운동 · 건강 〉 안전하게 생활하기 〉 안전사고, 화재, 재난, 학대, 유괴 등에 대처하는 방법을 경험한다.
- 사회관계 〉 더불어 생활하기 〉 약속과 규칙의 필요성을 알고 지킨다.</td></tr>
<tr><th colspan="2">활동자료</th><td colspan="5">흰 천, 화재 대피 상황의 동영상과 그림판, 작은 불 표시 그림 등</td></tr>
<tr><th rowspan="2">활
동
방
법</th><th>도입</th><td colspan="5">■ 화재가 나서 연기가 난 상황의 그림을 보고 이야기 나눈다.
- 이건 어떤 그림일까?
- 불이 나면 주변이 어떻게 변할까?
- 물건이 불에 탈 때 연기가 나는 이유는 무엇일까?</td></tr>
<tr><th>전개</th><td colspan="5">■ 연기가 났을 때 올바른 대피 방법에 대해 이야기 나눈다.
- 불이 났을 때는 어떻게 대피해야 할까?
- 대피 시에는 장난감을 정리하거나, 가방이나 내가 아끼는 물건 등을 챙기는 행동은 하지 말아야 한단다. 왜 그럴까?
- 신발을 신지 않고 나가야 하는 이유는 무엇일까?
- 대피할 때의 우리는 어떤 자세로 나가야 할까?
- 젖은 수건으로 코와 입을 막고 연기를 피해 몸을 낮춰서 기어 보자.
- 서로 먼저 나가겠다고 친구를 밀치거나 급하게 달려 나가면 어떻게 될까?

■ 몸에 불이 붙었을 때 어떻게 해야 할까?

- 작은 불 그림을 유아의 등에 붙여 준다.
- 어떻게 해야 하는지 이야기 나누고 실제 해 볼 수 있게 한다.

■ 흰 천을 이용하여 연기를 표현하고, 흰 천 밑으로 올바른 대피 행동을 따라 대피훈련을 해 본다.
- 지금부터 선생님과 불이 났을 때 대피하는 연습을 해 볼 거야.
- 불이 나면 연기가 많이 나기 때문에 눈도 맵고, 숨을 쉬기도 힘들게 된단다.
- 여기 이 흰 천이 연기라고 생각하고 연기를 피해 출입문(비상문)까지 대피해 보도록 하자.
- 코와 입을 손으로 막고 차례차례 흰 천 밑으로 대피해 보도록 하자.</td></tr>
</table>

	마무리	■ **활동 후 활동에 대해 평가해 본다.** – 불이 나서 연기가 자욱할 때 어떻게 하고 대피해야 할까? – 연기를 피해 대피해 보니 어떤 느낌이 들었니? ■ **화재 시 올바른 화재 대비 방법에 대해 다시 한번 이야기하고 약속해 본다.**
활동의 유의점		– 올바른 대피 방법을 체험할 수 있도록 교사가 적절히 개입한다. – 장난스럽게 느껴지지 않도록 화재가 난 상황에 대해 적절한 분위기를 조성해 준다. – 화재대피를 대비하여 젖은 수건을 항상 영유아교육기관에 준비해 두도록 한다.
확장활동		– 정기적으로 실시되는 소방대피훈련 시 흰 천을 이용하여 연기에 대비하는 경험을 자연스럽게 익힐 수 있도록 적용해 본다.

'화재' 안전교육을 위한 활동의 실제 3

<table>
<tr><td colspan="2">활동명</td><td>소화기를 만들어요</td><td>대상연령</td><td>4세</td><td>활동유형</td><td>미술</td></tr>
<tr><td colspan="2">활동목표</td><td colspan="5">– 소화기의 용도를 안다.
– 소화기를 만들어 볼 수 있다.</td></tr>
<tr><td colspan="2">누리과정 관련요소</td><td colspan="5">– 신체운동 · 건강 〉 안전하게 생활하기 〉 안전사고, 화재, 재난, 학대, 유괴 등에 대처하는 방법을 경험한다.
– 예술경험 〉 창의적으로 표현하기 〉 다양한 미술 재료와 도구로 자신의 생각과 느낌을 표현한다.</td></tr>
<tr><td colspan="2">활동자료</td><td colspan="5">화재 동영상이나 그림자료, 페트병(200ml), 빨간색 색종이 or 빨간색 아크릴 물감, 빨래집게, 백업(회색 or 검정색), 접착제(목공용 본드, 양면테이프, 글루건 등), 빵끈, 사인펜, 종이, 스카치테이프 등</td></tr>
<tr><td rowspan="2">활동방법</td><td>도입</td><td colspan="5">■ 불이 난 상황의 그림자료나 동영상을 보여 주며 소화기에 대해 이야기를 나눈다.
–(불이 난 그림자료) 이것은 어떤 그림이니?
–(화재 동영상) 지금 어떤 일이 일어났니?
– 이렇게 불이 나면 무엇이 필요할까?
– 불이 났을 때 불을 끌 수 있는 방법은 무엇일까?</td></tr>
<tr><td>전개</td><td colspan="5">■ 소화기의 용도에 대해 이야기를 나눈다.
– 소화기를 본 적 있니?
– 소화기는 언제 사용하는 것인지 알고 있니?
– 소화기는 어떻게 사용할까?
– 불이 났을 때 소화기의 사용방법과 용도에 대해 이야기 나눈다.

■ 소화기의 형태에 대해 탐색해 본다.
–(소화기를 보여 주며) 소화기는 어떤 모양이니?
– 어떤 색깔이니? 왜 빨간색으로 되어 있을까?
– 손잡이는 어떻게 생겼니?
– 소화기에는 또 어떤 것들이 있니?
– 분출용 호수, 계량기 등이 있단다.

■ 소화기를 만들어 본다.
– 우리도 소화기를 만들어 보자.
– 어떤 방법으로 소화기를 만들어 볼 수 있을까?
– 오늘 선생님이 소화기를 만들어 보려고 여기 재료들을 가지고 왔는데 어떤 재료들이 있는지 한번 살펴볼까?
– 페트병은 무엇으로 사용하면 좋을까?
– 백업은 소화기의 어떤 부분을 표현하면 좋을까?
– 빨래집게는 소화기의 어떤 부분을 표현하면 좋을까?
– 소화기의 빨간색은 어떤 방법으로 표현하면 좋을까?
– 친구들과 함께 소화기를 만들어 보자.</td></tr>
</table>

		① 페트병 전체를 빨간색 아크릴 물감으로 색칠하거나 빨간색 색종이를 붙인다. ② 뚜껑 윗부분에 목공용 본드를 이용하여 빨래집게를 고정시킨다. ③ 백업을 패트병의 뚜껑부분에 목공용 본드로 고정시킨다. ④ 빵끈을 이용하여 페트병 아랫부분에 호수(백업)를 끼워 넣을 수 있도록 홀더를 만들어 준다(빵끈의 고정 시에는 테이프를 사용하도록 한다). ⑤ 계량기를 그려서 붙여 준다.
	마무리	■ **완성된 소화기를 보면서 활동을 평가한다.** – 오늘 소화기를 직접 만들어 보니 어떤 느낌이 들었니? – 소화기를 만들 때 어떤 부분이 어려웠니? – 또 다른 방법으로 어떻게 소화기를 만들 수 있을까?
활동의 유의점		– 페트병에 빨간색 아크릴 물감을 칠할 경우 하루 정도 전에 미리 작업해 놓을 수 있도록 한다. – 목공용 본드의 경우 마르는 시간이 필요하므로 글루건으로 대체할 수 있다. – 글루건은 화상의 위험이 있으므로 반드시 교사가 사용한다.
확장활동		– 만들어진 소화기를 이용하여 모의 불끄기 활동을 해 볼 수 있다. – 만들어진 소화기를 이용하여 소방관 역할놀이를 진행해 볼 수 있다.

'황사' 안전교육을 위한 활동의 실제

<table>
<tr><td>활동명</td><td>황사안전 퀴즈 대회</td><td>대상연령</td><td>4세</td><td>활동유형</td><td>게임</td></tr>
<tr><td>활동목표</td><td colspan="5">– 황사가 발생했을 때 대처하는 방법에 대해 안다.
– 황사 안전에 대처하는 방법에 대한 퀴즈를 듣고 풀어 볼 수 있다.</td></tr>
<tr><td>누리과정 관련요소</td><td colspan="5">– 자연탐구 〉 탐구과정 즐기기 〉 주변 세계와 자연에 대해 지속적으로 호기심을 가진다.
– 신체운동 · 건강 〉 건강하게 생활하기 〉 질병을 예방하는 방법을 알고 실천한다.</td></tr>
<tr><td>활동자료</td><td colspan="5">O, X 팻말, 안전이 손인형, 그림자료 등</td></tr>
<tr><td rowspan="2">활동방법</td><td>도입</td><td colspan="4">▪ 방송국 배경 그림판 앞으로 안전이 손인형이 등장해 말한다.

(방송국을 쳐다보고) 이야~ 여기가 바로 퀴즈 대회가 열리는 방송국이구나!.
(유아들을 쳐다보고) 얘들아~ 안녕? 난 오늘 지킴이 유치원에 안전대표로 퀴즈를 풀러 방송국에 왔어~ 꼭~ 퀴즈를 다 맞혀서 안전을 잘 지키는 안전대장이 될 거야~ 나 잘할 수 있겠지?
오늘은 황사가 발생했을 때 안전한 행동에 대해 퀴즈를 풀어야 하는데……. 어때? 너희도 나와 함께 퀴즈대회에 나가 볼래?
문제가 나오면 나처럼 이렇게 O, .X 표지판을 들어서 문제가 맞는지 틀린지 이야기해 주면 되는 거야. 할 수 있지?
그럼 오늘 나와 함께 황사안전 퀴즈 잘 풀어보자~ 파이팅!!
(콧노래를 흥얼거린다. 나는야~ 안전이. 안전을 지키는 안전대장이지요~)</td></tr>
<tr><td>전개</td><td colspan="4">▪ 지난 안전교육시간에 배운 내용을 회상해 본다.
– 황사가 어떤 것인지 알고 있니?
– 황사는 우리 몸에 왜 나쁘니?
– 황사가 발생했을 때 주의해야 할 것이 무엇이었지?
– 황사가 있는 날 외출하게 되면 무엇이 필요할까?
– 황사가 많은 날에는 왜 마스크를 써야 할까?
– 황사를 막기 위해 할 수 있는 일은 무엇이 있을까?
– 황사로 인해 걸리는 질병에는 어떤 것들이 있을까?

▪ 문제가 나오면 맞으면 O, 틀리면 X 표지판을 들어 자신의 의견을 말해 본다.
– 선생님이 내는 퀴즈문제를 끝까지 잘 듣고 선생님이 한 말이 맞다고 생각하면 O 표지판을, 틀리다고 생각되면 X 표지판을 들면 된단다.
– 선생님이 하는 말을 잘 듣고 그렇게 해 볼 수 있겠니?

▪ 퀴즈를 낸다.
– 황사는 중국의 사막에서 불어오는 바람이다. (O)
– 황사 안에는 미세한 흙먼지와 중금속 먼지가 들어 있다. (O)
– 황사가 있을 때는 바깥놀이를 나가야 한다. (X)
– 황사가 있을 때는 마스크만 하면 된다. (X)
– 미세한 흙먼지인 황사와 산성비를 뿌리는 오염물질이 섞여 바람에 날려와 호흡기와 눈 질환을 일으킨다. (O)</td></tr>
</table>

		– 황사가 있을 때는 물을 많이 마셔야 한다. (O) – 황사가 있는 날은 긴팔 옷을 입는다. (O) – 황사가 있는 날은 모자를 쓰는 것이 좋다. (O) – 황사가 있는 날 외출하고 돌아와서는 먼저 손 씻기를 해야 한다. (O) – 황사가 있는 날 외출하고 돌아와서 양치질은 안 해도 된다. (X)
	마무리	▪ **퀴즈 문제들을 다시 되짚어 보며 정리해 본다.** – 오늘 우리가 풀었던 퀴즈 문제에는 어떤 것들이 있었니? – 퀴즈 문제 중에서 올바른 내용은 어떤 것들이었니? ▪ **황사가 발생했을 때 해야 할 안전한 행동을 알아보고 실천을 약속한다.** – 황사에 대해 알아보았는데 새롭게 알게 된 것이 있니? – 황사가 있을 때는 어떻게 해야 할까? – 황사가 있을 때 지켜야 할 약속은 무엇이었니? – 우리가 알아본 것을 지키기로 약속해 보자.
활동의 유의점		– 퀴즈를 맞힐 때 경쟁심을 유발하기보다 올바른 내용을 숙지하는 것에 초점을 맞춘다. – 퀴즈의 내용이 황사 발생 시 안전수칙을 잘 반영하고 있도록 작성한다.
확장활동		– 언어영역에 작은 O/X 퀴즈 판을 준비해 주어 친구들과 함께 해 볼 수 있도록 한다.

'폭우' 안전교육을 위한 활동의 실제

<table>
<tr><th>활동명</th><td>물웅덩이를 건너가요</td><th>대상연령</th><td>3세</td><th>활동유형</th><td>게임</td></tr>
<tr><th>활동목표</th><td colspan="5">– 폭우의 개념에 대해 안다.
– 폭우가 발생했을 때 대처하는 방법에 대해 알고 실천해 본다.</td></tr>
<tr><th>누리과정 관련요소</th><td colspan="5">– 신체운동 · 건강 〉 안전하게 생활하기 〉 안전사고, 화재, 재난, 학대, 유괴 등에 대처하는 방법을 경험한다.
– 자연탐구 〉 자연과 더불어 살기 〉 날씨와 계절의 변화를 생활과 관련짓는다.</td></tr>
<tr><th>활동자료</th><td colspan="5">– 그림자료(폭우가 발생했을 때의 안전한 행동/위험한 행동), EVA로 된 물웅덩이 모형, 전선 그림, 비옷, 장화 등</td></tr>
<tr><th rowspan="2">활동방법</th><th>도입</th><td colspan="4">■ 폭우에 대해 이야기를 나눈다.
– 비가 많이 내리는 것을 본 적 있니?
– 폭우가 무엇인지 알고 있니?
– 비가 아주 많이 오는 날 밖에 나가 본 적 있니?
– 폭우가 내리면 산에 있는 흙은 어떻게 될까?
– 폭우가 내리면 우리가 살고 있는 건물이나 집, 길은 어떻게 변할까?
– 비가 많이 올 때는 어떻게 해야 할까?
– 밖에 나가는 일이 없도록 해야 하는 이유는 무엇일까?
– 밖에 나가야 한다면 어떤 준비를 해야 할까?</td></tr>
<tr><th>전개</th><td colspan="4">■ 그림자료를 보며 이야기 나눈다.
– 비 오는 날은 무엇이 필요할까? 장화나 비옷은 왜 필요할까?
– (물웅덩이 그림을 가리키며) 이런 것을 본 적 있니?
– 물웅덩이는 왜 위험할까?
– 비가 많이 오는 날은 또 어떤 위험들이 있을까?
– 우리가 지킬 수 있는 안전한 행동에는 어떤 것이 있을까?
– 비오는 날 우산, 장화, 비옷 입기/전선 가까이 가지 않기/물웅덩이를 피하기/우산은 투명한 우산 쓰기 등이 있구나.

■ 비오는 날의 안전에 대해 생각하며 물웅덩이 피하기 게임을 해 본다.

[게임방법]
① 바닥에 물웅덩이와 전선 등의 모형자료(그림자료)를 놓아 둔다.
② 출발선 앞에 비옷과 장화를 놓아 둔다.
③ 두 팀으로 나눈다.
④ 출발선에 선다.
⑤ 출발신호가 나면 준비된 비옷을 입고 장화를 신는다.
⑥ 바닥에 있는 물웅덩이와 전선 등의 모형자료를 밟지 않고 넘어서 반환점을 돌아온다.
⑦ 결승선에 먼저 들어온 유아가 승리한다.</td></tr>
</table>

	마무리	■ **활동을 정리하고 평가해 본다.** – 비오는 날에 안전에 대해 생각해 보며 게임을 해 보았는데 어떤 느낌이 들었니? – 비오는 날은 어떤 점을 조심해야 했지? – 오늘 이야기한 약속들을 잘 기억하고 비오는 날 지키도록 하자.
활동의 유의점		– 게임 진행 시 바닥에 붙이는 물웅덩이와 전선의 모형자료들의 크기와 간격을 유아들이 뛰어넘기 어렵지 않도록 조정한다.
확장활동		– 우산이나 비옷 등을 만드는 미술활동을 해 본다. – 역할영역에서 비옷 입어 보기 활동을 해 본다.

'지진' 안전교육을 위한 활동의 실제

<table>
<tr><th colspan="2">활동명</th><td>지진 대비 행동요령 익히기</td><th>대상연령</th><td>3세</td><th>활동유형</th><td>게임</td></tr>
<tr><th colspan="2">활동목표</th><td colspan="5">– 지진의 개념과 지진의 위험에 대해 관심을 갖는다.
– 지진 시 대처방법에 대해 안다.</td></tr>
<tr><th colspan="2">누리과정 관련요소</th><td colspan="5">– 신체운동 · 건강 〉 안전하게 생활하기 〉 일상에서 안전하게 놀이하고 생활한다.
– 신체운동 · 건강 〉 안전하게 생활하기 〉 안전사고, 화재, 재난, 학대, 유괴 등에 대처하는 방법을 경험한다.</td></tr>
<tr><th colspan="2">활동자료</th><td colspan="5">– 방석 2개, 책상 2개, 모형 문 2개(우드락 등으로 모형문 모양을 만들어 열고 닫힐 수 있도록 만든다), 가스렌지 그림자료, 가스밸브 그림카드(앞면은 잠김 그림, 뒷면은 열림 그림), 안전마크 그림자료 등</td></tr>
<tr><th rowspan="2">활동방법</th><th>도입</th><td colspan="5">■ 지진이 일어날 때의 상황과 지진의 개념에 대해 이야기 나눈다.
– 땅이 흔들리는 것을 느껴 본 적 있니?
– 땅이 흔들리는 상황을 무엇이라고 할까?
– 지진은 왜 일어날까?
– 지진이 일어나면 어떻게 될까? (집과 건물이 무너짐, 해일발생 등)</td></tr>
<tr><th>전개</th><td colspan="5">■ 실내에서 지진이 났을 때 대피요령에 대해 알아본다.
– 지진이 발생하면 우리는 어떻게 해야 할까?
– 가장 먼저 무엇을 해야 할까?
– 대피 시 엘리베이터를 타면 안 되는 이유는 무엇일까?
– 머리를 감싸고 대피해야 하는 이유는 무엇일까?
– 불과 가스 밸브를 잠가야 하는 이유는 무엇일까? (화재의 예방을 위해)

– 방석 등을 이용하여 머리를 감싼다(방석이 없을 경우 두 손으로 머리를 감싼다).
– 문을 열어 출구를 확보한다.
– 흔들림이 멈추면 전기와 가스를 차단한다.
– 건물 밖으로 나갈 시에는 계단을 이용한다(엘리베이터 사용 금지).
– 운동장이나 공원 등 넓은 공간으로 대피한다.
– 무엇보다도 머리를 보호하고 밖으로 대피하는 것이 중요하며 그렇지 못한 상황에서는 튼튼한 책상이나 탁자 아래로 들어가 몸을 보호한다.

■ 지진 대피요령을 적용하여 편 게임을 진행해 본다.
– 자~ 지금부터 게임을 해 보도록 하자.
– 먼저 2팀으로 나눌건데 어떻게 팀을 나누면 좋을까?
– 팀의 이름을 정해 보자.
– 어떻게 하는 게임일까?
– 어떤 친구가 나와서 시범을 보여 주겠니?
– 게임을 잘하려면 어떤 약속들을 지켜야 할까?</td></tr>
</table>

<table>
<tr><td></td><td></td><td>- 2팀으로 나눈다.
- 출발선에 방석을 놓아 둔다.
- 중간 지점에 모형 문 모양을 놓아 두고 그 옆 가스렌지 그림자료 위에 가스밸브 그림카를 놓아 둔다(앞면은 잠김 표시, 뒷면은 열림 표시).
- 결승점 가까이에 책상을 놓아 두고 책상 밑에 안전마크를 여러 개 붙여 둔다.
- 출발선에서 출발신호를 듣고 출발한다.
- 머리에 방석을 쓰고 모형 문으로 가서 문을 연다.
- 가스렌지 그림 위의 가스밸브 그림을 잠금으로 돌려 놓는다.
- 책상 밑으로 들어가서 안전마크를 떼어서 결승지점으로 들어온다.
- 먼저 들어온 팀이 이긴다.</td></tr>
<tr><td></td><td>마무리</td><td>■ 지진이 났을 때의 안전한 행동을 실천해 본 느낌을 이야기해 본다.
- 오늘 지진이 발생했을 때 우리가 할 수 있는 안전한 행동에 대해 게임으로 해 보았는데 어떤 느낌이 들었니?

■ 지진 발생 시 대피요령에 대해 다시 한번 이야기 하고 안전한 생활이 될 수 있도록 약속한다.
- 지진이 발생하였을 때 지켜야 하는 약속에는 어떤 것들이 있었니?
- 정말 지진이 발생한다면 오늘 활동을 기억해서 안전하게 행동해 볼 수 있겠니?</td></tr>
<tr><td colspan="2">활동의 유의점</td><td>- 실제 대피요령을 실천해 보는 활동 시 유아들이 책상 모서리나 테이블 밑으로 몸을 피하다 부딪치지 않도록 유의한다.</td></tr>
<tr><td colspan="2">확장활동</td><td>- 수 · 조작 영역에 지진 발생 시 대피요령을 응용한 보드게임 교구를 만들어 제시한다.
- 지진이 발생했을 때 대피할 수 있는 우리 동네의 대피장소나 가정 내에 급히 몸을 피할 수 있는 가구나 장소가 어디인지 부모님과 함께 알아보는 활동을 해 본다.</td></tr>
</table>

CHAPTER

08

실외안전

1. 교통안전
2. 실외놀이 안전
3. 현장학습 안전

1 교통안전

1) 교통안전교육의 개념 및 필요성

교통수단의 발달은 편리하고 빠른 이동에 대한 장점도 있지만 교통사고와 같은 큰 문제를 안고 있기도 하다. 우리나라의 교통사고 사망자는 인구 10만 명당 1980년 16.9명에서 1990년 33.1명까지 계속 증가하다 2000년 들어 21.8명으로 감소하고 이후 2005년 13.2명, 2013년 10.1명으로 점차 감소하는 추세이다. 그럼에도 불구하고 2014년 자동차 1만 대당 사망자 수는 2.0명으로 OECD 평균 0.9명과 비교하여 두 배 이상 높은 수준을 보이고 있다(도로교통공단, 2015).

교통사고는 영유아가 당면하는 문제이기도 하다. 영유아교육기관을 이용하는 영유아가 많아지고 자가용이나 통학버스 또는 보행으로 가정과 기관을 오가면서 발생하는 교통사고가 빈번하게 되었다. 영유아는 자기중심적이고, 위급한 상황에서 정확히 판단할 수 있는 능력 및 지각능력 등이 아직 미숙하다. 이로 인해 영유아는 교통안전에 매우 취약한 상태에 놓일 수 있다. 따라서 영유아기에 교통 위험으로부터 스스로를 안전하게 보호하는 습관을 형성할 수 있도록 교통안전교육을 체계적으로 계획하여 실시할 필요가 있다.

교통안전교육은 교통에 대한 기초적인 지식과 교통안전에 대한 올바른 습관을 형성하여 교통사고를 예방하기 위한 의도적이고 체계적인 교육과정이다. 영유아에게 제공되는 교통안전교육은 누구에게나 동일한 교통규칙이나 교통상황이 있다는 것을 인식하고 영유아가 교통규칙이나 상황을 직간접적으로 경험할 수 있도록 계획하여 실행해야 한다. 또한 영유아교육기관에서는 부모교육 및 지역사회와의 연계를 통해 영유아가 교통안전에 대한 올바른 지식과 태도를 습득할 수 있도록 사회적 분위기를 형성하는 것이 필요하다(권덕수 외, 2014).

2) 교통안전사고의 현황

도로교통공단 교통사고분석시스템(http://taas.koroad.or.kr, 2020)에 의하면 2019년 교통사고로 사망한 영유아는 11명이었고, 부상당한 영유아는 4,810명이었다. 2015년에 비해 사망자는 17명이 감소했고, 부상자는 307명이 감소했다. 2015년부터 2019년까지 영유아 사상자 수는 다음과 같다(그림 8-1).

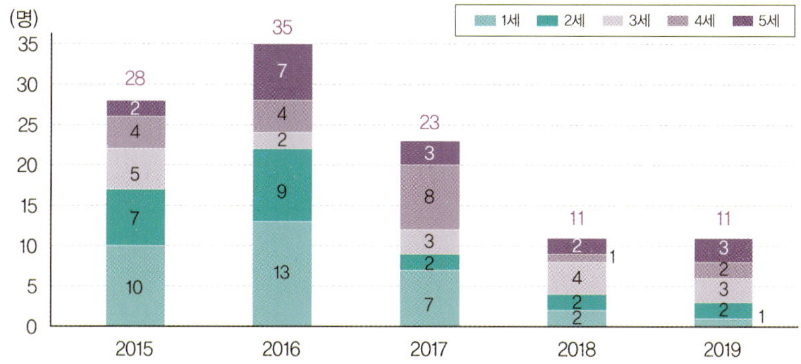

〈2015~2019년 영유아 교통사고 사망자 수〉

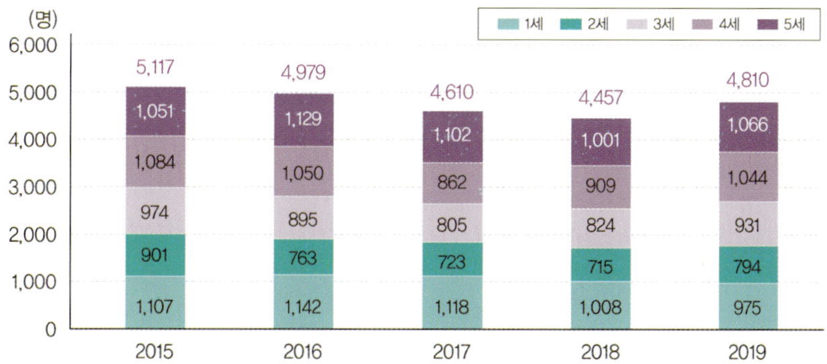

〈2015~2019년 영유아 교통사고 부상자 수〉

그림 8-1 영유아 교통사고 사상자

출처: 도로교통공단 교통사고분석시스템(http://taas.koroad.or.kr), 2020.

도로교통공단(2020a)에 의하면 13세 미만의 어린이사고 사망자 중에서 보행자는 71.4%로 가장 많았고, 승용차 10.7%, 자전거와 승합차가 각각 7.1%였으며, 부상자는 승용차가 57.0%로 가장 많았고, 보행자 27.9%, 자전거 6.8%, 승합차 6.8%이었다(표

8-1). 따라서 영유아교육기관에서는 보행 시 안전수칙에 대한 지도를 더욱 강조해야 한다.

표 8-1 어린이사고 승차차종별 사상자 (단위: 명, %)

승차차종별 \ 구분	사망자 수	구성비	부상자 수	구성비
합계	28	100.0	14,115	100.0
승용차	3	10.7	8,050	57.0
승합차	2	7.1	961	6.8
화물차	1	3.6	121	0.9
이륜차(원동기 포함)	0	0.0	49	0.3
자전거	2	7.1	963	6.8
보행자	20	71.4	3,942	27.9
기타불명	0	0.0	29	0.2

출처: 도로교통공단, 2020a.

2019년 어린이 보호구역 내 13세 미만 아동의 교통사고는 총 567건으로 사망자 수 6명, 부상자 수 589명이었다(표 8-2). 어린이 보호구역 내 어린이 교통사고는 2018년 435건으로 2019년 30.3% 증가했다. 승차차종별로는 아동 사망자 전부는 보행자였고, 아동 부상자 중에서는 81.8%가 보행자였다. 부상자의 9.8%는 자전거 승차 중이었다(표 8-3).

표 8-2 어린이 보호구역 사고 연도별 현황 (단위: 건, 명, %)

연도 \ 구분	사고 건수	전년대비 증감율	사망자 수	전년대비 증감율	부상자 수	전년대비 증감율
2015	541	3.4	8	100.0	558	0.9
2016	480	−11.3	8	0.0	510	−8.6
2017	479	−0.2	8	0.0	487	−4.5
2018	435	−9.2	3	−62.5	473	−2.9
2019	567	30.3	6	100.0	589	24.5

출처: 도로교통공단, 2020a.

표 8-3 어린이 보호구역 사고 승차차종별 사상자 (단위: 건, 명, %)

승차차종별 \ 구분	사망자 수	구성비	부상자 수	구성비
합계	6	100.0	589	100
승용차	0	0.0	39	6.6
승합차	0	0.0	9	1.5
자전거	0	0.0	58	9.8
개인형이동수단(PM)	0	0.0	1	0.2
보행자	6	100.0	482	81.8

출처: 도로교통공단, 2020a.

어린이 통학버스의 부주의로 인하여 어린이 사상자가 발생한 사고는 2019년에는 2018년 대비 4.8% 증가했다(표 8-4). 어린이 통학버스 사고의 사망자와 부상자는 어린이 통학버스 탑승 어린이, 상대차량 탑승 어린이, 보행어린이 등 어린이 통학버스가 일으킨 사고에서 발생한 모든 어린이 사상자가 포함된다(도로교통공단, 2020a).

표 8-4 어린이통학버스 사고 연도별 현황 (단위: 건, 명, %)

연도 \ 구분	사고 건수	전년 대비 증감률	사망자 수	전년 대비 증감률	부상자 수	전년 대비 증감률
2015	50	61.3	3	50.0	67	21.8
2016	38	−24.0	1	−66.7	59	−11.9
2017	103	171.1	0	−100.0	155	162.7
2018	84	−18.4	1	신규	124	−20.0
2019	88	4.8	0	−100.0	131	5.6

출처: 도로교통공단, 2020a.

3) 교통안전관리를 위한 교사의 역할

(1) 영유아교육기관 주변 교통 환경 점검

영유아의 교통사고 예방을 위해서는 주변 교통 환경이 보행에 안전해야 한다. 영유아교육기관은 기관 주변에서 출입문에 이르기까지 어린이보호구역, 경찰 또는 안전요원의 순찰과 교통지도, CCTV 등을 통해 영유아의 등·하원 길이 안전하도록 관리해야 한다(교육부, 2020a). 교육부(2015a)에서 제시한 내용을 토대로 영유아교육기관 주변 교통 환경 점검사항을 살펴보면 다음과 같다.

① 통학로

- 영유아교육기관 통학로의 횡단보도에는 보행자 신호등이 설치되어야 한다.
- 통학로는 보도와 차도의 분리, 교통안전표지판 등 교통안전시설물이 적정하게 설치되어야 한다.
- 교통안전표지판은 노후되거나 파손되지 않아야 한다.
- 운전자가 어린이 보호구역이나 교통안전표지판을 식별할 수 있도록 가로수 정비가 잘되어 있어야 한다.
- 영유아교육기관 주변 300m 이내에 불법주정차 표시가 있어야 한다.
- 어린이보호구역 표지판은 운전자가 볼 수 있는 위치에 표시되어 있어야 한다.

② 승차와 하차 장소

- 통학버스를 이용하는 영유아를 위한 지정된 승하차 장소가 영유아교육기관 내에 있어야 한다.
- 지정된 승하차 장소는 영유아의 활동 장소와 충분히 떨어져 있어야 한다.
- 승하차 장소를 쉽게 알아볼 수 있도록 승하차 장소에 노면표시와 안전표시 등을 설치한다.
- 승하차 장소는 영유아교육기관 도착 및 출발 시에만 영유아가 접근할 수 있도록 한다.

③ 주차장

- 영유아교육기관 교직원이나 방문자의 주차 장소는 통학버스 주차 장소와 따로 설정하여 영유아가 통학버스를 안전하게 이용하도록 한다.
- 영유아교육기관의 주차장은 사무실에서 외부인의 출입을 관찰할 수 있는 시설을 설치하여 관리한다.

(2) 통학차량 안전

영유아 통학버스는 13세 미만의 아동을 교육대상으로 한 시설에서 통학 등에 이용되는 자동차이다. 통학차량에는 응급도구함, 차량용 소화기, 비상망치, 금연스티커 부착, 비상용 전등 등을 비치하여 운행한다. 교통사고를 방지하기 위해 교사와 운전자가 알고 지켜야 할 내용을 교육부(2020a)와 어린이집안전공제회(2019d)의 자료를 토대로 정리하면 다음과 같다.

① 차량 준비

- 영유아교육기관의 통학 차량은 9인승(영유아 1인을 승차정원 1인으로 봄) 이상이어야 하고, 색상은 황색, 어린이 보호표시와 정지표시 부착, 좌석안전띠, 보험가입, 차량의 소유관계 등의 요건을 갖추어 관할 경찰서에 신고해야 한다.
- 유아가 차량에 탑승할 때는 좌석안전띠를 착용해야 하고, 만 36개월 미만의 영아는 영아용 보호장구 착용을 원칙으로 한다. 영유아가 앉는 좌석안전띠나 보호장구의 구조는 영유아 신체구조에 적합하게 조절할 수 있어야 한다. 보호장구 구입 시에는 KC마크, 안전인증서, 인증번호를 확인하고, 체중범위에 따른 영유아 보호장구 안전기준을 확인한다. 연소자의 체중범위(kg)에 따라 10kg 미만은 w1, 9~18kg 이하는 w2 종류인 제품을 사용한다.
- 통학버스를 운영하는 사람과 운전하는 사람, 동승보호자는 신규안전교육 및 2년마다 정기안전교육 등 안전교육을 받아야 한다. 어린이 통학버스 안전교육을 받지 않을 경우 통학버스를 운전하지 않아야 하고 통학버스에 동승해서는 안 된다(「도로교통법」 제53조의3).

② 운전자 점검사항

영유아는 몸이 작아 잘 보이지 않고, 작은 충격으로도 큰 피해를 입을 수 있으므로 항상 속도를 줄여 운전해야 한다. 영유아는 차 뒤에서 놀거나 뛰어다니는 경향이 있으므로 항상 주위를 살피고 특히 후진 시 운전자는 반드시 차 뒤로 가서 영유아가 있는지 눈으로 확인한다. 운전자가 지켜야 할 안전수칙을 승차 시, 운행 중, 하차 시, 승·하차 시로 구분하여 정리하면 다음과 같다(표 8-5).

표 8-5 운전자 안전수칙

구분	운전자 안전수칙
승차 시	• 차량 주위에 영유아가 있는지 확인 • 보도나 길가장자리구역 옆에 안전하게 정차 • 모두 승차하고 동승자가 문을 닫으면 출발을 알림 • 광각실외후사경 등을 확인하여 차량 주위에 영유아가 있는지 확인 • 다른 영유아가 있는 경우 동승자를 통해 안전한 곳으로 이동시킴 • 안전하게 서서히 출발
운행 중	• 영유아가 안전띠를 풀고 있지 않은지 수시로 확인 • 영유아 안전띠가 풀어진 경우 서행하면서 동승자에게 즉시 안전띠를 매도록 함 • 영유아가 차창 밖으로 손, 물건 등을 내밀거나 장난치지 않도록 수시 확인 • 차량에 영유아의 탑승 여부를 표시함
하차 시	• 차를 보도나 길가장자리구역 옆에 안전하게 정차 • 기어를 주차에 놓고, 사이드브레이크를 올린 후 동승자에게 알림 • 한 명씩 안전하게 하차시켜 보호자에게 인계되는 것을 확인 • 하차한 영유아가 안전한 장소에 도착한 것을 확인 • 차량에 남아 있는 영유아가 없는지 차량 맨 뒷좌석까지 확인 • 차문을 닫고 서서히 출발함 • 운행 종료 후 '하차확인 장치'를 작동하여야 함
승 · 하차 시	• 점멸등을 작동하여 영유아가 승 · 하차함을 주변에 알림

③ 교사의 차량지도 안전수칙

교사가 지도해야 하는 차량 내 안전수칙을 승차 시, 차량 운행 중, 하차 시로 나누어 정리하였다(표 8-6).

표 8-6 교사의 안전수칙

구분	교사 안전수칙
승차 시	• 차량이 보도나 길가장자리구역 옆에 안전하게 정지한 것을 확인 • 영유아를 차례대로 승차시킴 • 좌석에 앉힌 후 안전띠를 매 줌 • 주변에 다른 영유아가 있는지 다시 확인 • 승차 완료 후 모든 영유아가 승차하였는지 확인한 후 문을 닫음 • 운전자에게 알려 서서히 출발하도록 함
차량 운행 중	• 영유아가 안전띠를 풀고 있지 않은지 수시로 확인 • 영유아 안전띠가 풀어진 경우 즉시 매 줌 • 영유아가 차창 밖으로 손 물건 등을 내밀거나 장난치지 않도록 함

구분	교사 안전수칙
하차 시	• 차량이 보도나 길가장자리구역 옆에 안전하게 정지한 것을 확인 • 영유아 안전띠를 풀어 줌 • 오토바이, 자전거가 오는지 뒤쪽을 살피고, 먼저 하차 • 영유아를 한 명씩 안전하게 하차시켜 보호자에게 인계 • 하차한 영유아가 안전한 장소에 도착하는 것을 확인(하차한 영유아가 반대편으로 길을 건널 경우 교사가 함께 건넘) • 차문을 닫고 운전자에게 알려 서서히 출발하도록 함 • 운행 종료 시 영유아가 잠들 수 있으므로 차량에 남아 있는 영유아가 없는지 차량 맨 뒷자리까지 확인

(3) 교통사고 대처방법

통학버스 운행 중이나 도로에서 교통사고가 발생했을 때 교사는 부상당한 영유아가 있는지 신속히 파악하고 응급조치를 실시해야 한다. 또한 영유아를 안전하게 하차시키고 보도나 도로 밖 등 안전한 장소로 대피시키는 것 이외에도 경찰관이나 구급차가 도착할 때까지 심리적 안정을 취하게 하는 것, 인원 파악을 철저히 하는 것, 영유아교육기관에 즉시 알리고 부모에게 통보하는 등의 조치를 취해야 한다. 영유아가 교통사고를 당했을 때 교사와 운전자가 취해야 하는 행동지침을 정리하면 다음과 같다(도로교통공단, 2017).

① 교사의 행동지침

- 교통사고 시 영유아는 머리나 온몸을 다치는 일이 많으므로, 부상당한 영유아를 옮길 때는 영유아의 몸을 수평으로 유지하면서 가능한 한 움직이지 않도록 해서 안전한 장소로 옮긴다.
- 신속하게 119에 연락하여 사고가 발생한 위치를 알리고 도움을 받는다.
- 의식이 뚜렷한 영유아는 안심시킬 필요가 있다. 의식이 없는 영유아는 흔들어 움직이거나 일으키려고 하면 안 된다. 불러 봐도 반응이 없을 때는 숨길을 확보하면서 호흡이나 맥박의 상태를 살핀다. 호흡이 멈추었을 때는 인공호흡을 실시하고, 맥박이 멈추었으면 인공호흡과 심폐소생술을 같이한다. 출혈이 심할 때는 지혈조치를 한다.

- 영유아는 다친 정도를 정확히 표현할 수 없기 때문에 가벼운 부상일 경우에도 병원으로 후송한다. 또한 경미하다고 생각되어도 후유증이 생기는 것을 예방하기 위해서 반드시 전문의의 진찰을 받는다.
- 영유아 상태를 안전하게 유지하고 구급차를 기다리는 동안 교통사고를 일으킨 사고 관련자, 차량현황, 목격자, 증거물 위치 표시, 기록, 촬영 등 증거를 확보한다.
- 경찰관에게 교통사고를 신고한다.

② 통학버스 운전자의 행동지침

- 즉시 정차하거나 상황에 따라 다른 차에 방해되지 않도록 길가장자리, 갓길 등 안전한 장소에 차를 정차시킨다.
- 부상자를 확인하여 피해 정도에 따라 적절한 조치를 취하고, 119 응급 구호요원이 사고현장에 도착하면 취한 조치를 알려 전문 구급요원이나 의사 등의 도움을 받는다.
- 후속사고 방지를 위해서 비상등을 켜고 안전삼각대를 주간에는 100m, 야간에는 200m 뒤에 설치한다. 안전삼각대가 없을 경우 트렁크를 열어 놓는다.
- 경찰에게 신속히 신고한다.

4) 교통안전사고 예방을 위한 안전교육

(1) 교통신호와 교통안전표지의 이해

① 교통신호등의 이해

신호등은 자동차와 사람이 길을 안전하게 다니도록 도와주는 장치이다. 교사는 횡단보도가 있는 곳에 설치된 보행자용 신호등의 모양과 신호등 색깔에 대해 영유아에게 교육한다. 초록불은 '가시오', 빨간불은 '서시오'를 뜻한다. 또한 녹색 점멸 신호는 보행자가 횡단보도를 시간 안에 건널 수 없다는 의미이다.

② 교통안전표지의 이해

교통안전표지는 그림이나 글 색깔과 모양으로 운전자와 보행자에게 위험이나 지시 사항을 알리는 도구이다. 교통안전표지는 주의, 규제, 지시, 보조표지 등으로 구분된다. 주의 표지는 눈에 잘 띄는 빨간 테두리에 노란색 바탕의 세모 모양으로 도로 사용자를 기준으로 도로와 도로 주변의 위험을 알리는 예고기능을 한다. 규제 표지는 흰 바탕에 빨간 테두리로 이를 어길 경우 벌칙이 부과된다. 지시 표지는 파란 바탕에 흰색으로 정보를 담고 있고, 통행방법과 통행구분, 행위의 허가 및 허용을 명확하게 나타내기 위해 설치된다. 주의, 규제, 지시 표지는 교통사고를 예방하고 원활한 교통소통을 위해 우리가 알아야 할 각종 도로상황과 노면상태, 통행방법 등에 대한 정보를 제공한다. 그리고 보조 표지는 주의, 규제, 지시 표지의 주 기능을 보충해 정확한 의미를 전달하고 사용자의 이해를 돕기 위해 설치하는 표지이다(도로교통공단, 2016). 교통표지판의 종류는 다음과 같다(표 8-7).

표 8-7 교통표지판

주의 표지				

횡단보도 횡단보도가 있음	**어린이 보호** 영유아의 통행로나 횡단보도가 있음	**자전거** 자전거 통행이 많은 지점이 있음	**도로공사 중** 도로에 공사나 작업이 있음	**교량** 교량이 있음
규제 표지				

통행금지 보행자 및 이륜차의 통행을 금지하는 것	**자전거 통행금지** 자전거의 통행을 금지하는 것	**보행자 보행금지** 보행자의 보행을 금지하는 것	**진입금지** 차의 진입을 금지하는 것	**승합자동차통행금지** 승합자동차의 통행을 금지
지시 표지				

 **보행자 전용도로** 보행자 전용도로임을 지시하는 것	 **어린이 보호** 어린이보호구역 안에서 영유아의 보호를 지시	 **횡단보도** 보행자가 횡단보도로 통행할 것을 지시	 **자전거 횡단** 자전거 횡단 도로임을 지시	 **자전거 주차장** 자전거 주차장이 있음을 알림
보조 표지		**표지판 종류**		
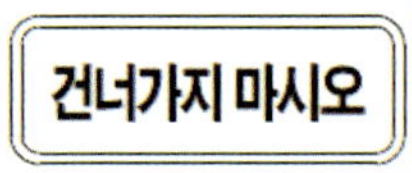 **통행규제** 도로교통상의 통행규제 내용을 표시	 **노면상태** 눈이나 비로 길의 바닥상태를 알리는 표시	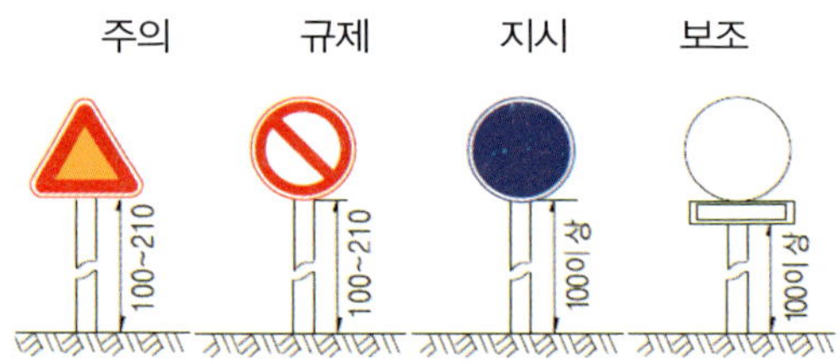		

출처: 도로교통공단, 2020b.

(2) 교통안전수칙

영유아의 생활 속에서 자주 일어나는 교통 상황에 따라 영유아가 알고 실천해야 할 내용을 안전하게 걷기, 길 건너기, 자동차 타기, 대중교통 이용하기, 안전하기 놀기로 구분하여 정리하였다(도로교통공단, 2017; 신동주 외, 2015; 이명조 외, 2015).

① 안전하게 걷기

자동차는 속도가 빨라서 언제 다가올지 모르기 때문에 외출할 때는 눈에 잘 띄고 활동하기 쉬운 옷을 입는 것이 좋다. 비가 오거나 눈이 올 경우 영유아는 평소보다 교통상황에 대한 주의력이 떨어진다. 빗소리에 차량의 소리를 듣지 못할 수 있고 눈이 오면 기분이 좋아 장난을 치는 경우도 있다. 마른 날보다 운전자의 가시거리는 짧아지고 정지거리는 길어진다. 교통사고 예방을 위해 안전하게 걷는 방법을 차도와 보도가 구분되는 곳과 구분되어 있지 않은 곳, 비가 올 때와 눈이 올 때로 구분하여 정리하면 다음과 같다.

■ 차도와 보도가 구분되는 곳

- 차도와 멀리 떨어진 보도로 걷는다.
- 보도 가장자리로 걷거나 차도로 내려가지 않는다.
- 자동차, 오토바이, 자전거가 보도로 드나들 때가 있으므로 피해서 걷는다.
- 보도가 끊기는 곳, 상가 출입구, 주유소 입구, 공사 중인 곳에서는 잠시 멈춘 후 좌우를 확인한 후 걷는다.
- 공은 가방에 넣어서 가지고 다니고 공이 차도로 굴러갔을 때는 어른에게 도움을 요청한다.

■ 차도와 보도가 구분되어 있지 않은 곳

- 길가장자리로 걷는다.
- 차가 가까이 올 경우 잠시 멈추어 비켜 섰다가 차가 지나간 후 다시 걷는다.
- 좁은 골목에서는 한 줄로 걷는다.
- 교차로, 경사로, 길모퉁이, 좁은 길에서 큰 길로 나갈 때는 반드시 멈춘 후 좌우를 확인한다.

■ 비가 올 때 보행방법

- 비가 오거나 날씨가 흐릴 때에는 운전자가 영유아를 잘 확인할 수 있도록 밝은 색의 옷과 신발을 착용한다.
- 비가 올 때는 가능한 투명 우산을 사용한다.
- 비가 오면 길이 미끄러우므로 주의하며 걷는다.
- 차가 완전히 멈추었는지 확인하고 횡단한다.
- 보도 보행 시에는 차도로부터 멀리 떨어져 걷는다.
- 주변을 잘 볼 수 있도록 우산을 숙이거나 내려 쓰지 않고 올려 쓴다.
- 횡단보도에서 신호를 기다릴 경우 뒤로 1~2보(차도 가장자리로부터 1m 이상) 떨어져 대기한다.

그림 8-2 **비가 올 때 바른 모습과 바르지 않은 모습**

■ 눈이 올 때 보행방법

- 영유아와 차가 미끄러질 수 있으므로 차와 멀리 떨어져 걷고 뛰거나 미끄럼을 타지 않는다.
- 장갑을 끼고 손을 주머니에 넣지 않는다. 옷을 따뜻하게 입어 움츠린 채 걷지 않는다.
- 두꺼운 귀마개는 차량경적 소리가 들리지 않아 위험하다.
- 신발은 구두보다는 홈이 파인 운동화를 신는 것이 안전하다.

② 길 건너기

안전하게 길을 건너기 위해 신호등이 있는 횡단보도, 신호등이 없는 횡단보도, 육교와 지하도로 나누어 정리하면 다음과 같다.

■ 신호등이 있는 횡단보도

- 횡단보도 앞에서는 반드시 멈춘다.
- 초록불로 바뀌었을 때는 차가 멈추었는지 좌우를 살피며 천천히 건넌다.
- 손을 들고 오른쪽 통행으로 건너는 안전한 보행을 습관화한다.
- 보행자 신호가 녹색점멸신호로 바뀌면 횡단 도중 적신호로 바뀔 수 있으니 건너지 말고 다음 신호를 기다린다.

① 멈춘다. ② 좌우를 본다. ③ 손을 든다.

④ 운전자를 본다. ⑤ 운전자와 눈을 마주치며 건넌다.

그림 8-3 **안전하게 횡단보도 건너기**

- 건너기 전 녹색불이 깜박이면 안전하게 다음 신호를 기다린다. 건너는 중에 녹색불이 깜박이면 빠르게 건너가거나 가까운 쪽 보도로 나온다.
- 빨간불일 때는 우측의 인도 쪽으로 한 발짝 물러서서 기다리도록 한다.
- 뛰거나 친구와 장난치지 않는다.
- 갓길에 주, 정차되어 있는 차가 있을 때는 차 사이로 건너지 않는다.
- 자전거, 킥보드, 롤러블레이드를 타고 있을 때에는 내려서 건넌다.

■ 신호등이 없는 횡단보도

- 주변에 있는 어른과 함께 건넌다.
- 주변에 어른이 없다면 조금 돌아가더라도 가까운 육교, 지하도, 신호등이 있는

횡단보도를 이용하여 안전하게 건넌다.
- 피치 못할 사정으로 신호등이 없는 횡단보도를 건너야 한다면 차의 멈춤을 확인하거나 차를 먼저 보내고 길을 건넌다. 이때 뛰어서 건너지 않는다.
- 손을 들어 길을 건너겠다는 의사를 표시하고 운전자와 눈을 마주친 후 횡단보도 선을 벗어나지 않게 건넌다.

■ 안전한 횡단시설: 육교와 지하도
- 육교와 지하도는 신호를 기다리지 않아도 되고 안전하게 도로를 건널 수 있다.
- 무단 횡단하는 행동은 위험하므로 조금 멀어도 육교나 지하도를 이용한다.
- 육교나 지하도가 있는 곳은 횡단보도가 없거나 많은 차가 빠르게 다니는 곳이므로 특히 조심한다.
- 주머니에서 손을 빼고 걷는다.
- 뛰거나 장난치지 않는다.
- 난간 손잡이를 잡고 한 칸씩 천천히 오르내린다.
- 육교와 지하도를 오르내릴 때에는 우측으로 보행한다.
- 육교 위 난간에 기대거나 아래 도로를 바라보는 행동은 하지 않는다.

③ 자동차 타기
- 차를 타기 전에는 차가 완전히 멈출 때까지 기다리고 뛰어가서 타지 않는다.
- 오토바이나 자전거가 오는지 주위를 살피고, 차례로 줄을 서서 차를 탄다.
- 물건이 떨어져도 차 밑으로 손을 넣어서는 안 된다.
- 13세 이하 어린이는 자동차 뒷좌석에 탄다.
- 자동차 안에서 큰소리로 떠들거나 심하게 장난을 치지 않는다.
- 창밖으로 손이나 고개를 내밀지 않는다.
- 자동차를 타는 동안은 항상 전 좌석 안전띠를 맨다.
- 자동차에서 내릴 때에는 자동차가 완전히 멈춘 후 내린다.

④ 대중교통 이용하기

■ 버스를 이용할 때의 안전수칙

- 보도 가장자리에서 두 걸음 떨어진 곳에서 버스를 기다린다.
- 줄을 서서 차례대로 타고 내린다.
- 버스가 오는지 차도에 내려서서 확인하지 않는다.
- 버스가 오는 것을 보고 도로에 뛰어들 경우 사각지대로 인한 사고의 위험이 있다.
- 버스가 완전히 멈추면 차례를 지켜 버스를 탄다.
- 버스 출발 후 완전히 정차하기 전까지 좌석에서 일어나지 않는다.
- 등을 등받이에 붙여서 자리에 앉는다.
- 서서 갈 때는 손잡이를 꼭 잡는다.
- 안전벨트가 있는 버스는 안전벨트를 착용한다.
- 버스 문이 열리면 어른이 먼저 내린 후 하차한다.
- 버스에서 내릴 때는 좌우로 자전거나 오토바이가 오지 않는지 살피고 내린다.
- 버스에서 내린 후 길을 건너야 하면 버스가 떠난 후 횡단보도로 건넌다.
- 고속버스 이용 시 휴게소에서 하차할 때는 버스 위치와 출발 시간을 확인한다.
- 사고 등으로 인하여 문으로 내리기 어려울 때는 비상탈출용 망치를 이용하여 창문을 깨고 탈출한다.

■ 지하철을 이용할 때 안전수칙

- 지하철 계단이나 통행로에서 우측으로 보행한다.
- 스크린 도어를 억지로 열거나 출입문에 손을 대지 않는다.
- 스크린 도어와 출입문에 기대지 않고 소지품이 끼이지 않도록 조심한다.
- 승강장의 안전선 뒤쪽에서 열차를 기다린다.
- 승강장에서 밀치거나 뛰지 않는다.
- 문이 닫히려고 할 때는 급하게 타지 않고, 다음 열차를 기다린다.
- 내리는 사람이 모두 내린 후에 타는 사람은 문 양 옆에 차례로 줄을 서 있다가 탄다.
- 타고 내릴 때 승강장과 열차 사이에 발이 빠지지 않도록 조심한다. 휠체어나 유모

차의 경우 더욱 주의한다.

- 열차 내 비상장치의 위치를 파악하고, 긴급 상황에만 사용한다.
- 칸과 칸 연결 통로에 서 있지 않는다.
- 칸과 칸 사이의 문을 열며 칸 이동을 하지 않는다.
- 선로에 떨어지지 않도록 주의한다. 떨어졌을 경우에는 승강장 아래 벽면에 있는 여유 공간에 엎드려 큰 소리로 도움을 청한다.
- 다른 사람이 선로 위에 떨어진 것을 보았을 때는 즉시 역무원에게 도움을 요청한다.
- 선로에 물건을 떨어뜨렸을 때는 역무원에게 알리고 역무원이 올 때까지 기다린다.
- 화재 발생 시 코와 입을 수건, 티슈, 옷소매 등으로 막고 대피유도등을 따라 신속히 인근 역사로 대피한다.

⑤ 안전하게 놀기

- 주차된 자동차 사이에서는 절대로 놀지 않는다.
- 주차장, 골목길, 언덕길, 공사장 등 언제 어디서 자동차가 튀어나올지 모르는 위험한 장소에서는 놀지 않으며, 학교 운동장, 놀이터, 공원 등 안전한 곳에서 논다.
- 찻길로 공이 굴러가도 공을 주우러 가지 않는다.

2 실외놀이 안전

실외놀이 안전교육은 적절한 놀잇감과 안전한 놀이 장소를 선택하여 놀이에 잠재된 위험을 인식하고 올바른 규칙을 준수하며 놀이하고 안전사고 발생 시 바르게 대처할 수 있도록 하는 것이다. 즐겁고 안전한 놀이 활동을 위해 보호 장비를 철저히 갖추고, 영유아의 발달수준에 적합한 놀이를 선택하여 놀이하도록 한다.

영유아에게 안전한 장소와 놀이전용 공간에서 놀이하는 것은 매우 중요하다. 안전한 놀이장소는 놀이터, 학교운동장 등이고, 놀지 않아야 하는 장소는 자동차가 주정차하고 있는 도로, 건널목, 골목길, 난간, 차가 다니는 도로가 근접한 곳, 공사장 근처 등이다.

1) 자전거

(1) 자전거를 타기 위한 준비

영유아는 자전거를 타기 전 점검하는 습관을 갖고 도로를 안전하게 이용하는 규칙을 익혀야 한다(서울특별시교육청, 2020).

- 자전거를 탈 때는 밝은 색(예: 노랑)의 옷을 입고, 슬리퍼처럼 벗겨지기 쉬운 신발은 신지 않는다.
- 짧은 바지보다 긴 바지가 좋고 신발이 덮일 정도의 긴 바지나 치마는 체인에 걸릴 수 있으므로 피한다.
- 자전거 안장은 앉아서 발을 뻗어 두 발이 바닥에 닿도록 조절하며, 핸들의 높이가 너무 높지 않은 것이 안전하다.
- 안전모와 무릎보호대, 팔꿈치 보호대를 착용한다.
- 브레이크, 타이어의 공기압, 핸들, 페달, 체인 등의 부품은 한 곳의 고장이 다른 곳에도 영향을 미칠 수 있으므로 점검한 후 이용한다.

(2) 안전하게 자전거 타기

자전거 탈 때 주의사항을 살펴보면 다음과 같다(행정안전부, 2018).

- 운동장이나 놀이터처럼 차가 다니지 않는 곳 또는 자전거 전용도로에서 탄다.
- 비탈길과 횡단보도를 건널 때는 내려서 끌고 간다.
- 먼 곳까지 타고 가지 않는다.
- 눈이나 비가 내리는 날, 바람이 심하게 부는 날, 안개 낀 날은 자전거를 타지 않는다.
- 밤에는 자전거를 타지 않는다. 부득이하게 자전거를 탈 때는 밝은 색 옷(예: 흰색, 노랑색)을 입고, 전조등을 켜고 자전거의 앞뒤에 반사광 혹은 반사재를 붙인다.
- 정지된 상태에서 출발하고 정지된 상태에서 내린다.

- 천천히 운전하며 과속하지 않는다.
- 오른쪽으로 통행한다.
- 굽은 길에서는 속도를 줄이고 맞은편의 상황에 주의한다.
- 보행자에 주의해서 자전거를 탄다.
- 인도와 차도 사이를 구분 하는 턱, 도로의 미끄럼 방지턱을 조심한다.
- 골목이나 교차로에서는 우선 멈춤을 하여 지나가는 사람이나 자동차를 확인하고 지나간다.
- 항상 앞과 옆을 잘 살피면서 탄다.
- 친구와 자전거 경주를 하지 않는다.
- 짐받이에 올라서 타는 행위는 위험하므로 짐받이에 사람을 태우지 않는다.
- 평상시 속도를 줄일 때에는 뒷바퀴 브레이크를 주로 사용한다. 뒷바퀴 브레이크는 감속 시, 앞바퀴 브레이크는 정지 시 사용한다.
- 급제동 시 뒷바퀴 브레이크를 먼저 작동한 뒤에 곧바로 앞바퀴 브레이크를 같이 사용한다. 앞바퀴의 브레이크를 사용하여 급정거할 경우, 넘어지거나 방향 조절이 어려워 전복사고의 위험이 크게 증가한다.

2) 인라인스케이트와 킥보드, 스케이트보드 등

인라인스케이트와 킥보드, 스케이트보드는 간편하게 사용할 수 있어서 영유아가 많이 이용하고 있다. 이러한 종류의 놀이기구를 사용하기에 미숙한 영유아는 보호자가 지켜보는 곳에서 타게 하고, 이들 기구가 몸에 맞도록 하며 너무 큰 것은 구입하지 않는다. 인라인스케이트와 킥보드, 스케이트보드를 안전하고 바르게 타기 위한 안전지침을 살펴보면 다음과 같다(행정안전부, 2018).

- 바퀴에 이상이 있는지 점검한다.
- 밝은 색의 옷을 입는다.
- 타기 전에 근육 이완을 위해 준비운동을 한다.
- 헬멧, 무릎보호대, 팔꿈치 보호대, 손목보호대 등의 안전보호 장치를 항상 착용한다.
- 울퉁불퉁하거나 고르지 않은 길보다 평평하고 포장이 잘된 평지에서 탄다.

- 내리막길에서는 가속이 되어 위험하므로 기구에서 내려 걷는다.
- 자동차나 자전거 등을 따라가며 타지 않는다.
- 여럿이 손을 잡거나 앞사람을 잡고 타지 않는다.
- 앞에 사람이 있으면 "지나갑니다."라고 이야기해서 부딪치지 않도록 한다.
- 속도를 높이는 것보다 안전하게 멈추는 기술을 익힌다.
- 가능하면 밤에는 타지 않고 낮에 타도록 한다.
- 물건을 들고 타지 않는다.
- 사람들이 많은 곳에서는 속력을 줄여 천천히 탄다.
- 길을 건널 때는 내려서 걷는다.
- 인라인스케이트는 뒤로 타지 않고, 높은 곳에서 점프하거나 계단을 오르내리지 않는다.
- 킥보드의 바퀴는 작아 낮은 턱이나 땅이 패어 있는 곳에서 전복될 수 있으므로 주의한다.
- 킥보드의 핸들은 양손으로 잡고 바른 자세로 탄다.
- 킥보드를 접거나 펼 때, 손가락이 끼이지 않도록 주의한다.
- 킥보드의 마감처리가 미흡한 예리한 부분에 다치지 않도록 주의한다.
- 스케이트보드를 탈 때는 전문가들의 묘기를 흉내내지 않는다.
- 스케이트보드는 5세 이하 어린이가 절대 사용하지 않도록 한다.

3) 미끄럼틀

미끄럼틀을 안전하고 바르게 타기 위한 안전지침을 살펴보면 다음과 같다(행정안전부, 2018).

- 미끄럼틀을 거꾸로 기어 올라가지 않고, 계단을 이용하여 한 계단씩 차례로 올라간다.
- 미끄럼틀 위에서 다른 사람을 밀거나 당기지 않는다.
- 앞사람이 없는지 확인하고 한 사람씩 내려온다.
- 엎드려 타거나 서서 타지 않는다.

- 줄넘기 등을 신체 일부에 묶거나 두른 채 내려오지 않는다.
- 내려온 뒤에는 뒤따라오는 사람에게 방해되지 않도록 재빨리 비켜 준다.
- 미끄럼틀을 타고 내려올 때 다른 도구를 타고 내려오지 않는다.
- 미끄럼틀 난간 바깥쪽을 잡고 올라가거나 미끄럼틀 위에서 바닥으로 뛰어내리지 않는다.

4) 그네

그네를 안전하게 이용하는 방법은 다음과 같다(행정안전부, 2018).

- 양손으로 그네 손잡이를 잡고 탄다.
- 서서 타거나 무릎으로 혹은 엎드려 타지 않는다.
- 움직이는 그네 곁에 서 있거나 다른 놀이를 하지 않는다.
- 그네 줄을 꼬면서 타지 않는다.
- 그네 좌석 한가운데 앉아 양쪽 손잡이를 잡고 탄다.
- 1명이 타도록 되어 있는 그네를 2명이 동시에 타지 않도록 한다.
- 그네 옆에 설치된 안전대에 걸터 앉지 않는다.
- 그네가 완전히 정지된 상태에서 타고 내린다.

5) 흔들놀이기구(시소)

흔들놀이기구(시소)를 안전하게 이용하는 방법은 다음과 같다(행정안전부, 2018).

- 시소는 서로 마주 보고 앉아서 두 손으로 손잡이를 꼭 잡고 탄다.
- 시소 위에 서 있거나 움직이는 중에 뛰어내리지 않는다.
- 내릴 때는 상대방에게 미리 알리고, 시소 밑에 손이나 발을 두지 않도록 한다.

6) 조합놀이대

조합놀이대를 안전하게 이용하는 방법은 다음과 같다(행정안전부, 2018).

- 흔들거리는 놀이기구는 반드시 난간을 잡고 이용하며 뛰어가지 않는다.
- 난간 또는 울타리 사이로 오르거나 신체 일부를 끼워 넣지 않는다.
- 놀이기구 위에서 밀거나 잡아당기는 놀이를 하지 않는다.
- 무지개다리, 구름다리를 사용하는 사람을 잡아당기거나 밀지 않는다.
- 정글짐, 스페이스네트, 오르는 기구는 놀이기구의 꼭대기에 서 있거나 누워 있지 않고 위에 누군가가 있을 경우 그 밑으로 지나가지 않는다.
- 정글짐, 스페이스네트, 오르는 놀이기구 위에서 상대방을 잡거나 밀면 안 되며, 내려올 때는 뛰지 않고 아래를 살피며 천천히 한 발씩 내려온다.

3 현장학습 안전

현장학습은 교육적 측면에서 중요하다. 현장학습이 의미 있는 교육활동이 되려면 영유아의 안전이 우선되어야 하고 이를 위해 계획과 준비가 필요하다. 다음에서는 안전한 현장학습을 위해 교사가 점검해야 할 사항과 영유아가 알아야 할 안전수칙에 대해 살펴본다(어린이집안전공제회, 2014).

1) 현장학습 안전관리를 위한 교사의 역할

교사는 견학할 장소를 미리 답사하여 장애물이나 위험한 요소가 있는지 점검하고 기록하는 것이 필요하다. 이러한 기록은 다음 견학 계획 시에도 유용하게 사용될 수 있다. 영유아에게 안전하고 교육적 목적에 부합하며 흥미 있는 장소 선정을 위해 다음의 사항들을 점검한다(서울특별시교육청, 2020; 어린이집안전공제회, 2014).

- 영유아에게 안전한 장소인가?
- 위험한 요소가 있다면 어떤 점이 있는가?
- 영유아의 연령과 발달에 적합한 장소인가?
- 영유아에게 흥미로운 장소인가?
- 현재 영유아교육기관에서 진행되고 있는 주제와 관련이 있는가?
- 교육적 요소를 찾을 수 있는가?
- 영유아 입장에서 신체허약자 또는 교육활동 운영상 특별한 보호를 요하는 영유아를 사전에 파악하여 특별 관리할 수 있는가?
- 차를 타고 이동할 경우 근거리에 있는 장소인가?

현장학습 장소가 선정되면 장소에 대한 자세한 정보를 확인한다. 사전답사 시 점검사항은 다음과 같다(어린이집안전공제회, 2014).

- 영유아의 발달에 적합한 장소인지 확인한다.
- 영유아가 차에서 내릴 장소를 정한다. 차량이 잠시 대기할 수 있는지 알아보아 가능한 길을 건너지 않거나 입구와 가까운 곳으로 정한다.
- 차량 주차 공간을 점검한다.
- 영유아와 함께 다닐 이동 동선을 파악한다. 이동 동선은 주제와 관련하여 영유아가 흥미 있어 할 장소로 선정한다.
- 연령별로 이동을 다르게 계획할 경우 만나는 장소와 시간 등을 정한다.
- 이동 동선 안에 화장실의 위치를 파악한다. 화장실 안의 청결상태, 기저귀 갈이대, 세면대의 높이, 변기 종류 등의 여건을 확인한다.
- 현장학습 당일의 현장학습지의 여건과 주의사항에 대해 관련 직원에게 문의한다.
- 현장학습지 주변에 공사현장, 기계 등 위험한 환경이 있는지 점검한다. 위험환경을 피하거나 비켜서 활동할 수 없으면 견학장소를 변경한다.
- 현장학습지에서의 소요시간과 총 걷는 거리가 영유아에게 적당한지 고려해 본다.
- 비상구 또는 비상통로의 위치를 파악한다.

2) 현장학습 전 준비

(1) 사전 점검(어린이집안전공제회, 2014)

- 영유아의 개별 건강상태를 체크한다. 감기나 배탈, 햇빛 알레르기 등으로 건강상태가 좋지 않은 영유아는 휴식을 취하거나 별도의 활동을 계획한다.
- 현장학습 당일의 황사 및 미세먼지 농도를 확인한다(지역번호+131).
- 사람이 많이 모이는 장소를 불가피하게 선택했을 경우 부모, 자원봉사자, 보조교사 등의 인적자원을 확보한다.
- 부모, 자원봉사자, 보조교사 동반 시 현장학습지의 역할에 대해 이야기 나눈다.
- 차량을 외부에서 대여할 경우 차량 안전 사항에 대해 철저히 점검한다.
- 견학 계획 전반적인 사항에 대한 가정통신문을 가정에 배부한다. 날짜, 시간, 장소, 준비사항, 교통수단, 적합한 복장, 견학 활동 내용 등을 안내한다.
- 영유아가 현장학습지에 친숙해질 수 있도록 사전에 이야기를 나눈다.

(2) 물품 준비

- 교사의 현장학습용 가방에 아동 명단 및 비상연락처, 일정표, 호루라기, 카메라, 물휴지, 휴지, 여벌옷, 벗은 옷을 넣을 비닐봉투, 위생장갑 등을 챙겨 넣어 둔다.
- 현장학습용 가방은 교사의 손이 자유로울 수 있도록 크로스로 메거나 뒤로 멘다.
- 구급약품상자를 준비한다.
- 영유아용 이름표에는 영유아교육기관의 이름, 주소, 전화번호, 원장 및 교사의 휴대전화 번호 등을 기록한다. 영유아의 이름은 납치 위험이 있어 안 쓰거나 작게 쓴다. 영유아용 이름표는 스티커, 또는 팔찌용을 사용하고 목걸이 이름표는 끈이 목에 걸릴 위험이 있으니 사용하지 않는다.

3) 현장학습 당일

현장학습 당일 교사는 편하게 움직일 수 있는 옷과 운동화를 착용한다. 수시로 인원

점검을 하는 것이 필요하고 항상 영유아의 안전에 주의를 기울인다. 또한 영유아가 무리에서 벗어나지 않도록 교사 한 명은 앞에서 다른 한 명은 뒤에서 살핀다(어린이집 안전공제회, 2014).

(1) 이동 전

- 영유아가 현장학습 장소에서 지켜야 할 약속이나 주의사항에 대해 이야기 나눈다.
- 출결상태를 점검하고 참석하는 영유아의 반별과 전체 인원을 파악한다.
- 영유아의 건강상태와 컨디션 등을 점검한다.
- 이름표, 비상연락처나 응급처치 동의서, 필요경비, 입장권, 구급상자 등 필요한 서류들이 준비되었는지 재확인한다.
- 영유아교육기관에서 출발 전 화장실에 다녀온다.

(2) 이동 시

- 평지에서 걸을 때는 영유아끼리 짝을 지어 주어 빨리 걷도록 재촉하지 않는다.
- 계단을 오르내릴 때는 난간을 잡고 이동하고 영유아 간에 적절한 간격을 유지한다.
- 일과가 바뀔 때, 장소 이동 전후, 차량 승·하차 시에는 반드시 영유아의 인원수를 확인한다.
- 사전답사에서 발견하지 못한 위험요소가 있을 경우 재빨리 제거한다. 제거가 어려운 경우 다른 길로 돌아가거나 영유아의 접근을 막는다.
- 장애영유아, 이탈행동이 빈번한 영유아는 교사 가까이 배치하거나 보조인력(보조교사, 자원봉사자 등)을 활용하여 보다 주의 깊게 살핀다.

(3) 간식 및 식사 시

- 음식은 아이스박스에 넣은 후 그늘지고 서늘한 곳에 보관한다.
- 음식을 먹기 전에는 손을 씻거나 물휴지로 깨끗이 닦는다.
- 준비한 음식은 가능한 빠른 시간(조리 후 2~4시간 이내) 안에 섭취한다.
- 그늘지고 안전한 곳에 앉아서 천천히 먹는다.

4) 현장학습 후

현장학습 후에 교사가 점검해야 할 사항은 다음과 같다(어린이집안전공제회, 2014).

- 현장학습이 끝난 후 영유아교육기관으로 출발하기 전에 영유아의 인원을 최종 점검한다.
- 영유아교육기관에 도착한 후에는 비누로 손을 깨끗이 씻고, 휴식을 취한다.
- 현장학습에서 있었던 일들에 대해 이야기 나눈다.

5) 현장학습 안전사고 예방을 위한 안전교육

현장학습 시 안전사고를 예방하기 위한 안전수칙과 상황이나 장소에 따라 지켜야 하는 안전수칙을 살펴보면 다음과 같다(서울특별시교육청, 2020; 어린이집안전공제회, 2014).

(1) 현장학습을 위한 안전수칙

- 활동하기에 간편한 옷차림을 한다.
- 가방은 무겁지 않게 필요한 물건만 넣는다.
- 교사 및 친구들과 함께 다니고, 차례를 지켜 이동한다.
- 교사나 프로그램 진행자는 안전지도 사항을 성실히 준수한다.
- 계단을 오르내릴 때나 차를 탈 때는 짝꿍과 손을 잡지 않는다.
- 화장실에 가는 등 장소를 벗어나야 할 때는 반드시 선생님께 알린다.
- 관람 시 앞사람을 밀거나 물건을 함부로 만지지 않는다.
- 체험 시 소리를 지르거나 심한 장난을 치지 않는다.
- 나무나 벤치 등 높은 곳에 올라가거나 뛰어내리지 않는다.
- 소지품을 놓쳤을 경우 혼자 주우려 하지 말고 선생님께 도움을 요청한다.
- 주변 사람들에게 방해되는 행동은 하지 않는다.

(2) 상황이나 장소별 안전수칙

① 동물원이나 식물원에서의 안전수칙

- 잔디에 눕지 않는다.
- 손으로 직접 동물에게 먹이를 주지 않는다.
- 먹이를 줄 경우 던져서 주거나 교사가 먹이 주는 모습을 지켜본다.
- 동물 우리 안으로 신체의 일부를 넣지 않는다.
- 울타리나 유리문을 두드리지 않는다.
- 동물과 식물은 함부로 만지지 않는다.
- 식물의 꽃이나 줄기를 꺾지 않는다.

② 숲에서 지켜야 할 안전수칙

- 약속된 활동 장소를 벗어나거나 아무 곳이나 들어가지 않는다.
- 나뭇가지를 들고 뛰어다니지 않는다.
- 젖은 상태의 나무나 바위는 미끄러질 위험이 있으므로 오르지 않는다.
- 시냇물이나 계곡에 들어가지 않는다.
- 버섯이나 동물의 시체, 배설물은 손으로 만지지 않는다.
- 나무 열매나 나뭇잎을 먹지 않는다.

③ 낯선 사람에 대한 안전수칙

- 낯선 사람뿐만 아니라 익숙한 얼굴이라도 함부로 따라가지 않는다.
- 나를 누군가가 억지로 데려가려고 하면 "싫어요. 도와주세요."라고 큰 소리로 외친다.
- 낯선 사람에게 이름, 주소, 전화번호를 알려 주지 않는다.

Tip

현장학습 시 실종·유괴 예방 요령

- 사전답사를 통해 영유아의 동선과 미아보호소 등의 위치를 확인한다.
- 현장학습 장소의 붐비는 정도에 대비하여 영유아 인솔 인원을 충분히 확보한다.
- 출석 체크를 철저히 하고, 미등원 영유아 발생 시 보호자 확인을 통해 영유아의 안전을 확인한다.
- 미아 발생 시 대처요령을 사전에 영유아에게 교육한다. 교육내용을 예로 들면, 길을 잃었을 경우 제자리에서 멈춰 기다리기, 자신의 이름과 연락처 생각하기, 경찰에 도움 요청하기 등이다.

출처: 어린이집안전공제회, 2014.

'교통' 안전교육을 위한 활동의 실제 1

<table>
<tr><td colspan="2">활동명</td><td>나는야 교통표지판</td><td>대상연령</td><td>5세</td><td>활동유형</td><td>미술</td></tr>
<tr><td colspan="2">활동목표</td><td colspan="5">– 교통표지판의 종류와 의미에 대해 안다.
– 교통표지판을 창의적으로 표현해 본다.</td></tr>
<tr><td colspan="2">누리과정 관련요소</td><td colspan="5">– 예술경험 〉 창의적으로 표현하기 〉 다양한 미술재료와 도구로 자신의 생각과 느낌을 표현한다.
– 사회관계 〉 더불어 생활하기 〉 약속과 규칙의 필요성을 알고 지킨다.</td></tr>
<tr><td colspan="2">활동자료</td><td colspan="5">– 여러 종류의 교통 표지판, 도화지, 크레파스, 색연필 등</td></tr>
<tr><td rowspan="2">활동 방법</td><td>도입</td><td colspan="5">▪ 교통표지판을 보여 주며 이야기 나눈다.
– 이것을 본 적이 있니? 어디서 보았니?
– 이런 것들을 무엇이라고 부를까?
– 어떤 그림들이 그려져 있니?
– 어떤 의미일까?
– 교통표지판이 필요한 이유는 무엇일까?</td></tr>
<tr><td>전개</td><td colspan="5">▪ 교통표지판의 여러 종류에 대해 알아본다.

– 이것은 무엇을 알리는 표지일까?
– 횡단보도가 있으니 조심하라는 것이야.

– 이것은 무엇을 알리는 표지일까?
– 보행자에게 보행을 하지 말라고 알리는 것이야.

– 이것은 무엇을 알리는 표지일까?
– 어린이보호구역이니 어린이를 보호하라는 것이란다.

▪ 나만의 교통안전표지판을 만들어 본다.
– 어린이들이 많이 지나가는 곳에 차가 빠르게 달리면 어떻게 될까?
– 어떻게 표지판을 만들어야 운전자가 조심할지 생각해 보자.
– 어린이들이 많이 다니는 곳이라는 것을 어떻게 표시하면 좋을까?
– 준비된 도화지에 나만의 교통표지판을 그림으로 그려서 만들어 보자.
① 도화지를 교통안전표지판 모양으로 오려서 준비한다.
② 크레파스, 색연필 등의 그리기 도구를 이용하여 나만의 교통표지판을 그린다.</td></tr>
</table>

	마무리	■ **만들어진 교통표지판을 보며 친구들과 함께 평가해 본다.** – 교통표지판을 만들어 보니 어떤 생각이 드니? – ○○이 만든 표지판은 어떤 내용인 것 같니? – ○○은 어떤 내용의 교통표지판을 만들었니?
활동의 유의점		– 다양한 교통안전표지판의 종류를 제시한다. – 교통표지판을 지켜야 하는 이유에 대해 생각해 볼 수 있도록 한다. – 자신의 생각을 창의적으로 표현할 수 있도록 한다. – 표지판에는 전달하고자 하는 내용이 명확히 드러나야 한다는 것을 알고 표현해 볼 수 있도록 한다.
확장활동		– 교통표지판 알아맞히기 게임을 진행한다. – 다양한 교통표지판을 색칠해 본다.

'교통' 안전교육을 위한 활동의 실제 2

<table>
<tr><td>활동명</td><td colspan="2">자전거를 안전하게 타요</td><td>대상연령</td><td>4세</td><td>활동유형</td><td>이야기 나누기</td></tr>
<tr><td colspan="2">활동목표</td><td colspan="5">– 자전거를 안전하게 타는 방법을 안다.
– 자전거를 안전하게 타는 습관을 기를 수 있다.</td></tr>
<tr><td colspan="2">누리과정 관련요소</td><td colspan="5">– 의사소통 〉 듣고 말하기 〉 자신의 경험, 느낌, 생각을 말한다.
– 신체운동 · 건강 〉 안전하게 생활하기 〉 교통안전 규칙을 지킨다.</td></tr>
<tr><td colspan="2">활동자료</td><td colspan="5">'자동차랑 부딪칠 뻔했잖아!' 동화</td></tr>
<tr><td rowspan="2">활동방법</td><td>도입</td><td colspan="5">■ 자전거를 타 본 경험에 대해 이야기 나눈다.
– 자전거를 타 본 경험이 있니?
– 어디에서 탔었니?
– 선생님은 자전거를 타다가 골목에서 아이가 갑자기 뛰어나와서 놀랐던 적이 있단다.
– 친구들도 이런 경험을 한 적이 있니?</td></tr>
<tr><td>전개</td><td colspan="5">■ '자동차랑 부딪칠 뻔했잖아!' 동화를 듣는다.

유치원/어린이집이 끝나고 안전이와 지킴이는 동네 놀이터에서 친구들과 자전거를 타며 재미있게 놀고 있었습니다.
안전이: 와! 신난다. 오늘은 자전거를 타고 어디로 가 볼까?
신나게 놀이터 주변을 돌며 자전거를 타고 있을 때였습니다.
지킴이: 안전아! 오늘은 우리 자전거 타고 저기 도로로 나가 볼까? 거기 가면 더 신나게 달릴 수도 있고, 재미있는 것도 있고, 내가 맛있는 것도 사 줄게.
안전이: 야! 안 돼~ 우리 엄마가 아파트 놀이터에서만 타라고 했어. 거기 가면 큰 자동차들도 있고, 자동차들이 쌩쌩 달려서 위험하다고 했단 말이야.
지킴이: 맨날 이 놀이터에서만 타는 게 너는 재미있냐? 나는 이제 재미없어.
저기 다른 놀이터에도 가 보고, 내가 너 좋아하는 아이스크림 사 줄게! 한번만 같이 가자~ 응?
안전이: (한참 고민을 하다가) 그래! 이번 한번만이야. 오늘만 살살 갔다 오자.
대신 너 지킴이 우리 엄마한테 말하면 안 돼! 나 진짜 혼난다. 알았지?
지킴이: 그래 알았어! 걱정 마. 조심히 다녀오면 되지 뭐.
안전이와 지킴이는 천천히 자전거를 타고 놀이터 밖을 막 나가 도로로 나가는데
(지나가던 자동차가 갑자기 멈춰 서며) 끼이익~~~
운전기사 아저씨: 야! 너희들 뭐 하는 거야! 깜짝 놀랐잖아. 아이들이 왜 도로에서 자전거를 타고 그래! 얼른 저쪽으로 가!
조금만 세게 달렸으면 지킴이의 자전거가 그만 차에 부딪칠 뻔했습니다. 깜짝 놀란 안전이와 지킴이는 자전거에서 얼른 내려 자전거를 끌고 아파트 놀이터로 다시 돌아왔답니다.

■ 자전거를 어디서 타야 하는지 이야기 나눈다.
– 안전이 엄마는 왜 아파트 놀이터에서만 자전거를 타라고 하셨을까?
– 자동차가 다니는 도로에는 어떤 것들이 있니?
– 자전거를 타기에 안전한 장소는 어디일까?</td></tr>
</table>

		■ **자전거 도로에서 안전하게 운전하는 방법에 대하여 이야기 나눈다.** – 횡단보도에서는 어떻게 해야 할까? – 자동차가 다니는 도로에서는 어떻게 해야 할까? – 깜깜할 때 자전거 타는 것에 대해 어떻게 생각하니?
	마무리	■ **'자전거를 안전하게 타요' 활동을 평가한다.** – '자동차랑 부딪칠 뻔했잖아!' 동화를 들어 보니 어땠니? – 자전거를 안전하게 타려면 어떤 약속이 필요하니?
활동의 유의점		– 경사진 곳이나 자동차가 다니는 곳, 어두운 곳에서는 자전거를 타지 않아야 함을 이야기 나눈다. – 자전거를 타기 전에는 안전보호장구를 착용해야 한다는 것에 대해 이야기를 나눈다.
확장활동		– 실외놀이 시 자전거 도로를 구성하여 자전거 면허시험장 놀이를 한다. – 블록을 이용하여 자전거를 탈 수 있는 길을 만들어 본다. – 가정통신문을 통해 자전거 탈 때의 주의사항 및 안전수칙 등을 안내한다.

'교통' 안전교육을 위한 활동의 실제 3

<table>
<tr><td colspan="2">활동명</td><td>운전자와 보행자가 되어 보아요</td><td>대상연령</td><td>4세</td><td>활동유형</td><td>신체</td></tr>
<tr><td colspan="2">활동목표</td><td colspan="5">– 신호등에 있는 신호의 의미를 이해한다.
– 횡단보도를 안전하게 건널 수 있다.
– 길을 건널 때 자동차의 움직임을 살피는 습관을 가진다.</td></tr>
<tr><td colspan="2">누리과정 관련요소</td><td colspan="5">– 신체운동 · 건강 〉 신체활동 즐기기 〉 신체 움직임을 조절한다.
– 신체운동 · 건강 〉 안전하게 생활하기 〉 교통안전 규칙을 지킨다.</td></tr>
<tr><td colspan="2">활동자료</td><td colspan="5">– 신호등과 횡단보도 자료(신호등 그림, 횡단보도를 나타낼 수 있는 흰색, 검정색 시트지로 만든 건널목), 도로를 표시할 수 있는 노랑색/흰색 테이프, 실외용으로 유아가 탈 수 있는 크기의 장난감 자동차 등
자료의 예)
 </td></tr>
<tr><td rowspan="2">활동방법</td><td>도입</td><td colspan="5">■ 횡단보도를 건너 본 경험에 대해 이야기 나눈다.
– 횡단보도를 언제 건너 보았니?
– 횡단보도를 건너기 전에 무엇을 보았니?
– 누구와 건너 보았니?
– 횡단보도를 건너기 전 어른들이 어떻게 행동했니?

■ 신호등 신호의 의미와 길을 안전하게 건너는 방법(멈춘다, 살핀다, 건넌다)에 대해 이야기 나눈다.
– 신호등이 빨간불이 되었어. 어떻게 해야 할까?
– 신호등이 초록불일 때는 어떻게 해야 할까?
– 횡단보도 앞에 섰는데 초록불이 깜박깜박 할 때는 어떻게 해야 할까?
– 횡단보도를 건널 때는 어떻게 해야 할까?</td></tr>
<tr><td>전개</td><td colspan="5">■ 운전자와 보행자의 역할을 정한다.
– 횡단보도를 건너는 보행자 역할은 누가 해 볼까?
– 차를 운전하는 운전자의 역할은 누가 해 볼까?

■ 운전자와 보행자의 역할에 대해 이야기 나눈다.
– 자동차가 다니는 길은 어디로 할까?
– 걷는 사람이 다니는 길은 어디로 할까?
– 횡단보도를 건너는 사람은 어떻게 해야 할까?</td></tr>
</table>

<table>
<tr><td rowspan="2"></td><td></td><td>(멈춘다. 좌우를 본다. 손을 든다. 운전자를 본다. 운전자와 눈을 마주치며 걷는다.)
– 운전하는 사람은 횡단보도를 건너는 사람이 있을 때 어떻게 해야 할까?
(멈추어 서서 길을 걷는 사람을 바라본다.)

■ 신체활동 방법에 대해 이야기 나눈다.
– 신호등이 초록불이나 빨간불이 되었다는 것을 어떻게 알릴까?

① 운전자는 자동차를 타고 다니고 보행자는 인도를 걷는다.
② 호루라기를 한 번 불면 횡단보도 근처로 모인다.
③ 호루라기를 두 번 불면 멈춘다(초록불 신호를 알림).
④ 호루라기를 세 번 불면 운전자는 횡단보도 옆에 멈추어 있고 보행자는 횡단보도를 건넌다.
⑤ 자신의 길을 가다가 호루라기가 울리면 보행자와 운전자의 역할을 반복한다.

■ 역할을 바꾸어 활동해 본다.
– 이번에는 역할을 바꾸어 해 보자.</td></tr>
<tr><td>마무리</td><td>■ 오늘 활동에 대해 이야기 나눈다.
– 어떤 부분이 재미있었니?
– 어떤 것을 새롭게 알게 되었니?

■ 안전한 보행에 대해 지켜야 할 점을 약속한다.
– 길을 건널 때는 어떤 약속을 지켜야 하겠니?</td></tr>
<tr><td colspan="2">활동의 유의점</td><td>– 이동 중 부딪히지 않게 주의한다.
– 길을 건너기 전에 일단 멈춰서 자동차의 움직임을 살펴보아야 하는 이유를 자동차의 빠르기(속도) 및 제동거리와 관련해서 설명한다.</td></tr>
<tr><td colspan="2">확장활동</td><td>– 횡단보도 시트를 유아들이 이동하는 통로에 만들어 놓아 일과 중에도 자연스럽게 횡단보도를 건너는 놀이를 해 볼 수 있도록 한다.</td></tr>
</table>

'실외놀이' 안전교육을 위한 활동의 실제 1

<table>
<tr><td>활동명</td><td colspan="2">나를 지켜 주는 안전 보호 장비</td><td>대상연령</td><td>4세</td><td>활동유형</td><td>신체</td></tr>
<tr><td>활동목표</td><td colspan="6">– 보호 장비의 필요성을 알고 바르게 착용해본다.
– 질서와 규칙을 지키면서 신체활동을 즐긴다.</td></tr>
<tr><td>누리과정
관련요소</td><td colspan="6">– 신체운동 · 건강 〉 안전하게 생활하기 〉 일상에서 안전하게 놀이하고 생활한다.
– 자연탐구 〉 생활 속에서 탐구하기 〉 도구와 기계에 대해 관심을 가진다.
– 사회관계 〉 더불어 생활하기 〉 약속과 규칙의 필요성을 알고 지킨다.</td></tr>
<tr><td>활동자료</td><td colspan="6">– '안전 보호 장비가 필요해요' 그림자료, 자전거/킥보드를 타는 그림, 안전 보호 장비(헬멧, 팔꿈치보호대, 무릎보호대 등), 유아용 자전거/킥보드 등</td></tr>
<tr><td rowspan="2">활동방법</td><td>도입</td><td colspan="5">■ 자전거나 킥보드를 타 본 경험에 대해 이야기를 나눈다.
– 자전거나 킥보드를 타 본 적이 있니?
– 자전거나 킥보드를 탈 때 넘어진 적이 있니?
– 보호 장비를 착용하지 않고, 자전거나 킥보드를 타다 넘어지면 어떻게 될까?</td></tr>
<tr><td>전개</td><td colspan="5">■ 놀이에 필요한 안전 보호 장비를 살펴보며 올바른 착용법에 대해 이야기를 나눈다.
– 자전거나 킥보드를 탈 때 어떤 안전 보호 장비가 필요할까?
– 이 보호 장비는 몸의 어느 부분을 다치지 않도록 도와줄까?
– 헬멧은 어떻게 써야 할까? 벗겨지지 않게 하려면 어떻게 해야 할까?
– 보호대는 어떻게 착용해야 할까?

■ 안전하게 탈 수 있는 방법에 대해 이야기를 나눈다.
– 안전하게 타려면 어떻게 해야 할까?
– 선택한 장소가 안전할까?
– 이곳이 자전거나 킥보드를 타기에 안전한 이유는 무엇일까?
– 갑자기 생길 수 있는 위험한 상황은 어떤 것이 있을까?
– 위험한 상황을 피하기 위해 어떻게 타야 할까?

■ 신체활동 방법을 소개하고, 유아가 선택한 놀이기구를 이용하며 즐길 수 있도록 한다.
– 유아용 자전거나 킥보드가 다닐 수 있도록 바닥에 선을 긋는다.
– 놀이기구를 타고 돌아올 수 있는 반환점을 정한다.
– 놀이기구를 주차할 주차 장소를 정한다.
– 안전 보호 장비(헬멧, 팔꿈치 보호대, 무릎보호대)를 착용한다.
– 스스로 착용이 어려운 유아는 교사가 도와준다.
– 너무 세게 타지 않기, 천천히 반환점 돌아오기라는 약속을 지키며 놀이기구를 탄다.

■ 자전거나 킥보드를 탈 때 지켜야 할 약속에 대해 이야기를 나누고 신체활동을 진행한다.
– 자전거나 킥보드를 탈 때 안전하게 타려면 어떻게 해야 할까?
– 친구들이 타고 있는 자전거와 킥보드에 부딪히면 어떻게 될까?
– 친구와 다른 방향으로 타게 되면 어떻게 될까?
– 자전거나 킥보드를 그만 타고 싶을 때에는 어떻게 하면 좋을까?</td></tr>
</table>

<table>
<tr><td rowspan="1"></td><td>마무리</td><td>■ 자전거나 킥보드를 타고 난 느낀 점에 대해 이야기를 나눈다.
– 안전 보호 장비를 착용해 보았는데 어땠니?
– 안전 보호 장비를 착용해야 하는 이유는 무엇이니?
– 안전 보호 장비를 바르게 착용하는 방법은 무엇이니?
– 어려운 점은 무엇이었니?</td></tr>
<tr><td colspan="2">활동의 유의점</td><td>– 안전 보호 장비의 착용 방법에 대해 직접 착용 시범을 보이며 설명한다.
– 안전하게 놀이하는지 주의 깊게 살핀다.
– 경쟁이 되지 않도록 한 사람씩 반환점을 돌아온다.</td></tr>
<tr><td colspan="2">확장활동</td><td>– 가정통신문을 통해 실외놀이기구(자전거나 킥보드 등)를 이용할 때 주의점 등을 안내한다.
– 우리 주변에서 안전을 담당하는 사람들을 알아보고 신문이나 잡지에서 찾아 스크랩을 한다.</td></tr>
</table>

'실외놀이' 안전교육을 위한 활동의 실제 2

<table>
<tr><td colspan="2">활동명</td><td>내 몸이 끼었어요</td><td>대상연령</td><td>3세</td><td>활동유형</td><td>게임</td></tr>
<tr><td colspan="2">활동목표</td><td colspan="5">– 끼임 사고의 위험에 대해 안다.
– 끼임 사고가 발생 시 대처방법에 대해 안다.
– 또래와 즐겁게 게임에 참여한다.</td></tr>
<tr><td colspan="2">누리과정 관련요소</td><td colspan="5">– 신체운동 · 건강 〉 안전하게 생활하기 〉 일상에서 안전하게 놀이하고 생활한다.
– 신체운동 · 건강 〉 안전하게 생활하기 〉 안전사고, 화재, 재난, 학대, 유괴 등에 대처하는 방법을 경험한다.
– 사회관계 〉 더불어 생활하기 〉 친구와 서로 도우며 사이좋게 지낸다.</td></tr>
<tr><td colspan="2">활동자료</td><td colspan="5">– 끼임사고 그림자료(의자 등받이에 머리가 끼인 모습, 문틈 사이에 손이 낀 모습, 계단 난간 사이에 머리가 끼인 모습, 장난감 바구니에 엉덩이나 몸을 집어 넣어 끼어 있는 모습 등) 풍선, 등받이가 있는 유아용 의자, 머리띠(유아그림, 선생님그림) 등</td></tr>
<tr><td rowspan="2">활동방법</td><td>도입</td><td colspan="5">▪ 끼임사고 모습이 담긴 그림자료를 보여 주며 이야기 나눈다.
– (그림자료를 보여 주며) 어떤 그림이니?
– 그림 속 친구의 표정이 어떠니? 왜 이런 표정을 짓고 있을까?
– 왜 이런 사고가 발생하게 되었을까?
– 너희들은 이런 적이 있었니? 어떻게 하다 그렇게 되었니? 그때 기분은 어땠니?</td></tr>
<tr><td>전개</td><td colspan="5">▪ 끼임사고의 위험에 대해 이야기 나눈다.
– 문틈이나 난간에 신체부위를 넣으면 어떻게 될까?
– 우리 주변에 신체 부위가 끼이기 쉬운 곳은 어디일까?

▪ 끼임사고가 발생할 경우 대처방법에 대해 알아본다.
– 좁은 곳에 신체부위가 끼었을 때 어떻게 해야 할까?
(성인에게 도움을 요청한다. / 친구에게 선생님을 불러 달라고 부탁한다.)

▪ 끼임사고 대처방법에 관련된 게임을 해 본다.
① 활동자료에 관심을 가지고 탐색하며 게임방법에 대해 이야기 나눈다.
– 풍선의 모습이 어떠니? 의자에 낀 풍선을 어떻게 해야 할까?
– 어떤 방법으로 게임을 하면 좋을까?
– 게임을 하며 지켜야 할 규칙은 무엇이 있을까?
② 또래의 게임 시범을 살펴보고 게임을 진행한다.

[게임방법]
1. 2팀으로 나누고 각 팀은 유아들은 3그룹으로 나누어 첫 번째 그룹(유아그림 머리띠 착용)은 출발선에 두 번째 그룹(유아용 머리띠 착용)은 중간 지점에 세 번째 그룹(선생님 머리띠 착용)은 반대편 출발선에 앉아서 대기한다.
2. 각 팀의 첫 번째 그룹 유아들은 출발신호가 울리면 풍선을 들고 앞에 놓인 의자 등받이에 풍선을 끼워 넣고는 큰 소리로 '도와주세요'를 외친다.
3. '도와주세요'를 외치면 두 번째 그룹 친구들은 세 번째 그룹으로 달려가 선생님 머리띠를 한 유아를 데리고 도와 달라고 요청한 친구에게로 달려간다.</td></tr>
</table>

<table>
<tr><td rowspan="2"></td><td></td><td>4. 선생님 머리띠를 한 친구는 의자 등받이에 끼인 풍선을 빼내어 친구들과 함께 출발선으로 돌아온다.
5. 먼저 돌아온 팀이 이긴다.</td></tr>
<tr><td>마무리</td><td>■ 활동을 평가해 본다.
– 풍선 끼임사고 게임을 해 보니 어떠니?
– 어떤 점이 재미있었니?
– 힘든 점은 없었니?
– 풍선이 의자에 끼어 있을 때 느낌이 어땠니?
– 누구에게 도와 달라고 도움을 요청했니?
– 다음에는 어떻게 게임을 하고 싶니?

■ 좁은 곳에 신체 부위를 넣지 않기로 약속한다.
– 의자의 등받이나 난간 사이로 머리나 신체 부위를 넣지 않기로 약속해 보자.
– 좁은 곳에 손가락을 넣거나 문이나 서랍 틈에 손을 집어넣지 않도록 약속하자.</td></tr>
<tr><td colspan="2">활동의 유의점</td><td>– 실제 끼임사고가 발생한 동영상 자료나 문틈에 나무젓가락 등을 끼워 놓고 문을 닫아 부러지는 모습, 그리고 의자 등받이에 직접 풍선을 끼워 보는 등의 직접적인 실험 상황을 연출해 안전사고의 위험성을 직접 느낄 수 있도록 해 본다.
– 친구의 도움을 받는 것 보다 성인의 도움을 받는 것이 안전하다는 것을 강조한다.
– 게임하는 동안 부딪치지 않도록 적당한 공간을 확보하도록 한다.</td></tr>
<tr><td colspan="2">확장활동</td><td>– 끼임사고의 위험성이나 대처방안에 대한 손유희를 만들어 활동해 보거나 손유희의 내용을 토대로 노래로 만들어 불러 본다.
– 인형이나 놀잇감을 이용하여 끼임사고 역할놀이를 한다.</td></tr>
</table>

CHAPTER

09

응급처치

1. 응급처치의 개념 및 중요성
2. 상황별 응급처치
3. 응급상황 시 교사의 역할

1 응급처치의 개념 및 중요성

응급처치(應急處置, first aid)는 의사의 치료행위와 구별되는 것으로, 예기치 않았던 때나 장소에서 일어난 외상이나 병에 대해 긴급히 그 장소에서 행하는 간단한 처치를 말한다(국립국어원, 2020). 질병이나 사고로 인한 응급상황에서 신속하고 정확한 응급처치는 부상자의 생사를 가를 수 있고 상태의 악화를 막을 수 있으며, 고통을 경감하고 장애 발생을 예방할 수 있다.

일상에서 위급한 상황은 언제든 예기치 않게 발생할 수 있다. 특히 상황판단능력이 부족하거나 신체조절능력이 미숙한 영유아는 가정이나 영유아교육기관, 거리나 놀이터 등에서 사고로 다치거나 사망하는 일이 많고, 또 질병으로 인한 응급상황이 발생하기도 한다(한국산업안전공단, 2009). 영유아에게 응급상황이 발생하면 즉시 119로 신고하여 구급대의 응급처치를 받을 수 있도록 하고, 이송이 필요한 경우 보호자가 지정한 의료기관으로 이송하여야 한다. 구급대가 도착하기 전 간단한 응급조치가 필요한 경우 119구급대의 안내를 받아 침착하고 빠르게 응급처치를 실시하여 부상이나 질병 상태를 약화시키거나 지연시켜야 한다.

안전사고는 교사의 안전관리하에서도 발생할 수 있고 언제 발생할지 예측하기 어려우므로 영유아교육기관에서는 응급처치에 필요한 도구를 사전에 구비해 놓아야 한다. 그리고 모든 교직원은 신속하고 정확한 행동으로 응급처치를 할 수 있도록 교육과 훈련을 통해 응급처치에 대한 지식과 요령을 익혀야 한다.

2 상황별 응급처치

응급상황 시 신속하고 올바르게 대처하기 위해서는 상황별 응급처치 방법을 숙지하여야 한다. 다음은 영유아교육기관에서 발생할 수 있는 응급처치 방법을 알아본다.

Tip 119에 연락하여 빨리 도움을 받아야 하는 응급상황

- 기도폐쇄
- 호흡곤란이나 숨을 쉬지 않는 경우
- 심장마비
- 심장질환이나 흉통
- 의식이 없는 경우
- 심한 출혈
- 척추 손상이 의심되는 경우
- 경련 환자
- 마비환자
- 중독 환자(가스, 약물 등)
- 물에 빠졌을 때(익수)
- 중등도 이상의 화상
- 전기 손상
- 자살기도
- 분만

출처: 중앙응급의료센터(www.e-gen.or.kr), 2020a.

1) 기도폐쇄

기도란 사람이 호흡을 할 때 외부의 공기가 폐로 들어오거나 나가는 통로이다. 기도가 막히면 혈액으로의 산소공급이 중단되어 의식을 잃거나 뇌가 손상되어 사망에 이르기도 한다(안전행정부, 2013). 그러므로 기도가 폐쇄되는 경우에는 신속한 응급처치가 필요하다. 영유아의 경우 땅콩, 삼키기 쉬운 작은 물건(장난감 부속품, 사탕, 동전, 단추 등)을 삼켜 기도폐쇄가 발생하는 경우가 많다(이미정, 신현주, 윤혜성, 2020). 영유아가 기도폐쇄가 발생하면 심각한 경우가 많아 시간을 허비하지 말고 응급 상황에 신속히 대처해야 한다. 기도폐쇄(airway obstruction)는 목에 이물질이 걸려 간신히 숨을 쉬는 정도의 부분폐쇄와 말과 호흡을 못하고 청색증이 나타나는 완전폐쇄로 구분된다.

(1) 부분 기도폐쇄

기도가 부분적으로 폐쇄되면 기침과 말을 할 수 있으며 안절부절못하는 행동을 하고, 얼굴과 입술이 파랗게 변한다. 숨이 통하는 경우에는 계속 기침을 하도록 유도하며, 지속적으로 기침을 해도 이물질이 배출되지 않을 때에는 즉시 119로 연락을 취한다.

(2) 완전 기도폐쇄: 의식이 있을 때

완전히 기도가 폐쇄된 경우, 영유아는 말을 할 수 없고, 반사적으로 목을 움켜쥐는 행동을 보이며, 얼굴과 입술이 파랗게 변한다. 기도폐쇄에 대한 처치 중 의식이 있고 기침을 할 수 없는 경우에는 하임리히법(Heimlich maneuver 또는 Abdominal thrusts)을 시행한다. 하임리히법의 시행 절차는 다음과 같다.

- 영유아의 뒤에 서서 환자의 허리를 팔로 감싸고 한쪽 다리를 환자의 다리 사이에 지지한다.
- 교사의 한 손은 주먹을 쥔다. 주먹 쥔 손의 엄지를 배꼽과 검상돌기 중간에 위치한다.
- 다른 한 손으로 주먹 쥔 손을 감싸고 빠르게 위로 밀쳐 올린다.
- 영유아가 기침을 하거나 숨을 쉴 수 있을 때, 119가 도착할 때까지 반복한다.
- 의식이 없는 완전 기도폐쇄 영유아는 심폐소생술을 실시한다.

Tip **하임리히법: 손으로 상복부 밀쳐올리기**

하임리히법(Heimlich maneuver 또는 abdominal thrusts)은 횡격막을 급격히 상승시킴으로써 기도 내 압력을 증가시켜 기도 내에 있는 이물이 밀려나오게 하는 조작으로 1세 이상의 영유아에게 사용해야 한다. 하임리히법은 복부 및 흉부의 내부 장기를 손상시킬 수 있으므로, 반드시 필요한 환자에게만 시도하여야 하고, 하임리히법을 받은 환자는 내부 장기의 손상이 있는지 반드시 확인하여야 한다.

출처: 어린이집안전공제회, 2015c.

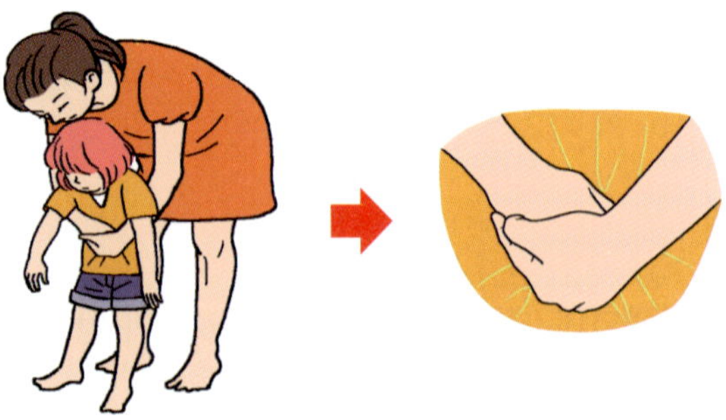

(3) 영아의 기도폐쇄

1세 이하 혹은 2세 영아라도 체중이 10kg 이하 영아가 음식물이나 사탕, 동전 등에 의해 기도가 막힌 경우 다음과 같이 대처한다(그림 9-1).

- 턱을 손바닥에 놓고 다른 쪽 손바닥으로 영아의 견갑골(어깨뼈) 사이의 등을 5회(1초당 1회) 정도 연속해서 두드린다.
- 영아의 가슴 부위가 위로 향하도록 한 자세에서 머리 쪽을 하체 쪽보다 낮춘 후 가슴 양쪽 젖꼭지 사이를 5회 압박한다.
- 입안의 이물질이 확인되면 제거한다.
- 입안에 이물질이 없으면 등 두드리기부터 반복한다.

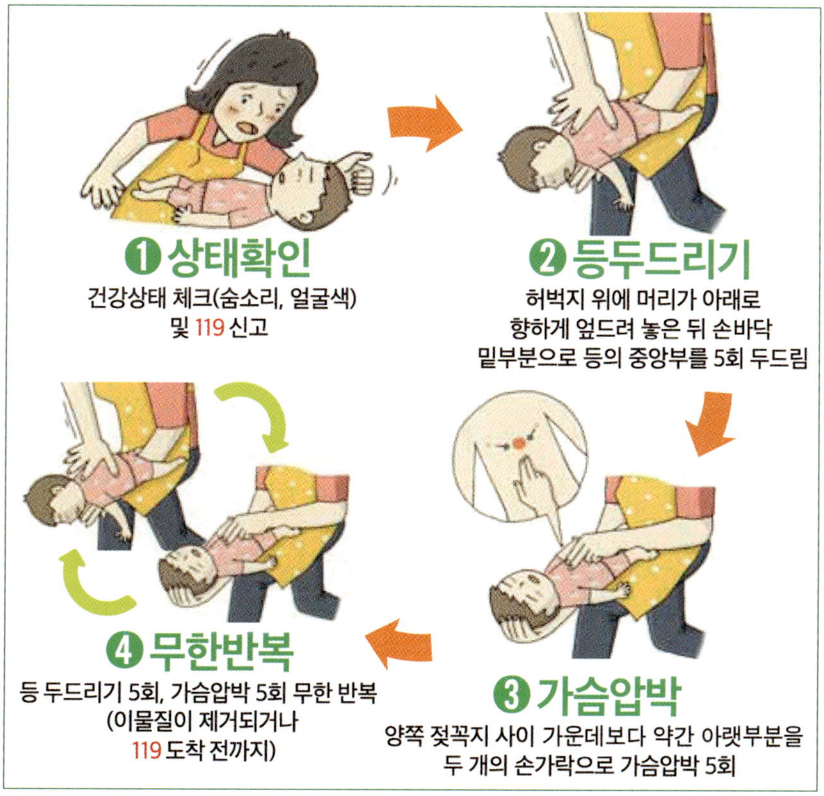

그림 9-1 영아 기도폐쇄 시 대처법

출처: 어린이집안전공제회, 2019c.

2) 심폐소생술

심폐소생술(Cardiopulmonary Resuscitation: CPR)은 심장박동이 멈췄을 때 가슴 부위를 지속적으로 압박함으로써 정지된 심장을 대신해 심장과 뇌에 산소가 포함된 혈액을 공급해 주는 응급처치이다(중앙응급의료센터, 2020b). 적절한 시기의 심폐소생술은 뇌 손상과 심장 박동 회복에 결정적인 도움을 준다. 심장이 정지된 환자의 경우 119구급대가 오는 동안 현장에서 즉시 심폐소생술을 하고, 119구급대가 와서 전문소생술을 실시한다면 30~40%가 살아날 수 있다. 만일 아무런 처치도 하지 않는다면 100%가 사망하게 된다. 그러므로 최대한의 생존율을 보장하기 위해서는 신고, 심폐소생술, 제세동술(자동심장충격기), 전문소생술의 네 가지 과정이 연쇄적으로 신속하게 이루어져야 한다. 이러한 네 가지 과정은 응급처치에서 가장 중요한 개념으로 소생의 고리(Chain of Survival), 혹은 생존사슬로 불린다.

심폐소생술 교육을 받지 않았거나 할 수 없는 일반인이 심장정지 환자를 발견했을 때에는 인공호흡은 생략하고 가슴압박 소생술만 실시하도록 권장하고 있다. 영유아의 경우 가슴압박은 흉곽 두께의 1/2~1/3, 성인은 약 5cm(최대 6cm) 깊이에서 실시하되, 분당 100~120회 하는 것이 바람직하다.

Tip **심폐소생술 압박 속도 및 비율**

구분	손 모양	깊이	속도	압박: 호흡
성인 (8세 이상)	두 손	약 5cm (최대 6cm)	분당 100회 이상	1인 30:2 2인 30:2
소아 (1~8세 미만)	한 손	흉곽 두께의 1/2~1/3	분당 100회 이상	1인 30:2 2인 15:2
영아(1세 이하)	두 손가락	흉곽 두께의 1/2~1/3	분당 100~120회	1인 30:2 2인 15:2

※ 환자가 움직일 때까지 또는 119가 도착할 때까지 심폐소생술을 반복 시행한다.
출처: 국민안전처, 2016.

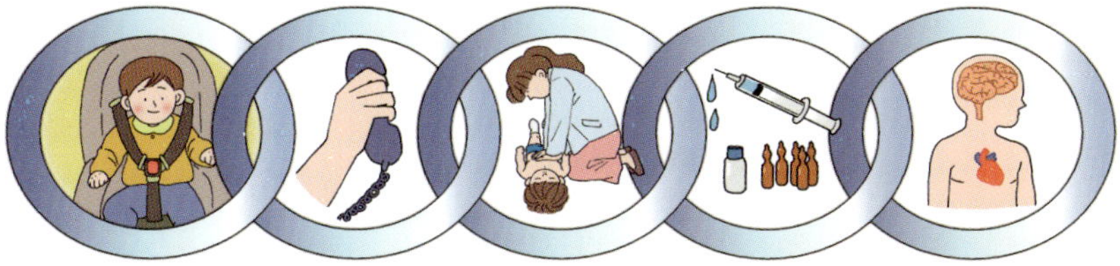

그림 9-2 소아의 생존사슬

출처: 중앙응급의료센터, 2020b.

(1) 영유아 심폐소생술

신생아와 1세 미만 영아 심정지의 주된 원인은 호흡부전, 영아돌연사증후군 등이지만, 1세 이상 영유아의 심정지는 외상이 가장 흔한 원인이다. 이 때문에 성인의 급성 심정지와 달리 영유아 심정지의 상당 부분은 예방이 가능하다. 예를 들어, 영아돌연사증후군의 경우 영아를 엎드려 재우지 않고, 푹신한 바닥에 눕히지 않는 것 등으로 예방할 수 있다. 영유아에게 심정지가 일어났을 경우 심폐소생술을 실시하는 방법은 다음과 같다(그림 9-3).

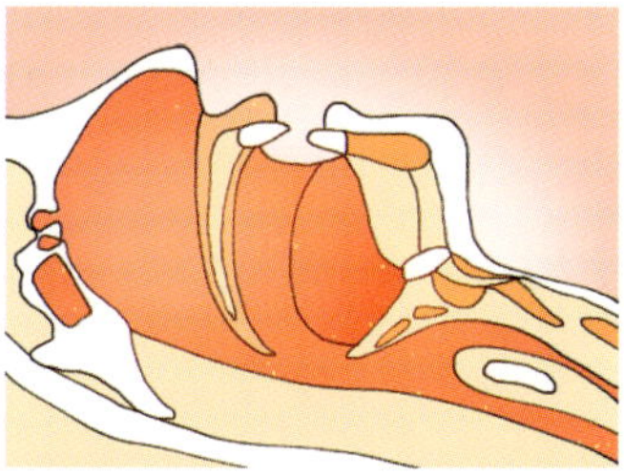

1. 기도 열기(입 안의 이물 제거)
입안의 이물질 여부를 확인하여, 이물질이 확실하게 보이면 손가락으로 이물질을 쓸어낸다.

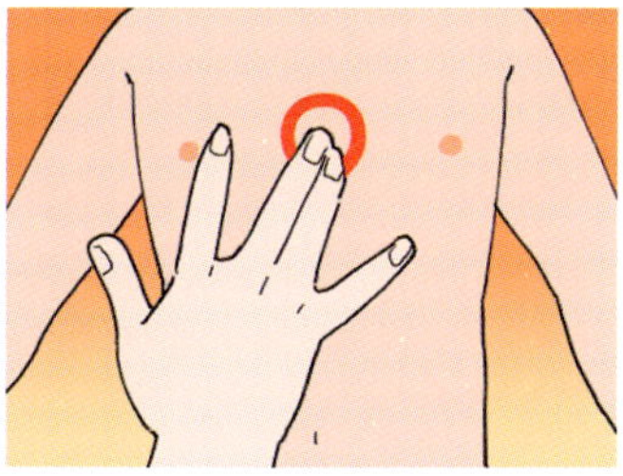

2. 압박 위치(영아)
흉골 중앙 바로 아래의 두 손가락을 위치하여 눌러 준다. 이때 명치를 누르지 않도록 주의한다.

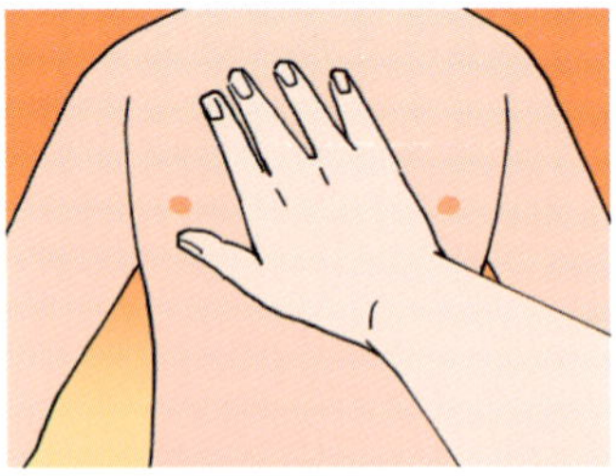

3. 압박 위치(유아)

연령에 따라 한 손으로 압박하는 경우도 있다.

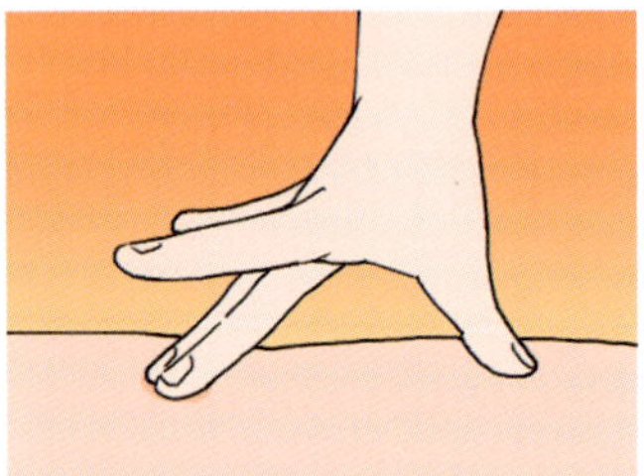

4. 흉부압박

흉곽의 최소 1/3 깊이로 분당 최소 100회 속도로 30회 흉부를 압박한다. 흉부압박 때 환아 가슴에서 양손을 떼지 않으며, 하나, 둘, 셋'……'서른' 하고 세어 가면서 시행한다.

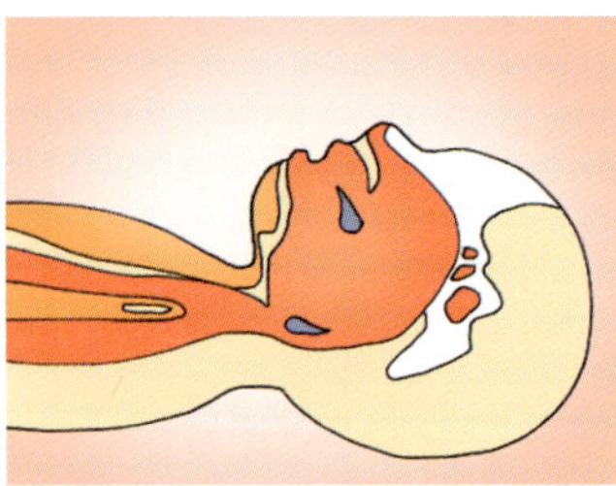

5. 기도 유지

한 손은 이마, 다른 한 손은 턱을 들어 주되 중립위치를 유지하도록 한다. 영유아의 경우 너무 과도한 신전은 기도를 오히려 막을 수 있으니 주의하도록 한다.

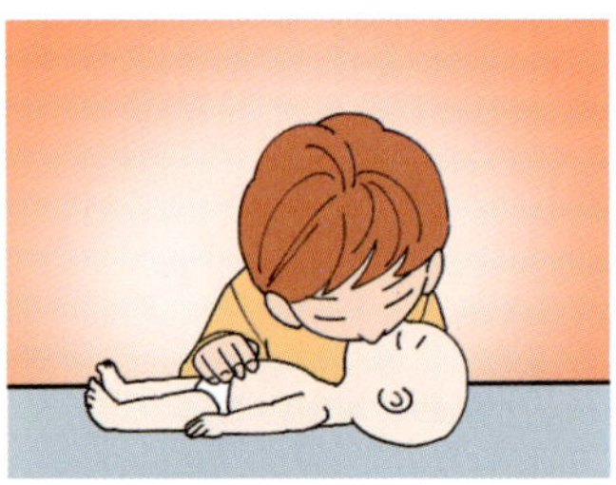

6. 인공호흡 2회 실시

처치자의 입으로 영유아의 코와 입을 동시에 막아서 인공호흡 2회 불어넣기를 실시한다.

7. 2분마다 심장리듬 분석 후 반복 시행

회복되었거나 119구급대가 도착할 때까지 2분마다 심장리듬 분석 및 반복 시행한다.

그림 9-3 **영유아 심폐소생술**

출처: 경기도소방학교(119.gg.go.kr), 2020.

(2) 자동심장충격기를 사용한 심폐소생술

심정지가 일어나면 자동심장 충격기를 이용해서 심폐소생을 할 수 있다. 자동심장충격기는 자동제세동기(Automated External Defibrillator: AED)로 긴급을 요하는 상황에서 사람이 쓰러지거나 혼수상태일 때 빨리 조치하기 위한 것이다. 자동심장충격기의 사용법을 살펴보면 다음과 같다(그림 9-4).

① 자동심장충격기 도착

심폐소생술 시행 중에 자동심장충격기가 도착하면 지체 없이 적용한다.

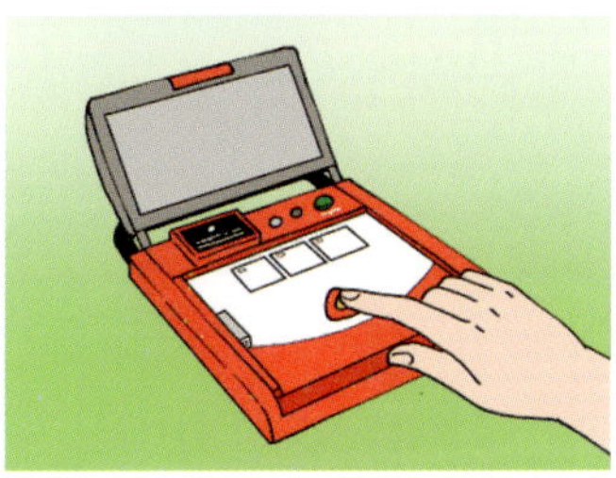

② 전원 켜기

자동심장충격기를 심폐소생술에 방해가 되지 않는 위치에 놓은 뒤 전원 버튼을 누른다.

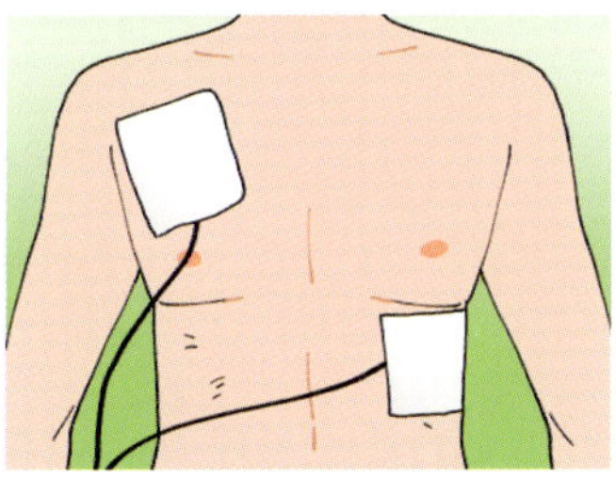

③ 두 개의 패드 부착

- 패드 1: 오른쪽 빗장뼈 바로 아래
- 패드 2: 왼쪽 젖꼭지 앞 겨드랑이

패드 부착부위에 이물질이 있다면 제거하며, 패드와 심장충격기(자동제세동기) 본체가 분리되어 있는 경우에는 연결한다.

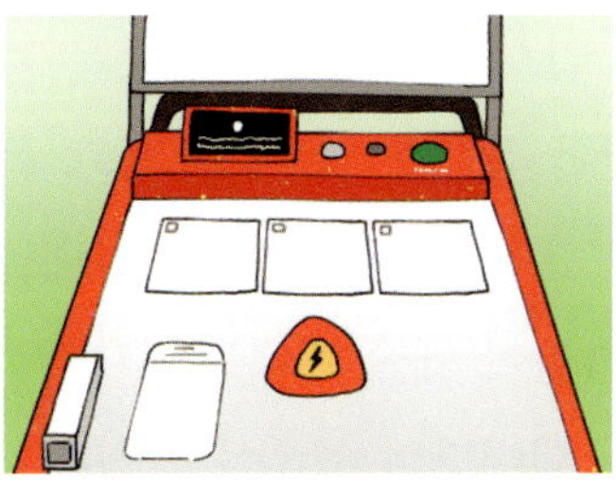

④ 심장리듬 분석

"분석 중…"이라는 음성 지시가 나오면, 심폐소생술을 멈추고 환자에게 손을 뗀다. 심장충격이 필요한 경우 "제세동이 필요합니다."라는 음성 지시와 함께 자동심장충격기 스스로 설정된 에너지로 충전을 시작한다. 제세동이 필요 없는 경우 "환자의 상태를 확인하고, 심폐소생술을 계속하십시오."라는 음성 지시가 나오며, 이 경우에는 즉시 심폐소생술을 시작한다.

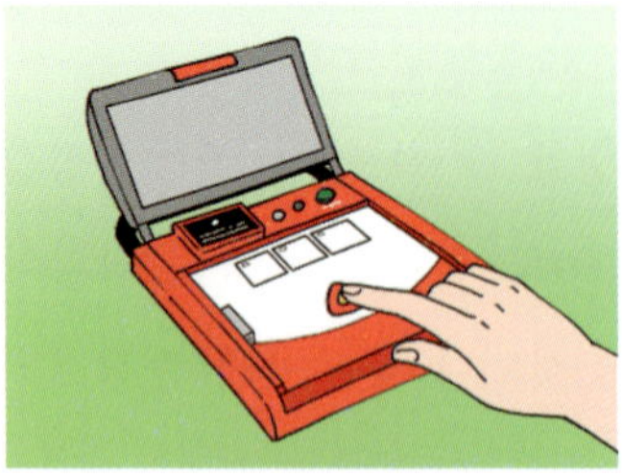

⑤ **심장충격(제세동) 시행**
제세동이 필요한 경우에만 제세동 버튼이 깜박이기 시작하며, 깜박일 때 제세동 버튼을 눌러 제세동을 시행한다. 심장충격(제세동) 버튼을 누르기 전에는 반드시 다른 사람이 환자에게서 떨어져 있는지 확인하여야 한다.

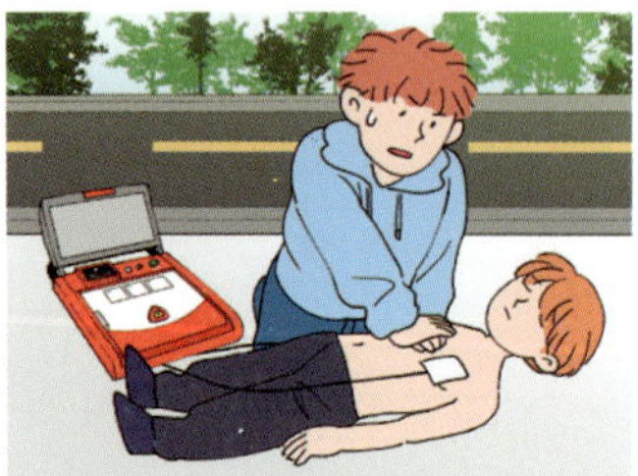

⑥ **즉시 심폐소생술 다시 시행**
제세동을 실시한 뒤 즉시 가슴압박과 인공호흡 비율을 30:2로 심폐소생술을 다시 시작한다.

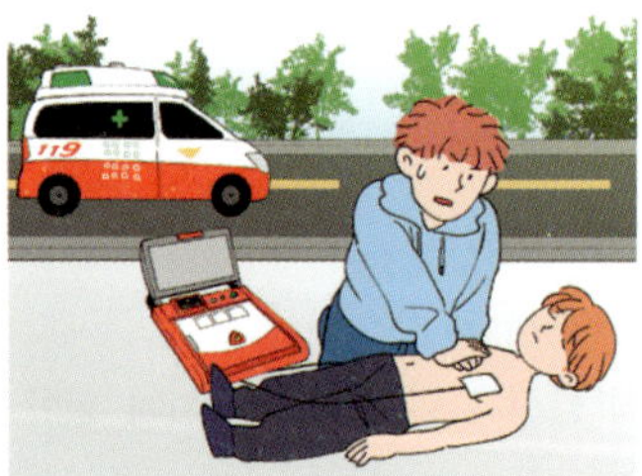

⑦ **2분마다 심장리듬 분석 후 반복 시행**
회복되었거나 119구급대가 도착할 때까지 2분마다 심장리듬 분석 및 반복 시행토록 한다.

그림 9-4 **자동심장충격기 사용법**

출처: 대한심폐소생협회, 2020.

3) 발작(경기)

발작이란 뇌의 정상 전기 활동에 급격한 변화가 발생하여 뇌세포에서 통제되지 않은 전기 신호가 생김으로써 행동, 운동, 생각, 느끼는 방식에 일시적으로 영향을 주는 것을 의미한다(서울아산병원, 2020). 발작은 의식소실을 동반한 갑작스러운 울부짖음, 몸통과 사지의 신장근이 긴장성 강직으로 시작하여 긴장성 움직임을 반복하는 것으로 나타난다(김영숙 외, 2012). 발작은 뇌전증(원인 불명의 발작이 계속 반복되는 경우), 중독, 전기 감전, 저혈당, 중독, 뇌손상, 뇌졸중 등에 의해 일어나며 영유아의 경우는 고열 발생 시에 발작이 일어난다.

발작(경기)은 신체가 한 가지 자세로 굳어지면서 떠는 운동성 발작과 신체의 떨림이 없이 잠시 동안의 의식 변화 등이 나타나는 비운동성 발작으로 나뉜다. 영유아교육기관에서 발작(경기)이 일어나면 즉시 119에 도움을 요청한 후 부모에게 연락한다. 발작 시에는 영유아가 다치지 않도록 주변을 정리하고, 발작(경기)이 심한 경우(발작이 4분 이상 지속되는 경우, 장애영유아의 경우 등)는 119에 연락하여 즉각적인 처치와 원인을 파악하는 것이 좋다. 장애영유아는 장애 종류나 건강상태에 따라 고열 발생이 아니어도 경련발작(경기)이 일어날 수 있으므로 주의를 기울여 살핀다. 발작(경기)의 증세를 운동성 발작과 비운동성 발작으로 나누어 살펴보면 다음과 같다(중앙응급의료센터, 2020a).

(1) 운동성 발작(경기)의 경우

- 몸이 뻣뻣하게 굳는다.
- 얼굴과 사지가 툭툭 튀듯이 움직인다.
- 눈이 사방을 주시하며 고정된다.
- 침을 흘리거나 소변이나 대변을 본다.
- 호흡이 힘들어지고 의식을 잃게 된다.

(2) 비운동성 발작(경기)

의심이 되는 환자에게 필요한 응급처치는 없으나, 발작(경기)이 발생하면 발작이 멈추었더라도 원인 파악을 위해 일단 의료기관을 방문하여 진료를 받는다.

영유아에게 발작(경기)이 일어날 경우 다음 사항에 주의한다(어린이집안전공제회, 2019c).

- 발작하는 동안 환자의 손상을 막아야 하지만 영유아의 손발을 꽉 잡거나 주무르는 것과 같은 자극을 주지 않는다.
- 발작 도중 부딪혀 다칠 수 있으므로 주위의 위험한 물건을 치운다.
- 발작 중이거나 의식 없는 영유아에게 함부로 약품을 먹이지 않는다.
- 영유아가 구토하거나 먹고 있던 음식에 의해 흡인이 발생할 수 있으므로 고개를 한 쪽으로 돌려 준다.

- 환자에게 먹을 것이나 마실 것을 주어서는 안 된다.

4) 화상

화상은 높은 온도의 기체, 액체, 고체, 화염 따위에 데었을 때에 일어나는 피부나 신체조직의 손상을 의미한다(국립국어원, 2020). 화상은 신체에 열이 가해짐으로써 발생하며, 이때 열이 가해진 강도와 접촉된 시간, 접촉한 생체 조직의 열전도 능력에 따라 화상의 깊이와 정도가 결정된다. 화상의 가장 흔한 원인은 화염과 뜨거운 물, 뜨거운 철판에 닿거나 극독성 화학물질 혹은 방사성 물질에 노출되는 경우, 고압전류 등에 접촉할 때 화상을 입게 된다(질병관리청, 2020d). 영유아의 경우 화장실의 뜨거운 온수, 교사를 위해 끓인 커피 물, 환경 미화를 하던 글루건, 교실 정리를 위한 스팀 청소기 등에 의한 화상사고가 발생할 수 있으므로 조심해야 한다. 특히 영유아의 여린 살결과 피부는 짧은 시간 햇볕이나 열에 노출되어도 쉽게 화상을 입을 수 있기 때문에 교사의 각별한 주의가 필요하다.

화상은 정확하고 신속한 초기 대처에 따라 회복기간이 달라지므로 교사는 화상에 대한 응급처치 방법을 잘 보이는 곳에 적어 놓고 숙지해야 한다. 또한 영유아교육기관 근처에 화상전문병원이 어디 있는지 알아 두는 것도 필요하다. 영유아교육기관에서 화상 사고가 발생했을 경우 교사는 당황하지 말고 침착하게 화상에 대한 기본 응급처치를 해야 한다. 응급처치 후에는 영유아가 신속하게 전문의의 치료를 받을 수 있도록 조치한다.

Tip **화상의 깊이에 따른 증상**

① 1도 화상: 피부가 빨개지고 물집이 없는 상태
② 2도 화상: 피부의 안쪽까지 손상되어 물집이 잡히게 되며 통증이 심함
③ 3도 화상: 피부 및 피부 아래 조직까지 침범되어 회색빛을 띠고 신경까지 손상되어 해당 부위에 감각이 없는 경우가 있음

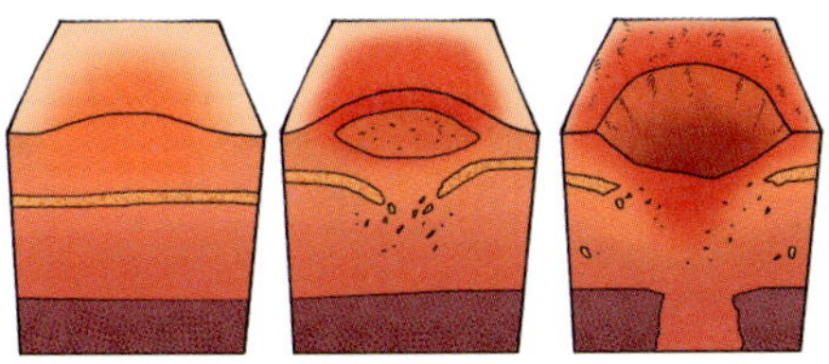

〈1도 화상〉 〈2도 화상〉 〈3도 화상〉

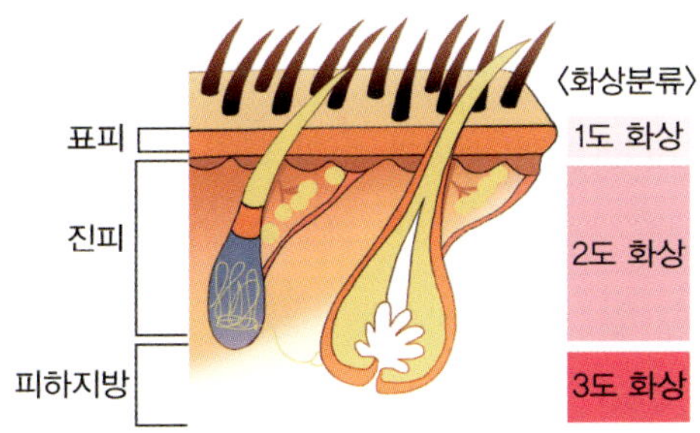

출처: 경기도재난안전본부, 2020.

영유아가 화상을 입었을 경우 교사가 취해야 할 응급처치와 안전수칙을 정리하면 다음과 같다.

- 화상 부위에 붙어 있는 옷 등은 제거하지 말고 더러운 물건과 접촉하지 않도록 한다.
- 화상 부위가 적을 경우에는 깨끗한 수돗물로 화상 부위를 냉각시켜 통증을 감소시킨다. 흐르는 물이나 수건에 차가운 물을 충분히 적셔 덮고, 경과를 본 후 수포가 올라오면 반드시 병원으로 간다.
- 소독 거즈가 있는 경우에는 멸균 처리된 보푸라기가 없는 거즈로 화상 부위를 덮어 준다. 단, 얼굴에 난 화상은 환아가 숨을 쉴 수 있도록 구멍을 낸 거즈로 덮는다.
- 화상으로 인한 물집은 터트릴 경우 세균에 의한 감염을 일으키므로 벗기거나 터트리지 않는다. 또한 화상 부위에 붙어 있는 물질들은 떼어 내지 않는 것이 좋다.
- 환자를 빨리 병원으로 옮기도록 한다. 병원으로 이동 시에도 깨끗한 물수건을 덮고 이동한다.

- 눈 화상의 경우 눈을 문지르면 각막 손상의 원인이 될 수 있으므로 절대로 문지르지 않는다.

5) 벌에 쏘임

벌에 쏘였을 때 주된 증상으로는 벌에 쏘인 자리가 붓고, 가렵고, 아픈 경우가 대부분이며 때로는 식은땀, 불안감, 두통, 구토, 어지럼증 등이 나타난다. 더욱 심한 경우 전신적 과민성 반응과 혈관 확장에 따른 쇼크사가 나타날 수 있다. 이러한 증상을 보이는 경우 신속히 의료기관으로 이송해야 한다(국민안전처, 2016). 벌에 쏘였을 때 실시할 수 있는 응급처치는 다음과 같다.

- 환아를 안전한 곳으로 옮기고 피부에 벌침이 박혀 있는지 살펴본다.
- 피부에 벌침이 남아 있는 경우 신용카드 등으로 밀어서 제거하고, 집게 등으로 제거할 때에는 침에 남은 독을 짜서 밀어 넣게 될 수 있으므로 주의해야 한다.
- 상처를 비누와 물로 씻고, 통증이 심한 경우 얼음을 주머니에 싸서(피부에 직접 닿지 않도록 한다) 대어 준다.
- 알레르기 반응이 나타나는 경우, 신속하게 병원으로 이송하고, 구급차가 도착하기 전까지 환자를 반듯하게 눕히고 음식물 섭취를 하지 않도록 한다.

6) 가시 박힘

영유아교육기관에서 실외활동이나 목재를 이용한 미술활동 시 영유아의 손에 가시가 박히는 경우가 종종 발생한다. 영유아의 손에 가시가 박혔을 때는 다음과 같은 응급처치를 취할 수 있다.

- 사용할 족집게는 알코올로 소독하고 가시를 뺀다.
- 가시를 제거한 후에는 식염수로 씻은 다음 필요하면 소독된 거즈로 덮는다.
- 족집게로 잘 빠지지 않는 경우 즉시 병원에 간다.

7) 이물질이 눈이나 코에 들어갔을 때

영유아는 호기심이 많아서 무의식적인 행동으로 코, 귀, 입 속에 이물질을 스스로 넣는 경우가 빈번하다. 놀잇감이나 단추, 솜뭉치(뽕뽕이), 사탕 등과 같은 물건을 탐색하며 코로 냄새를 맡다가 콧구멍으로 넣어 보기도 하고, 입에 넣어 물어 보거나 삼키기도 한다(어린이집안전공제회, 2019c).

영유아가 코에 이물질을 넣었을 경우 코에 들어간 이물질이 눈에 보이더라도 면봉이나 손으로 억지로 제거하려고 하지 않아야 한다. 이물질이 들어 있지 않은 콧구멍을 손으로 막고 입을 다문 후 코를 세게 풀도록 한다. 이때 너무 세게 코를 풀면 고막이 찢어지는 일이 있으므로 주의한다. 코를 풀었어도 이물질이 빠지지 않으면 무리해서 빼내지 말고 병원으로 간다.

눈에 이물질이 들어간 경우에는 영유아를 안정시킨 후 눈을 비비지 못하게 한다. 이물질이 보이는 경우에는 위 또는 아래 눈꺼풀을 자세히 살핀 후 부드럽게 눌러서 이물질을 찾아 깨끗한 천이나 면봉으로 조심스럽게 뺀다. 반면, 이물질이 보이지 않을 경우에는 영유아의 손으로 눈을 비비지 않도록 하며, 흐르는 물이나 깨끗한 세면기에 물을 받아 씻어 낸다. 눈을 씻어도 티끌이 나오지 않거나 이물감, 통증이 지속될 경우 반드시 병원에 간다.

영유아교육기관에서 사용하는 락스나 세제 등과 같은 화학물질이 영유아의 눈에 들어간 경우 시력에 치명적일 수 있으므로 다음과 같은 신속한 응급처치가 필요하다.

- 손상된 쪽이 아래로 가도록 머리를 옆으로 돌린다.
- 화학물질이 들어간 눈을 아래 방향으로 하고 눈이 감기지 않도록 손으로 잡고 컵에 물을 받아 붓거나 흐르는 물을 졸졸 흘려 보내면서 씻어 낸다.
- 손상된 눈을 깨끗한 붕대로 느슨하게 감은 후 눈을 비비지 못하도록 하고 즉시 병원으로 간다.

8) 사람이나 동물에게 물렸을 때(교상)

교상(咬傷)이란 사람을 포함하여 동물의 치아에 물리거나 치아에 의해 피부에 직접적 손상이 있는 경우를 말한다(국립국어원, 2020). 교상에 의한 상처는 겉보기에 작은 상처라도 이빨이 찍힌 상처라 좁고 깊은 상처가 생길 수 있으므로 근육, 인대, 혈관 및 신경에 손상이 있을 수 있다. 또한 개나 동물의 입안에는 파상풍 및 기타 감염에 걸릴 수 있는 세균이 있는 경우가 있으므로 주의해야 한다. 특히 개에게 물렸을 경우 광견병 예방접종을 했는지 알아보고 만약 확인이 되지 않으면 의료기관에서 치료를 상의한다(국립중앙의료원, 2015). 가끔 영유아교육기관에서는 영유아가 친구를 무는 사고가 발생하는데 이와 같이 사람에게 물린 경우 다음과 같은 응급처치를 실시한다.

- 상처를 흐르는 물로 씻어 준다.
- 물린 부위에 냉찜질을 하여 붓기를 가라앉힌다.
- 상처용 연고를 발라 주고, 상처가 심할 경우 의료기관에서 적절한 치료를 받는다.

애완동물이나 뱀에게 물렸을 때 취할 수 있는 응급처치는 다음과 같다.

(1) 애완동물에게 물린 경우

- 영유아를 안정시키고, 안전한 곳에 대피시킨다.
- 물린 곳에 피가 많이 날 경우에는 깨끗하고 건조한 천으로 피가 멈출 때까지 지혈시키고 상처 부위를 식염수로 깨끗이 씻는다.
- 상처 부위를 깨끗한 붕대로 감싼 후 의료기관으로 이송한다.

(2) 뱀에게 물린 경우

뱀 독소는 신경계를 마비시켜 호흡곤란 등으로 단시간 내에 사망을 시키는 신경독소(예: 코브라)와 혈액과 조직에 손상을 일으키는 혈액독소로 구분할 수 있다. 우리나라에 서식하는 혈액독소 독사에게 물린 경우는 생명에 급격하게 지장을 미치는 경우는 드물지만 초기에 적절한 응급처치가 이루어지지 않거나 치료가 늦은 경우, 그리고 영유아나 노인의 경우에는 합병증으로 사망할 수 있으므로 초기 응급처치가 매우 중요하다(국립중앙의료원, 2015). 뱀에 물렸을 때의 응급처치 방법을 알아보면 다음과 같다.

- 환자를 뱀이 없는 안전한 곳으로 옮긴 후 안정시킨다.
- 팔을 물렸을 때는 반지와 시계를 제거하여 혈액 순환의 방해를 막는다.

- 물린 부위는 비누와 물로 씻어 내고, 심장보다 낮게 한 후 상처부위 위쪽을 넓은 천으로 가볍게 묶어 독이 심장 쪽으로 퍼지는 것을 지연시킨다.
- 최대한 빨리 항독소가 있는 의료기관에 이송하여 적절한 치료를 받는다.

Tip 뱀에 물렸을 경우 주의사항

- 얼음찜질은 권장되지 않는다. 이는 독소를 비활성화시키지 못할 뿐 아니라, 동상의 위험성에 의한 조직괴사의 위험성이 높아지기 때문이다.
- 의료인이 아닌 사람이 독소를 빨아 내기 위하여 물린 부위를 칼로 절개하는 것은 오히려 근육, 혈관, 신경 등의 손상을 줄 수 있기 때문에 하지 않는다.
- 입으로 흡입하지 않는다. 입으로 빨아서 독을 제거하는 행위는 입을 통하여 독이 체내로 흡수될 수 있고, 입안의 각종 세균에 의한 물린 상처 부위의 2차 세균감염의 위험성이 있다.
- 전기나 불로 물린 부위를 지지는 행위를 하지 않는다.
- 압박대 사용은 절대적 위급상황을 제외하고는 하지 않는다.
- 민간요법으로서 담배, 된장 등을 상처에 바르는 것은 결코 도움이 되지 않는다.
- 뱀에 물린 환자는 구토, 복통 및 의식 저하가 발생할 수 있으므로 환자에게 음식과 음료수를 주면 안 된다. 특히 술은 혈액순환을 증가시켜서 독이 몸 안에 빨리 퍼지게 하므로 절대 금기해야 할 행동이다.

출처: 중앙응급의료센터, 2020b.

9) 골절이 되었을 때

골절의 증세는 심한 통증이 있고, 붓고 멍이 들며, 형태가 변한다. 심한 경우 출혈이 있고, 뼈가 튀어 나오기도 한다. 다리 골절일 경우 다친 영유아를 편안하게 눕히고, 다리의 무릎과 발목을 받쳐 준다. 그리고 다친 다리에 부목을 대어 주고 고정한 후 즉시 의료기관으로 이송한다. 쇄골 골절일 경우 다친 영유아를 편안하게 앉히고, 다친 쪽의 팔을 가슴 부위에 걸쳐 놓는다. 다치지 않은 손으로는 다친 쪽의 팔을 받치게 한 후 삼각건을 묶고 즉시 의료기관으로 이송한다.

Tip **골절 시 응급처치 요령(RICES)**

- Rest: 쉬고, 안 움직이고
- Ice: 찜질하고
- Compression: 압박하고 드레싱하고
- Elevation: 올려 주고
- Splint: (부목) 고정시켜 준다.

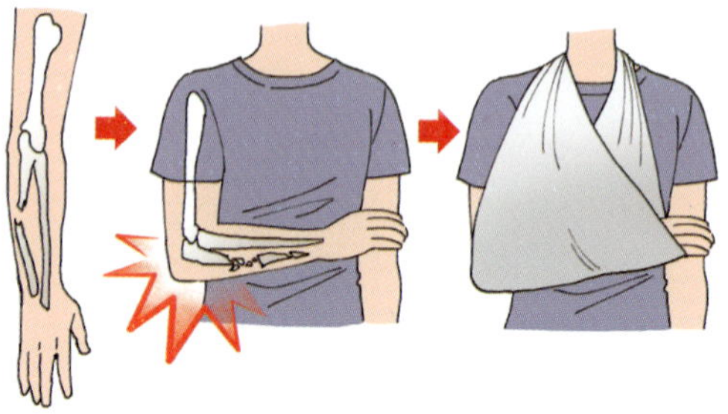

출처: 경기도재난안전본부, 2020.

10) 탈구 또는 탈골되었을 때

탈구(脫臼, dislocation) 또는 탈골이란 관절을 형성하는 뼈들이 제자리를 이탈하는 현상을 말한다(국립국어원, 2020). 흔히 인대나 근육에 과도한 압력이 가해졌을 때 발생하게 되며, 탈구가 자주 일어나는 관절부위는 어깨, 손가락, 무릎, 손목, 팔꿈치, 턱관절 등이다. 단순탈구는 손이나 기구를 이용한 물리적 방법으로 뼈를 제자리로 돌려준 뒤 완전히 치유될 동안 관절을 고정하는 방식으로 치유가 가능하다. 그러나 습관성 탈구와 선천성 탈구의 경우 대개 관절 수술이 요구된다. 영유아교육기관에서 어깨나 팔꿈치의 탈구가 자주 일어나는 영유아는 일상생활에서 좀 더 세심한 주의가 필요하다. 탈구로 인한 가장 흔한 증상은 환부 통증과 관절 모양이 붓고 열이 나며 움직이기 어려운 것이다. 심할 경우 신경 손상이나 출혈 등으로 부종, 혈관이나 내장기 손상을 동반할 수 있다. 탈구되었을 때 의학적 지식이나 경험 없이 탈구된 관절을 끼워 맞추는 행동은 신경이나 혈관에 손상을 줄 수 있으므로 부상부위를 편하게 해 주며 찬 물수건으로 찜질을 하고 반드시 의료기관에서 치료하도록 한다.

11) 외상 처치

외상은 외부의 힘에 의해 폭발적으로 인체가 입은 손상이다(국민안전처, 2016). 외상 환자에서 쇼크의 가장 흔한 원인은 출혈이다. 외상에 의한 출혈은 두 가지로 나눌 수 있는데 동맥성 출혈과 정맥성 출혈로 구분하는 방법과 내부 출혈과 외부 출혈로 구분하는 방법이다. 동맥성 출혈은 맥박이 뛰면서 뿜 듯이 쏟아 내는 출혈 양상을 보이며, 비교적 선홍색의 혈액이 배출된다. 동맥성 출혈은 혈압이 높으므로 정맥성 출혈에 비하여 출혈속도가 빠르고 지혈하려면 강력한 압박이 필요하다. 정맥성 출혈은 맥박과 상관없이 흐르는 출혈 양상을 보이며, 상대적으로 검붉은 색의 혈액이 배출된다.

내부 출혈은 피부 표면 밖으로 흘러나오지 않고 신체 내부의 체강(흉강과 복강)이나 연부조직 속으로 흐르는 출혈을 말한다. 내부 출혈은 실제로 의료기관이 아닌 장소에서는 지혈할 방법이 전혀 없다. 따라서 내부 출혈이 의심되는 환자를 보면 119구급대에 즉시 신고하여 환자의 상태를 알리고, 최대한 신속히 적절한 의료기관으로 후송하는 것이 최선의 방법이다. 외부 출혈은 손상된 피부 표면을 통해서 체외로 혈액이 유출되는 출혈이다. 외부 출혈이 계속되고 있는 상황에서는 쇼크에 주의해야 한다.

외부 출혈일 때 가장 손쉽고 효과적인 지혈법은 직접 압박법이다(그림 9-5). 직접 압박법(상처를 누르는 방법)은 피가 흐르는 부위에 깨끗한 거즈나 압박붕대를 이용해서 손으로 출혈부위를 직접 압박하는 방법이다. 그러나 불필요하게 강하게 압박하면 주변 연부조직을 손상시킬 수 있고 치료자의 피로감이 더하여 오래 압박을 유지할 수 없으므로 주의해야 한다.

팔다리 손상일 경우, 손상 부위를 압박하면서 심장보다 더 높이 들어 올려 주면 지혈에 더 도움이 된다. 압박 붕대가 준비되어 있을 경우, 압박 부위에 두껍게 거즈를 대고 그 위를 압박 붕대로 감아 압박을 유지할 수도 있다. 이렇게 하면 치료자의 손이 자유로워져 다른 처치를 할 수 있어서 편리하겠지만, 손으로 직접 누르는 것보다는 압박 효과가 떨어질 가능성이 있다.

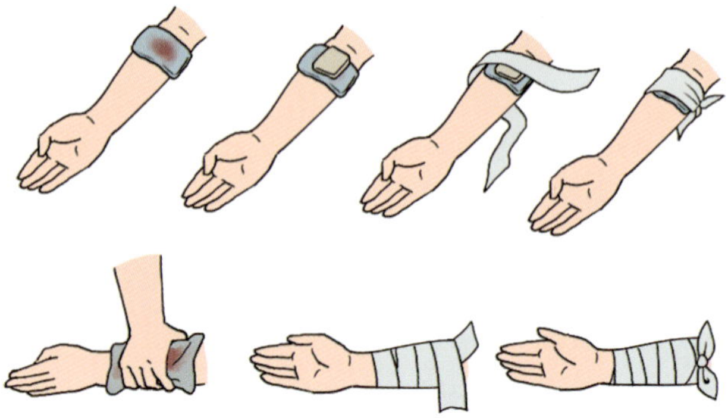

그림 9–5 **직접 압박법**

지혈점 압박법(간접 압박법)은 직접 압박법으로 충분히 지혈되지 않을 때 사용한다. 팔 출혈은 겨드랑이 동맥이나 위팔 동맥을 양손의 엄지손가락을 사용하여 강하게 압박한다. 다리 출혈은 사타구니 부위를 지나는 넙적다리 동맥을 주먹 쥔 손으로 체중을 사용하여 강하게 눌러 압박한다. 이 방법으로 지혈된 경우에도 장기적으로 지혈점 압박을 유지해야 할 상황이라면, 30분마다 5분 정도 압박을 풀어서 팔다리의 혈액 순환이 되도록 해야 한다. 그렇지 않으면 압박받는 팔다리 전체에 혈액이 돌지 않아 뇌에까지 산소가 전달되지 않아 뇌손상이 발생하는 허혈성 손상을 초래할 위험성이 있다.

지혈대는 팔다리 외부 출혈이 위의 방법들로 지혈되지 않을 때, 최후로 사용할 수 있는 지혈법이다(그림 9-6). 하부 팔다리로 가는 혈액 공급을 거의 완전히 차단하기 때문에 오래 유지하면 팔다리 전체를 손상시켜 팔다리 절단을 초래할 위험성이 있다. 따라서 지혈점 압박법과 마찬가지로 30분마다 5분 정도 조임을 풀어서 그 팔다리로의 혈류가 통하도록 해야 한다.

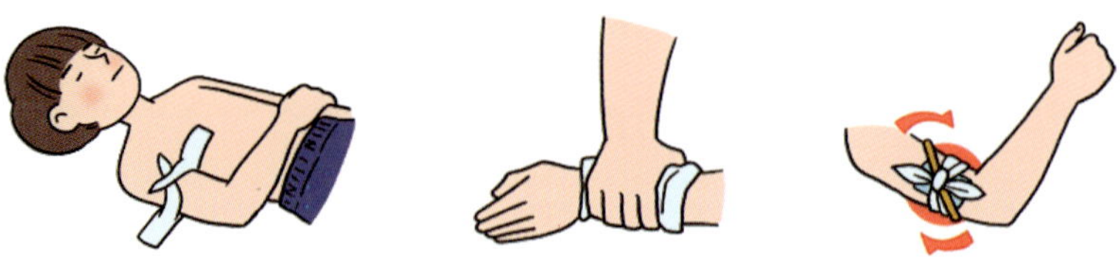

그림 9–6 **지혈대 사용법**

12) 열손상(열사병, 일사병)

여름철처럼 대기의 온도가 너무 높거나 직사광선을 오랫동안 쬔 경우, 덥고 습기 많은 곳에 오랫동안 있는 경우에 열손상이 발생할 수 있다. 열사병은 신체가 조절할 수 있는 체온유지 능력보다 더욱 많은 열을 받을 때 일어나는 것으로, 혼자서 자유롭게 열을 피해 움직이기 어려운 영유아나 노인에게 주로 발생한다. 한편, 일사병은 극심한 발한으로 많은 양의 수분과 전해질을 소실하여 체액이 고갈된 경우 발생한다.

열사병의 증상은 땀을 흘리지 않으면서 체온이 급상승하고, 피부는 건조하고 붉은색으로 변한다. 초기에는 맥박이 빠르고 강하나 나중에는 약해지고 혈압이 저하되며, 두통이나 현기증이 생기고 심할 경우 호흡이나 의식이 약해진다. 이러한 열사병의 증상을 보일 경우 응급처치는 다음과 같다.

- 환아를 시원한 장소로 옮긴다.
- 환아의 상체를 높여 주고 옷을 풀어 준다.
- 최대한 신체의 열을 식혀 체온을 36~37℃정도로 내려 준다. 체온을 내려 줄 때는 얼음주머니나 선풍기를 사용하되 과도한 냉각은 피한다.
- 치료하지 않고 회복되는 법이 없으므로 신속히 의료기관으로 이송한다.

일사병(열성피로)은 열에 의해서 유발되는 가장 흔한 질환 중 하나로, 무더운 환경에서 심하게 운동하거나 활동하여 수분이나 염분이 결핍될 경우 발생한다. 열성피로의 증상으로 발한, 두통, 어지러움, 구토 등이 나타나며 호흡이 얕고 얼굴이 창백해지는 경우도 있다. 심한 경우 졸도를 할 수도 있다. 이러한 일사병의 증상을 보일 경우 응급처치는 다음과 같다.

- 환아를 시원한 장소로 옮겨서 편안하게 눕힌다.
- 머리를 낮추고 발을 높여 준다.
- 의식이 있으면 음료(소금물 또는 이온음료)를 준다. 그러나 너무 진한 소금물, 소금정제는 주지 않도록 한다.

13) 물놀이(익수)

물놀이의 안전사고를 예방하기 위해서는 물놀이를 하기 전 충분한 안전교육과 준비운동, 안전장비의 착용 등의 교육이 중요하다. 물놀이로 인한 사고가 발생한 후에는 신속한 구조와 응급처치를 실시해야 한다. 물놀이 시 대처 방법을 물에 빠졌을 때, 다리에 경련이 일어났을 때, 물 속에서 해파리에게 쏘였을 때로 나누어 살펴본다(국민재난안전포털, 2020b 보건복지부, 중앙응급의료센터, 2013).

(1) 물에 빠졌을 때

- 흐르는 물에 빠졌을 때는 물의 흐름에 따라 표류하면서 비스듬히 헤엄쳐 나온다.
- 옷과 신발을 착용한 채 물에 빠졌을 때는 심호흡을 한 후 물 속에서 새우등 뜨기 자세를 취한 후 벗기 쉬운 것부터 차례로 벗고 헤엄쳐 나온다.

(2) 다리에 경련이 일어났을 때

- 먼저 몸에 힘을 빼고 편한 자세를 취한다.
- 쥐가 난 부위를 주무르거나, 다리에 쥐가 난 경우 쥐가 난 쪽 엄지발가락을 몸 쪽으로 잡아당긴다.

(3) 물속에서 해파리에게 쏘였을 때

- 즉시 물 밖으로 나와 응급처치를 받는다.
- 안전요원에게 알려 다른 사람이 쏘이지 않도록 한다.
- 해파리에 쏘인 부위는 만지거나 일반 수돗물, 생수, 민물 등으로 씻어 낼 경우 독소 낭포가 터지면서 증상이 더 심해질 수 있다. 그러므로 쏘인 부위를 만지지 말고 바닷물로 10분 이상 충분히 세척해 준다.
- 쏘인 부위를 문지르거나 붕대로 감는 등 압박을 가해도 안 된다. 촉수가 남아 있는 경우, 핀셋으로 뽑거나 신용카드처럼 얇은 카드로 독침이 박힌 반대 방향으로 조심스럽게 긁어서 제거한 후 냉찜질로 통증을 완화해야 한다(조개껍데기 등 오

염된 물체를 사용하면 안 됨).

- 통증이 매우 심하고 오심, 구토, 식은땀, 어지럼증 등 전신 증상이 나타나는 경우에는 즉시 119에 신고하여 의료기관에서 치료를 받는다.

14) 그 밖에 발생할 수 있는 응급상황별 처치법

(1) 머리를 다쳤을 때

- 몸을 고정하고 특히 목을 움직이지 않도록 한다.
- 머리에서 피가 나는 경우에는 거즈나 붕대 또는 깨끗한 천으로 상처부위를 눌러주고, 즉시 119에 신고하여 구급차를 요청한다.
- 구급차가 도착할 때까지 머리에는 베개나 담요 또는 옷이나 가방 등을 말아 괴어주고 구토물이나 혀로 인해 기도가 막히지 않도록 몸을 비스듬히 누인다.
- 혹이 생긴 경우에는 차가운 찜질을 하고 다친 영유아를 안정시킨다.

(2) 치아가 빠지거나 흔들릴 때(서울시학교보건진흥원, 2014)

- 외상으로 치아가 빠진 경우 치아 보존이 우선이므로 치아를 찾아서 차가운 우유나 식염수에 담근다. 이때 치아의 뿌리를 손으로 만지거나 닦아 내지 않는다.
- 치아가 빠졌을 경우 입을 헹구고 치아가 빠진 부위에 멸균거즈를 넣는다.
- 외상 후 30분 안에 재이식할 경우 성공률이 높기 때문에 빠진 치아를 가지고 빨리 의료기관을 방문한다.
- 치아가 흔들릴 경우 일부러 빼지 않고 거즈를 물어 고정한 후 의료기관에서 치료를 받는다.

(3) 코피가 났을 때

- 고개를 약간 앞으로 숙이게 하고 코뼈 바로 밑의 코 부분을 두 손가락으로 5~10분간 꾹 눌러 준다.

- 코에 냉찜질을 하고, 코피가 20분 이상 멈추지 않으면 빨리 의료기관으로 이송한다.
- 코를 풀거나 코피를 삼키지 않도록 하며 외상 때문에 코피가 나는 경우라면 지혈을 하지 않는다.

3 응급상황 시 교사의 역할

영유아교육기관에서 응급상황이 발생할 경우 교사는 당황하지 말고 침착하게 정해진 지침에 따라 역할을 수행해야 한다. 응급상황이 발생했을 때 교사가 지켜야 할 행동원칙은 다음과 같다.

1) 응급상황을 위한 사전 준비

- 모든 교사는 응급처치법과 심폐소생술, 전염성 질환에 대한 예방과 상해예방 등에 관해 교육과 훈련을 받는다.
- 교사의 손이 쉽게 닿는 곳에 필요한 물품이 갖추어진 구급상자를 비치한다.
- 영유아의 비상연락망, 응급 시 도움을 요청할 수 있는 유관기관의 전화번호와 응급 절차과정 목록을 비치한다.
- 응급 절차과정은 영유아교육기관의 벽면에 붙여 두어 응급상황일 때 쉽게 볼 수 있게 한다.
- 실외활동이나 야외학습을 나갈 때 휴대용 구급상자 및 비상연락망을 준비한다.
- 응급상황 발생 시 조치에 대한 부모의 응급처치 동의서를 상시 준비한다.
- 안전사고보고서를 준비하여 사고 발생 시 작성한다.

2) 구급상자 준비 및 관리

모든 영유아교육기관에는 들고 다닐 수 있는 구급상자를 찾기 쉬운 곳에 구비해 놓아야 한다. 구급상자에는 구급약품 이외에도 응급전화번호, 긴급연락처, 약품의 사용요령을 제시하고, 약품의 유통기한을 확인한다. 영유아교육기관에서의 의약품 사용은 반드시 전문 의료인의 진료와 처방에 의해 이루어지도록 해야 한다. 구급상자에 갖추어야 할 내용물은 다음과 같다(표 9-1).

표 9-1 **구급상자에 갖추어야 할 내용물**

의료용 재료	바르는 약(외용제)
붕대, 거즈, 소독솜 삼각붕대, 탄력붕대 칼, 가위, 핀셋 반창고, 일회용밴드 일회용장갑, 부목류	과산화수소수, 베타딘 항생제 외용연고 근육용 마사지 연고 화상용 바세린 거즈 생리식염수 벌레 물린 데 바르는 연고

3) 응급상황 시 행동요령

응급상황이 발생하면 교사는 영유아 상태를 확인하고, 주변에 기름이나 가스 같은 위험 물질이 있는지 살펴보아야 한다. 또한 혼자서 너무 많은 것을 하려고 하지 말고, 다른 교사에게 도움을 요청하여야 한다(중앙응급의료원, 2015). 응급상황 시 행동원칙을 단계별로 살펴보면 다음과 같다.

(1) 1단계

위험요소를 확인한다. 어떤 잠재적인 위험이라도 해가 될 수 있으므로 주변에 위험한 요소는 없는지, 영유아가 위험에 노출되지 않았는지 먼저 확인한다.

(2) 2단계

영유아의 반응을 살핀다. 영유아가 의식이 없거나 혼미한 경우에는 크게 소리쳐서 반응을 확인한다. 예를 들어, 큰 소리로 "○○야! 선생님 말 들려?" 하거나 만약에 크게 불러도 반응이 없다면 양쪽 어깨를 두드린다. 영아(1세 미만)일 경우는 발바닥을 때려 확인한다.

(3) 3단계

도움을 요청한다. 영유아의 반응을 살폈을 때 만약 반응이 없을 경우 동료교사에게 소리쳐서 신고를 위한 도움을 요청해야 한다. 이때 가능하면 정확하게 사람을 지목하도록 하며, 눈을 맞추어 이해했는지 확인해야 한다.

(4) 4단계

기도를 확보한다. 기도(입부터 허파까지의 호흡을 위한 길)가 적절한 호흡을 위하여 문제가 없는지 확인하고, 입을 열고 기도를 막고 있는 물질이 있다면 제거한다. 단, 앞쪽에 잘 보이는 경우만 기구를 써서 제거한다.

(5) 5단계

호흡을 확인한다. 영유아가 호흡을 하고 있는지 확인하고 호흡이 없다면 2번의 인공호흡을 시행하여 보조한다. 호흡의 여부는 가슴이 오르락내리락 하는지를 확인하는 것, 귀를 영유아의 입 가까이 갖다 대어 호흡음을 들어 보는 것, 뺨이나 귀를 영유아의 얼굴에 갖다 대어 호흡이 느껴지는지 확인하는 것, 다른 생명의 증거(예: 몸의 자발적 움직임, 침을 삼킴, 기침함 등) 등을 통해 확인한다.

(6) 6단계

순환의 증거를 확인한다. 호흡, 기침 혹은 어떤 움직임의 순환이 있는지 확인한다. 순환의 증거가 없으면 흉부압박을 시행한다. 적절하지 않은 응급처치는 오히려 응급환자의 상황을 더 악화시킬 수 있으니 사전에 흉부압박을 위한 기초적인 훈련을 받아야 한다.

Tip **응급처치의 기본 원칙**

1. 아무리 긴박한 상황일지라도 처치자 자신의 안전과 현장 상황의 안전을 먼저 확보한다.
2. 전문가가 판단하기 전까지 환자나 부상자의 생사를 판단하지 않는다.
3. 전문가에 의해 정확한 진단이 내려지기 전까지 의약품은 사용하지 않는다.
4. 응급환자의 구강을 통한 음식물 섭취는 기도폐쇄의 가능성이 있고 응급수술이나 중요한 검사의 지연을 초래할 수 있으므로 절대 제공하지 않는다.
5. 가장 긴급한 문제부터 해결한다.
6. 119구급대나 의료기관에 도움을 요청할 경우 정확한 환자상태 및 응급처치 내용을 알린다.
7. 현장에서 응급처치로 의식이 회복되었더라도 전문 의료인에게 반드시 인계하여 진료를 받는다.
8. 영유아교육기관에서 사고가 났을 경우 부모에게는 빠르고 정확하게 일관성 있는 태도로 응대한다(어린이집안전공제회, 2015b).

출처: 보건복지가족부, 중앙육아종합지원센터, 2015.

4) 응급의료 체계 신고요령

- 국번 없이 119로 전화를 건다.
- 응급상황이 발생한 경위와 환아의 상태를 설명한다. “아이가 놀이하다가 갑자기 경기(경련)가 일어났어요. 입술이 파래지고, 숨을 잘 쉬지 못하고 있습니다.”
- 응급 영유아의 수, 연령, 성별을 밝힌다. “한 명이고, 0세 여자아이예요.”
- 응급 영유아가 발생한 위치, 주소 및 전화번호를 정확하게 알린다. “○○유치원/어린이집 ○○반 교실이고, 위치는 ○○구 ○○동 ○○번지입니다.”, “전화번호는 ○○○-○○○-○○○○번입니다.”
- 119구급대가 현장에 도착할 때까지 응급상황에 필요한 조치 요령을 전달받고, 보호자에게 연락을 취하여 평소 영유아의 지병이나 그로 인한 약 복용 여부를 확인한다.

- 119구급대원이 더 이상의 의문사항이 없는 것을 확인할 때까지 먼저 전화를 끊지 않도록 한다.

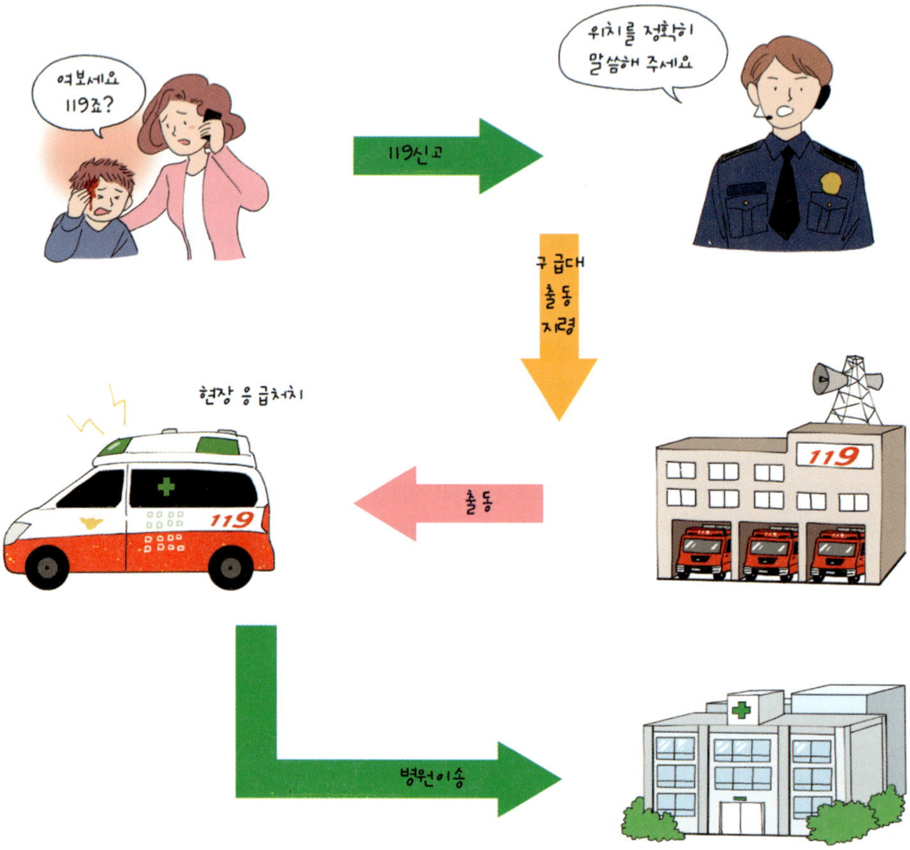

그림 9-7 응급 의료상황 신고 요령

출처: 보건복지가족부, 중앙육아종합지원센터, 2015.

Tip

안전사고 발생 시 처리 절차

■ **유치원 안전사고 처리 절차(학교안전공제중앙회, www.ssif.or.kr)**

1. 사고 발생	• 지체 없이 통지
2. 사고 통지	• 공제급여 관리시스템 접속 후 사고보고서 작성 • www.schoolsafe.or.kr
3. 치료	• 중간청구 가능(장기치료 시)
4. 청구	• 공제급여관리시스템 www.schoolsafe.or.kr • 서류우편발송–청구서(50만 원 초과 시 날인), 진료비 영수증 원본, 통장 사본, 진단서, 등본(50만 원 초과 시)
5. 심사 및 지급	• 우편 접수 후 14일 이내 지급

※ 학부모가 공제회로 직접 청구 시 청구절차

1. 사이트 주소
   - 공제급여관리시스템의 학부모 시스템에 접속하여 공제급여청구서 작성
   - www.ssif.or.kr의 정보마당/각종 서식에서 공제급여 청구서 다운로드
2. 공제급여 청구
   - 공제급여 청구서 작성 후 첨부서류와 함께 해당 지역 학교안전공제회로 우편 발송

■ **어린이집 안전사고 처리 절차(어린이집안전공제회, www.csia.or.kr)**

1. 사고 발생	• 사고 발생 보고
2. 사고 보고	• 보육통합시스템 내 어린이집지원시스템 접속 후 사고보고서 작성 • 안전공제회(좌측 메뉴)–사고 보고
3. 사고접수 확인	• 공제계약 및 담보 확인 후 필요서류 안내
4. 청구서류 제출	• 팩스, 이메일, 우편을 통해 제출
5. 공제급여 산정	• 결정통지(※ 이의가 있는 경우 보상심사위원회 심사 청구)
6. 공제회 지급	• 공제급여 수령
7. 종결	• 완료

부록

1. 유치원의 시설 및 설비 기준
2. 어린이집의 시설 및 설비 기준
3. 편의시설의 종류 및 설치기준
4. 안전교육 관련 주요 법령
5. 영유아 안전교육 평가서–프로그램 및 활동
6. 영유아 안전교육 평가서–소방대피훈련
7. 유치원의 시설 안전점검 체크리스트
8. 안전점검(수시) 체크리스트
9. 교실 시설 · 설비 · 놀잇감 안전점검표
10. 교실 외 실내시설 안전점검표
11. 실외시설 설비 및 놀이터 안전점검표
12. 일상적 야외활동 및 현장학습 준비를 위한 체크리스트
13. 비상 연락처 및 응급처치 동의서
14. 응급처치 및 귀가 동의서
15. 영유아 감염병 보고서
16. 보육통합지원시스템 감염병 발생 보고서
17. 사고보고서
18. 식품안전과 알레르기 관리 실태를 위한 설문지
19. 응급사고처리 관련기관 및 유관기관 정보
20. 영유아 안전교육 프로그램 제공기관

부록 1 유치원의 시설 및 설비 기준

구분	기준
유치원의 시설	「유아교육법 시행규칙」 별표 2 유아교육위탁 기관 지정기준, 동 규정 제2조 및 「건축법 시행령」 제39조 제8호, 「건축건설기준 등에 관한 규정」 제52조 가. 건물의 1층 또는 2층을 사용할 것. 다만 건물 전체를 사용하는 경우에는 3층까지 사용할 수 있다. 나. 시설면적(체육장 면적은 제외한다)은 「고등학교 이하 각 급 학교 설립 · 운영 규정」 별표 1의 유치원 교사(校舍)의 기준면적에 적합할 것 다. 체육장 면적은 별표 2의 유치원 체육장의 기준 면적에 적합할 것. 다만, 지역적 특수성에 따라 체육장을 설치하는 것이 불가능한 경우에는 인근 놀이터를 활용할 수 있으며, 인근 놀이터를 활용하는 경우에는 인근 놀이터 이용계획서를 교육감에게 미리 제출하여야 한다. 라. 유치원 건축물의 용도는 교육연구 및 복지시설이며, 3층 이상은 유치원 시설을 억제하며, 지방 · 배수 등을 고려하여 인가하되 교실로 인가하지 않는다.
교사용 대지	「고등학교 이하 각급 학교 설립 · 운영 규정」 제4호 ① 교사용 대지의 기준면적은 건축 관련 법령의 건폐율 및 용적율에 관한 규정에 따라 산출한 면적으로 한다.
교사	① 각급 학교 교사(교실, 도서실 등 교수 · 학습 활동에 직간접적으로 필요한 시설물을 말함)는 교수 · 학습에 적합하여야 하고, 그 내부 환경은 「학교보건법」 제4조의 규정에 의한 환경위생 및 식품위생의 유지 · 관리에 관한 기준에 적합하여야 한다. ② 제1항의 규정에 의한 교사의 기준면적은 별표 1과 같다. ※ 동 규정 제3조 별표 1: 40명 이하: 5Nm², 41명 이상: 80+3Nm²(N=각급 학교의 전 학년의 학생정원)
체육장	① 각급 학교의 체육장(옥외체육장을 말함. 이하 같다)은 배수가 잘되거나 배수시설을 갖춘 곳에 위치하여야 한다. ② 제1항의 규정에 의한 체육장의 기준면적은 별표 2와 같다. ③ 실제 체육장으로 조성된 면적이며 주차장, 주변 화단은 불인정한다. ④ 체육장은 실제 체육시설과 통합하여 산정한다. • 실내 체육시설, 즉 교내에 수영장 · 체육장 · 강당 · 무용실 등 실내 체육시설이 있는 경우 실내 체육시설 바닥면적의 2배를 체육장 면적에서 제외할 수 있다. • 실내 체육시설은 채광, 환기, 피난 등 학생의 건강와 안전에 지장이 없어야 한다. • 옥상에 유아교육시설(유원장, 수영장 등) 설치가 불가하다. • 벽과 지붕이 없는 옥상은 실내 체육시설이 아니다. ※ 동 규정 제5조 및 교육부 지침 별표 2: 40명 이하: 160m², 41명 이상: 120+Nm²(N=각급 학교의 전 학년의 학생정원)
교지	① 각급 학교의 교지는 제4조의 규정에 의한 교사용 대지와 제5조의 규정에 의한 체육장의 면적을 합한 용지로서 교사의 안전 · 방음 · 환기 · 채광 · 소방 · 배수 및 학생의 통학에 지장이 없는 곳에 위치하여야 한다. ② 교지는 교사용 대지면적+체육장의 면적이다.

구분	기준
교구 및 설비기준	① 각급 학교에는 학과 또는 교과별로 필요한 도서 · 기계 · 기구 등의 교구를 갖추어야 한다. ② 제1항의 규정에 의한 교구의 종목 및 기준은 시 · 도 교육감이 정하여 고시한다.
보건실	「학교보건법」 제2조의2, 「학교보건법 시행령」 제2조 ① 보건실 설치기준은 다음과 같다. • 위치: 학생 및 교직원의 응급처치 등이 신속하게 이루어질 수 있도록 이용이 쉽고 통풍과 채광이 잘되는 장소일 것 • 면적: 16m² 이상 ② 유치원장은 「학교보건법 시행규칙」에 준하는 별도의 기준을 정하여 보건실에 필요한 시설 및 기구를 갖추고, 교사 안에서의 환경위생 및 식품위생을 유지 · 관리할 수 있다. ③ 보건실의 시설 및 기구는 다음과 같다. • 학생과 교직원의 건강관리와 응급처치 등에 필요한 시설 및 기구 • 학교환경위생 및 식품위생검사에 필요한 기구
급식실 및 조리실	「유아교육법」 제17조, 「유아교육법 시행규칙」 제3조 ① 유치원장은 상시 50인 이상 단체급식 시 집단급식소 신고를 하여야 한다. 미이행 시 과태료 처분을 받는다. ② 유아교육법에 의거 단체급식 시 급식전담 인력인 영양사, 조리사 채용을 의무화한다. ③ 조리장 내 위생관리 철저 및 방역소독을 하여야 한다. 집단급식소 신고 시 필수사항이다.

출처: 교육부, 2015.

부록 2 어린이집의 시설 및 설비 기준

구분	기준
시설 규모	① 어린이집은 다음의 인원을 보육할 수 있는 시설을 갖추어야 하며, 정원은 총 300명을 초과할 수 없다. 가. 국공립어린이집: 국가나 지방자치단체가 설치 · 운영(위탁운영 포함)하며, 상시 영유아 11인 이상 나. 직장어린이집: 사업주가 사업장의 근로자를 위하여 설치 · 운영하며 상시 영유아 5인 이상 다. 사회복지법인어린이집, 법인 · 단체 등 어린이집 및 민간어린이집: 상시 영유아 21인 이상 라. 가정어린이집: 개인이 가정 또는 그에 준하는 곳에 설치 · 운영하며, 상시 영유아 5인 이상 20인 이하 마. 협동어린이집: 보호자 또는 보호자와 보육교직원 11인 이상의 조합 결성(법 제10조)하여 설치 · 운영하며 상시 영유아 11인 이상
시설 면적	① 어린이집의 구조 및 설비는 그 시설을 이용하는 영유아의 특성에 맞도록 하여야 한다. 보육실을 포함한 시설면적(놀이터 면적은 제외한다)은 영유아 1명당 4.29제곱미터 이상으로 한다. ② 어린이집은 1층에 설치가 원칙이나 2층 이상에 설치 시 안전사고에 대비한 시설 설치를 한다.

보육실	① 보육실은 건축법령상의 층수와 관계없이 해당 층 4면의 100분의 80 이상이 지상에 노출되어 있고, 해당 층 주 출입구의 하단이 지표면으로부터 1미터 이내인 층(이하 "1층"이라 한다)에 설치하여야 한다. 다만, 다음 각 호의 어느 하나에 해당하는 경우는 예외로 한다. (ⅰ) 해당 층 4면의 100분의 50 이상 100분의 80 미만이 지상에 노출되고, 해당 층 주 출입구의 하단이 지표면으로부터 1미터 이내이며, 지방보육정책위원회의 심의를 거쳐 채광 · 환기 · 습도 · 침수 등 영유아의 건강과 안전에 문제가 없는 것으로 확인된 해당 층에 어린이집을 설치하는 경우 (ⅱ) 건물 전체를 하나의 어린이집으로 사용하면서 1층[(ⅰ)의 경우를 포함한다] 이상 5층 이하에 보육실을 설치하는 경우. 다만, 영아를 위한 보육실은 1층[(ⅰ)의 경우를 포함한다]에 우선적으로 배치하여야 한다. (ⅲ) 사업장이 있는 건물의 1층[(ⅰ)의 경우를 포함한다] 이상 5층 이하에 직장어린이집을 설치하는 경우. 이 경우 해당 건물은 외부인의 출입을 제한할 수 있는 등 영유아의 안전관리가 가능한 건물이어야 한다. (ⅳ) 300세대 이상의 아파트단지 전체가 「건축법 시행령」 제119조 제1항 제3호 다목에 따른 필로티나 그 밖에 이와 비슷한 구조인 경우에 그 위층에 어린이집을 설치하는 경우(필로티나 그 밖에 이와 비슷한 구조인 층에 거주공간이 없을 경우만 해당한다) (ⅴ) 산업단지에 있는 건물의 1층[(ⅰ)의 경우를 포함한다] 이상 5층 이하에 제5조의4에 따른 어린이집을 설치하는 경우 (ⅵ)산업단지에 있는 「산업집적활성화 및 공장설립에 관한 법률」에 따른 지식산업센터 건물의 1층 [(ⅰ)의 경우를 포함한다] 이상 5층 이하에 어린이집을 설치하는 경우 ② 보육실은 거실, 포복실 및 유희실을 포함하여 영유아 1명당 2.64제곱미터 이상으로 한다. ③ 보육실에는 침구, 놀이기구 및 쌓기놀이활동, 소꿉놀이활동, 미술활동, 언어활동, 수학 · 과학활동, 음률활동 등에 필요한 교재 · 교구를 갖추어야 한다. ④ 어린이집은 환기 · 채광 · 조명 · 온도 및 습도가 적절히 유지 · 관리되도록 하여야 한다. ⑤ 보육실은 바닥난방시설을 갖추어야 한다. ⑥ 그 밖에 보육실 설치에 필요한 구체적인 기준은 보건복지부장관이 정한다.
조리실	① 조리실은 채광이 잘되도록 하고, 기계 환기시설을 하여 청정한 실내 환경을 유지하도록 하며, 창문에는 방충망을 설치하여야 한다. ② 식기를 소독하고 위생적으로 취사 및 조리할 수 있는 설비를 갖추어야 한다. ③ 공공기관이나 사회복지관 안에 설치된 어린이집의 경우에는 같은 건물에 있는 조리실을 함께 사용할 수 있으며, 유치원과 같은 건물에 설치된 어린이집은 유치원의 조리실을 함께 사용할 수 있다. ④ 사업주가 직장어린이집을 설치한 경우로서 직장 어린이집이 설치된 건물에 집단 급식소를 운영하는 경우에는 조리실을 별도로 설치하지 아니할 수 있다. 이 경우 영유아를 위한 음식의 조리공간은 분리(별도의 방을 분리함에 있어 벽이나 층 등으로 구분하는 경우를 말한다) 또는 구획(칸막이 · 커튼 등으로 구분하는 경우를 말한다)되어 있어야 한다.
목욕실	① 목욕실은 난방을 하여야 한다. ② 바닥은 미끄럼 방지장치를 하여야 한다. ③ 샤워설비, 세면설비 및 냉온수 공급을 위한 설비를 갖추어야 하며, 수도꼭지는 온수 사용 시 화상을 입지 아니하도록 온도를 조정 및 고정할 수 있어야 한다. ④ 목욕실은 보육실과 인접한 공간에 위치하여야 한다.

화장실	① 바닥은 미끄럼 방지장치를 하여야 한다. ② 세정장치와 수도꼭지 등은 냉온수의 온도를 조정 및 고정할 수 있어야 한다. ③ 화장실은 수세식 유아용 변기를 설치하고, 보육실과 같은 층의 인접한 공간에 설치하여야 한다. 다만, 가정어린이집의 경우 성인용 변기에 이동식 유아용 변기를 갖춘 경우에는 유아용 변기를 설치하지 아니할 수 있다.
실내외 놀이터	① 보육 정원 50명 이상인 어린이집(12개월 미만의 영아만을 보육하는 어린이집은 제외한다)은 영유아 1명당 3.5제곱미터 이상의 규모로 옥외놀이터를 설치하는 것을 원칙으로 한다. 다만, 보건복지부장관이 어린이집 규모(정원)에 따라 같은 시간대에 놀이 활동에 참여하는 최대 영유아 수 및 면적의 기준을 정하는 경우에는 그 기준에 따라 놀이터를 설치할 수 있다. ② 옥외놀이터에는 모래밭(천연 및 인공 잔디, 고무매트, 폐타이어 블록 또는 「어린이놀이시설 안전관리법」에서 정하는 기준에 적합한 것을 포함한다)에 6세 미만의 영유아가 이용할 수 있는 대근육 활동을 위한 놀이기구 1종 이상을 포함하여 놀이기구 3종 이상이 설치된 옥외놀이터를 설치하여야 한다. ③ 옥내놀이터는 다음과 같이 설치한다. (ⅰ) 옥내놀이터는 놀이터로 사용하는 공간 및 그 주변에 소음 · 분진 · 폭발 · 화재의 위험이 없어야 하며, 실내공간을 활용하는 경우 조명 · 채광 · 환기 · 온도 · 습도가 적정하여야 한다. (ⅱ) 어린이집에 엘리베이터가 설치되지 아니한 경우 옥내놀이터는 보육실로부터 5층 이내에 설치하며, 층 간 이동을 위하여 아동용 손잡이 레일을 설치하는 등 안전에 필요한 장비를 구비하여야 한다. 이 경우 아동용 손잡이 레일은 영유아가 잡거나 짚고 올라갈 수 없는 구조여야 하며, 영유아의 신체가 빠지거나 끼는 사고가 없도록 설치한다. (ⅲ) 옥내놀이터를 어린이집으로 사용하는 건물 내의 실외공간에 설치하는 경우에는 울타리나 보호난간을 최소 1.5미터 이상으로 설치하되 놀이기구의 높이 등에 맞춰 안전을 확보할 수 있는 높이로 설치하여야 하고, 그 밖에 안전에 필요한 장비를 구비하여야 한다. 이 경우 울타리나 보호난간의 재질은 부식 · 파손의 위험이 없어야 하며, 영유아가 잡거나 짚고 올라갈 수 없는 구조로 설치하되, 난간 사이에 간격이 있는 경우 그 안 치수는 80밀리미터 이하로 하여야 한다. (ⅳ) 옥내놀이터를 어린이집의 최상층 바닥면에 설치하는 경우, 울타리나 보호난간은 바닥면 최하단으로부터 1.2미터까지는 콘크리트 · 조적(벽돌 등) 또는 강화유리 등으로 설치하여야 하고, 고정식 놀이기구는 해당 층 바닥이 설치하고자 하는 놀이시설의 하중을 견딜 수 있도록 건축되어 있고, 「어린이놀이시설 안전관리법」에서 정한 기준에 적합한 경우에 설치할 수 있다. (ⅴ) 건물 2층 이상에 옥내놀이터를 설치하는 경우, 「영유아보육법」령에서 정하는 비상재해대비시설을 갖추어야 한다. ④ 어린이집의 놀이터, 놀이기구 및 어린이용품은 「품질경영 및 공산품안전관리법」, 「어린이놀이시설 안전관리법」 및 「환경보건법」에서 정한 기준을 준수하여야 한다. ⑤ 그 밖에 놀이터 설치에 필요한 구체적인 기준은 보건복지부장관이 정한다.

출처: 보건복지부, 2020a.

부록 3 편의시설의 종류 및 설치기준

(「장애인 · 노인 · 임산부 등의 편의증진 보장에 관한 법률 시행령」 제4조 관련)

편의시설의 종류	설치기준
(1) 장애인등의 통행이 가능한 접근로(의무)	(가) 대상시설 외부에서 건축물의 주출입구에 이르는 접근로는 장애인등이 안전하고 편리하게 통행할 수 있도록 유효폭 · 기울기와 바닥의 재질 및 마감 등을 고려하여 설치하여야 한다. (나) 접근로를 (가)의 주출입구에 연결하여 시공하는 것이 구조적으로 곤란하거나 주출입구보다 부출입구가 장애인등의 이용에 편리하고 안전한 경우에는 주출입구 대신 부출입구에 연결하여 접근로를 설치할 수 있다.
(2) 장애인전용 주차구역(의무)	(가) 부설주차장에는 장애인전용 주차구역을 주차장법령이 정하는 설치 비율에 따라 장애인의 이용이 편리한 위치에 구분 · 설치하여야 한다. 다만, 부설주차장의 주차대수가 10대 미만인 경우를 제외하며, 산정된 장애인전용주차구역의 주차대수중 소주점 이하의 끝수는 이를 1대로 본다. (나) 자동차관련시설중 특별시장 · 광역시장 · 시장 · 군수 또는 구청장이 설치하는 노외주차장에는 장애인전용 주차구역을 주차장법령이 정하는 설치기준에 따라 장애인의 이용이 편리한 위치에 구분 · 설치하여야 한다.
(3) 높이차이가 제거된 건축물 출입구(의무)	(가) 건축물의 주출입구와 통로에 높이차이가 있는 경우에는 턱 낮추기를 하거나 휠체어리프트 또는 경사로를 설치하여야 한다. (나) (가)의 주출입구의 높이차이를 없애는 것이 구조적으로 곤란하거나 주출입구보다 부출입구가 장애인등의 이용에 편리하고 안전한 경우에는 주출입구 대신 부출입구의 높이차이를 없앨 수 있다.
(4) 장애인등의 출입이 가능한 출입구 등(의무)	(가) 건축물의 주출입구와 건축물 안의 공중의 이용을 주목적으로 하는 사무실 등의 출입구(문) 중 적어도 하나는 장애인 등의 출입이 가능하도록 유효폭 · 형태 및 부착물 등을 고려하여 설치하여야 한다. (나) 교통시설의 승강장에 이르는 개찰구 중 적어도 하나는 장애인 등의 출입이 가능하도록 너비 등을 고려하여 편리한 구조로 설치하여야 한다.
(5) 장애인등의 통행이 가능한 복도 등(의무)	(가) 복도는 장애인 등의 통행이 가능하도록 유효폭, 바닥의 재질 및 마감과 부착물 등을 고려하여 설치하여야 한다. (나) 교통시설의 주출입구로부터 대합실 및 승강장에 이르는 통로는 유효폭, 바닥의 재질 및 마감과 부착물 등을 고려하여 설치하여야 한다.
(6) 장애인등의 통행이 가능한 계단, 장애인용 승강기, 장애인용 에스컬레이터, 휠체어 리프트, 경사로 또는 승강장(의무)	(가) 장애인 등이 건축물의 1개 층에서 다른 층으로 편리하게 이동할 수 있도록 그 이용에 편리한 구조로 계단을 설치하거나 장애인용 승강기, 장애인용 에스컬레이터, 휠체어리프트 또는 경사로를 1대 또는 1곳 이상 설치하여야 한다. 다만, 장애인 등이 이용하는 시설이 1층에만 있는 경우에는 그러하지 아니하다. (나) (가)의 건축물 중 6층 이상의 연면적이 2천제곱미터 이상인 건축물(층수가 6층인 건축물로서 각층 거실의 바닥면적 300 제곱미터이내마다 1개소 이상의 직통계단을 설치한 경우를 제외한다)에 근린공공시설, 노유자시설 중 장애인시설 및 노인시설, 의료시설, 교육연구시설 중 학교 및 도서관, 공공업무시설, 숙박시설, 판매시설, 관람집회시설 중 공연장 및 관람장, 전시시설, 방송통신시설 중 방송국, 청소년수련시

	설이 있는 경우에는 장애인용 승강기, 장애인용 에스컬레이터, 휠체어 리프트 또는 경사로를 1대 또는 1곳 이상 설치하여야 한다. (다) 층수가 2층 이상인 교통시설에는 장애인등이 주출입구로부터 대합실 및 승강장이 있는 층까지 편리하게 이동할 수 있도록 장애인용 승강기, 장애인용 에스컬레이터, 휠체어리프트 또는 경사로를 1대 또는 1곳 이상 설치하여야 한다. (라) 교통시설의 승강장은 장애인등이 안전하게 승 · 하차할 수 있도록 기울기, 바닥의 재질 및 마감과 차량과의 간격 등을 고려하여 설치하여야 한다. (마) 교통시설 중 택시 승강장과 차도의 경계에 높이차이가 있는 때에는 턱낮추기를 하거나 연석경사로를 설치하여야 한다.
(7) 장애인 등의 이용이 가능한 화장실(의무)	(가) 화장실은 장애인 등이 편리하게 이용할 수 있도록 구조, 바닥의 재질 및 마감과 부착물 등을 고려하여 설치하되, 장애인용 대변기는 남자용 및 여자용 각 1개 이상을 설치하여야 한다. (나) 여성용 화장실은 영유아용 거치대 등 임산부 및 영유아가 안전하고 편리하게 이용할 수 있는 시설을 구비하여 설치하여야 한다.
(8) 장애인 등의 이용이 가능한 욕실(의무)	욕실은 1개실 이상을 장애인 등이 편리하게 이용할 수 있도록 구조, 바닥의 재질 및 마감과 부착물 등을 고려하여 설치하여야 한다.
(9) 장애인 등의 이용이 가능한 샤워실 및 탈의실	샤워실 및 탈의실은 1개 이상을 장애인 등이 편리하게 이용할 수 있도록 구조, 바닥의 재질 및 마감과 부착물 등을 고려하여 설치하여야 한다.
(10) 점자블록	건축물의 주출입구와 도로 또는 교통시설을 연결하는 보도에는 점자블록을 설치하여야 한다.
(11) 시각 및 청각장애인 유도 · 안내설비	(가) 시각장애인의 시설이용 편의를 위하여 건축물의 주출입구 부근에 점자안내판, 촉지도식 안내판 · 음성안내장치 또는 기타 유도신호장치를 1개 이상 설치하여야 한다. (나) 삭제〈2007. 2. 12.〉 (다) 공원 · 근린공공시설 · 장애인시설 · 교육연구시설 · 공공업무 시설, 시각장애인 밀집거주지역 등 시각장애인의 이용이 많거나 타당성이 있는 설치요구가 있는 곳에는 교통신호기가 설치되어 있는 횡단보도에 시각장애인을 위한 음향신호기를 설치하여야 한다. (라) 청각장애인의 시설이용 편의를 위하여 청각장애인 등의 이용이 많은 곳에는 전자문자안내판 또는 기타 전자문자안내설비를 설치하여야 한다.
(12) 시각 및 청각장애인 경보 · 피난설비	(가) 시각 및 청각장애인등이 위급한 상황에 대피할 수 있도록 청각 장애인용 피난구유도등 · 통로유도등 및 시각장애인용 경보설비 등을 설치하여야 한다. (나) 교통시설의 승강장에서 장애인 등이 추락할 우려가 있는 경우에는 난간 등 추락방지설비를 갖추어야 한다.
(13)~(16) 생략	–
(17) 임산부 등을 위한 휴게시설 등(의무)	임산부와 영유아가 편리하고 안전하게 휴식을 취할 수 있도록 구조와 재질 등을 고려하여 휴게시설을 설치하고, 휴게시설 내에는 모유수유를 위한 별도의 장소를 마련하여야 한다. 다만, 「문화재보호법」 제2조에 따른 지정문화재(보호구역을 포함한다)에 설치하는 시설물은 제외한다.

부록 4 안전교육 관련 주요 법령

<table>
<tr><th colspan="2">법령</th><th>주요내용</th></tr>
<tr><td rowspan="3">학교안전사고 예방 및 보상에 관한 법률</td><td>법 제8조(학교안전교육의 실시)</td><td>• 학교장은 학교안전사고를 예방하기 위하여 학생 및 교직원에게 안전사고 예방 등에 관한 교육을 실시(제1항)</td></tr>
<tr><td>법 제8조의2(학교장의 교육활동 안전대책 점검 · 확인 의무)</td><td>• 학교장은 교육활동을 직접 실시하는 경우 학교 안전사고 예방을 위하여 안전대책을 점검 · 확인하는 등 필요한 조치를 강구(제1항)</td></tr>
<tr><td>시행규칙 제2조(학교안전교육의 실시)</td><td>• 학교장은 학생을 대상으로 교과시간, 재량활동 시간 및 특별활동시간을 통하여 교육을 하여야 하며, 교육 횟수 · 시간 및 강사 등은 지역여건과 학교실정에 따름(제1항)
–(교육내용) 교통안전교육, 약물오 · 남용 예방교육, 재난대비 안전교육, 학교폭력 예방교육, 성폭력 예방에 필요한 교육, 성매매 예방교육, 체험중심 교육활동으로 운영되는 경우 이에 관한 안전사고 예방교육 등</td></tr>
<tr><td rowspan="2">학교보건법</td><td>법 제9조(학생의 보건관리)</td><td>• 학교의 장은 학생의 신체발달 및 체력증진, 질병의 치료와 예방, 음주 · 흡연과 약물 오용(誤用) · 남용(濫用)의 예방, 성교육, 정신건강 증진 등을 위하여 보건교육을 실시</td></tr>
<tr><td>법 제9조의2(보건교육 등)</td><td>• 교육부장관은 「초 · 중등교육법」 제2조에 따른 학교에서 모든 학생들을 대상으로 심폐소생술 등 응급처치에 관한 교육을 포함한 보건교육을 체계적으로 실시(제1항)
• 교직원을 대상으로 심폐소생술 등 응급처치에 관한 교육을 실시(제2항)</td></tr>
<tr><td rowspan="2">아동복지법</td><td>법 제31조(아동의 안전에 대한 교육)</td><td>• 아동복지시설의 장, 어린이집 원장, 유치원 원장 및 학교장은 교육대상 아동의 연령을 고려하여 대통령령으로 정하는 바에 따라 교육계획을 수립하여 교육을 실시(제1항)
–(교육내용) 성폭력 및 아동학대 예방, 실종 · 유괴의 예방과 방지, 약물의 오남용 예방, 재난대비 안전, 교통안전
• 교육계획 및 교육결과를 매년 1회 보고(제2항 및 제3항)
–(보고경로) 아동복지시설의 장 및 어린이집 원장 → 관할 시 · 군 · 구청장 / 유치원 원장 및 학교장 → 관할 교육감</td></tr>
<tr><td>시행령 제28조(아동의 안전에 대한 교육)</td><td>• 교육계획을 수립하여 교육을 실시할 때에는 별표3의 교육기준에 따라야 함(제1항)
–성폭력 및 아동학대 예방 교육: 6개월에 1회 이상(연간 8시간 이상)
–실종 · 유괴의 예방 · 방지 교육: 3개월에 1회 이상(연간 10시간 이상)
–약물의 오용 · 남용 예방 교육: 3개월에 1회 이상(연간 10시간 이상)
–재난대비 안전교육: 6개월에 1회 이상(연간 6시간 이상)
–교통안전교육: 2개월에 1회 이상(연간 10시간 이상)
• 아동복지시설의 장은 어린이집, 유치원 및 학교에서 해당 교육을 받은 아동에 대해서는 교육 미실시 가능(제3항)</td></tr>
</table>

부록 5 영유아 안전교육 평가서–프로그램 및 활동

평가영역	일일평가 지침	평가기준					의견
		1 전혀 그렇지 않다	2 그렇지 않다	3 보통이다	4 그렇다	5 매우 그렇다	
교육목표 및 내용	활동목표는 영유아의 발달단계에 적합하였는가?						
	활동목표는 구체적 행동용어를 사용하여 명확하게 제시되었는가?						
	교육내용은 교육목표 달성에 적합하게 구성되었는가?						
	교육내용은 표준보육과정을 반영하였는가?						
교육방법 및 자료	교육방법은 교육내용을 이해시키는 데 효과적이었는가?						
	교육방법은 영유아의 흥미 유도에 적합하였는가?						
	교육자료는 교육내용을 이해시키는 데 적합하였는가?						
	교육자료는 영유아의 발달단계에 적합하였는가?						
교사의 상호작용	교사는 교육내용을 이해하기 쉽게 전달하였는가?						
	교사의 언어는 영유아에게 적절하며 친근감이 느껴졌는가?						
	교사와 영유아간의 상호작용이 활발하게 이루어졌는가?						
	교사는 영유아의 확산적 사고를 유발하는 상호작용을 하였는가?						
	교사는 도입–전개–마무리 활동의 시간을 적절하게 분배하였는가?						
	활동 중 영유아의 참여와 흥미가 높았는가?						
계획 및 평가	활동의 영유아의 신체리듬, 심리적 상태 등을 고려하여 적절하게 계획 · 실행되었는가?						
	활동의 시간 배정은 적절했는가?						
	방법이 영유아 주도 활동 및 교사 주도 활동의 균형, 개별활동과 대소집단활동의 균형, 일상생활 활동과 놀이활동이 균형 있게 계획되었는가?						
	교사 간 논의를 통해 정기적으로 평가하고 다음 활동에 반영하는가?						

부록 6 영유아 안전교육 평가서-소방대피훈련

실시일자	년 월 일 요일	제( )회
화재발생장소		
교육구분	자체 훈련 ( ) 외부기관에 의한 훈련 ( )	
실시시간	(오전/오후)	
참가대상		
훈련목적		
훈련내용		
평가내용		평가란
모의 실시 내용	• 비상벨 및 사이렌 소리는 모두 들을 수 있는 적당한 크기로 울렸는가?	
	• 대피 경로는 효율적인가?	
	• 대피 장소는 안전한 곳인가?	
	• 재입실 경로는 효율적인가?	
	• 구성원은 각자의 역할을 조직적으로 수행했는가?	
	• 연락체계는 신속하게 이루어졌는가?	
	• 모의실시 결과 문제점은 없었는가?	
	• 보육교직원은 모두 소화기를 조작할 수 있는가?	
	• 모의실시 결과 개선되어야 할 사항은 없었나?	
문제사항		
변경된 사항		

부록 7 유치원의 시설 안전점검 체크리스트

1. 건물 및 주변환경

(1) 유치원의 입지 여건

	점검사항	그렇다	아니다	비고
1	유치원은 지상으로 직접 나갈 수 있는 지상층(피난층 포함)에 설치되어 있거나 지상층(피난층 포함)을 포함하여 2개 층 이하로 설치되어 있다.			
2	유치원이 입주해 있는 건물 또는 바로 인접한 건물에 공장, 음식점, 페인트판매점, 가스충전소 등 화재발생 위험시설이 없다.			
3	인접 건물과 최소한 2m 이상 이격되어 화재의 확대 또는 연기유입의 위험이 없다.			
4	유치원의 지상 층에는 도로, 인도 등 외부공간과 직면하는 형태로 설치된 창문이 없다(창문이 설치된 경우 유해물 투척 및 침입을 효과적으로 차단할 수 있는 방지시설이 되어 있음).			
5	유치원 내에서 주출입구 등으로 나올 때 출입구 전면에 도로와의 완충공간(일정 간격 이격)이 확보되어 있다.			

(2) 소방차 접근 등 활동 여건

	점검사항	그렇다	아니다	비고
1	유치원 건물의 최소한 1면 이상은 소방차의 원활한 진입이 가능하도록 4.0m 의 폭을 갖는 도로와 접해 있거나 이러한 도로와 10m 이하로 이격되어 있다.			
2	건물 주변 도로면이 급경사(10% 이상)로 되어 있지 않다.			

(3) 기타 환경

	점검사항	그렇다	아니다	비고
1	건물 주변 및 유치원 내에 설치된 가로등, 전봇대 등은 감전 등에 대한 안전조치가 되어 있다.			
2	유치원이 입주한 건물 위 또는 건물 입구 부근을 지나가는 고압전선이 없다.			
3	유치원 건물 또는 주변 지역은 침수된 경험이 없는 등 침수 위험지역에 위치해 있지 않다.			

(4) 교통환경

◉ **통학버스 안전관리 시스템**

	점검사항	그렇다	아니다	비고
1	어린이 통학버스로 등록된 차량이며 차량 앞 유리에는 어린이 통학버스 신고필증이 부착되어 있다.			
2	차내 모든 좌석에 3~5세를 위한 안전벨트와 안전시트가 설치되어 있으며, 유아들 신체에 맞게 조절이 가능하다.			
3	비상사태를 대비하여 차량 내에 구급상자가 비치되어 있다.			
4	차량 내에 안전수칙이 부착되어 있다.			
5	차량 내에 날카로운 곳이나 불필요한 물건이 없다.			
6	차 맨 앞좌석에는 차량용 소화기가 고정되어 있다.			
7	어린이 통학버스 운행 시 반드시 보조교사가 탑승한다.			
8	긴급 시 연락할 수 있는 휴대용 전화가 있다.			
9	응급 시 예비차량을 즉시 대치할 수 있다.			
10	정기적으로 차량 안전점검을 실시하고 있다.			
11	통학버스 운영위원회를 구성하고 있다.			
12	통학버스 안전위원회는 유아, 부모, 지역사회인사 및 경찰관계자를 포함하고 있다.			
13	통학버스 안전담당자를 지정하고 있다.			
14	통학버스 운행노선도와 운행시간 계획을 가지고 있다.			
15	통학버스 운행시간은 운전자가 무리하지 않을 만큼 여유 있게 짜여져 있다.			
16	통학버스의 안전한 승하차 지점과 대기 장소가 명시되어 있다.			
17	승하차시 교통 혼잡이 없는 곳을 버스 승하차 장소로 설정하고 있다.			
18	비상시 연락망을 유치원 내 및 통학버스에 게시하고 있다.			
19	유치원 주변의 교통문제를 최소화할 수 있도록 원아들의 통학로를 설정하고, 이를 관리할 수 있는 통학로 지도를 마련하고 있다.			

◉ **운전자 및 통학버스 안전담당자**

	점검사항	그렇다	아니다	비고
1	운전자는 최근 3년 이내 법규위반이나 사고경력이 없는 사람이다.			
2	운전자는 적합한 자격을 가진 사람이다(15인승 이상 버스운전자는 대형운전면허를 소지하고 있다).			
3	통학버스 운전자는 통학버스 운행을 위한 교통안전교육을 받은 적이 있는 사람이다.			
4	운전자 및 통학버스 담당자들은 유사시에 대비한 위기관리계획의 실행방법에 대해 훈련이 되어 있다.			
5	운전자 및 통학버스 담당자들은 운행 일일 안전점검표를 기록하고 있다.			

◉ 주변 교통 환경

	점검사항	그렇다	아니다	비고
1	통학로의 횡단보도에는 보행자 신호등이 설치되어 있다.			
2	통학로에는 교통안전시설물이 적정하게 설치되어 있다.			
3	교통안전표지판은 노후되거나 파손되어 있지 않다.			
4	운전자들이 식별할 수 있도록 가로수 정비가 잘되어 있다.			
5	유치원 주변 300m 이내에 불법주정차 표시가 되어 있다.			
6	어린이보호구역이 표시되어 있다.			
7	어린이보호구역 표지판은 운전자들이 볼 수 있는 위치에 있다.			
8	통학버스 이용 어린이를 위한 지정된 승하차 장소가 있다.			
9	지정된 승하차 장소는 유아의 활동 장소와 충분히 떨어져 있다.			
10	승하차 장소를 알아볼 수 있게 노면 표시와 안전표지 등을 설치하였다.			
11	원아들의 버스 승하차 장소 접근은 유치원 도착 및 출발 시에만 제한되어 있다.			
12	유치원의 버스 승하차 시에는 유치원의 담당자가 지도감독을 한다.			
13	방문자나 유치원 관계자의 주차 장소는 따로 설정되어 있다.			
14	방문자가 유치원 관계자의 주차 장소는 통학로와 겹쳐져 있지 않다.			
15	유치원 주차장을 사무실에서 감시할 수 있는 시설이 설치되어 있다.			

2. 실내환경

◉ 교실공간

	점검사항	그렇다	아니다	비고
1	교실은 1층에 배치되어 있다.			
2	교실 내에 세면대가 설치되어 있어 수시로 사용할 수 있다.			
	적정온도의 온수가 나오고 있다.			
3	교실에 환기를 위한 시설(기계환기설비)이 있다.			
	교실에 환기를 위한 창문의 크기가 적정하다.			
4	난방은 복사난방을 하고 있다.			
	실내온도는 18도 이상 28도 이하를 유지하고 있다.			
5	실내 조명시설이 잘 갖추어져 있다. 단, 인공조명에 의한 눈부심이 발생되지 않는다.			
6	교실은 햇빛이 잘 들어온다. 단, 교실 바깥의 반사물로 부터 눈부심이 발생되지 않는다.			
7	창문 주변에는 딛고 올라설 만한 물건이 비치되어 있지 않다.			
8	2층 이상에 위치한 교실 창문에는 추락사고 예방을 위한 보호안전망을 갖추고 있다.			
9	교실은 교사의 시선이 미치지 않는 구석이 없다.			

◉ 비품

	점검사항	그렇다	아니다	비고
1	날카로운 물건(칼, 송곳, 가위 등)은 잠금 장치가 있는 곳에 보관하고 있다.			
2	미술도구는 안전성이 검증된 것을 사용하고 있다.			
3	모든 카펫이나 커튼은 방염처리된 것을 사용하고 있다.			
4	교구장, 수납장 등에는 아래 부분에 무거운 비품을 보관하고 있다.			

◉ 놀잇감

	점검사항	그렇다	아니다	비고
1	모든 놀잇감에는 날카로운 부분이나 모서리, 가시, 갈라진 곳, 삼킬 우려가 있는 작은 부속품이 없다.			
2	장난감 상자에는 상자 안에 유아가 갇힐 우려가 있는 빗장 등의 장금장치가 없다.			
3	놀잇감은 유아가 꺼내고 수납하기 알맞은 높이에 있으며 크거나 무거운 놀잇감은 교구장 아래에 위치해 있다.			
4	놀잇감을 구입할 때 안전성이 검증된 것인지 확인한 후 구입하고 있다.			

◉ 가구

	점검사항	그렇다	아니다	비고
1	의자와 책상의 높이는 유아의 신체 발달에 맞는 크기이다. (의자: 33cm, 책상: 48cm)			
2	책상, 정리장 등 가구들은 바닥과 벽에 안전하게 배치되어 있다.			
	가구의 볼트, 너트, 못 등이 튼튼하게 고정되어 있다.			
3	책상, 의자 및 교구장 등 모든 가구에는 돌출된 부분이 없고 모서리가 둥글고 표면이 매끄럽게 처리되어 있다.			

(2) 복도 및 문

	점검사항	그렇다	아니다	비고
1	복도 바닥에서 1.3m 높이까지는 벽체 파손 시에도 위험하지 않은 재료로 되어 있다.			
2	복도에 노출되는 벽모서리나 기둥모서리는 코너카드 등을 사용하거나 모따기하여 둥글게 되어 있다.			
3	복도에는 충분한 조명 또는 창문이 설치되어 어둡지 않다.			
4	교실과 복도 사이에 설치된 문 등 유치원 내 설치되어 있는 문에는 문턱이 없다.			
5	교실의 문이 복도 방향으로 열리는 여닫이문인 경우 개방 시 복도 유효폭의 1/2 이상을 넘어서지 않는다.			
6	유치원 내 모든 여닫이문 상부에는 문이 자동으로 서서히 닫히게 하는 도어클로저(Door-Closer) 등 안전장치가 설치되어 있다.			

(3) 계단

	점검사항	그렇다	아니다	비고
1	계단의 단 높이는 16cm 이하이며, 단 높이가 일정하게 구성되어 있다.			
2	계단의 단 너비는 26cm 이상이며, 단 너비가 일정하게 구성되어 있다.			
3	계단의 경사도는 너무 급하지 않고 완만하게 구성되어 있다.			
4	계단에는 미끄럼 방지처리가 되어 있으며, 견고하게 부착되어 있다.			
5	계단에는 충분한 조명 또는 창문이 설치되어 어둡지 않다.			
6	바닥재는 충격을 흡수할 수 있는 재료를 사용하고 있으며, 계단의 끝선을 명확히 구분할 수 있도록 다른 책으로 채색되어 있다.			

(4) 난간

	점검사항	그렇다	아니다	비고
1	난간 손잡이의 높이(약 80cm 내외)와 직경(지름 3.5cm 내외)은 유아들의 신체치수에 맞게 설치되어 있다.			
2	난간살의 간격은 10cm 이하로 되어 있다.			

(5) 화장실

	점검사항	그렇다	아니다	비고
1	화장실 바닥표면은 물에 젖어도 미끄러지지 않도록 안전조치가 되어 있다.			
2	화장실은 배수가 잘되는 구조로 되어 있으며 바닥이 항상 건조한 상태로 유지되어 있다.			
3	세면대는 유아의 신체에 맞도록 설치되어 있다.			
4	유아용 변기를 갖추고 있어 유아가 사용하기에 적절하다.			
5	냉·온수가 공급되고, 더운물의 온도는 40℃ 이하를 유지할 수 있도록 온도조절장치나 온수밸브잠금장치, 온도계가 비치되어 있다.			
6	락스, 세제 및 변기를 청소하는 솔 등은 유아의 손이 닿지 않는 곳에 뚜껑을 잠그어 따로 관리하고 있다.			
7	화장실 문에는 잠금장치가 설치되어 있지 않다.			

(6) 현관

	점검사항	그렇다	아니다	비고
1	현관 또는 출입구에는 보안을 위한 잠금장치와 인터폰 등이 설치되어 있다.			
2	방문한 사람의 신원을 확인 후 유치원에 출입시키고 있다.			
3	현관문에는 도어클로저 등 손끼임 방지장치가 설치되어 있다.			

3. 실외환경

(1) 놀이시설

<table>
<tr><th></th><th colspan="2">점검사항</th><th>그렇다</th><th>아니다</th><th>비고</th></tr>
<tr><td>1</td><td colspan="2">실외놀이시설물은 바닥에 안전하게 고정되어 있다.</td><td></td><td></td><td></td></tr>
<tr><td>2</td><td colspan="2">실외놀이시설물은 안전검사를 필한 제품을 사용하고 있다.</td><td></td><td></td><td></td></tr>
<tr><td>3</td><td colspan="2">놀이시설물은 날카로운 부분, 모서리, 뾰족한 부분이 없다.</td><td></td><td></td><td></td></tr>
<tr><td>4</td><td colspan="2">놀이시설물의 돌출부분인 볼트와 너트는 위로 튀어나와 있지 않다.</td><td></td><td></td><td></td></tr>
<tr><td>5</td><td colspan="2">고정 시설물들 사이의 간격은 최소 1.5m 이상(미끄럼틀은 전방으로 2m, 측면으로 1m)이다.</td><td></td><td></td><td></td></tr>
<tr><td>6</td><td colspan="2">놀이기구의 높이는 2.5m 이하이다.</td><td></td><td></td><td></td></tr>
<tr><td>7</td><td colspan="2">유아의 몸이 빠지거나 낄 만한 틈이 있는 기구가 없다.</td><td></td><td></td><td></td></tr>
<tr><td>8</td><td colspan="2">실외놀이시설이 옥상에 설치되어 있는 경우에 추락방지를 위한 견고한 안전망이 설치되어 있다.</td><td></td><td></td><td></td></tr>
<tr><td>9</td><td colspan="2">교사의 시선이 미치지 못하는 구석진 장소가 없다.</td><td></td><td></td><td></td></tr>
<tr><td rowspan="2">10</td><td rowspan="2">목재 구조물</td><td>땅에 세워진 구조물은 부패나 손상이 없다.</td><td></td><td></td><td></td></tr>
<tr><td>목재 구조물은 갈라진 틈이 없다.</td><td></td><td></td><td></td></tr>
<tr><td rowspan="2">11</td><td rowspan="2">금속 구조물</td><td>강철은 도금이 되어져 있거나 파우더로 입혀져 있다.</td><td></td><td></td><td></td></tr>
<tr><td>놀이기구는 철의 녹, 알루미늄의 부식이나 페인트칠의 벗겨짐이 없다.</td><td></td><td></td><td></td></tr>
<tr><td rowspan="2">12</td><td rowspan="2">플라스틱 구조물</td><td>부서진 부분이 없다.</td><td></td><td></td><td></td></tr>
<tr><td>접하거나 연결된 부분이 안전하게 조여져 있다.</td><td></td><td></td><td></td></tr>
<tr><td>13</td><td>사슬 (굵은) 밧줄</td><td>줄의 상태는 연결상태가 튼튼하고 유아가 다칠 우려가 있는 손상된 부분이 없다.</td><td></td><td></td><td></td></tr>
<tr><td>14</td><td colspan="2">실외 환경과 놀이시설에 대한 일일안전점검을 실시하고 기록 · 관리한다.</td><td></td><td></td><td></td></tr>
<tr><td>15</td><td colspan="2">놀이시설물은 정기적으로 정밀검사를 받고 있다.</td><td></td><td></td><td></td></tr>
</table>

(2) 바닥

	점검사항	그렇다	아니다	비고
1	유아가 추락할 가능성이 있는 놀이시설물 아래와 주변의 공간(안전지대)은 충격을 흡수할 수 있도록 되어 있다. (30cm 이상의 모래, 나무껍질, 나무 조각)			
2	유아가 걸려 넘어지거나 부딪칠 수 있는 방해물이 없다.			
3	모래에는 못, 나사, 유리조각 같은 이물질이 없다.			
4	유실된 모래는 주기적으로 채워 넣어주고, 청결하게 관리한다.			
5	고무바닥재의 경우 안전검사를 받은 제품('검'자 확인)인지를 확인한다.			

(3) 울타리 · 담

	점검사항	그렇다	아니다	비고
1	바깥과의 경계를 짓는 담은 유아가 넘지 못하는 구조로 되어 있다.			

4. 비상대응 및 관리 · 감독

(1) 화재예방 및 화재대피훈련

◉ **발화방지**

	점검사항	그렇다	아니다	비고
1	주방의 가스레인지 등 화기시설이 설치된 주변의 벽과 천장은 불에 타지 않은 재질로 구성되어 있다.			
2	가스레인지 중간 밸브와 가스 누설 자동차단장치가 설치되어 있다.			
3	건물 내 접근하기 용이한 장소에 누전차단기가 설치되어 있다.			
4	히터 등 난방기와 난로 등을 사용 시 화상예방을 위한 안전장치가 되어 있다.			
5	사용하지 않는 전기콘센트에는 안전덮개가 설치되어 있다.			

◉ **감지 · 경보 및 소화**

	점검사항	그렇다	아니다	비고
1	교실, 복도, 계단 등에는 파손(부서짐, 페인트 도색 등)되지 않은 감지기가 설치되어 있다.			
	감지기가 설치된 경우 수신받은 사람이 항시 상주하는 교무실 등 관리가 용이한 장소에 설치되어 있으며, 사용법을 알고 있다.			
2	화재경보벨은 잘 보이는 곳에 설치되어 있으며, 설치 높이는 바닥으로부터 0.8m 이상 1.5m 이하이다.			
3	주방의 가스레인지 상부에 자동확산소화기가 설치되어 있다.			
4	주방 출입구에는 화재 시 자동으로 작동하여 화재의 확산을 유효하게 방지할 수 있는 방화설비(방화문 또는 상해위험이 없는 셔터 등)가 설치되어 있다.			
5	교실, 복도, 계단 등에는 스프링클러가 설치되어 있다.			
6	소화기는 각 층마다 최소한 2개 이상이 설치되어 있으며, 소화기의 게이지는 유효범위 초록색 내에 있다.			
7	각 교실에는 교무실, 다른 교실과 상호 연결되는 통신시설(인터폰 등) 또는 방송시설이 설치되어 있다.			

◉ 피난안정성

	점검사항	그렇다	아니다	비고
1	피난출구는 매 층마다 2군데 이상 확보되어 있다.			
	화재 등의 비상시 건물 내 어떠한 장소에서도 2방향 피난이 가능하도록 되어 있다.			
2	피난출구 등 안전한 장소로 가는 통로와 모든 피난출구 상부에는 피난유도등이나 유도표시가 부착되어 있다.			
	피난출구로의 방향을 정확히 표시하고 있다.			
3	각 교실과 복도에는 화재 시 이용 가능한 모든 대피경로와 가장 짧은 대피경로가 각각 제시되어 있다.			
4	비상구, 계단 등 주요한 대피경로 주변에 주방이 설치되어 있지 않다.			
5	피난출구에 설치된 문에는 내부로부터의 신속한 탈출을 방해하는 자물쇠나 잠금장치가 없다.			
	피난통로에는 피난에 방해가 되는 시설물이나 적치물이 없다.			
6	옥상이 있는 2층 이상에 설치된 유치원의 경우 옥상으로 안전하게 피난할 수 있는 구조가 확보되어 있다.			

◉ 화재대피 훈련 · 교육

	점검사항	그렇다	아니다	비고
1	화재대피훈련은 월 1회 이상 실시한다.			
2	화재대피훈련 후에는 반드시 대피훈련 일지를 기록하고 결과를 점검한다.			
3	대피훈련 계획을 사전에 문서로 작성하여 준비한다.			

(2) 비상대응계획

	점검사항	그렇다	아니다	비고
1	응급상황 발생 시 대응체계 및 각자의 역할에 대한 비상대응계획이 문서로 작성되어 있다.			
2	비상연락망이 작성되어 눈에 잘 띄는 곳에 부착되어 있다.			
3	응급상황에 대비해 구급상자가 유아의 손이 닿지 않는 곳에 비치되어 있다.			
4	유치원 내 응급처치를 할 수 있는 교사가 1명 이상 배치되어 있다.			
5	구급약은 수시로 점검하여 보충하고 있다.			
6	구급약의 종류, 보관방법 및 보관처, 사용법 및 부작용 등에 대해 서면화되어 있고 교사 누구나 잘 알고 사용할 수 있다.			

(3) 관리 · 감독

◉ **안전교육**

	점검사항	그렇다	아니다	비고
1	유아 대상 연간 안전교육 계획이 수립되어 있으며, 이를 실시한다.			
2	유치원의 모든 교직원을 대상으로 연간자체 안전교육 계획이 수립되어 있으며, 이를 실시한다.			
3	신규교직원, 자원봉사자, 임시교사는 안전교육에 대한 오리엔테이션을 받는다.			
4	유치원은 부모 대상 연간 안전교육 계획이 수립되어 있으며, 이를 실시한다.			
5	부모들에게 안전교육에 대한 정보를 정기적으로 제공한다. (가정통신문, 게시판, 부모강연 등)			

◉ **안전감독**

	점검사항	그렇다	아니다	비고
1	유아와 관련된 모든 장소와 상황에는 교직원이 감독하고 있다.			
2	실외놀이터 이용, 현장학습 등 안전사고가 우려되는 활동 시 반드시 교직원이 감독한다.			
	실외놀이터 안전관리 담당 교사가 지정되어 있다.			

◉ **안전사고 일지 기록**

	점검사항	그렇다	아니다	비고
1	사고에 대비하여 유아에 대한 응급처치 동의서를 받아 비치하고 있다.			
2	안전사고 발생 시 사고일지에 기록하고 있다.			
3	안전사고 발생 시 일어난 사고에 대해 부모에게 알리고 있다.			
4	안전사고 처리절차 및 재발방지대책이 수립되어 있다.			
5	사고일지 기록을 분석하여 향후 연도의 안전관리 대책수립 시 반영한다.			

부록 8 안전점검(수시) 체크리스트

	점검사항	그렇다	아니다	비고
일반 사항	안전관리를 위한 명문화된 지침이 눈에 띄는 곳에 비치되어 있는가			
	파손된 용품은 없는가			
	계단과 통로에 불필요한 시설물이나 피난에 방해가 되는 적치물이 없는가			
	적절한 환기를 하고 있는가			
	안전장치(안전덮개, 모서리 보호대, 손끼임 방지장치 등)은 잘 부착되어 있는가			
교실	실내온도는 18도 이상 28도 이하를 유지하고 있는가			
	창문주변에는 딛고 올라설만한 물건이 비치되어 있는가			
비품 및 놀잇감	날카로운 물건(칼, 송곳, 가위 등)은 잠금장치가 있는 곳에 보관하고 있는가			
	모든 비품 및 놀잇감은 청결한가			
	모든 놀잇감에는 날카로운 부분이나 모서리, 가시, 갈라진 곳, 삼킬 우려가 있는 작은 부속품이 없는가			
	비품 및 놀잇감은 유아가 꺼내고 수납하기 알맞은 높이에 있으며 크거나 무거운 비품 및 놀잇감은 교구장 아래에 위치해 있는가			
가구	책상, 정리장 등 가구들은 바닥과 벽에 안전하게 배치되어 있는가			
	가구의 볼트, 너트, 못 등이 튼튼하게 고정되어 있는가			
현관 및 계단	방문한 사람의 신원을 확인한 후 출입시키고 있는가			
	바닥은 미끄럽지 않고 미끄럼 방지장치가 파손된 곳은 없는가			
	계단에 부착된 게시물은 잘 고정되어 있는가			
화장실	바닥이 항상 건조한 상태로 유지되어 있으며 미끄럽지 않은가			
	락스, 세제 및 변기를 청소하는 솔 등은 유아의 손이 닿지 않는 곳에 뚜껑을 잠그어 따로 관리하고 있는가			
놀이터	실외놀이시설물은 바닥에 안전하게 고정되어 있는가			
	놀이시설물은 날카로운 부분, 모서리, 뾰족한 부분이 없는가			
	놀이시설물의 돌출부분인 볼트와 너트는 튀어나와 있지 않는가			
	유아가 걸려 넘어지거나 부딪칠 수 있는 방해물이 없는가			
	모래에는 못, 나사, 유리조각 같은 이물질이 없는가			
	놀이시설물은 고장나거나 부서진 곳은 없는가			

	점검사항	그렇다	아니다	비고
통학 버스	차량 내에 구급상자가 비치되어 있는가			
	차량 내에 안전수칙이 부착되어 있는가			
	차량 내에 날카로운 곳이나 불필요한 물건이 없는가			
	차량용 소화기가 고정되어 있는가			
	통학버스 운행 시 반드시 보조교사가 탑승하고 있는가			
	응급 시 예비차량을 즉시 대치할 수 있는가			
	통학버스 운행 시 긴급 연락할 수 있는 휴대용 전화를 가지고 탑승하는가			
	운전자 및 통학버스 담당자들은 운행 일일 안전점검표를 기록하고 있는가			
	통학버스 이용 어린이를 위하여 지정된 승하차 장소를 지정하는가			
	지정된 승하차 장소는 유아의 활동 장소와 충분히 떨어져 있는가			
	통학버스 승하차 시에는 유치원의 담당자가 지도가 감독하는가			
화재 예방 시설	소화기는 눈에 잘 보이는 곳에 설치되어 있는가			
	소화기는 각 층마다 최소한 2개 이상 설치되어 있으며, 소화기의 게이지는 녹색에 있는가			
	사용하지 않는 콘센트에는 안전덮개가 설치되어 있는가			
	가스렌지의 중간밸브는 잠겨져 있는가			
	취사용 가스나 유류 등은 항상 점검하고 기록하고 있는가			
비상 대응 계획	비상연락망은 눈에 잘 띄는 곳에 부착되어 있는가			
	구급상자는 유아의 손이 닿지 않는 곳에 비치되어 있는가			
안전 감독	유아와 관련된 모든 장소와 상황에는 교직원이 감독하고 있는가			
	안전사고 발생 시 사고일지를 기록하고 있는가			
	안전사고 발생 시 일어난 사고에 대해 부모에게 알리고 있는가			

부록 9 교실 시설 · 설비 · 놀잇감 안전점검표

점검내용	점검 결과	조치 사항
의자나 책상 등의 설비 중 부서지거나 날카로운 부분이 없고 못이나 부품 등이 빠져 나와 있지 않다.		
문이 부드럽게 열리고 닫히며 손 끼임 방지장치가 있다.		
벽면에 돌출된 부위가 없다.		
비가 올 때 천장이나 벽에서 누수 되는 곳이 없다.		
깨진 유리창이 없고 창틀에 파손된 부분이 없다.		
교구장, 수납장, 벽의 선풍기, 창문, 형광등, 게시판 등이 흔들리지 않는다.		
교구장, 수납장 등은 안전을 위해 아래쪽에 무거운 물건을 보관한다.		
놀잇감이 부서지거나 날카로운 모서리가 없다.		
놀잇감에 유해색소가 칠해져 있거나 칠이 벗겨져 있는 부분이 없다.		
영유아가 삼킬만 한 작은 놀잇감 · 빠진 부품이 없다.		
압핀이나 못 등이 떨어져 있지 않다.		
바닥이 미끄럽거나 돌출된 부분이 없다.		
선풍기에 안전망이 씌어져 있으며 과열되었는지 확인한다.		
환기를 위해 창문을 열었을 때 창문이 잘 열리게 되어 있다.		
콘센트에 안전뚜껑이 덮여 있다.		
손상된 전선이 없다.		
약품이나 교사용 가위, 세척제 등의 위험한 물건은 영유아의 손이 닿지 않는 곳에 보관되어 있다.		
칠판, 융판 등이 견고하게 부착되어 있다.		

부록 10 교실 외 실내시설 안전점검표

점검내용	점검 결과	조치 사항
모든 출입문과 창문은 밖으로 쉽게 열 수 있다.		
출입문 및 창문의 가장자리에 손 끼임 방지 장치가 있다.		
창문은 깨지지 않는 안전유리이거나 깨진 유리창이 없다.		
창문 주변에 영유아가 닫고 올라갈 수 있는 물건이 없다.		
모든 설비는 움직이거나 떨어지지 않도록 바닥과 벽면에 단단히 고정되어 있다.		
모든 시설설비에 못이나 부품 등이 빠져 나와 있지 않다.		
모든 가구의 모서리는 둥글고 표면이 매끄럽게 처리되어 있거나 보호대가 있다.		
바닥에 압핀이나 못 등이 떨어져 있거나 돌출된 부분이 없다.		
입구에 불필요한 물체가 쌓여져 있지 않으며 물이 묻어 있지 않다.		
입구의 조명은 충분히 밝다.		
실내 시설설비가 수리를 요할 때는 사용 불가 표시를 한 후 즉시 수리한다.		
전등 작동이 잘 되며 콘센트 등에 안전장치가 설치되어 있다.		
코팅기가 영유아의 손닿지 않는 곳에 위치해 있으며 안전하게 사용되고 사용 후 꺼져 있다.		
소모품들이 안전하게 정리되어 있다.		
냉장고가 잘 작동되고 안전하게 사용되고 잠금장치가 되어 있다.		
선풍기에 안전망이 씌워져 있으며, 과열되었는지 확인한다.		

부록 11 실외시설 설비 및 놀이터 안전점검표

점검내용	D: 일간 W: 주간 M: 월간	주기 범례	점검 결과	조치 사항
실외환경	보육시설의 대문 및 울타리, 담 근처 등에 위험한 요소가 없고 주변이 청결하다.	D		
	보육시설 주변에 감전 위험이 없다.	D		
	출입문은 안전한 상태로 유지되어 있다.	D		
	독초, 잡초 등이 없고 이물질(유리 조각, 돌부리)이 없다.	D		
	위험물(에어컨 실외기, 가스통, 전기 배선 등)에는 보호 덮개가 설치되어 있다.	D		
	실외 공간에 오물이나 쓰레기가 없고 청결하다.	D		
놀이시설	울타리, 의자, 가로등의 고장 또는 파손	D		
	식수대, 쓰레기 처리대의 파손 및 청결	D		
	놀이터 표지판의 파손 및 내용물 지워짐	D		
	모든 놀이기구 및 시설의 낙후, 휘어짐	D		
	움직임이 많은 영역에 밧줄이나 전선의 늘어짐	D		
	놀이터 안에 전기, 고압선, 유독물질, 유리 조각, 돌부리 등의 위험물질 존재	D		
	유실 모래의 보충 및 굳은 모래 부수기	2W		
	놀이터의 배수, 쓰레기 및 입구 주차 상태	D		
	기둥의 고정 및 조임 장치의 조임 상태	D		
	기구 및 시설의 베어링의 윤활	D		
	기구 및 시설의 도장상태	2W		
점검 결과 범례	• 양호: ○ • 요주의: △ • 요수리: V • 이용금지: X	비 고		

부록 12 일상적 야외활동 및 현장학습 준비를 위한 체크리스트

일상적 야외활동 및 현장학습 준비를 위한 체크리스트	
1. 날씨는? 출발시간과 도착시간은?	• 일시: • 출발시간: • 장소: • 도착시간: • 날씨:
2. 부모 공지 및 동의를 받았나요?	□ 예 □ 아니요
3. 인솔자는 모두 몇 명인가요? 교사 대 영유아 비율은?	• 인솔자: • 영유아: • 비 율:
4. 인솔자 모두는 간단한 구조법과 응급처치 요령을 익히셨나요?	□ 구조법 □ 응급처치법 □ 못함
5. 사전 답사를 실시하였나요?	□ 실시했음 □ 실시 못함 (주의할 사항:)
6. 목적지의 비상구, 화장실, 휴식 장소, 의무실 또는 인근 병원은 알아 두었나요?	□ 알아 두었음 □ 알아 두지 못했음 (인근병원: T:)
7. 비상약품, 비상연락처, 영유아 명단, 기타 물품은 챙겼나요?	□ 비상약품 □ 비상연락처 □ 영유아 명단 □ 기타 물품( ) □ 준비 못함
8. 영유아와 보육교사의 옷차림을 확인했나요?	□ 예 □ 아니요 □ 위험 요소 없음 □ 위험 요소 있음
9. 영유아 이름표를 준비했나요? 주요 내용이 기입되었나요?	□ 준비했음 □ 준비 못함 □ 기입했음 □ 기입 못함
10. 영유아에게 지켜야 할 약속과 주의사항에 대한 안전교육을 실시하셨나요?	□ 실시했음 □ 실시 못함
• 참고할 사항	

※ 동의, 계획표 및 시간별 세부 일정 작성은 현장학습 활동 시에만 체크합니다.
출처: 어린이집안전공제회, 2014.

부록 13 비상연락처 및 응급처치 동의서

학급명		생년월일	
성명		성별	남　　여

부모의 동의 없이 응급조치를 받을 수 없으므로, 사고 시 응급처치에 대한 신속한 동의가 이루어질 수 있도록 다음의 연락처로 연락을 취해 주시고, 귀 유치원에서 다음의 절차에 따라 응급처치를 하는 경우, 그 권한을 귀 기관에 위임할 것을 동의합니다.

날짜: ________년 ______월 ______일　부모 이름: ____________ (서명 또는 인)

〈응급처치 절차〉

1. 사고 발생 시 가장 먼저 부모님께 연락합니다.

(시간 / 기간)　　　(전화번호)

어머니와는 ____________ 동안에 ____________ 로 연락됩니다.
____________ 동안에 ____________ 로 연락됩니다.

아버지와는 ____________ 동안에 ____________ 로 연락됩니다.
____________ 동안에 ____________ 로 연락됩니다.

2. 부모님과 신속하게 연락되지 않을 경우, 부모님이 정해 주신 다음의 연락처로 연락드립니다.

(이름)　　　(전화번호)

① ____________ 은(는) ____________ 로 연락할 수 있습니다.
유아와의 관계: ____________

② ____________ 은(는) ____________ 로 연락할 수 있습니다.
유아와의 관계: ____________

3. 필요한 경우 119 구조대에 연락하여 의료 기관(유치원에서 지정하는 의료 기관이나, 부모님이 정하신 __________ 의료 기관)으로 응급 수송을 할 것입니다(비용은 보호자 부담으로 합니다).

4. 의료 기관 수송 후 신속하게 치료를 받을 수 있도록 다음의 의료 보험 정보를 제공합니다(본원은 '학교 안전 공제회'에 가입하여 있어 공제회에서 본인 부담금에 해당하는 금액의 보상금을 받을 수 있습니다).
의료 보험 종류: ____________　번호: ____________________

○○유치원

출처: 교육과학기술부, 2012.

부록 14 응급처치 및 귀가 동의서

응급처치 및 귀가 동의서

■ 원아 기본 정보

성명	(남 ,여)	반이름	
주소		주민등록번호	

■ 보호자연락처

성명	관계	연락처 (1)	연락처 (2)	비고

■ 응급처치 절차

1. 응급상황 발생 시 위의 보호자께 연락해 주십시오.
2. 영유아의 의료보험 관련 정보는 다음과 같습니다.
   의료보험 종류 ______________________
   번호 ______________________
3. 필요한 경우 119구조대에 연락하며 (어린이집에서 지정하는 의료기관이나, 보호자가 정한 의료기관) ______________으로 응급 수송해 주십시오.

■ 귀가 동의

위 원아의 귀가 시 위의 보호자에게 인도하여 주십시오. 다른 사람에게 인계할 때에는 사전에 반드시 연락을 취하겠습니다.

※ 저희 어린이집에서는 부모님이 원하시더라도 영유아를 보호자 없이 혼자 귀가시키지 않습니다.

■ 등하원방법: □ 통학버스 □ 보호자 동행
■ 귀가요청시간: 시 분

귀 어린이집에서 위의 절차에 따라 귀가 및 응급처리를 하는 것에 동의합니다.

20 년 월 일

보호자 인(서명)

000어린이집 원장 귀하

출처: 중앙육아종합지원센터, 2015.

부록 15 영유아 감염병 보고서

<table>
<tr><td rowspan="2">결재</td><td>담당</td><td>원장</td></tr>
<tr><td></td><td></td></tr>
</table>

<table>
<tr><td>기관명</td><td colspan="3"></td><td>인가일</td><td colspan="2">년 월 일</td></tr>
<tr><td>주소</td><td colspan="3"></td><td>연락처</td><td colspan="2"></td></tr>
<tr><td>시설현황</td><td colspan="6">정원 ( )명, 현원 ( )명, 교직원 ( )명</td></tr>
<tr><td>운영현황</td><td colspan="6">만 1세 ( )명, 만 2세 ( )명, 만 3세 ( )명, 만 4세 ( )명, 만 5세 ( )명</td></tr>
<tr><td>영유아명</td><td></td><td>생년월일</td><td colspan="2">년 월 일</td><td>목격자</td><td></td></tr>
<tr><td>발생일시</td><td colspan="3">년 월 일 :</td><td>격리시간</td><td colspan="2"></td></tr>
<tr><td colspan="3">증상 발생 시 원장 및 담임교사 근무상황</td><td colspan="4"></td></tr>
<tr><td>부모연락사항</td><td colspan="3"></td><td>부모연락처</td><td colspan="2"></td></tr>
<tr><td>연락시간</td><td colspan="3"></td><td>신고여부</td><td colspan="2">□ 안 함 □ 신고함</td></tr>
<tr><td>증상
발생 장소</td><td colspan="6">□ 현관 □ 보육실 □ 복도 및 계단 □ 화장실 □ 치료실
□ 강당 및 도서영역 □ 바깥놀이 □ 현장학습 □ 기타 ( )</td></tr>
<tr><td>증상 당시
활동내용</td><td colspan="6">□ 등하원 □ 점심/간식 □ 배변 □ 낮잠 □ 실내자유놀이
□ 바깥놀이 □ 치료(언어/감통) □ 기타 (특별활동시간, 원내행사 등)</td></tr>
<tr><td>증상의 유형</td><td colspan="6">□ 발열(℃) □ 구토 □ 호흡기 증상(콧물, 기침 등) □ 발진 및 피부 질환
□ 통증(인후통, 두통, 근육통 등) □ 기타 ( )</td></tr>
<tr><td colspan="2">감염병 관련 특이사항</td><td colspan="5"></td></tr>
<tr><td>확진여부</td><td colspan="3">□ 예 □ 아니요</td><td>완치일자</td><td colspan="2">년 월 일</td></tr>
<tr><td>격리기간</td><td colspan="3"></td><td>등원여부</td><td colspan="2">등원 / 미등원</td></tr>
<tr><td>응급처치자</td><td colspan="2"></td><td colspan="2">의료기관 진료여부</td><td colspan="2">□ 안 함 □ 함</td></tr>
<tr><td colspan="3">의료기관 진료를 한 경우</td><td colspan="4">□ 외래진료를 받음 ( ) □ 입원 (시간/일)</td></tr>
<tr><td colspan="3">영유아 보호(치료)를 위한 추후 계획 및 기관의 조치사항</td><td colspan="4"></td></tr>
<tr><td>교직원 서명</td><td colspan="2">(인)</td><td>부모 서명</td><td colspan="3">(인)</td></tr>
</table>

출처: 교육부, 2016a; 보건복지부, 2020a를 토대로 재구성.

부록 16 보육통합지원시스템 감염병 발생 보고서

〈작성 방법〉
▶ 보고 질환: 10가지 감염병(수족구병 외 9종)에 한함
※ 질병 종류는 유행 정도에 따라 변경될 수 있음.
▶ 보고대상자: 해당 질병으로 '의사진단을 받은 아동'에 한하여 연령별 아동 수 기재
▶ 보고시기: 매주 월요일에 보고(지난주 월~토에 발생한 현황을 집계하여 보고)

보고대상기간	년 월 주(전주 월~토까지)					
연령별 / 질병명	0세	1세	2세	3세	4세	5세 이상
수족구병	명	명	명	명	명	명
풍진	명	명	명	명	명	명
유행성 결막염	명	명	명	명	명	명
인플루엔자(유행성 독감)	명	명	명	명	명	명
장염	명	명	명	명	명	명
홍역	명	명	명	명	명	명
유행성이하선염(볼거리)	명	명	명	명	명	명
전염성농가진	명	명	명	명	명	명
수두	명	명	명	명	명	명
무균성수막염	명	명	명	명	명	명
아동 상태	□ 자택격리 중: 명 □ 등원 중: 명 □ 사망: 명 □ 기타 ( ) 직접 입력					
조치 사항	(해당 사항을 모두 체크) □ 어린이집 소독 실시 □ 타 아동의 감염 여부 확인(검진 실시 등) ※ 의심 증상 아동은 즉시 병원 내원 조치 □ 각 가정에 감염병 발생 사실 공지 □ 기타 ( ) 직접 입력					
조치 계획	(해당 사항을 모두 체크) □ 어린이집 소독 실시 □ 타 아동의 감염 여부 확인(검진 실시 등) □ 각 가정에 감염병 발생 사실 공지 □ 기타 ( ) 직접 입력					

출처: 어린이집안전공제회, 2014.

부록 17 사고보고서

<table>
<tr><td>유아명</td><td></td><td>성별</td><td>남 여</td><td>생년월일</td><td>년 월 일</td></tr>
<tr><td>사고 일시</td><td colspan="3">20 년 월 일
오전 · 오후 시 분</td><td>목격자</td><td></td></tr>
<tr><td>부모에게 연락한 사항</td><td colspan="3"></td><td>연락 시간</td><td>오전 · 오후 시 분</td></tr>
<tr><td>119 신고 여부</td><td colspan="5">□ 안 함 □ 신고함(오전 · 오후 시 분)</td></tr>
<tr><td>사고 발생 장소</td><td colspan="5">□ 수송 중(교통 기관:) □ 견학 중(장소:)
□ 교실 □ 유희실 □ 시청각실 □ 화장실 □ 복도 □ 주방 □ 계단
□ 마당 □ 기타( )</td></tr>
<tr><td>사고 당시 활동 내용</td><td colspan="5">□ 신체 청결 및 배변 활동 □ 실내 · 외 공간 이동( )
□ 실내 · 외 대 · 소집단 활동( ) □ 점심 · 간식 □ 휴식
□ 실내 자유 선택 놀이 · 활동( ) □ 실외 자유 선택 놀이 · 활동( )
□ 기타( )</td></tr>
<tr><td>상해를 입은 교구 · 시설 · 설비</td><td colspan="5">□ 실내 교구( ) □ 실외 교구( )
□ 실내 시설 · 설비( ) □ 실외 시설 · 설비( )
□ 기타( )</td></tr>
<tr><td>상해의 유형</td><td colspan="5">□ 화상 □ 쇼크 □ 질식 □ 추락 □ 강타 □ 물체에 끼임 □ 찢어짐
□ 뼈 골절 □ 뼈 탈구 □ 압박 · 눌림 □ 베임 □ 찰과상 □ 삠
□ 멍이 듬 □ 부음 □ 중독 □ 호흡곤란 □ 기타( )</td></tr>
<tr><td>사고 원인</td><td colspan="5">□ 떨어짐(높이: 약 m 장소: 바닥 종류:)
□ 넘어짐 □ 다른 유아에게 상해를 당함(밀림 부딪힘 맞음 깔림 물림 찔림)
□ 신체 조절 능력 미숙( ) □ 물체 조절 능력 미숙( )
□ 물체에 의해 다침( ) □ 음식물에 의한 질식( )
□ 곤충에 물리 · 쏘임( ) □ 동물에게 물림( )
□ 열 · 추위에 노출 □ 기타( )</td></tr>
<tr><td>다친 부위 (좌우 표시)</td><td colspan="5">□ 머리 □ 이마 □ 눈(좌 · 우) □ 귀(좌 · 우) □ 코 □ 입 □ 볼(좌 · 우)
□ 목 □ 가슴 □ 배 □ 등 □ 엉덩이(좌 · 우) □ 생식기 □ 팔(좌 · 우)
□ 손(좌 · 우) □ 다리(좌 · 우) □ 발(좌 · 우) □ 기타( )</td></tr>
<tr><td colspan="6">유치원에서의 응급처치[예: 붕대 · 압박 붕대, 세척, 토하게 함(음식 · 이물질), 인공호흡(질식), 모로 눕힘(실신), 위로 등]</td></tr>
<tr><td>응급처치자</td><td colspan="2">직위:</td><td colspan="2">의료기관 진료여부</td><td>□ 안 함 □ 함</td></tr>
<tr><td>의료기관 진료내용</td><td colspan="5">□ 외래 진료를 받음: 진료실 응급실
□ 입원: 약 _______ 시간 ______________ 박 _________일</td></tr>
<tr><td colspan="2">유아의 보호(치료)를 위한 추후 계획</td><td colspan="4"></td></tr>
<tr><td colspan="2">재발 방지에 위한 교정 활동</td><td colspan="4"></td></tr>
<tr><td>담임 교사 서명</td><td colspan="5">(서명 · 인) 일시: 년 월 일</td></tr>
<tr><td>원장 서명</td><td colspan="5">(서명 · 인) 일시: 년 월 일</td></tr>
<tr><td>부모 서명</td><td colspan="5">(서명 · 인) 일시: 년 월 일</td></tr>
</table>

출처: 교육과학기술부, 2012.

부록 18 식품안전과 알레르기 관리 실태를 위한 설문지

반: 이름:

■ 원아의 알레르기 여부를 체크하여 주세요.

( )아니요 (예: 아래 부분에 체크하여 주세요.)

종류	아토피 피부염	천식	두드러기	식품 알레르기	알레르기 비염	아나필락시스

■ 식품 알레르기 치료를 위하여 제한 식이를 하는 경우가 있습니까?

( )아니요 ( )예 → 제한 식이를 하는 식품 종류는 무엇입니까?

□ 계란 □ 우유 □ 콩 □ 땅콩 □ 밀 □ 메밀 □ 소고기 □ 닭고기 □ 돼지고기 □ 깨

□ 견과류(호두, 아몬드, 잣 등) □ 갑각류(새우, 게, 가재, 굴 등)

□ 과일류(복숭아, 멜론, 수박, 키위, 바나나, 망고, 토마토 등)

□ 채소류(샐러리, 당근, 겨자, 마늘, 브로콜리, 감자, 양파, 후추 등) □ 생선류(고등어 등)

□ 기타(구체적으로 기입하세요:)

■ 최근 1년 사이 아동의 식품 알레르기(식중독은 제외)로 인한 증상을 경험한 적이 있으십니까?

( )아니요 ( )예 → 아래 사항을 표시해 주세요.

알레르기 원인 식품	횟수	식품 알레르기로 인한 증상
□ 계란		□ 아토피 피부염 □ 두드러기 □ 얼굴, 눈 또는 입술이 붓는다. □ 구토, 설사, 복통 □ 천식증상(기침, 쌕쌕거림) □ 호흡곤란, 청색증 □ 의식저하 □ 기타
□ 우유		□ 아토피 피부염 □ 두드러기 □ 얼굴, 눈 또는 입술이 붓는다. □ 구토, 설사, 복통 □ 천식증상(기침, 쌕쌕거림) □ 호흡곤란, 청색증 □ 의식저하 □ 기타
□ 콩		□ 아토피 피부염 □ 두드러기 □ 얼굴, 눈 또는 입술이 붓는다. □ 구토, 설사, 복통 □ 천식증상(기침, 쌕쌕거림) □ 호흡곤란, 청색증 □ 의식저하 □ 기타
□ 땅콩		□ 아토피 피부염 □ 두드러기 □ 얼굴, 눈 또는 입술이 붓는다. □ 구토, 설사, 복통 □ 천식증상(기침, 쌕쌕거림) □ 호흡곤란, 청색증 □ 의식저하 □ 기타
□ 밀		□ 아토피 피부염 □ 두드러기 □ 얼굴, 눈 또는 입술이 붓는다. □ 구토, 설사, 복통 □ 천식증상(기침, 쌕쌕거림) □ 호흡곤란, 청색증 □ 의식저하 □ 기타
□ 메밀		□ 아토피 피부염 □ 두드러기 □ 얼굴, 눈 또는 입술이 붓는다. □ 구토, 설사, 복통 □ 천식증상(기침, 쌕쌕거림) □ 호흡곤란, 청색증 □ 의식저하 □ 기타

ㅁ육류(소고기, 닭고기, 돼지고기)		ㅁ아토피 피부염 ㅁ두드러기 ㅁ얼굴, 눈 또는 입술이 붓는다. ㅁ구토, 설사, 복통 ㅁ천식증상(기침, 쌕쌕거림) ㅁ호흡곤란, 청색증 ㅁ의식저하 ㅁ기타
ㅁ깨		ㅁ아토피 피부염 ㅁ두드러기 ㅁ얼굴, 눈 또는 입술이 붓는다. ㅁ구토, 설사, 복통 ㅁ천식증상(기침, 쌕쌕거림) ㅁ호흡곤란, 청색증 ㅁ의식저하 ㅁ기타
ㅁ견과류(호두, 아몬드, 잣 등)		ㅁ아토피 피부염 ㅁ두드러기 ㅁ얼굴, 눈 또는 입술이 붓는다. ㅁ구토, 설사, 복통 ㅁ천식증상(기침, 쌕쌕거림) ㅁ호흡곤란, 청색증 ㅁ의식저하 ㅁ기타
ㅁ갑각류(새우, 게, 가재, 굴 등)		ㅁ아토피 피부염 ㅁ두드러기 ㅁ얼굴, 눈 또는 입술이 붓는다. ㅁ구토, 설사, 복통 ㅁ천식증상(기침, 쌕쌕거림) ㅁ호흡곤란, 청색증 ㅁ의식저하 ㅁ기타
ㅁ과일류(복숭아, 멜론, 수박, 키위, 바나나, 망고, 토마토 등)		ㅁ아토피 피부염 ㅁ두드러기 ㅁ얼굴, 눈 또는 입술이 붓는다. ㅁ구토, 설사, 복통 ㅁ천식증상(기침, 쌕쌕거림) ㅁ호흡곤란, 청색증 ㅁ의식저하 ㅁ기타
ㅁ채소류(샐러리, 당근, 겨자, 마늘, 브로콜리, 감자, 양파, 후추 등)		ㅁ아토피 피부염 ㅁ두드러기 ㅁ얼굴, 눈 또는 입술이 붓는다. ㅁ구토, 설사, 복통 ㅁ천식증상(기침, 쌕쌕거림) ㅁ호흡곤란, 청색증 ㅁ의식저하 ㅁ기타
ㅁ생선류(고등어 등)		ㅁ아토피 피부염 ㅁ두드러기 ㅁ얼굴, 눈 또는 입술이 붓는다. ㅁ구토, 설사, 복통 ㅁ천식증상(기침, 쌕쌕거림) ㅁ호흡곤란, 청색증 ㅁ의식저하 ㅁ기타

■ 부모님께서는 식품 알레르기 관련 원아들의 급, 간식 관리를 어떻게 하시길 원하십니까?

(　　) 식단에서 해당 알레르기 식품(반찬)을 제거하고 제공해 주길 원한다.

(　　) 식품 알레르기 우려되는 식품 재료를 메뉴 게시판 및 월별 식단표를 통해 알려 준다.

(　　) 해당 식품을 제외한 급식을 따로 제공하여 준다.
(예를 들면, 아몬드 멸치볶음의 메뉴가 있을 때 멸치만 먼저 조리하여 견과류 알레르기가 있는 아동이 선택할 수 있도록 한다.)

(　　) 기타 (직접 써 주세요.: 　　　　　　　　　　　　　　　　　　　　　　)

부록 19 응급 사고처리 관련기관 및 유관기관 정보

내용	이름	사이트 주소
안전전반	세이프키즈코리아	www.safekids.or.kr
	어린이안전넷(한국소비자보호원)	www.isafe.go.kr
	송파안전체험교육관	www.isafeschool.com
	꼬마안전짱(적십자간호대학 어린이 안전교실)	www.ccoma.redcross.ac.kr
소방 및 재난대비	소방방재청	www.nfa.go.kr
	한국소방안전원	www.kfsa.or.kr
	한국119소년단	www.young119.or.kr
	어린이소방방송	www.119bn.fire.go.kr
	기상청	www.kma.go.kr
	국립방재연구소	www.nidp.go.kr
	서울소방재난본부	fire.seoul.go.kr
	어린이안전학교	www.go119.org
	중앙119구조본부	www.rescue.go.kr
	대한심폐소생술협회	www.kacpr.org
	국립의료원(응급의료정보 E-GEN)	www.e-gen.or.kr
	질병관리청	www.cdc.go.kr
교통	도로교통공단	www.koroad.or.kr
	교통안전공단 어린이세상	www.kid.kotsa.or.kr
	어린이교통나라	www.rota.or.kr/kids
	안전한길 안전한 어린이	www.saferoad-safekids.com
	부천시 어린이 교통나라	www.childnara.bcs.or.kr
약물 오남용	질병관리본부	www.cdc.go.kr
	경기도마약퇴치운동본부	www.ggdrugfree.or.kr
실종유괴 및 성폭력	한국성폭력상담소	www.sisters.or.kr
	경찰청 실종아동찾기센터	www.182.go.kr
	아동권리보장원	www.ncrc.or.kr
	해바라기아동센터	www.child1375.or.kr
	한국성폭력위기센터	www.rape119.or.kr
생활안전	한국소비자원	www.kca.go.kr
	한국전기안전공사	www.kesco.or.kr
	한국가스안전공사	www.kgs.or.kr
	한국산업안전보건공단	www.kosha.or.kr
	한국승강기안전공단	www.koelsa.or.kr

부록 20 영유아 안전교육 프로그램 제공기관

기관	홈페이지	내용
교육부 학교안전정보센터	www.schoolsafe.kr	• 유, 초, 중등 학교안전 정책 • 각급 학교별 안전교육 자료(동영상 포함)
(보건복지부 산하 특수법인) 어린이집안전공제회	www.csia.or.kr 1600-0611	• 어린이집 안전사고 예방 및 사고보상 • 보육교직원 안전교육 교재 • 안전과 관련된 각종 애니메이션 교육자료
국가재난 안전포털	www.safekorea.go.kr 재난교육, 02-2100-5434	• 재난대비 국민행동 요령 및 점검자료 • 대상별 안전교육 교재 및 동영상
국민안전처/한국소방안전협회 우리는 안전 어린이	www.119fbn.fire.go.kr	• 유아를 위한 안전교재 • 게임, 동요(악보, 음원), 동영상 등
국민안전처 어린이안전나라	www.mpss.go.kr/child 02-2100-2114	• 생활안전길잡이(유아, 어린이, 청소년) • 소방, 교통, 구조, 놀이기구 등 생활안전 자료
도로교통공단	www.koroad.or.kr 1577-1120	• 교통안전(횡단보도 안전, 안전한 걷기 등) 자료 • 생활안전(바퀴달린 놀이기구, 놀이 안전) 자료
안전Dream 아동 · 여성 · 장애인 경찰지원센터	www.safe182.go.kr 국번없이 182, 117	• 실종 및 유괴 예방수칙 • 아동성폭력, 아동학대 관련 정보
중앙 육아종합지원센터	central.childcare.go.kr 02-701-0431	• 지역육아종합지원센터 운영지원 • 아동학대 예방 온라인교육
아동안전교육센터	www.childsafedu.go.kr 02-883-4501	• 아동안전교육을 위한 자료 • 교사를 위한 온라인 강좌
한국소비자원 어린이 안전넷	www.isafe.go.kr 043-880-5500	• 교통, 가정, 학교, 놀이 등 안전교육 자료 • 응급처치법 및 어린이 안전정보
어린이안전학교	www.go119.org 02-575-6266	• 교통안전, 가정안전, 화재안전 등 15개 안전교실 운영 및 자료 • 안전교육지도사 양성
송파안전체험교육관	www.isafeschool.com 02-406-5868	• 교통안전, 화재안전, 승강기 안전, 가정안전 등의 동영상 자료 • 체험 교육관 운영
세이프키즈코리아	www.safekids.or.kr 02-6925-4290	• 어린이안전관련e-book, 애니메이션 자료 • 어린이안전사고 통계자료 및 연구조사 자료
한국어린이안전재단	www.childsafe.or.kr 02-400-9275	• 어린이안전자료, 학부모/선생님 안전자료 • 어린이안전게임(가정 내, 시설, 식품안전)

참고문헌

경기도재난안전본부(2008). 생활 속의 119응급처치. 경기: 경기도재난안전본부.

________________(2020). 응급처치 요령. https://119.gg.go.kr/?page_id=215. 2020. 12. 28. 인출.

경기도소방학교(2020). 응급처치 요령. https://119.gg.go.kr/academy/?page_id=1246. 2020. 12. 28. 인출.

과학기술정보통신부, 한국정보화진흥원(2019). 2019년 스마트폰 과의존 실태조사.

________________________________(2020). 2019 인터넷 이용 실태조사.

과학기술정보통신부, 한국정보화진흥원, 스마트쉼센터(2019a). 생애주기별 스마트폰 과의존 예방 가이드라인 및 매뉴얼: 영아(0-2세) 보호자 가이드.

____(2019b). 생애주기별 스마트폰 과의존 예방 가이드라인 및 매뉴얼: 유아(3-5세) 보호자 가이드.

곽은복(2000). 유아 안전교육 프로그램의 구성 및 효과에 관한 연구. 중앙대학교 대학원 박사학위논문.

교육과학기술부(2011). 학교현장 재난유형별 교육·훈련매뉴얼. 서울: 교육과학기술부.

____________(2012). 유아 재난대비 생활안전교육 프로그램. 서울: 교육과학기술부.

교육부(2015a). 2015 유치원 시설안전관리 매뉴얼. 세종: 교육부.

_____(2015b). 건강·안전 관리 길라잡이. 세종: 교육부.

_____(2015c). 교육부 학교안전교육 7대 표준안 교사용 지침서. 세종: 교육부.

_____(2015d). 유치원 시설안전관리 매뉴얼. 세종: 교육부.

_____(2016a). 유아 감염병 예방·위기대응 매뉴얼-유치원용. 세종: 교육부.

_____(2016b). 학교 안전교육 실시 기준 확정·발표(2016. 3. 14. 보도자료).

_____(2019). 2019 개정 누리과정 해설서. 세종: 교육부.

_____(2020a). 건강·안전 관리 길라잡이. 세종: 교육부.

_____(2020b). 학교폭력 시안처리 가이드 북. 세종: 교육부.

교육부, 보건복지부(2016). 유치원·어린이집 아동학대 조기발견 및 관리·대응.

국가기술표준원(2020). 법령정보. https://www.kats.go.kr/content.do?cmsid=318. 2021. 1. 25. 인출.

국립국어원(2020). 표준국어대사전. https://stdict.korean.go.kr/search/searchResult.do. 2020. 12. 29. 인출.

국립중앙의료원(2015). 중앙응급의료센터 E-GEN.

국민안전처(2014). 화재통계연보.

_________(2016). 생애주기별 안전교육 길잡이 지도서. 서울: 국민안전처.

국민재난안전포털(2020a). 대설시 재난행동 요령. https://www.safekorea.go.kr/idsiSFK/neo/sfk/cs/contents/prevent/prevent05.html?menuSeq=126. 2020. 12. 17. 인출.

______________(2020b). 물놀이 상황별 대처요령. https://www.safekorea.go.kr/idsiSFK/neo/sfk/cs/contents/prevent/SDIJK13928.html?cd1=28&cd2=999&pagecd=SDIJK139.28. 2020. 12. 28. 인출.

______________(2020c). 지진시 재난행동 요령. https://www.safekorea.go.kr/idsiSFK/neo/sfk/cs/contents/prevent/prevent09.html?menuSeq=126. 2020. 12. 17. 인출.

______________(2020d). 태풍시 재난행동 요령. https://www.safekorea.go.kr/idsiSFK/neo/sfk/cs/contents/prevent/prevent02.html?menuSeq=126. 2020. 12. 20. 인출.

______________(2020e). 폭염시 재난행동 요령. https://www.safekorea.go.kr/idsiSFK/neo/sfk/cs/contents/prevent/prevent07.html?menuSeq=126. 2020. 12. 10. 인출.

______________(2020f). 한파시 재난행동 요령. https://www.safekorea.go.kr/idsiSFK/neo/sfk/cs/contents/prevent/prevent06.html?menuSeq=126. 2020. 12. 2. 인출.

______________(2020g). 홍수시 재난행동 요령. https://www.safekorea.go.kr/idsiSFK/neo/sfk/cs/contents/prevent/prevent13.html?menuSeq=126. 2020. 11. 6. 인출.

______________(2020h). 황사시 재난행동 요령. https://www.safekorea.go.kr/idsiSFK/neo/sfk/cs/contents/prevent/prevent08.html?menuSeq=126. 2020. 11. 7. 인출.

권덕수, 김애란, 김지영, 우민정, 한진원(2014). **아동 안전관리**. 경기: 정민사.

권지원(2011). 유아교육기관 선택요인 및 만족도에 관한 연구. 경원대학교 교육대학원 석사학위논문.

권혜진, 김혜라, 전숙영, 정윤주, 채진영(2014). **아동안전관리**. 서울: 창지사.

금연길라잡이(2020). 간접흡연_3차 간접흡연. https://www.nosmokeguide.go.kr/lay2/bbs/S1T33C109/H/22/view.do?article_seq=333&tag_name=&cpage=1&rows=10&condition=TITLE_TAG&keyword=%EA%B0%84%EC%A0%91%ED%9D%A1%EC%97%B0&cat=&rn=4 2020. 12. 28. 인출.

기상청(2019). 지진 및 지진해일 발생통계 통계정보보고서. 서울: 기상청.

_____(2020). 10주년기념 2019년 이상기후 보고서. 서울: 기상청.

김소양, 장현주, 송미선(2018). **영유아발달**. 경기: 지식공동체.

김영미, 조갑출(2016). 임신 중 흡연에 의한 태아학대: 태아생존권 옹호를 위한 접근. **Child healty nursing research, 22**(4), 317-325.

김영숙, 손인아, 고은, 권숙희, 권영숙, 기미영, 김명희, 김미정, 김미영(2012). **응급간호**. 경기: 수문사.

김영실, 윤진주, 김정주(2013). **영유아 안전관리**. 경기: 공동체.

김일옥, 이정은(2008). **아동안전관리**. 경기: 양서원.

김현진(2013). 초등학교 고학년의 사이버 언어폭력 예방을 위한 집단 상담 프로그램 개발. 한국교원대학교 교육대학원 석사학위논문.

김혜연(2008). 유아기 또래괴롭힘의 피해에 관련된 변인연구. 가톨릭대학교 대학원 박사학위논문.

대한심폐소생협회(2020). 자동심장충격기(자동제세동기, AED) 사용방법. http://www.kacpr.org/page/page.php?category_idx=3&category1_code=1247206302&category2_code=1527742406&page_idx=1119. 2020. 12. 28. 인출.

도로교통공단(2015). 교통사고 통계분석.

___________(2016). 지키다. **월간 신호등, 428**.

___________(2017). 교통안전 길라잡이 유치원 교사용.

___________(2020a). 2020년판 교통사고 통계분석(2019년 통계).

___________(2020b). 교통안전표지일람표(2014. 7. 2. 개정). https://www.koroad.or.kr/kp_web/safeDataView.do?board_code=DTBBS_030&board_num=100178. 2020.12.29. 인출.

도로교통공단 교통사고분석시스템(TAAS)(2020). 연령별 어린이(12세 이하) 사상자 http://taas.koroad.or.kr/sta/acs/exs/typical.do?menuId=WEB_KMP_OVT_UAS_PDS. 2020. 12. 29. 인출.

미래창조과학부(2015). 2014년 인터넷중독 실태조사. 경기: 미래창조과학부.

박영선, 신동주(2014). 유아교육기관 유아 안전사고의 잠재적 요인에 관한 연구. **유아교육연구, 34**(2), 347-370.

박혜숙, 김보기(2013). 아동학대의 발생원인과 유형별 분석을 통한 조치방안. **21세기 사회복지연구, 10**(2), 287-311.

박희숙(2020). **영유아발달**. 고양: 어가.

법무부(2016). 법사랑사이버랜드, 구름빵 학교폭력 예방 워크북.

보건복지부(2013). 국정감사요구자료. 1, 제320회 국회 국정감사.

_________(2016). 2016년 보육사업안내. 세종: 보건복지부.

_________(2020a). 2020 보육사업안내. 세종: 보건복지부.

_________(2020b). 고농도 미세먼지 · 오존 대응매뉴얼. 세종: 보건복지부.

_________(2021). 2021년도 보육사업안내. 세종: 보건복지부.

보건복지부, 대한소아과학회(2016). 어린이집 건강관리 매뉴얼. 세종: 보건복지부.

보건복지부, 어린이집안전공제회, 중앙육아종합지원센터(2015). 2015 어린이집 보육교직원 안전교육.

____(2016). 2016 어린이집 보육교직원 안전교육.

____(2018). 2018 어린이집 보육교직원 안전교육

____(2020). 2020 어린이집 보육교직원 안전교육.

보건복지부, 중앙응급의료센터(2013). 일반인 행동요령.

보건복지부, 한국보육진흥원(2016). **어린이집 평가인증 안내**. 서울: 한국보육진흥원.

______________________(2020). **어린이집 평가매뉴얼**. 서울: 한국보육진흥원.

산업통상자원부, 국가기술표준원(2008). 어린이놀이시설 안전관리제도.

서울시학교보건진흥원(2014). 보건교사 의료인 보수교육 직무연수집. 서울: 서울시학교보건진흥원.

서울아산병원(2020). 질환백과. http://www.amc.seoul.kr/asan/healthinfo/disease/diseaseDetail.do?contentId=31851. 2020. 12. 28. 인출.

서울연구원(2020). 코로나19로 잃나 국제정세의 변화와 서울시 도시외교 전략. **정책리포트, 304**, 1-22.

서울특별시교육청(2014). 학생안전 매뉴얼. 서울: 서울특별시교육청.

______________(2020). 2020 서울 유아교육 계획. 서울: 서울특별시교육청.

성미영, 민미희, 정현심(2014). **아동안전관리**. 서울: 학지사.

성미영, 유주연, 이세라피나, 임여정, 정현심(2019). **보육학개론**. 서울: 학지사.

소방방재청(2015). 우리는 안전어린이(유아용).

송만영(2014). **영유아 안전교육–안전사고 사례중심으로**. 서울: 교육아카데미.

승강기안전기술원(2017). 승강기 안전관리 교육자료집.

식품의약품안전처 식품안전정보포털(2020). 카페인. https://www.foodsafetykorea.go.kr/portal/board/boardDetail.do?menu_no=3409&bbs_no=bbs820&ntctxt_no=1064524&menu_grp=MENU_NEW05. 2020. 12. 28. 인출

식품의약품안전처(2018). 시중 유통 가공식품 중 표백제 및 발색제 사용 안전한 수준 - 표백제 및 발색제 사용실태 조사 결과 발표. 식품의약품안전처 보도자료(2018. 2. 1.).

______________(2019). 어린이집, 유치원 식중독 예방 관리 매뉴얼. 충북: 식품의약품안전처.

______________(2020a). 일교차 큰 가을철 나들이 식중독 주의하세요. 충북: 식품의약품안전처.

______________(2020b). 식중독균과 바이러스… '보이지 않는 적'은 손씻기로. https://www.mfds.go.kr/brd/m_826/view.do?seq=43227. 2020.12.29. 인출.

______________(2020c). 어린이 기호식품 품질인증마크 알고 있나요? https://www.mfds.go.kr/brd/m_227/view.do?seq=24934. 2020. 12. 28. 인출.

신동주, 이상은, 김현경, 박영선(2015). **영 · 유아 안전관리**. 경기: 정민사.

신태용(2004). **약물 오 · 남용**. 서울: 신일북스.

안동현, 장화정, 이영애, 홍강의, 이재연, 이양희, 조홍식, 곽영숙(2003). 신고된 사례의 아동학대 실태와 후유증 연구. **한국아동권리학회**, 7(1), 11-12.

안수정(2015). 유아사망의 사망원인별 사회적 불평등에 대한 연구. 강원대학교 대학원 석사학위논문.

안전행정부(2013). 안전문화운동, 이렇게 실천해요. 서울: 안전행정부.

어린이집안전공제회(2014). 2014 어린이집 야외활동 안전 길라잡이. 서울: 어린이집안전공제회.

________________(2015a). 어린이집 안전 환경관리 가이드북. 서울: 어린이집안전공제회.

________________(2015b). 어린이집 안전관리 백과 건강 · 환경 · 위생 · 급식. 서울: 어린이집안전공제회.

________________(2015c). 어린이집 안전사고 대처 행동 매뉴얼. 서울: 어린이집안전공제회.

________________(2016). 어린이집 안전관리 백과 실내 · 외 보육환경. 서울: 어린이집안전공제회.

________________(2019a). 2019 어린이집 보육교직원 안전교육. 서울: 어린이집안전공제회.

________________(2019b). 2019년 개정판 어린이집 안전관리백과 건강 · 환경 · 위생 · 급식. 서울: 어린이집안전공제회.

________________(2019c). 어린이집 안전가이드북. 서울: 어린이집안전공제회.

________________(2019d). 통학차량과 등 · 하원. 서울: 어린이집안전공제회.

________________(2020a). 2020 어린이집 보육교직원 안전교육. 서울: 어린이집안전공제회.

________________(2020b). 어린이집 안전사고 사례집 vol 3. 서울: 어린이집안전공제회.

오은영(2013). 아동보호에 대한 부모의 인식. 대구대학교 재활과학대학원 석사학위논문.

오주현, 박용완(2019). 영유아의 스마트 미디어 사용 실태 및 부모 인식 분석. **육아정책연구**, 13(3), 3-26.

유수옥, 문연심, 김호연, 송미선, 김혜경, 심성경, 박주희(2006). **영유아 교육현장 장애유아 통합교육 전략**. 서울: 창지사.

육아정책연구소(2017). 유치원과 어린이집의 건강 · 위생 관리 실태 및 증진 방안. 서울: 육아정책연구소.

_____________(2020). 감염병 재난극복을 위한 영유아 심리방역 매뉴얼. 서울: 육아정책연구소.

윤선화(2002). 유아교사의 화재안전실천에 관한 연구. **한국안전교육학회지**, 5(2), 99-103.

_____(2012). 유아화재사고예방을 위한 화재안전 교육프로그램 개발 방향 탐색. **한국화재소방학회**, 26(2), 112-122.

윤선화, 정윤경, 이경선(2010). 영유아를 위한 안전교육과 안전교육 프로그램. 서울: 한국생활안전연합.

이경희(2017). **유아발달**. 서울: 교육아카데미.

이기숙, 장영희, 정미라, 배소연, 박희숙(2012). **영유아 안전관리**. 경기: 공동체.

이기숙, 장영희, 정미라, 윤선화(2014). **영유아안전교육**. 경기: 양서원.

이기숙, 정명희, 이윤경, 정미라, 심성경(2015). **영아발달**. 경기: 양서원.

이명조, 차승환, 우정순, 김영옥, 김난옥, 배진희(2015). **아동안전관리**. 서울: 태영출판사.

이미정, 신현주, 윤혜성(2020). 소아의 급성 폐 및 기도질환의 영상. **대한영상의학회지**, 81(4), 756-769.

이소현(2013). **유아특수교육**. 서울: 학지사.

이영심(2015). **아동안전관리**. 경기: 양서원.

이영애, 신은수(2015). **유아교육기관 운영관리**. 서울: 한국방송통신대학교 출판문화원.

이윤경, 문혁준, 권희경, 김명애, 김혜금, 김혜연, 서소정, 안효진, 정지나, 조혜정, 천희영(2013). **아동안전관리**. 서울: 창지사.

이혜정(2015). **아동 안전관리**. 서울: 청목출판사.

이화영(2008). 유아교육기관의 놀이안전교육을 위한 기초조사 및 프로그램 개발. 덕성여자대학교 대학원 박사학위논문.

임경수, 김원학, 손창환, 유승목(2013). **한국의 독초**. 경기: 군자출판사.

임지영, 도금혜, 류혜원, 문영경, 배기조, 송혜영, 이수원(2015). **유아발달**. 경기: 공동체.

전남련, 한혜선, 황연옥, 백향기, 김경신, 홍은미, 권인양, 장유정(2014). **아동안전관리**. 경기: 정민사.

전북연구원(2020). 전북지역 영유아의 미디어 이용실태 및 대응방안 연구. 전북: 전북연구원.

전연경(2016). 유치원에서의 안전교육 및 관리에 대한 교사들의 어려움. 중앙대학교 대학원 석사학위논문.

정보통신정책연구원(2019). 2019 한국미디어패널조사. 충북: 정보통신정책연구원.

정아란(2015). **아동안전관리**. 경기: 공동체.

정영희, 석현숙, 최민수(2002). 유아학대경험과 자아존중감과의 관계. **열린유아교육연구, 7**(2), 131-153.

정재경, 김현숙, 김형재, 이순애, 최지현, 현혜정(2015). **아동안전관리**. 서울: 동문사.

조종태(2013). 학교폭력에 대한 효율적 방안. **저스티스, 134**(3), 141-160.

조형숙, 한종화, 박은주, 이수민(2016). **영아발달**. 서울: 학지사.

조희연, 조경자, 김진선, 정동희(2012). **아동안전관리**. 서울: 동문사.

중앙응급의료센터(2020a). 응급상황시 대처요령. https://www.e-gen.or.kr/egen/emergency_treat.do. 2020. 12. 28. 인출.

______________(2020b). 기본응급처치. https://www.e-gen.or.kr/egen/first_aid_basics.do. 2020. 12. 28. 인출.

질병관리본부(2012). 2012년 폭염 건강 백서. 충북: 질병관리본부.

질병관리본부(2019). 2018 폭염에 의한 건강피해 연구. 정책연구용역사업 최종결과보고서. 11-1352159-001274-01. 서울대학교 산학협력단.

__________(2020). 2020년도 진드기 · 설치류 매개 감염병 관리지침. 충북: 질병관리본부.

질병관리청(2020a) '코로나바이러스감염증-19' 관련정보 중 자주하는 질문(FAQ). http://www.cdc.go.kr.

________(2020b). 예방접종 도우미. https://nip.cdc.go.kr/irgd/support.do?service=getNewsView&strNum=398&PROSEQNUM=398. 2021. 1. 2. 인출.

________(2020c). 초여름 무더위 시작, 온열질환에 주의하세요. (2020. 6. 3.일자 보도자료). 충북: 질병관리청.

________(2020d). 화상. https://health.cdc.go.kr/healthinfo/biz/health/gnrlzHealthInfo/gnrlzHealthInfo/gnrlzHealthInfoView.do?cntnts_sn=4570. 2020. 12. 28. 인출.

채혜선, 임미혜, 김종배, 이순자, 안경일(2014). **아동안전관리**. 경기: 양서원.

천희영, 문혁준, 권희경, 김민정, 김정희(2020). **영유아 안전관리**. 서울: 창지사.

최민수, 정영희(2014). **아동건강교육**. 서울: 학지사.

최혜순, 양은호, 김계중, 이미현(2013). **표준보육과정, 누리과정을 적용한 현장중심 영유아 안전교육**. 서울: 신정.

통계청(2020). 2019년 사망원인통계 결과.(2020. 9. 22.일자 보도자료). 대전: 통계청.

학교안전공제중앙회(2017). 2017년 사고발생 및 보상통계. https://www.ssif.or.kr/reference/analist/view/325?. 2021. 02.03. 인출.

________________(2018). 2018년 사고발생 및 보상통계. https://www.ssif.or.kr/reference/analist/view/510?. 2021. 02.03. 인출.

________________(2019). 2019년 학교안전사고 사고, 보상 통계. https://www.ssif.or.kr/reference/analist/view/1397?. 2021. 02.03. 인출.

한강홍수통제소(2020). http://www.hrfco.go.kr/web/floodPage/floodClass.do. 2020. 12. 28. 인출.

한국교육개발원(2015). 학교 안전교육 현황과 내실화 방안(PP2015-05). 서울: 한국교육개발원.

한국금연운동협의회(2020). 간접 흡연의 피해 맑은 공기 속에서 살아요, 내 몸은 내가 지킨다 리플릿.

http://www.kash.or.kr/user_new/SHOP_LIST.asp. 2020. 12. 28. 인출.

한국기상학회, 기상청(2015). **최신대기과학용어사전**. 서울: 시그마프레스.

한국놀이시설안전교육원(2020). 어린이놀이시설 관리주체 안전교육. http://www.kpst.or.kr/MainServlet?cmd=safeinfo01. 2021. 1. 2. 인출.

한국보건사회연구원(2015). 국민건강과 안전을 위한 아동안전전략 구축방안-아동손상예방 전략을 중심으로. 세종: 한국보건사회연구원.

한국보육진흥원(2019). 어린이집 평가 매뉴얼.

한국산업안전공단(2009). 응급처치개론. 울산: 한국산업안전공단.

한국소비자원(2012). 알레르기 관련 위해정보 분석. 충북: 한국소비자원.

__________(2015). [어린이 안전뉴스] 애완견 물림 사고, 가정에서 10세 미만 어린이에게 많이 발생. 충북: 한국소비자원.

__________(2018). 식품 알레르기 유발물질 표시제도 개선 필요. 충북: 한국소비자원.

__________(2019). 2018년 어린이 안전사고 동향분석 결과 보고. 충북: 한국소비자원.

__________(2020). 2019년 어린이 안전사고 동향분석. 충북: 한국소비자원.

한국승강기안전공단(2020). 승강기 관리교육. 경남: 한국승강기안전공단.

행정안전부(2018). 어린이놀이시설 안전관리 매뉴얼. 세종: 행정안전부.

________(2020a). 어린이놀이시설 안전관리법. 세종: 행정안전부.

________(2020b). 어린이놀이시설의 시설기준 및 기술기준. 세종: 행정안전부.

홍길회, 정미자(2014). **영유아건강교육**. 서울: 동문사.

환경부(2018). 2018년 홍수피해 상황조사. 세종: 환경부.

_____(2020). 용어사전-황사. http://search.me.go.kr/search/totalSearch/search.jsp. 2020. 12. 28. 인출.

황성은(2014). 주거지 내에서 아동의 안전사고 저감을 위한 물리적 요인의 기준 개선방안 연구. 서울과학기술대학교 대학원 석사학위논문.

e-나라지표(2020). 기상청 국가기후데이터센터 통계분석시스템. 연도별 황사 발생 빈도. http://www.index.go.kr/potal/main/EachDtlPageDetail.do?idx_cd=1395. 2020. 11. 6. 인출.

Bales, D., Wallinga, C., & Coleman, M. (2006). Health and safety in the early childhood classroom: Guidelines for curriculum development. *Childhood Education, 82*, 132-138.

Briggs, F.(1995). ***Development personal safety skills in children with disabilites***. Baltimore, MD: Paul H. Brookes Publishing.

Cornacchia, H. J., Olsen, I. K., & Nickerson, C. J. (1991). ***Health in elementary schools***. St. Louis: Mosby Year Book.

Duncan, J. R., & Byard, R. W. (des)(2018). ***SIDS-Sudden infant nad early childhood death: The past, the present and the future***. Adelaide: University of Adelaide Press. DOI: http://dx,doi.org/10.20851/sids License: CC-BY-NC-ND 4.0.

Duncan, J. R., Paterson, D. S., & Hoffman, J. M. (2010). Brainstem serotonergic deficiency in sudden infant death syndrome. *JAMA, 303*(5), 430-437.

Kendrick, A. S., Kaufmann, R., & Messenger, K. P. (1988). ***Healthy young children: A manual for programs***. Washington, D.C.: National Association for the Education of Young Children.

Old, A. R.(2001). ***Child care design guide***. New York: McGraw-Hill.

Paterson, D. S., Trachtenberg, F. L., Thompson, E. G., Belliveau, R. A., Beggs, A. H., Darnall, R., Chadwick,

A. E., Krous, H. F., & Kinney, H. C. (2006). Multiple serotonergic brainstem abnormalities in sudden infant death syndrome. *JAMA, 296*, 2124-2132.

Robertson, C. (2002). ***Safety, nutrition & health in child care***. Albany, NY: Delmar.

UNICEF(2009). Convention on the Rights of the Child. https://www.ohchr.org/en/professionalinterest/pages/crc.aspx. 2021. 1. 2. 인출.

WHO (2020). Child maltreatment. https://www.who.int/news-room/fact-sheets/detail/child-maltreatment. 2020. 12. 26. 인출.

〈인터넷 사이트〉

국가기술표준원 www.kats.go.kr
국가통계포털 www.kosis.kr
대검찰청 www.spo.go.kr
서울아산병원 www.amc.seoul.kr
서울종합방재센터 www.119.seoul.go.kr
서울해바라기센터 www.help0365.or.kr
서울해바라기센터(아동) www.child1375.or.kr
소방안전원 www.kfsi.or.kr
소방청 www.nfa.go.kr
식품의약품안전처 www.mfds.go.kr
식품의약품안전처 식품안전정보포털 www.foodsafetykorea.go.kr
아동권리보장원, 실종아동전문기관 www.missingchild.or.kr
아동권리보장원, 중앙아동보호전문기관 www.korea1391.go.kr
안전Dream wwwsafe182.go.kr
어린이집안전공제회 www.csia.or.kr
에어코리아 www.airkorea.or.kr
인천해바라기센터(아동) www.sunflowericn.or.kr
질병관리청 www.cdc.go.kr
학교안전공제중앙회 www.ssif.or.kr
한국성폭력상담소 www.sisters.or.kr
한국승강기안전공단 www.kesafe.or.kr
한국화재보험협회 www.kfpa.or.kr

찾아보기

〈인 명〉

Briggs / 132
Byard / 41
Duncan / 40, 41
Olds / 12
Paterson / 40
곽은복 / 148
권덕수 / 146, 189
김소양 / 42, 50
김영미 / 41
김영실 / 135, 174
박종민 / 234
박희숙 / 50
성미영 / 37, 50
송만영 / 145
신동주 / 178
신은수 / 99
신태용 / 174
윤선화, / 235
이경희 / 50
이기숙 / 37, 47, 55, 84
이명조 / 174
이소현 / 88
이영애 / 99
이윤경 / 174
이혜정 / 148, 237
임지영 / 50
정미자 / 220, 221
정영희 / 132
조형숙 / 37, 42
조희연 / 234, 235
채혜선 / 88, 189
최혜순 / 142, 146
홍길회 / 220, 221

〈내 용〉

ㄱ

가스화재 / 239
가시 박힘 / 332
감염병 / 220
감염병 관리를 위한 안전교육 / 231
감염병 관리조직 / 228
감염병 군별 발생 현황 / 221
감염병 예방·관리계획 수립 및 실행 / 228
감염병 예방교육 / 229
감염병에 관한 관련 법령 / 222
강당 / 99
강요 / 160
격리가 필요한 감염병 / 225
경과 단계 / 32
경련 / 247
계단 / 86, 88
골절 / 335
과의존위험군 / 196
관리 / 12
교사의 차량지도 안전수칙 / 286
교사의 행동지침 / 287
교상 / 333
교실 / 91
교육적 방임 / 137
교직원 안전교육 / 74
교통사고 대처방법 / 287
교통신호등 / 288
교통안전 / 280
교통안전교육 / 280
교통안전수칙 / 290
교통안전표지 / 289
교통표지판 / 289
구급상자 / 343
그네 / 104, 300
금품 갈취 / 160
급성출혈성 결막염 / 224
기도폐쇄 / 321

ㄴ

넘어짐 사고 / 45
노로바이러스 / 224
놀이기구 이용 시의 안전수칙 / 107
놀이기구별 안전 이용 픽토그램 / 108
놀이시설 및 놀잇감에 의한 사고 / 47
놀이터 관리자 명시 / 108

ㄷ

대설 / 251, 261
덤웨이터 / 98
독성이 있는 식물 / 192
돌연사 예방을 위한 안전한 수면상태 / 41
동식물 안전 / 187
따돌림 / 160

ㅁ

메틸피리독신 / 191
멸균 / 231
모델링 / 78
문제해결 / 80
물놀이 / 340
물리적 방임 / 137
물리적 환경 / 25
물림 / 48
물림사고 / 48
미끄럼틀 / 103, 299
미디어 안전교육 / 193, 197
미세먼지 / 256, 262
미세먼지 대응요령 / 258
미세먼지 예보등급 / 257

ㅂ

발작 / 328
방역(소독) 활동 / 230
방임 / 136
백일해 / 224
벌에 쏘임 / 332
법정 감염병 / 221
보육실 / 91
복도 / 86
볼거리 / 223
부분 기도폐쇄 / 321
비운동성 발작 / 329

ㅅ

사이버 폭력 / 162
사회·문화적 요인 / 26
사후 단계 / 32
살균제 / 231
설명하기 / 79
성폭력 / 161
성학대 / 132
세척 / 231
소독 / 231
소독 관련 용어 / 231
소독제 / 231
소방대피훈련 / 240
소방대피훈련 계획 / 238
소비자위해감시시스템 / 183
소아의 생존사슬 / 325
소화기 사용법 / 236, 237
소화전 설치 / 238
손 씻기 교육 / 229
솔라닌 / 191
수두 / 223
수막구균성 수막염 / 223
수족구병 / 223
스마트기기 / 200
스케이트보드 / 298
승강기 / 90
승차와 하차 장소 / 284
시뮬레이션 / 78
시연하기 / 79
식물안전관리 / 191
식중독 / 181, 184, 186
식품 / 180
식품 알레르기 / 183, 185, 187
식품안전교육 / 180
식품첨가물 / 182, 184, 186
신체 폭력 / 159
신체학대 / 129
실외놀이 안전교육 / 296

실외놀이 안전사고 / 55
실외시설 관리 / 100
실종 / 148
실종신고 요령 / 151
심폐소생술 / 324

ㅇ

아나필락시스 / 183
아동복지법 / 59
아동복지법에 따른 안전교육 교육기준 / 60
아동안전지킴이집 / 155
아동학대 / 122
아동학대 발생장소 / 126
아동학대 신고 / 139
아동학대 원인 / 128
아동학대 유형 / 124
아동학대 현황 / 123
아동학대의 징후 / 140
아미그달린 / 191
안전 / 12
안전관리 / 12
안전사고 사망률 / 18
안전하게 생활하기 / 65, 66, 67
안전하게 횡단보도 건너기 / 293
약물 오남용 / 174
약물안전 / 174
약물안전관리 / 176
약물오용 / 174
어린이 기호식품 품질인증 식품 마크 / 186
어린이놀이시설 안전관리법 / 101
어린이집 안전사고 / 23
어린이집의 보육실 면적 / 92
언어 폭력 / 159
역할놀이 / 79
연기를 피하는 방법 / 241
연령대별 성폭력 예방 교육 / 145
연료용 가스 종류 / 240
열사병 / 339
열손상 / 339
영아급사증후군 / 40
영아기 발달특성 / 36
영아돌연사증후군 / 40
영아의 기도폐쇄 / 323
영유아 교통사고 사상자 / 281
영유아 안전관리 / 12
영유아 안전교육의 평가 / 80
영유아 안전사고 / 14
영유아 안전사고의 요소 / 29
영유아보육법 / 59, 60
영유아의 발달적 특성에 따른 요인 / 27
예방접종 관리 / 229
옷에 불이 붙었을 때 대응방법 / 242
완전 기도폐쇄 / 322
외상 / 337
운동성 발작 / 329
운전자 안전수칙 / 286
운전자 점검사항 / 285
위해부위별 영유아 안전사고 / 17
유괴 / 148
유괴 상황의 세 가지 수칙 / 150
유기 / 136, 138
유아교육법 / 59
유치원의 교실 면적 / 92
유치원의 안전사고 / 20
유희실 / 99
육교와 지하도 / 294
응급상황 / 320
응급의료 체계 신고요령 / 345
응급처치 / 320, 345
의료적 방임 / 137
이기숙 / 42
이물질이 눈이나 코에 들어갔을 때 / 333
익수 / 340
인라인스케이트 / 298
인플루엔자 / 223
일사병 / 247, 339
일일 섭취허용량 / 183

ㅈ

자동심장충격기 / 327
자동제세동기 / 327
자연재해 / 244
자전거 / 297
장소별 안전사고 / 17

장소별 추락사고 / 45
전기화재 / 239
전염병 / 220
정서학대 / 131
조리실 / 96
조합놀이대 / 106, 301
주차장 / 284
중독사고 / 176
지진 / 253, 262
지진 발생 시 / 255
지진 발생 시 안전 약속 / 262
지진 발생 전 / 254
지진이 멈춘 직후 / 256
지혈대 사용법 / 338
직접 압박법 / 338
질식 및 흡입 / 47
질식사고 / 39
집단따돌림 / 160
쯔쯔가무시 / 191

ㅊ

차량 준비 / 285
천둥 번개 / 260
초 · 중등교육법 / 59
초기 단계 / 31
추락사고 / 38, 45
출입구 / 84
충돌 및 넘어짐 / 44

ㅋ

컴퓨터 / 199
코드아담 / 155
킥보드 / 298

ㅌ

탈구 / 336
태풍 / 248, 260
토의하기 / 80
통학로 / 284
통학버스 운전자의 행동지침 / 288
통학차량 안전 / 285
투약보고서 / 178
투약의뢰서 / 178

ㅍ

폭염 / 246, 259
피해아동 가족유형 / 126

ㅎ

하임리히법 / 322
학교 안전교육 7대 표준안 / 68
학교안전사고 예방 및 보상에 관한 법률 / 61
학교폭력 / 157
학교폭력예방 및 대책에 관한 법률 / 62
학대행위자와 피해아동과의 관계 / 127
한파 / 252, 261
현관 / 84
현장학습 안전 / 301
홍수 / 249, 261
홍역 / 223
화상 / 46, 330
화상사고 / 46
화장실 / 95
화재 예방법 / 238
화재신고요령 / 241
화재안전교육 / 233
황사 / 244, 259
흔들놀이기구(시소) / 105, 300
흡연 안전관리 / 179

기타

0~1세의 안전사고 유형 및 예방법 / 42
0~2세 표준보육과정의 안전교육 / 64
3~5세 누리과정의 안전교육 / 67
3~5세 유아의 발달특성 / 49
b형 헤모필루스 인플루엔자 / 223
TV / 199

저 / 자 / 소 / 개

■ 김희태

미국 텍사스대학교 철학박사
대구시 보육정책위원
서울시교육청 유아교육위원
한국방송통신대학교 유아교육과 교수

■ 구미아

단국대학교 특수교육학과(유아특수교육) 박사수료
전국장애아동보육제공기관협의회 경기지회장
장애아전문 시립서호어린이집

■ 김평례

건국대학교 문학박사
구립또래어린이집 원장

■ 남연정

서울여자대학교 문학박사
대원대학교 유아교육과 겸임교수
성지발도르프어린이집 원장

■ 이은숙

한국방송통신대학교 교육학석사
I-GD교육연구소 연구원
한국방송통신대학교 유아교육과 강사

■ 장호진

덕성여자대학교 교육학박사
구립꿈나무마을어린이집 원장

아동안전관리

1판 1쇄 인쇄 — 2021년 2월 25일
1판 1쇄 발행 — 2021년 3월 1일

저 자 - 김희태 구미아 김평례 남연정 이은숙 장호진
발 행 인 - 강철원
발 행 처 - 양성원
주 소 - 경기도 파주시 검산로 173번길 29-20
전 화 - 031-946-3861(代)
팩 스 - 031-946-3864
이 메 일 - tnwpub@naver.com
홈페이지 - tnwpub.co.kr
출판등록 - 2015년 8월 31일 제 2015-000211 호

ISBN 979-11-6126-349-6

정가 20,000원